Mit lieben Gruß

Thomas

Steuerwissenschaftliche Schriften

Herausgegeben von

Prof. Dr. Lars P. Feld, Walter Eucken Institut, Freiburg i. Br.
Prof. Dr. Ekkehart Reimer, Universität Heidelberg
Prof. Dr. Christian Waldhoff, Universität Bonn

Band 31

Thomas Leibohm

Bedarfsorientierung als Prinzip des öffentlichen Finanzrechts

Zur wechselseitigen Abstimmung von
Steuerrecht und Sozialrecht

 Nomos

C. H. Beck

Die Deutsche Nationalbibliothek verzeichnet diese Publikation in
der Deutschen Nationalbibliografie; detaillierte bibliografische
Daten sind im Internet über http://dnb.d-nb.de abrufbar.

Zugl.: Potsdam, Univ., Diss., 2010/2011

ISBN 978-3-8329-6600-3

1. Auflage 2011
© Nomos Verlagsgesellschaft, Baden-Baden 2011. Printed in Germany. Alle Rechte,
auch die des Nachdrucks von Auszügen, der fotomechanischen Wiedergabe und der
Übersetzung, vorbehalten. Gedruckt auf alterungsbeständigem Papier.

Für Andrea und Sophie

Vorwort

Die vorliegende Arbeit wurde im Wintersemester 2010/2011 von der Juristischen Fakultät der Universität Potsdam als Dissertation angenommen. Sie ist im Zeitraum vom Frühling 2007 bis Herbst 2010 während meiner Tätigkeit für Herrn Univ.-Prof. Dr. Andreas Musil am Lehrstuhl für Öffentliches Recht, insbesondere Verwaltungs- und Steuerrecht, an der Universität Potsdam entstanden. Der vorläufige Arbeitstitel lautete: „Über die Harmonisierung von Einkommensteuerrecht und Sozialrecht".

Das Manuskript wurde im Oktober 2010 abgeschlossen. Die bis März 2011 erschienene Literatur konnte aber teilweise noch berücksichtigt werden. Insbesondere konnte noch auf relevante Eckpunkte des Referentenentwurfs eines Steuervereinfachungsgesetzes 2011 und des Entwurfs eines Gesetzes zur Ermittlung von Regelbedarfen und zur Änderung des Zweiten und Zwölften Buches Sozialgesetzbuch hingewiesen werden.

Mein herzlicher Dank gilt vor allem meinem Doktorvater Herrn Univ.-Prof. Dr. Andreas Musil für die fachliche und persönliche Unterstützung. Er hat den Fortgang der Arbeit mit einem Engagement gefördert, wie es jedem Doktoranden nur zu wünschen ist. Seine Anregungen haben es ermöglicht, das zunächst uferlose Thema auf ein handhabbares Dissertationsprojekt zu begrenzen. Auch im weiteren Verlauf der Bearbeitung hatte er stets ein offenes Ohr für Fragen und Probleme. In Momenten der Stagnation hat er es verstanden, zur Fertigstellung der Arbeit zu motivieren. Hierfür ließ er mir neben der Lehrstuhlarbeit den notwendigen Freiraum. Schließlich hat die zügige Korrektur des Manuskripts wesentlich zum zeitnahen, erfolgreichen Abschluss des Promotionsverfahrens beigetragen.

Weiterhin danke ich Herrn Univ.-Prof. Dr. Timo Hebeler zum einen für die Bereitschaft, sich aus sozialrechtlicher Sicht mit dem Grenzbereich von Steuerrecht und Sozialrecht zu beschäftigen, und zum anderen für die zügige Erstellung des Zweitgutachtens.

Meinen Eltern danke ich für die Unterstützung und den Rückhalt während der Erstellung der Arbeit und für die Durchsicht des Manuskripts.

Bei meinen Kolleginnen und Kollegen am Lehrstuhl möchte ich mich für die ständige Gesprächsbereitschaft bedanken, die geholfen hat, sowohl fachliche Probleme zu lösen als auch Arbeitskrisen zu bewältigen. Besonders hervorgehoben seien die konstruktive Kritik von Herrn Daniel Burchard und die Hinweise von Herrn Dr. Lutz Lammers und Herrn Björn Volmering.

Nicht zuletzt danke ich den Herausgebern der „Steuerwissenschaftlichen Schriften", Herrn Univ.-Prof. Dr. Ekkehart Reimer und Herrn Univ.-Prof. Dr. Christian Waldhoff, für die Aufnahme der Arbeit in diese Reihe.

Ein ganz besonderer Dank gebührt meiner Frau Andrea und meiner Tochter Sophie, ohne deren moralische Unterstützung und Durchhaltevermögen diese Arbeit nicht möglich gewesen wäre. Ihnen ist die Arbeit gewidmet.

Potsdam, im März 2011   *Thomas Leibohm*

Inhaltsverzeichnis

15

Abkürzungsverzeichnis

§	signum sectionis (Paragraph)
A.	Auflage
a. A.	andere Auffassung
ABl./EG Nr. L	Amtsblatt der Europäischen Union, Teil L, Nummer
Abs.	Absatz
a. E.	am Ende
AEUV	Vertrag über die Arbeitsweise der Europäischen Union
Alt.	Alternative
AltZertG	Gesetz über die Zertifizierung von Altersvorsorge- und Basisrentenverträgen
AO	Abgabenordnung
AOK	Allgemeine Ortskrankenkasse
AöR	Archiv des öffentlichen Rechts (Zeitschrift)
ArEV	Verordnung über die Bestimmung des Arbeitsentgelts in der Sozialversicherung - Arbeitsentgeltverordnung
Art.	Artikel
Aufl.	Auflage
AVWG	Arzneimittelversorgungs-Wirtschaftlichkeitsgesetz
Az.	Aktenzeichen
BAföG	Bundesausbildungsförderungsgesetz
BayLErzGG	Gesetz zur Neuordnung des Bayerischen Landeserziehungsgeldes (Bayerisches Landeserziehungsgeldgesetz)
BB	Der Betriebsberater (Zeitschrift)
BBesG	Bundesbesoldungsgesetz
BBhV	Verordnung über Beilhilfe in Krankheits-, Pflege- und Geburtsfällen - Bundesbeihilfeverordnung
Bd.	Band
BeamtVG	Gesetz über die Versorgung der Beamten und Richter des Bundes
BEEG	Gesetz zum Elterngeld und zur Elternzeit
BErzGG	Bundeserziehungsgeldgesetz
Bes. Teil	Besonderer Teil
BFH	Bundesfinanzhof
BFHE	Sammlung der Entscheidungen des Bundesfinanzhofs
BGB	Bürgerliches Gesetzbuch
BGBl.	Bundesgesetzblatt
BGH	Bundesgerichtshof
BGHZ	Amtliche Entscheidungssammlung des Bundesgerichtshofs in Zivilsachen
BHO	Bundeshaushaltsordnung
BK	Bonner Kommentar
BKGG	Bundeskindergeldgesetz
BMF	Bundesministerium der Finanzen
BMFSFJ	Bundesministerium für Familie, Senioren, Frauen und Jugend
BSG	Bundessozialgericht
BSGE	Entscheidungen des Bundessozialgerichts
Bsp.	Beispiel
bspw.	beispielsweise
BStBK	Bundessteuerberaterkammer

BStBl I/II	Bundessteuerblatt, Teil I/II
BT Drs.	Bundestagsdrucksache
BVA	Bundesversicherungsamt
BVerfG	Bundesverfassungsgericht
BVerfGE	Amtliche Entscheidungssammlung des Bundesverfassungsgerichts
BVerwG	Bundesverwaltungsgericht
BVerwGE	Amtliche Entscheidungssammlung des Bundesverwaltungsgerichts
BWG	
BW RL-LErzG	baden-württembergische Landeserziehungsgeld-Richtlinien
bzgl.	bezüglich
bzw.	beziehungsweise
CDU	Christlich Demokratische Union
CGI	code général des împots
CSU	Christlich Soziale Union
d. h.	das heißt
DB	Der Betrieb (Zeitschrift)
DDR	Deutsche Demokratische Republik
ders.	derselbe
der Staat	Der Staat (Zeitschrift)
dies.	dieselbe(n)
DJT	Deutscher Juristentag
DM	Deutsche Mark
DÖD	Der Öffentliche Dienst (Zeitschrift)
DÖV	Die Öffentliche Verwaltung (Zeitschrift)
DStJG	Deutsche Steuerjuristische Gesellschaft
DStR	Deutsches Steuerrecht (Zeitschrift)
DStRE	Deutsches Steuerrecht – Entscheidungsdienst
DStZ	Deutsche Steuerzeitung
DVBl.	Deutsches Verwaltungsblatt
EFG	Entscheidungen der Finanzgerichte (Zeitschrift)
EGMR	Europäischer Gerichtshof für Menschenrechte
EigZulG	Eigenheimzulagengesetz
Einf.	Einführung
Erg.Lfg.	Ergänzungslieferung
ESt	Einkommensteuer
EStDV	Einkommensteuer-Durchführungsverordnung
EStG	Einkommensteuergesetz
EuGH	Gerichtshof der Europäischen Union
EuGHE	Entscheidungen des Gerichtshofs der Europäischen Union
EWG	Europäische Wirtschaftsgemeinschaft
f.	folgende
FA	Finanzarchiv (Zeitschrift)
FamLeistG	Gesetz zur Förderung von Familien und haushaltsnahen Dienstleistungen - Familienleistungsgesetz
FamRZ	Zeitschrift für das gesamte Familienrecht
FAZ	Frankfurter Allgemeine Zeitung
FDP	Freie Demokratische Partei
ff.	fortfolgende
FG	Finanzgericht
FinA	Finanzarchiv (Zeitschrift)
Fn.	Fußnote
FPR	Familie Partnerschaft Recht (Zeitschrift)

FR	Finanzrundschau (Zeitschrift)
FS	Festschrift
FVG	Gesetz über die Finanzverwaltung
GG	Grundgesetz
ggf.	gegebenenfalls
GGK	Grundgesetz-Kommentar
GKV	Gesetzliche Krankenversicherung
GKV – WSG	GKV-Wettbewerbsstärkungsgesetz
GMG	Gesetz zur Modernisierung der gesetzlichen Krankenversicherung
GmbHR	GmbHRundschau
GRG	Gesundheitsreformgesetz
GSG	Gesundheitsstrukturgesetz
HGrG	Haushaltsgrundsätzegesetz
H/H/R	Hermann/Heuer/Raupach (Kommentar)
H/H/Sp	Hübschmann/Hepp/Spitaler (Kommentar)
HK-MuschG/BEEG	Handkommentar-Mutterschutzgesetz/ Gesetz zum Elterngeld und zur Elternzeit
Hrsg.	Herausgeber
HS	Halbsatz
HStR	Handbuch des Staatsrechts
i. d. F.	in der Fassung
i. E.	im Ergebnis
i. H. v.	in Höhe von
INF	Die Information über Steuer und Wirtschaft (Zeitschrift)
i. S. d.	im Sinne des
IStR	Internationales Steuerrecht (Zeitschrift)
i. Ü.	im Übrigen
i. V. m.	in Verbindung mit
JStG	Jahressteuergesetz
Jura	Juristische Ausbildung (Zeitschrift)
JuS	Juristische Schulung (Zeitschrift)
JZ	Juristenzeitung
Kass/Komm	Kasseler Kommentar zum Sozialversicherungsrecht
Kfz	Kraftfahrzeug
KiBG	Kinder-Berücksichtigungsgesetz
KJ	Kritische Justiz
krit.	kritisch
K/S/M	Kirchhof/Söhn/Mellinghoff (Kommentar)
KStG	Körperschaftssteuergesetz
KSW Kommentar	Kreikebohm/Spellbrink/Waltermann – Kommentar zum Sozialgesetzbuch
KWI	Kommunalwissenschaftliches Institut
L/B/P	Littmann/Bitz/Pust (Kommentar)
lit.	litera
LStDV	Lohnsteuer-Durchführungsverordnung
Mrd.	Milliarden
MüKo	Münchener Kommentar
m. w. N.	mit weiteren Nachweisen
NATO	North Atlantic Treaty Organisation

Nds.	Niedersachsen
NJW	Neue Juristische Wochenschrift
Nr.	Nummer
NV	nicht veröffentlicht
NVwZ	Neue Zeitschrift für Verwaltungsrecht
NZA	Neue Zeitschrift für Arbeitsrecht
NZA-Beil.	Neue Zeitschrift für Arbeitsrecht - Beilage
NZS	Neue Zeitschrift für Sozialrecht
o. ä.	oder ähnliches
OLG	Oberlandesgericht
PflVG	Gesetz über die Pflichtversicherung für Kraftfahrzeughalter
PKV	Private Krankenversicherung
RGBl.	Reichsgesetzblatt
Rn.	Randnummer
Rspr.	Rechtsprechung
Rz.	Randziffer
S.	Seite/Satz
SächsLErzGG	Sächsisches Landeserziehungsgeldgesetz
SDSRV	Schriftenreihe des Deutschen Sozialrechtsverbandes e.V.
SGB	Sozialgesetzbuch
SGb	Die Sozialgerichtsbarkeit (Zeitschrift)
SozFort	Sozialer Fortschritt (Zeitschrift)
SozSich	Soziale Sicherheit (Zeitschrift)
SPD	Sozialdemokratische Partei Deutschlands
StbJB	Steuerberater-Jahrbuch
StGB	Strafgesetzbuch
StRO	Steuerrechtsordnung
StuB	Steuern und Bilanzen (Zeitschrift)
StuW	Steuer und Wirtschaft (Zeitschrift)
StVj	Steuerliche Vierteljahresschrift
SVBezGrV	Verordnung über die maßgebenden Rechengrößen in der Sozialversicherung
ThürErzGG	Thüringer Erziehungsgeldgesetz
UStG	Umsatzsteuergesetz
u. U.	unter Umständen
v.	vom
VÄndG	Vertragsarztrechtsänderungsgesetz
vgl.	vergleiche
v. H.	vom Hundert
VO	Verordnung
Vorb.	Vorbemerkung
VSSR	Vierteljahresschrift für Sozialrecht
VVDStRL	Veröffentlichungen der Vereinigung der Deutschen Staatsrechtslehrer
VVG	Gesetz über den Versicherungsvertrag
VZ	Veranlagungszeitraum
WoGG	Wohngeldgesetz
WRV	Weimarer Reichsverfassung

z. B.	zum Beispiel
ZBR	Zeitschrift für Beamtenrecht
ZgS	Zeitschrift für Vertragsgestaltung, Schuld- und Haftungsrecht
ZRP	Zeitschrift für Rechtspolitik

Einleitung

Wer sich mit dem Einkommensteuergesetz und dem Sozialrecht beschäftigt, muss zunächst einmal Chaosforschung betreiben.[1] Nach der naturwissenschaftlichen Definition liegt Chaos dann vor, wenn man bei einem System mit hinreichend großer Komplexität zwar noch im mikroskopischen Bereich die Einzelteile, jedoch nicht mehr im makroskopischen Bereich das große Ganze vorhersagen kann.[2]

Dies trifft auf das Zusammenspiel von Steuerrecht und Sozialrecht zu. Die Belastung oder Entlastung durch einzelne steuerrechtliche oder sozialrechtliche Normen mag für sich genommen nachvollziehbar sein. Das Zusammenspiel beider Gebiete grenzt jedoch an Unvorhersagbarkeit.

Auf den ersten Blick stellt sich der Zusammenhang beider Teilrechtsgebiete bestenfalls in einem dialektischen Sinn dar.[3] Während das Steuerrecht als die Rechtsmaterie wahrgenommen wird, die jede wirtschaftliche Betätigung als potentiellen Anknüpfungspunkt zur Verteilung der Steuerlast nutzt, erscheint das Sozialrecht vorwiegend als der Inbegriff der Wohlfahrt und der sozialen Sicherheit.

Möglicherweise stellen das staatliche Nehmen und das staatliche Geben nur vordergründig einen Gegensatz dar. Beide könnten stärker aufeinander bezogen und voneinander abhängig sein, als es zunächst erscheint. Womöglich stellen sie nur die jeweiligen Manifestationen eines oder mehrerer einheitlicher, grundlegender Prinzipien dar.[4]

Diesen Zusammenhang darzustellen und Vorschläge für ein harmonisches Zusammenwirken von Einkommensteuerrecht und Sozialrecht zu unterbreiten, ist Aufgabe dieser Arbeit. Eine offenkundige Gemeinsamkeit der Teilrechtsgebiete wurde bereits mit dem Hinweis auf das legislatorische Chaos angedeutet. Beide leiden unter dem vergeblichen Versuch des Gesetzgebers, durch extreme Ausdifferenziertheit des Gesetzestextes alle denkbaren Fälle zu regeln und allen maßgeblichen Interessen gerecht zu werden.[5] Dies führte zu der heute vorgefundenen, historisch gewachsenen Unordnung einer Maßnahmegesetzgebung, die ihre eigenen Prinzipien verletzt und die jeweiligen rechtlichen Systeme derart mit Ausnah-

---

1 *Isensee*, Verhandlungen des 57. DJT 1988, Bd. II, Teil N, S. 33; *ders.*, NZS 2004, 393 (394); *Tipke*, StRO Bd. 1, 1. A., S. VII; zustimmend: *Lang*, StuW 2006, 22 (23); *Dostmann*, DStR 1999, 884 (884).
2 Vgl. am mathematischen Beispiel des Feigenbaum-Diagramms (Mandelbrotmenge), *Glaeser/Polthier*, Bilder der Mathematik, S. 246 f.
3 Zur ähnlichen „Gegenerstellung" von Sozialrecht und Privatecht, *Eichenhofer*, NZS 2004, 169 ff.
4 Von „gemeinsamen Maßstäben" spricht: *Seiler*, Grundzüge, S. 81.
5 *Axer*, Staat im Wort (Depenheuer u.a. Hrsg.), S. 965.

men und Sonderregelungen überfrachtet, dass es weder dem Steuerzahler noch dem sozial Bedürftigen möglich ist, die eigentlichen Rechtsgedanken hinter den Regelungen zu erkennen.[6]

Das Zusammenspiel beider Rechtsgebiete führt zu kaum zu durchschauender Komplexität.[7] Verantwortlich dafür ist nicht allein das oft als zu unübersichtlich und kompliziert gescholtene Steuerrecht. Betrachtet man das Sozialrecht in seinen zahlreichen Hilfssystemen, die wiederum Untersysteme gebildet haben, so erscheint das Steuerrecht paradiesisch klar und strukturiert. Im Steuerrecht erhebt grundsätzlich nur das Finanzamt Abgaben,[8] und die eingenommenen Mittel fließen in einen „großen Topf" – den Staatshaushalt. Das Sozialrecht ist in verschiedene Hilfssysteme gegliedert, deren genaue Einteilung noch nicht abschließend geklärt ist.[9] So könnte zwischen Sozialversicherung, Vorsorge und Fürsorge[10] oder möglicherweise zwischen Vorsorge, Entschädigung und Ausgleich[11] zu unterscheiden sein, wobei anstelle des Ausgleichs auch die Hilfe und Förderung[12] stehen kann. Betrachtet man nur die Krankenversicherung mit ihren verschiedenen Allgemeinen Ortskrankenkassen, den Betriebskrankenkassen, den Innungskrankenkassen, der Seekrankenkasse, der landwirtschaftlichen Krankenkasse, der Bundesknappschaft und den Ersatzkassen,[13] so wird in etwa vorstellbar, in wie viele Einzeltöpfe die für die Sozialleistungen notwendigen Mittel fließen.

Die Vermutung liegt nahe, anders als im Steuerrecht solle die Abgabenseite des Sozialrechts in der Vielfalt der Organisationen, Finanzierungsinstrumente und Betreuungsaufgaben versteckt werden, um den Blick für eine verfassungsrechtliche Systematisierung und Bewertung zu verstellen.[14] Vor allem der Wildwuchs von Bemessungsregeln für die sozialrechtlichen Abgaben, die oft auf steuerrechtliche Größen zurückgreifen, verdeutlicht die Notwendigkeit der rechtswissenschaftlichen Systematisierung.

Die Interdependenz von Steuerrecht und Sozialrecht wird in der Literatur teils als Gegensätzlichkeit und Nähe,[15] teils als Korrespondenz beider Teilrechtsgebie-

---

6   Für die Seite des Einkommensteuerrechts, *Lang*, NJW 2006, 2209 (2213).
7   Ähnliche Probleme ergeben sich auch im Zusammenspiel von Sozialrecht und dem Allgemeinen Verwaltungsrecht, vgl. *Kingreen/Rixen*, DÖV 2008, 741 (742 ff.).
8   Ausnahmen bestehen für die Hauptzollämter nach § 12 Abs. 2 FVG, wonach diese als örtliche Bundesbehörden für die Verwaltung der Zölle, der bundesgesetzlich geregelten Verbrauchsteuern einschließlich der Einfuhrumsatzsteuer, der Biersteuer und der Abgaben im Rahmen der Europäischen Gemeinschaften zuständig sind.
9   *Hebeler*, NZS 2008, 238 ff.; *ders.*, Jura 2005, 17 (18); *Waltermann*, Sozialrecht, S. 35 ff.; *Bley/Kreikebohm/Marschner*, Sozialrecht, Rz. 13 ff., 18.
10 *Wannagat*, Sozialversicherungsrecht, S. 31 ff.
11 *Zacher*, Einführung in das Sozialrecht, S. 20 f.
12 *Eichenhofer*, Sozialrecht, Rn. 10.
13 *Weber*, Die Organisation der gesetzlichen Krankenversicherung, S. 37 ff.
14 *Kirchhof*, DStJG 29 (2006), S. 43.
15 *Hinz*, Einkommensteuerrecht und Sozialrecht, passim.

te[16] oder auch als Komplementarität und Eigenständigkeit[17] umschrieben. Beide könnten auch als Bausteine für ein Verfassungsrecht des sozialen Steuerstaats[18] angesehen werden, welche, um zueinander zu passen, noch weiter aufeinander abgestimmt werden müssten. Sie fügen sich an etlichen Stellen nicht mehr sinnvoll zusammen und stellen ein Dickicht dar, das vom Betroffenen nur noch schwerlich durchschaut werden kann, wenn es darum geht, die eigenen Rechte und Pflichten zu ermitteln.[19]

Der gegenseitigen Abhängigkeit und Beeinflussung von Steuerrecht und Sozialrecht kommt überdies eine internationale Dimension zu. So wirft das Zusammenwirken von Doppelbesteuerungsabkommen und Sozialversicherungsabkommen eine Reihe dogmatischer Fragen auf.[20] Beispielsweise kennen die Transfersysteme einiger anderer Länder, anders als das der Bundesrepublik, nicht die starre Trennung von Steuern und Sozialversicherungsabgaben.[21] Der Schwerpunkt der vorliegenden Untersuchung liegt jedoch im nationalen Recht, sodass auf diese Aspekte nicht vertiefend eingegangen werden soll.[22]

Aufgrund der finanziellen Bedeutung, insbesondere der Intensität ihrer kumulierten Belastungswirkung und Entlastungswirkung,[23] machen beide Teilrechtsgebiete gemeinsam einen Kernbereich des Verhältnisses von Staat und Bürger aus. Die finanzpolitische Stellung wird anhand des Finanzplans des Bundes[24] deutlich, der für das Jahr 2010 Gesamteinnahmen des Bundes i. H. v. 327,7 Mrd. EUR (davon Steuereinnahmen i. H. v. 213, 8 Mrd. EUR) veranschlagt. Dem stehen geschätzte Kosten für die soziale Sicherung i. H. v. 178, 9 Mrd. EUR gegenüber.[25] Demzufolge werden allein für diesen Posten mehr als die Hälfte (54, 6 v. H.) des Bundesetats oder 83, 7 v. H. der Steuereinnahmen eingeplant. Nicht verwunderlich ist somit, dass verschiedene Autoren die Harmonisierung von Steuerrecht und So-

16 *Jachmann*, NZS 2003, 281 (281).
17 *Kube*, NZS 2004, 458 (458).
18 *Lehner*, Einkommensteuerrecht und Sozialhilferecht, S. 7 ff.
19 *Hohmann-Dennhardt*, ZRP 2005, 173.
20 *Eichenhofer/Abig*, National Report Germany, S. 317 (328 ff.); *Vogel*, FS für Zacher, S. 1173 (1177 ff.).
21 Sozialversicherungsabgaben werden teilweise als sog. „social security taxes" eingeordnet: *Raad v.*, The concept of tax in the OECD Model, S. 259 (261 f.); *Lang*, „Taxes covered" – what is a „tax" according to Article 2 of the OECD Model?, S. 265 (267 f.); *Eichenhofer/ Abig*, National Report Germany, S. 317 (325 f.); *Vogel*, Isensee/Kirchhof, HStR II, § 30 Rz. 63; *ders.*, Vogel/Lehner DBA, Art. 2 Rz. 19 ff., 21; *Waldhoff*, Die Abgrenzung von Steuern und Sozialabgaben, S. 193 (205 ff.).
22 Vgl. Kap. 2 A. IV.
23 *Birk*, Leistungsfähigkeitsprinzip, S. 93 ff.
24 Finanzplan des Bundes 2009 – 2013, BT Drs. 16/13601, S. 52.
25 Finanzplan des Bundes 2009 – 2013, BT Drs. 16/13601, S. 12.

zialrecht nicht nur als wünschenswert und als eine rechtspolitische Aufgabe, sondern als ein Erfordernis der Einheit der Rechtsordnung[26] ansehen.

Die Aktualität und der Stellenwert des Themas werden des Weiteren mit einem Blick in den Koalitionsvertrag der 17. Legislaturperiode deutlich, in dem sich die Regierungsparteien unter anderem auf die Fahnen geschrieben haben, das Steuerrecht und das Sozialrecht zu harmonisieren.[27] Gerade wegen der beschriebenen Bedeutung des Zusammenspiels beider Teilrechtsgebiete und wegen der angedeuteten Schwierigkeiten, soll es unternommen werden, den Berührungsbereich von Steuerrecht und Sozialrecht zu analysieren, zu systematisieren und Vorschläge zu einer verstärkten Abstimmung zu unterbreiten.

---

26 *Brandis*, DStJG 29 (2006), S. 105; *Heun,* Dreier GG, Band 1, 2. A. 2004, Art. 3 Rz. 75; *Rüfner*, BK GG, Stand: November 1992, Art. 3 Rz. 200; *Franz,* StuW 1988, 17; *Wiebe,* ZRP 1981, 25 (28 ff.).
27 Koalitionsvertrag zwischen CDU, CSU und FDP vom 26.10.2009, S. 16.

Gang der Untersuchung

Die vorliegende Arbeit maßt sich nicht an, alle Probleme und Fragestellungen, die sich im Zusammenspiel von Einkommensteuerrecht und Sozialrecht ergeben, im Detail aufarbeiten, bewerten und einer endgültigen Lösung zuführen zu wollen. Dies erscheint ohne eine fundierte wirtschaftsmathematische Analyse nicht zielführend.

Das Zusammenspiel von Einkommensteuerrecht und Sozialrecht scheint nämlich, in Verbindung mit den verschiedenen politischen Hintergründen der Autoren, in besonderer Art und Weise die babylonische Sprachverwirrung zwischen Rechtswissenschaft und Ökonomie zu beflügeln. So müssen sich die einen vorwerfen lassen, mathematische Tatsachen bewusst zu ignorieren oder sogar zu negieren. Die anderen verweigern es vor dem Hintergrund eines sakrosankten Effizienzdogmas anzuerkennen, dass Recht weder wertungsneutral sein will noch darf.[28] Die Verwirrung wird gekrönt durch halb verfassungsrechtliche, halb mathematische Argumentationslinien beider Seiten.

Dies erzeugt aus juristischer Sicht die Gefahr, bestimmte mathematische Aussagen verfassungsrechtlich aufzuladen, obwohl es sich um Wertungen handelt, die unter anderen wirtschaftlichen oder politischen Rahmenbedingungen nicht mehr zwingend erscheinen (bspw. Idee des Abzugs des Existenzminimums von der Bemessungsgrundlage).[29] Aufgrund der Komplexität und Vielschichtigkeit der Thematik ist es vielmehr Ziel dieser Untersuchung, das Gesamtgefüge in den Blick zu nehmen und gegebenenfalls grundsätzliche Feststellungen zu treffen.

Um dies zu ermöglichen, ist die Analyse in zwei Arbeitsabschnitte gegliedert. In einem ersten Abschnitt ist das Verhältnis von Einkommensteuerrecht und Sozialrecht abstrakt zu beleuchten. Hierbei soll gezeigt werden, dass sich aus der Analyse der Verbindungsstellen der Teilrechtsgebiete neue Erkenntnisse für das Steuerrecht gewinnen lassen. Den Schwerpunkt dieses Abschnitts bildet die Konkretisierung des steuerlichen Leistungsfähigkeitsprinzips hinsichtlich der vertikalen Steuergerechtigkeit. In einem zweiten Abschnitt wird das Zusammenwirken der Teilrechtsgebiete zueinander konkret anhand von solchen Gebieten des Sozialrechts untersucht, die eine besonders enge Verbindung zum Steuerrecht aufweisen. Dabei werden die im ersten Abschnitt entwickelten Ansätze dahingehend analysiert, ob sie einen Beitrag für ein harmonisches Zusammenwirken der Teilrechtsgebiete leisten können. Der Schwerpunkt dieses Arbeitsabschnitts liegt bei dem

---

28 *Lingemann*, Familienbesteuerung, S. 38 ff.
29 Siehe Kap. 2 C. II. 3.) a) bb) (3).

steuerlichen Familienleistungsausgleich, insbesondere dem Kindergeld in seiner steuerlichen und sozialen Dimension, in Verbindung mit dem sozialrechtlichen Bundeskindergeldgesetz.

Im Einzelnen sollen im ersten Teil die gemeinsamen verfassungsrechtlichen Wurzeln beider Teilrechtsgebiete herausgearbeitet werden. Dabei sollen die steuerrechtliche und die sozialrechtliche Dimension des Grundgesetzes aufgezeigt und dargestellt werden, wo bereits auf verfassungsrechtlicher Ebene möglicherweise Harmonisierungsbedarf besteht. Im Anschluss an die grundgesetzliche Vorstrukturierung werden die gemeinsamen Funktionen von Steuerrecht und Sozialrecht untersucht. Hierbei ist darzulegen, inwieweit und auf welche Art und Weise eine Umverteilung und eine Verhaltenslenkung absichtlich oder unbeabsichtigt erfolgt. Um die Umverteilungsfunktionen erfüllen zu können, bedarf es der Messung der Wirtschaftskraft des Steuerpflichtigen und des Bedürftigen. Wie dies erfolgt und welche Schlüsse daraus für das Einkommensteuerrecht zu ziehen sind, ist Gegenstand der Untersuchung des letzten Teilabschnitts des abstrakten Teils der Arbeit. Dabei soll geprüft werden, ob sich durch die Zusammenschau von Einkommensteuerrecht und Sozialrecht Erkenntnisse gewinnen lassen, die helfen, die Grundprinzipien des Einkommensteuerrechts, insbesondere das Leistungsfähigkeitsprinzip, besser zu verstehen und zu untermauern.

Der konkrete Teil der Arbeit beschäftigt sich zunächst mit dem Zusammenwirken von Krankenversicherung und Einkommensteuerrecht. In einem zweiten Schritt wird der Schwerpunkt des Abschnitts vorbereitet, indem der Fokus auf das Existenzminimum des Einzelnen in Sozialrecht und Steuerrecht gerichtet wird. Den Schwerpunkt bildet das Existenzminimum der ganzen Familie, insbesondere der Familienleistungsausgleich. Es handelt sich hierbei um den Normkomplex, der sowohl die Verwandtschaft als auch die Unterschiedlichkeit, das Zusammenwirken und die Harmonisierungsbedürftigkeit am eindrucksvollsten repräsentiert. Nirgendwo sonst ist das Einkommensteuerrecht stärker mit dem Sozialrecht verwoben. Daher soll der Familienleistungsausgleich in seinem Zusammenwirken mit sozialrechtlichen Vorschriften als wesentliche Referenzmaterie dieser Untersuchung fungieren. Vergleichbar viele originär sozialrechtliche Vorschriften wie im Familienleistungsausgleich sind nur noch im Rahmen der Alterssicherung ins Einkommensteuergesetz gelangt. Aus diesem Grund beleuchtet die Arbeit sodann das Zusammenspiel der Teilrechtsgebiete im Bereich der Alterssicherung. Eine Zusammenfassung der Arbeit bildet den Schluss.

1. Kapitel: Gemeinsame Grundsätze im Einkommensteuerrecht und im Sozialrecht

Im Rahmen des ersten Kapitels sollen das Einkommensteuerrecht und das Sozialrecht auf grundgesetzlicher Ebene (A) und auf der Ebene ihrer gemeinsamen Funktionen (B) zusammengeführt werden. Dies mündet in einen Vorschlag zur Konkretisierung des steuerlichen Leistungsfähigkeitsprinzips, der zur Stärkung der vertikalen Steuergerechtigkeit eine verbesserte Abstimmung beider Teilrechtsgebiete herbeiführt.

A. Gemeinsame Wurzeln im Grundgesetz

Es fällt auf, dass sich hinsichtlich der verfassungsrechtlichen Wurzeln von Steuerrecht und Sozialrecht unerwartete Parallelen finden. Die grundgesetzlichen Parallelen beider Teilrechtsordnungen sollen im Folgenden überblicksartig nachgezeichnet werden. Im Laufe der Untersuchung wird auf die genannten Punkte detaillierter einzugehen sein.

Für das Einkommensteuerrecht ist dabei insbesondere die Frage von Interesse, ob ausschließlich die Gleichheitsrechte des Art. 3 GG Vorgaben für eine gerechte Besteuerung enthalten (I) oder ob auch das Sozialstaatsprinzip (II) und die Freiheitsrechte (III, IV) zwingende verfassungsrechtliche Regelungen vorsehen. Bei der Untersuchung der Gesetzgebungskompetenzen beider Teilrechtsgebiete (V) ist zu vermuten, dass der juristische Gestaltungsspielraum des Steuergesetzgebers enger ist als der des Sozialgesetzgebers. Während im Steuerrecht der Eingriff in die Rechtspositionen des Steuerpflichtigen gerechtfertigt werden muss, erweitert das Sozialrecht (abgesehen von den eigenen Zahlungstatbeständen) den Rechtskreis des Bedürftigen. Damit dürften, abgesehen von der finanziellen Hürde im Fall von sozialrechtlichen Leistungen, dem Gesetzgeber im Sozialrecht weniger enge Grenzen gesetzt sein. Schließlich ist im Rahmen dieses Kapitels zu untersuchen, ob beide Teilrechtsordnungen einen Grundsatz der Widerspruchsfreiheit vorsehen (VI). Fraglich ist insbesondere, ob ein solcher Grundsatz innerhalb von Einkommensteuerrecht und Sozialrecht und vor allem zwischen den beiden Teilrechtsordnungen Geltung beansprucht.

I. Der allgemeine Gleichheitssatz des Art. 3 GG

Sowohl das Steuerrecht als auch das Sozialrecht eröffneten dem Bundesverfassungsgericht des Öfteren die Möglichkeit, den allgemeinen Gleichheitssatz systematisch zu entwickeln.[30] Im Gegensatz zu den Freiheitsrechten führt ein Verstoß gegen einen Gleichheitssatz nicht automatisch zum Verbot der fraglichen Maßnahme. Vielmehr wirkt ein Gleichheitsverstoß relativ, so dass nur eine Vergleichsgruppe ebenso behandelt werden muss wie die vorher diskriminierte Gruppe, um den Gleichheitsverstoß zu beenden.[31]

Trotzdem spielen im Steuerrecht die Gleichheitssätze des Art. 3 GG eine größere Rolle als die Freiheitsrechte.[32] *Otto Mayer* prägte sogar den Satz: „Steuer ohne Gleichheit ist organisierte Brandschatzung".[33] Auch wird der Gleichheitssatz als Magna Charta des Steuerrechts bezeichnet.[34] Diese Besonderheit ist damit zu erklären, dass das Steuerrecht den Freiheitsrechten nur sehr wenig Angriffsfläche bietet. Weder aus dem grundsätzlichen Zweck der Steuern, den Staat mit Finanzmitteln auszustatten, noch aus einer bestimmten Verwendung des Aufkommens lässt sich folgern, woran die Steuererhebung zulässigerweise geknüpft oder bis zu welcher konkreten Höhe der Steuerpflichtige belastet werden darf.[35]

Aus diesem Grund erwächst gerade auch aus der Gleichheit der Verteilung der finanziellen Lasten die Legitimation des Eingriffs in das Vermögen des Steuerpflichtigen.[36]

Der Art. 3 Abs. 1 GG wurde vom BVerfG bereits früh im Bereich der Steuer über das übliche Gebot, Wesensgleiches gleich zu behandeln und dem Wesen nach Ungleiches ungleich zu behandeln, ausgedehnt.[37] Aus dem allgemeinen Gleichheitssatz wurde der Grundsatz der Steuergerechtigkeit und damit des Leistungsfähigkeitsprinzips[38] abgeleitet. Das heißt, der Art. 3 Abs. 1 GG wurde für das Steuerrecht bereichsspezifisch konkretisiert. Jeder Steuerpflichtige soll nach Maßgabe seiner individuellen wirtschaftlichen Leistungsfähigkeit zur Finanzierung allgemeiner Staatsaufgaben herangezogen werden.

Es ergibt sich jedoch aus Art. 3 Abs. 1 GG keine grundlegende Beschränkung des Gesetzgebers hinsichtlich der Auswahl des Steuergegenstands. Gerade die An-

---

30 *Rüfner*, BK GG, Stand: November 1992, Art. 3 Rz. 196.
31 *Alexy*, Theorie der Grundrechte, S. 392.
32 *Heun,* Dreier GG, Band 1, 2. A. 2004, Art. 3 Rz. 74.
33 *Otto Mayer,* Deutsches Verwaltungsrecht I, S. 316.
34 *Wernsmann*, H/H/Sp AO, Stand: Juni 2009, § 4 AO, Rz. 411.
35 BVerfGE 84, 239 (268 f.).
36 BVerfGE 84, 239 (269); *Wernsmann*, H/H/Sp AO, Stand: Juni 2009, § 4 AO, Rz. 410.
37 BVerfGE 13, 331 (338); 26, 302 (310); 43, 108 (118 f.); 61, 319 (343 f.); 66, 214 (223); 68, 287 (310); 74, 182 (199); 84, 239 (268 f.); 93,121 (135).
38 BVerfGE 43, 1 (8 ff.); 61, 319 (343 f.); 82, 60 (86); 89, 346 (352); 93, 121 (135); 99, 216 (232 f.); 99, 246 (260); 107, 27 (46); 110, 412 (433); *Birk*, Leistungsfähigkeitsprinzip, S. 165, 170; dazu später unter: Kap. 1 B. III. 1.).

knüpfung an verschiedene Steuerobjekte kann geeignet sein, die Schieflagen punktueller Belastungsansätze (im Extremfall: Alleinsteuersystem) zu vermeiden.[39] Auch können aus dem Gerechtigkeitspostulat abgeleitete Ansprüche an die Steuer und deren Systematik keine konkreten Forderungen hinsichtlich der Gestaltung des Tarifs oder der kombinierten Wirkung unterschiedlicher Steuern begründen.[40]

Allerdings hat der Gesetzgeber eine einmal getroffene Belastungsentscheidung folgerichtig umzusetzen.[41] Weicht er von der folgerichtigen Umsetzung ab, so bedarf dies eines sachlichen Grundes.[42] Die häufigsten Durchbrechungen erfolgen durch generalisierende und typisierende Normen unter Hinweis auf die Schwierigkeiten des Massenfallrechts.[43]

Konkret auf das staatliche Transfersystem im Steuerrecht und im Sozialrecht bezogen, ergibt sich für den Gesetzgeber die Pflicht, zur Freiheitssicherung die wirtschaftliche Leistungsfähigkeit im System staatlichen Nehmens zu erhalten und im System des staatlichen Gebens zu schaffen.[44] Denn genauso wie im Fall der Erdrosselung der Leistungsfähigkeit im Steuerrecht, ist es im Fall der nicht ausreichenden Gewährleistung der Leistungsfähigkeit im Sozialrecht dem Bürger nicht möglich, von den freiheitsrechtlichen Garantien des Grundgesetzes zu profitieren.

Die entwickelten Prinzipien sind auch nicht nur auf den Inhalt, also den Regelungsgehalt einer Steuernorm beschränkt. Vielmehr kann sich auch eine für Art. 3 Abs. 1 GG relevante Gerechtigkeitslücke durch den ungleichmäßigen Vollzug (Vollzugsdefizit) ergeben, durch das faktisch nur ein (steuerehrlicher) Teil der Bevölkerung der Steuer unterworfen wird.[45]

Soweit von Steuergerechtigkeit die Rede ist, muss zwischen zwei Formen der Gerechtigkeit differenziert werden. Zum einen können sich Fragen der horizontalen Steuergerechtigkeit stellen. Dies betrifft Vergleichsgruppen von Steuerpflichtigen mit Einkünften in gleicher Höhe, die jedoch unterschiedliche Belastungen zu tragen haben. Beispielsweise seien zwei Angestellte mit gleichem Gehalt gegeben, von denen der eine alleinstehend ist und der andere eine Frau und drei Kinder zu versorgen hat.

Zum anderen stellen sich Fragen der vertikalen Steuergerechtigkeit. Hier spielen Vergleichsgruppen von Steuerpflichtigen eine Rolle, die unterschiedlich hohe Einkünfte erzielen. Hierfür sei das erste Beispiel in der Weise abgewandelt, dass beide Angestellte eine Frau und drei Kinder zu versorgen haben. Der eine Angestellte

---

39 *Weber-Grellet*, Steuern im modernen Verfassungsstaat, S. 28.
40 *Weber-Grellet*, Steuern im modernen Verfassungsstaat, S. 27.
41 BVerfGE 23, 242 (256); 84, 239 (271); 99, 88 (95); 101, 151 (155).
42 BVerfGE 99, 88 (95); 107, 27 (47).
43 Zuletzt: BVerfG vom 13.10.2009, Az. 2 BvL 3/05, NJW 2010, 431 ff.
44 *Birk*, Leistungsfähigkeitsprinzip, S. 135.
45 BVerfGE 110, 94.

habe nun jedoch ein monatliches Gehalt von 1.000 EUR und der andere ein solches von 10.000 EUR.

Bei der zweiten Vergleichsgruppe stellen sich grundlegend andere Gerechtigkeitsfragen als bei der ersten. Während die Grundlagen horizontaler Steuergerechtigkeit in der Rechtsprechung des BVerfG und im Schrifttum weitgehend geklärt sind,[46] besteht hinsichtlich der vertikalen Steuergerechtigkeit noch eine Reihe von Problemen. Dies liegt darin begründet, dass es ungleich schwieriger ist, Gerechtigkeitsfragen im Verhältnis unterschiedlicher Einkommensschichten zu bewerten als innerhalb einer Einkommensschicht. Im ersten Beispiel dürfte es unmittelbar einleuchten, dass der Angestellte mit Unterhaltsverpflichtungen der Entlastung bedarf, anderenfalls ein Gerechtigkeitsdefizit bestünde. Wie sich jedoch das geringere Gehalt im zweiten Beispiel auswirken muss, insbesondere wegen der in beiden Fällen bestehenden Unterhaltsverpflichtungen, ist schwieriger zu beantworten. Vor diesem Hintergrund ist es ein zentrales Anliegen dieser Arbeit, das Leistungsfähigkeitsprinzip in seiner Ausprägung der vertikalen Steuergerechtigkeit zu beleuchten.

Im Eingriffsteil des Sozialrechts, also im Beitragsrecht, kommt Art. 3 Abs. 1 GG eine Rolle zu, die fast mit dem Einkommensteuerrecht vergleichbar ist. Der Gleichheitssatz wirkt hier vom bloßen Willkürverbot bis hin zu strenger Bindung an Sachgründe und Verhältnismäßigkeit.[47] Im sozialen Leistungsrecht spielt der Gleichheitssatz nur eine kleinere Rolle.[48] Es wird vorgeschlagen, den allgemeinen Gleichheitssatz als Kontrollmaßstab für die Bestimmung des Existenzminimums zu nutzen.[49] Als mögliches Kriterium zur Bildung sozialrechtlicher Vergleichsgruppen kommt etwa die Ausstattungsdichte der Haushalte mit bestimmten Geräten in Frage, um zu ermitteln, ob das fragliche Gerät noch vom Begriff des Existenzminimums umfasst ist. Auch können bestimmte untere Einkommensklassen zum Vergleich herangezogen werden, um Sozialhilferegelsätze festzulegen. Das BVerfG[50] rekurriert bei diesen Fragen jedoch auf die im Folgenden anzusprechende Verbindung der Menschenwürde aus Art. 1 Abs. 1 GG mit dem Sozialstaatsprinzip aus Art. 20 Abs. 1, 28 Abs. 1 S. 1 GG.

---

46 *Birk*, Leistungsfähigkeitsprinzip, S. 165 ff.
47 BVerfGE 97, 169 (180 ff.).
48 *Kirchhof*, Isensee/Kirchhof, HStR V, § 125 Rz. 2.
49 *Neumann*, NVwZ 1995, 426 (429).
50 Zuletzt wieder im sog. „Hartz IV" Urteil des BVerfG vom 09.02.2010, Az. 1 BvL 1/09, 3/09, 4/09.

II. Das Sozialstaatsprinzip in Verbindung mit der Menschenwürdegarantie

Sozialrecht und Steuerrecht fußen beide auf einem gemeinsamen verfassungsrechtlichen Prinzip, dem Sozialstaatsprinzip[51] aus Art. 20 Abs. 1 und 28 Abs. 1 S. 1 GG. Dieses wird vom BVerfG, wenn es um Fragen des sozialrechtlichen oder steuerrechtlichen Existenzminimums geht, stets in Verbindung mit der Menschenwürdegarantie aus Art. 1 Abs. 1 GG zitiert.[52]

Die Menschenwürde hat damit eine inhaltliche Wandlung vom Schutz vor Angriffen und Erniedrigungen[53] zur Verpflichtung, die Mindestvoraussetzungen für ein menschenwürdiges Dasein zu schaffen, erlebt.[54] Parallel wandelte sich das Verständnis des Sozialrechts, welches noch im 19. Jahrhundert die Hilfe nicht etwa aus Gründen der Menschenwürde gewährte, sondern „damit nicht Hunger, Not und Verwahrlosung die niederen Bevölkerungsklassen zur Störung der öffentlichen Sicherheit und Ordnung treibe und ein staatsgefährliches Proletariat aufkommen lasse".[55] Neben den Gedanken des sozialen Friedens trat erst in den fünfziger Jahren die Idee, den Hilfesuchenden nicht mehr in armenpolizeilicher Tradition als Objekt anzusehen, sondern ihm als Subjekt einen in menschenwürdekonformer Auslegung der Gesetze entwickelten Anspruch auf staatliche Hilfe zuzuerkennen.[56]

Heute dient das Sozialstaatsprinzip i. V. m. Art. 1 Abs. 1 GG der Sicherung sozialer Mindeststandards[57] und einer sozialen Infrastruktur,[58] ist also auf den Ausgleich sozialer Ungerechtigkeiten gerichtet. Dabei dürfte der Begriff der Würde aus Art. 1 Abs. 1 GG kaum noch großer Wandlung unterliegen, ganz im Gegensatz zu dem Urteil darüber, welche Voraussetzungen notwendig sind, um ein menschenwürdiges Leben führen zu können.[59] Das Sozialstaatsprinzip i. V. m. Art. 1 Abs. 1 GG soll die existentiellen Voraussetzungen für die Entfaltung von Freiheit gewährleisten.[60] Es handelt sich um einen Auftrag an den Gesetzgeber und ist insofern auch verbindlich.[61]

---

51 *Zacher*, Isensee/Kirchhof, HStR II, § 28 Rz. 32 ff.
52 Ab BVerfGE 40, 121 (133); 45, 187 (228); 82, 60 (85); 113, 88 (108); zuletzt BVerfG vom 09.02.2010, Az. 1 BvL 1/09, 3/09, 4/09; *Leisner W.G.*, Existenzsicherung, S. 107 ff.; zur Kritik des inflationären Gebrauchs der Menschenwürde in der verfassungsrechtlichen Argumentation: *Tiedemann*, DÖV 2009, 606 (612 ff.).
53 BVerfGE 1, 97.
54 BVerfGE 45, 187 (228); *Hebeler*, NZS 2008, 238 (240 f.); *ders.*, Jura 2005, 17 (20 f.); *Fuchs/ Preis*, Sozialversicherungsrecht, S. 46 ff., 48.
55 *C. P.*, Blätter für die administrative Praxis und Polizeirechtspflege, Bd. XXII (1872), S. 25, zitiert nach: *Neumann*, NVwZ 1995, 426 (427).
56 BVerwGE 1, 159; dem in den siebziger Jahren folgend: BVerfGE 45, 127 (228); krit. Zu dieser Auslegung der BVerwG Entscheidung: *Schnapp*, NZS 2010, 136 ff.
57 BVerfGE 35, 348 (355 f.).
58 *Stern*, Staatsrecht, Bd. 1, § 21 II 2.
59 BVerfGE 45, 187 (229).
60 *Schnapp*, von Münch/ Kunig, GGK II, 5. A. 2001, Art. 20 Rz. 37.
61 *Sachs,* Sachs, Grundgesetz, 4. A. 2007, Art. 20 Rz. 47.

Mangels Festlegung des Grundgesetzes auf eine bestimmte Wirtschaftsordnung kommt dem Gesetzgeber hierbei ein großer Gestaltungsspielraum zu.[62] Es lassen sich kaum definitive Einzelkonsequenzen[63] oder gar konkret bezifferbare Ansprüche[64] aus dem Sozialstaatsprinzip ableiten. Es beinhaltet jedoch einen Gestaltungsauftrag an den Gesetzgeber, das soziokulturelle Existenzminimum zu sichern. Im Übrigen wirkt sich das Sozialstaatsprinzip vor allem auf die Auslegung und Anwendung bestehender Rechtsnormen,[65] insbesondere die Ausfüllung administrativer Entscheidungsspielräume, aus. Für das Sozialrecht schloss das BVerfG auf einen grundsätzlichen Anspruch auf Sozialhilfe.[66]

Im Steuerrecht ergibt sich aus dem Sozialstaatsprinzip in Verbindung mit Art. 1 Abs. 1 GG die Steuerfreiheit des Existenzminimums.[67] In Verbindung mit Art. 6 Abs. 1 GG und Art. 7 Abs. 1 GG verpflichtet es den Gesetzgeber zu einem Familienlastenausgleich.[68]

Auch das Leistungsfähigkeitsprinzip hat eine Rückanbindung an das Sozialstaatsprinzip.[69] Es handelt sich bei dem Leistungsfähigkeitsprinzip zwar um ein Lastenverteilungsprinzip, allerdings verfolgt es auch das Ziel, dem sozialen Ausgleich zu dienen und auf die Belange wirtschaftlich schwächerer Bevölkerungsschichten Rücksicht zu nehmen.[70] Das Sozialstaatsprinzip dient damit auch der Rechtfertigung von Umverteilungsnormen. Die Wohlstandskorrektur ist dabei ein Sozialzweck, der sowohl auf der Einnahmen- als auch auf der Ausgabenseite verfolgt wird.

Es existieren reine Sozialzwecknormen, die von dem Prinzip der Besteuerung nach der Leistungsfähigkeit abweichen. Bei anderen Normen tritt der Sozialzweck zu dem eigentlichen Fiskalzweck hinzu. So beinhaltet der progressive Einkommensteuertarif auch ein umverteilendes Moment. Allein vor dem Hintergrund der gleichmäßigen Besteuerung nach der finanziellen Leistungsfähigkeit könnte man auch zu einem proportionalen Steuertarif gelangen. Erst durch Einbeziehung der umverteilenden Sozialgerechtigkeit rechtfertigt sich ein progressiver Steuertarif.[71] Der Umverteilungsgedanke wird allerdings durch die grundgesetzliche Garantie des Eigentums und des Erbrechts (Art. 14 Abs. 1 GG) begrenzt.[72] Im Zu-

---

62 *Schnapp*, von Münch/ Kunig, GGK II, 5. A. 2001, Art. 20 Rz. 38.
63 *Sachs,* Sachs, Grundgesetz, 4. A. 2007, Art. 20 Rz. 47.
64 *Sachs,* Sachs, Grundgesetz, 4. A. 2007, Art. 20 Rz. 50.
65 *Sachs,* Sachs, Grundgesetz, 4. A. 2007, Art. 20 Rz. 49.
66 BVerfGE 40, 121 (133).
67 BVerfGE 66, 214 ff.; 82, 60 ff.; 99, 216 ff.; 99, 246 ff.; *Ruppe*, H/H/R, Stand Februar 1990, Einf. ESt, Rz. 530; *Tipke*, StRO Bd. 1, 2. A., S. 398 ff.
68 *Sachs,* Sachs, Grundgesetz, 4. A. 2007, Art. 20 Rz. 51; *Pechstein*, Familiengerechtigkeit, S. 49 ff.
69 *Lang,* Tipke/Lang, Steuerrecht, § 4 Rz. 185.
70 BVerfGE 29, 402 (412).
71 *Lang,* Tipke/Lang, Steuerrecht, § 4 Rz. 186 f.
72 *Lang,* Tipke/Lang, Steuerrecht, § 4 Rz. 188 f. m. w. N.

sammenspiel von Steuerrecht und Sozialrecht kommt also dem Sozialstaatsprinzip in Verbindung mit der Menschenwürdegarantie die Funktion zu, einen vernünftigen Ausgleich zwischen den Extrempositionen des exzessiven Liberalismus einerseits und des Kollektivismus sozialistischer, kommunistischer oder gar faschistischer Art andererseits herzustellen.[73]

III. Verbindung von Steuerrecht und Sozialrecht durch Art. 6 GG

Gemäß Art. 6 Abs. 1 GG stehen Ehe und Familie unter dem besonderen Schutz des Staates. Es handelt sich um ein vielseitiges komplexes Grundrecht.[74] Es setzt sich zusammen aus einem Abwehrrecht zugunsten der Familien gegenüber staatlicher Einmischung,[75] einem Diskriminierungsverbot,[76] das Differenzierungen nach der Art der Lebensgemeinschaft verbietet, flankiert durch eine Institutsgarantie,[77] die den Kern des verfassungsrechtlichen Familienbildes schützt, einen Schutzauftrag,[78] der Hilfe und Vorkehrungsmaßnahmen fordert und schließlich einem Gebot zur Förderung der Familie.[79]

Hinsichtlich des Steuerrechts ergeben sich aus Art. 6 Abs. 1 GG zwei Stoßrichtungen. Einmal ergeben sich daraus besondere Ausprägungen des Gleichheitssatzes und des Prinzips der Besteuerung nach der wirtschaftlichen Leistungsfähigkeit.[80] Hierfür entwickelte das Bundesverfassungsgericht den Begriff des „Benachteiligungsverbotes". Zum zweiten ergibt sich aus Art. 6 Abs. 1 GG auch ein „Förderungsgebot" der Familie.[81] Während das Benachteiligungsverbot dem Steuergesetzgeber ein enges Korsett anlegt, erlangt das Förderungsgebot nur marginale Bedeutung für das Steuerrecht.[82] Das heißt, bei Letzterem ist dem Gesetzgeber ein besonders weiter Gestaltungsspielraum eingeräumt. So besteht etwa kein allgemeiner Anspruch auf Familienförderung im Einkommensteuerrecht durch Sozialzwecknormen.[83] Allerdings besteht eine Tendenz des BVerfG, den Gesetzgeber mit Hilfe einer Zusammenschau von Art. 6 Abs. 1 GG und dem Sozialstaatsprinzip in seiner Gestaltungsfreiheit einzuengen.[84] Dies geschieht vor allem im Bereich

---

73 *Stern*, Staatsrecht, Bd. 1, § 21 I 5.
74 *Di Fabio*, NJW 2003, 993 (996); *Papier*, NJW 2002, 2129 (2129 f.); *Shirvani*, NZS 2009, 242 (245 ff.); *Brosius-Gersdorf*, ZRP 2010, 84.
75 BVerfGE 99, 216 (231); 107, 27 (53).
76 BVerfGE 99, 216 (232).
77 BVerfGE 80, 81 (92); 105, 313 (360 f.).
78 BVerfGE 105, 313 (346); *Di Fabio*, NJW 2003, 993 (997 f.).
79 BVerfGE 88, 203 (260); 99, 216 (234); 105, 313 (360 f.).
80 *Kirchhof*, StuW 2006, 3 (19 ff.).
81 BVerfGE 6, 55 (76).
82 *Lang*, Tipke/Lang, Steuerrecht, § 4 Rz. 240.
83 BVerfGE 39, 316 (326); 82 60 (81).
84 BVerfGE 99, 216 ff.; 99, 246 ff.; 99, 268 ff.; 99, 273 ff.

des Familienexistenzminimums.[85] Dort erstellte das Gericht genaue Vorgaben hinsichtlich des Maßstabs für Höhe und Berechnung der Entlastung.[86]

An dieser Stelle besteht eine Parallele zum Sozialrecht. Ist das BVerfG in anderen sozialrechtlichen Bereichen eher zurückhaltend und verweist auf den notwendigen Gestaltungsspielraum des Gesetzgebers, so ändert sich diese Haltung im Bereich des Art. 6 Abs. 1 GG.[87] Zwar darf der Gesetzgeber selbst die Art und Weise festlegen, wie er die Betreuungs- und Erziehungsleistung im Rahmen der Beitragsbemessung zur Sozialversicherung würdigt.[88] Allerdings wird verlangt, den sog. generativen Beitrag, also die Ermöglichung der nächsten Generation durch das Kinderbekommen, in allen Sozialversicherungszweigen zu berücksichtigen.[89]

IV. Die Bedeutung der Eigentumsgarantie aus Art. 14 GG

Inwieweit die Eigentumsgarantie des Art. 14 GG ihre Wirkung im Steuerrecht entfalten kann ist nicht abschließend geklärt.[90] Über lange Zeit gingen Rechtsprechung und Staatsrechtslehre von der weitgehenden Ineffizienz und Bedeutungslosigkeit der Eigentumsgarantie im Bereich des Steuerrechts aus.[91] Der Schutzbereich sei nicht eröffnet. Denn die Eigentumsgarantie des Art. 14 GG könne grundsätzlich nicht vor der Besteuerung als Eingriff in den Vermögensbestand schützen. Der Art. 14 GG könne nicht das Vermögen als solches schützen.

Das Grundgesetz gewähre zwar einen gewissen Vermögensschutz in dem Sinne, dass es die Freiheit von ungesetzlicher und nicht verfassungsmäßiger Auferlegung vermögenswerter Leistungspflichten schützt.[92] Dies geschehe jedoch bereits durch die allgemeine Handlungsfreiheit des Art. 2 Abs. 1 GG. Den Schutz eines bestimmten Vermögensbestandes in das speziellere Grundrecht des Art. 14 GG aufnehmen zu wollen, sprenge dessen Schutzbereich. Denn Art. 14 GG schütze vermögenswerte Rechtspositionen, deren Inhalt und Schranken vom Gesetzgeber normativ fixiert werden. Das heißt, das Grundgesetz gehe aufgrund der fehlenden Festlegung auf eine bestimmte Wirtschaftsverfassung nicht von einem naturrechtlich vorgeprägten Begriff des Eigentums aus.[93] Vielmehr fülle der Gesetzgeber den

---

85 Dazu noch später unter: Kap. 2 C. II.
86 BVerfGE 82, 60 (84); 99, 246 (265).
87 *Axer*; DStJG 29 (2006), S. 179.
88 BVerfGE 103, 242 (269 ff.).
89 BVerfGE 103, 242 (270).
90 *Vogel/Waldhoff*, BK, Vorb. zu Art. 104a bis 115 GG, Rz. 532 ff.
91 *Arndt/Schumacher*, AöR 1993, 513 (582 ff.); *Papier*, Der Staat 1972, 483.
92 *Papier*, DVBl. 1980, 787 (790).
93 *Wieland*, DStJG 24 (2001), S. 29 (39).

Begriff des Eigentums durch die Gesamtheit der einschlägigen öffentlich-rechtlichen und privatrechtlichen Normen mit Leben.[94]

Dem Grundrechtsträger solle ein Freiheitsraum im vermögensrechtlichen Bereich gesichert werden,[95] nicht eine Garantie seiner wirtschaftlichen Potenz der Höhe nach. Damit sei der konkrete Schutzanspruch des Vermögens in einer bestimmten Höhe nicht zu vereinbaren. Der Art. 14 GG schütze Herrschafts- und Nutzungsbefugnisse und gewähre Bestands- und Bestandswertgarantien. Wolle man hierunter auch die wirtschaftliche Potenz des Steuerpflichtigen (sein Vermögen) subsumieren, so wäre auch kein weiterer Schutz als durch Art. 2 Abs. 1 GG erreicht. Es würden lediglich Unschärfen in den Eigentumsbegriff des Art. 14 GG importiert. Dieser verblasste zu einem allgemeinen Gesetzmäßigkeitsgrundrecht analog Art. 2 Abs. 1 GG.[96]

Die neuere Rechtsprechung des BVerfG ist jedoch um eine Konkretisierung, Präzisierung und in der Folge Effektuierung der Eigentumsgarantie im Bereich des Steuerrechts bemüht.[97] Numerisch fassbare Grenzen der Sozialpflichtigkeit des Ergebnisses eigener wirtschaftlicher Leistung lassen sich beispielsweise aus der Erkenntnis gewinnen, dass dem Steuerpflichtigen das nicht disponible Einkommen belassen werden muss.[98] Das heißt, zur Finanzierung allgemeiner Staatsaufgaben darf das nicht herangezogen werden, was der Einzelne für den Lebensunterhalt seiner selbst und seiner Familie benötigt. Wohl in Weiterentwicklung seiner bisherigen Rechtsprechung hält das BVerfG im Beschluss vom 18.1.2006[99] fest, dass der Schutzbereich des Art. 14 GG jedenfalls dann eröffnet sei, wenn Steuerpflichten an den Hinzuerwerb von Eigentum angeknüpft werden. Da dies bei der Einkommensteuer der Fall ist, dürfte regelmäßig der Schutzbereich eröffnet sein.

Beim Eingriff ist hinsichtlich des nicht geschützten Vermögensbestands und geschützter Eigentumsrechte zu differenzieren. Auch wenn Art. 14 GG das Vermögen als solches nicht direkt vor dem Steuerzugriff schützt, sind doch Fälle denkbar, in denen ein Steuerzugriff für Art. 14 GG relevant werden kann. Hierbei kann nach dem oben Festgestellten nicht auf finale Eingriffe in das Vermögen abgehoben werden. Es sind jedoch Konstellationen denkbar, bei denen als Nebeneffekt zum (nicht vom Schutzbereich umfassten) finalen Eingriff in das Vermögen (geschützte) Eigentumsrechte verletzt werden. Wenn etwa eine gewerbliche Tä-

---

94 BVerfGE 58, 300 (Nassauskiesung).
95 BVerfGE 50, 290 (339 f.).
96 *Papier*, DVBl. 1980, 787 (790); keine Ansprüche aus Art. 14 GG: *Wahl*, Bender u. a. (Hrsg.) FS Redeker, 1993, S. 245 ff.
97 *Papier*, DStR 2007, 973 (974).
98 BVerfGE 87, 153 (169); Anmerkung *Lehner*, DStR 1992, 1641; *ders.*, Einkommensteuerrecht und Sozialhilferecht, S. 406.
99 BVerfGE 115, 97 (111).

tigkeit der Besteuerung unterliegt, so erfolgt ein Eingriff in die Eigentumsnutzung (eingerichteter und ausgeübter Gewerbebetrieb).

Ebenso wäre es als Eingriff in den Schutzbereich des Art. 14 GG zu werten, wenn eine steuerliche Lenkungsnorm eine bestimmte Form der Eigentumsnutzung final unterbindet. Dies wäre etwa der Fall, wenn zur Einschränkung der PKW-Nutzung die KfZ-Steuer derart erhöht würde, dass sich nur noch eine absolute Minderheit der Bevölkerung das Autofahren leisten könnte.

Will man Art. 14 GG zum Schutz gegen die Steuer fruchtbar machen, besteht hinsichtlich des Eingriffs ein grundlegendes Problem. Dieses liegt in der schwierigen Konkretisierung und Individualisierung des Eingriffs.[100] Denn regelmäßig wird nicht eine bestimmte Steuer die Befürchtung des Eingriffs in Eigentumsrechte hervorrufen. Vielmehr wird erst eine Kumulation aller Belastungen mit Steuern und anderen Abgaben (insbesondere der Sozialversicherungsabgaben) einen Eingriff in den Schutzbereich des Art. 14 GG nahelegen.

Liegt ein Eingriff in den Schutzbereich des Art. 14 GG durch die Besteuerung vor, so stellt sich die Frage nach dessen Rechtfertigung. Diese kann durch die Steuer als Schranke gemäß Art. 14 Abs. 1 S. 2 GG oder über die Sozialpflichtigkeit des Eigentums erfolgen, Art. 14 Abs. 2 S. 2 GG.[101] Regelmäßig wird die Steuer lediglich als Beschränkung der Nutzbarkeit des Eigentums aufzufassen sein. Das heißt, es handelt sich um eine Inhalts- und Schrankenbestimmung des Eigentumsrechts, die entschädigungslos hinzunehmen ist, Art. 14 Abs. 1 S. 2 GG. Eine Ausnahme hiervon bietet nach allgemeiner Ansicht lediglich das Verbot von erdrosselnden Steuern, welche wegen ihrer Höhe nicht mehr geeignet sind, dem Staat Finanzmittel zu generieren, also nicht mehr unter die Definition der Steuer subsumierbar seien.[102]

Besonders virulent wurde die Reichweite des Art. 14 GG im Steuerrecht bei der Frage der Vermögensteuer. Der Begriff Vermögensteuer scheint zunächst einen problematischen Eingriff in die Vermögenssubstanz nahezulegen. Jedoch wurde die Vermögensteuer als solche im Vermögensteuerbeschluss vom 22.6.1995[103] dem Grunde nach für gerechtfertigt gehalten. Dies geschah zum einen mit dem definitorischen Kunstgriff, dass die Vermögensteuer nicht typisiert an den Bestand eines bestimmten Vermögens anknüpfe, sondern an einen pauschalierten Sollertrag des Vermögens.[104] Die Vermögensteuer sei also im Grunde nicht mehr als eine besondere Form der Ertragsteuer. Zum anderen rechtfertige sich die Vermögensteuer bereits dem Grunde nach durch ihre Erwähnung im Art. 106 Abs. 2 Nr. 1 GG.

---

100 *Papier*, DVBl. 1980, 787 (790).
101 *Arndt/Schumacher*, AöR 1993, 513 (583).
102 BVerfGE 115, 97; 16, 147 (161); *Birk*, Leistungsfähigkeitsprinzip, S. 189; *Papier*, Besteuerung und Eigentum, DVBl 1980, 787 (793).
103 BVerfGE 93, 121.
104 *Tipke*, GmbHR 1996, 8 (10).

Der Schwerpunkt der Diskussion der Vermögensteuer lag jedoch nicht bei ihrer Rechtfertigung dem Grunde nach, sondern bei der vor dem Hintergrund des Art. 14 GG zulässigen Höhe. Hierzu führte der Vermögensteuerbeschluss aus, dass die Vermögensteuer zu den übrigen Steuern auf den Ertrag nur hinzutreten dürfe, soweit die steuerliche Gesamtbelastung des Sollertrags bei typisierender Betrachtung von Einnahmen, abziehbaren Aufwendungen und sonstigen Entlastungen in der Nähe der hälftigen Teilung zwischen privater und öffentlicher Hand verbleibe.[105] Zudem ist der Schutz des Gebrauchsvermögens als Existenzvermögen, also der Schutz des Existenzminimums, auch im Recht der Vermögensteuer entfaltet worden.[106]

Aus dem Vermögensteuerbeschluss[107] schlossen einige Autoren,[108] dass eine Besteuerung höchstens in der Nähe der hälftigen Teilung des Hinzuerworbenen zwischen Staat und Bürger erfolgen könne. Es liege insofern eine grundlegende Erweiterung des Schutzes durch Art. 14 GG im Bereich der Steuern vor. Demnach sei das Eigentumsgrundrecht nicht weiter nur als Schutz von Rechten, die der Gesetzgeber definiert, sondern als Teil einer umfassenden Handlungsfreiheit zu verstehen.[109] Aus der Eigentumsgarantie lasse sich eine generelle Begrenzung der Besteuerung auch jenseits der Erdrosselung ableiten. Dieser Ansatz war maßgeblich auf die Vorarbeiten *Paul Kirchhofs* zurückzuführen, der eine Dogmatik zum Eigentumsschutz im Steuerrecht entwickelte, nach der höchstens 50% der Einkünfte dem Wohl der Allgemeinheit dienend wegbesteuert werden dürfen (sog. Halbteilungsgrundsatz).[110]

Wie bereits *Böckenförde* im Sondervotum zum Vermögensteuerbeschluss[111] ausführte, ist dem nicht zu folgen. Aus der Eigentumsgarantie allein lässt sich nicht ohne weiteres ein steuerrechtstheoretisches Konzept ableiten, das sowohl den Grund als auch die Intensität der Besteuerung aus einer differenziert interpretierten Eigentumsidee herleitet. Statt feste numerische Grenzen der Besteuerung zu errichten, lässt Art. 14 GG dem Gesetzgeber einen weiten Gestaltungsspielraum hinsichtlich des Anknüpfungspunkts und der Höhe der Besteuerung.

---

105 BVerfGE 93, 121 (138); kritisch: bereits Sondervotum BVerfGE 93, 121 (149 ff.); statt vieler *Birk,* DStJG 22 (1999), S. 7 (20).
106 *Felix*, BB 1995, 2241 ff.
107 BVerfGE 93, 121.
108 *Seer*, FR 1999, 1280 (1282 f.); 1296 ff.; *Fleischmann*, DB 1998, 1484; *Rose*, DB 1997, 494; *Jachmann*, DStR 1996, 574; *Mayer*, DB 1995, 1831; *Flume*, DB 1995, 1779; *Arndt/Schumacher*, NJW 1995, 2603.
109 *Seer*, FR 1999, 1280 (1282 f.); 1296 ff.; *Jachmann*, DStR 1996, 574; *Mayer*, DB 1995, 1831; *Flume*, DB 1995, 1779; *Arndt/Schumacher*, NJW 1995, 2603.
110 *Kirchhof*, Gutachten für den 57. DJT 1988, S. F 51 ff.; *ders.*, Isensee/Kirchhof, HStR V, § 118 Rz. 126 ff.; umfassend dazu: *Pausenberger*, Eigentum und Steuern in der Republik, passim.; *Klawonn*, Die Eigentumsgewährleistung, S. 133 ff.; krit. *Arndt/Schumacher*, NJW 1995, 2603 (2604); *Beyer*, Die Freiheitsrechte, S. 147 ff. m. w. N.
111 BVerfGE 91, 121 (149 ff.).

Im Beschluss vom 18.1.2006[112] stellte das Gericht sodann klar, dass sich die Ausführungen im Vermögensteuerbeschluss vom 22.6.1995 allein auf die Gesamtbelastung durch eine neben die Einkommensteuer tretende Vermögensteuer bezogen haben und keine allgemeine Belastungsobergrenze in der Nähe hälftiger Teilung statuierten. Die Ausführungen zum sog. Halbteilungsgrundsatz seien nicht auf andere Steuerarten übertragbar. Damit ist in der Bundesrepublik, anders als beispielsweise in Frankreich,[113] eine Steuerbegrenzung in der Nähe der Hälfte des Erworbenen abzulehnen.

Ohnehin ist nicht sicher, ob ein sog. Halbteilungsgrundsatz nicht mehr Fragen aufwürfe als er zu lösen im Stande wäre. Es würde zu nicht absehbaren Schwierigkeiten führen, wollte man die tatsächliche Gesamtsteuerbelastung eines jeden Steuerpflichtigen ermitteln. Insbesondere die indirekten und die übergewälzten Steuern stellten die Finanzverwaltung vor unlösbare Probleme.[114]

Das grundsätzliche Problem der Prüfung der Rechtfertigung des Steuerzugriffs liegt in den fehlenden Maßstäben für eine Verhältnismäßigkeitsprüfung. Bis auf die Extremfälle des finalen Eingriffs mittels Lenkungsnorm oder einer erdrosselnden Besteuerung[115] lässt sich eine Unverhältnismäßigkeit nicht schlüssig begründen. Dies liegt nicht zuletzt daran, dass die Ausgabenseite von der Einnahmenseite abstrahiert ist. Das heißt, die Gesamtlast, die durch die Steuer zu tragen ist, steht fest. Es kann nur darüber diskutiert werden, wer welchen Teil der Last zu tragen hat, die Gesamtlast steht nicht zur Disposition (Non-Affektation). Die Deckung der Gesamtlasten des Staates ist stets ein legitimer Zweck, für den die Steuerzahlung auch geeignet ist. Mangels milderer, gleich wirksamer Mittel ist die Steuer auch regelmäßig erforderlich. Wegen der beschriebenen Non-Affektation kann keine Mittel-Zweck Relation gebildet werden. Eine Abwägung zur Prüfung der Angemessenheit ist grundsätzlich nicht möglich.

Nur in Ausnahmefällen kann eine nicht zu rechtfertigende Substanzbesteuerung vorliegen. Diese überschreitet die Grenze der hinzunehmenden Inhalts- und Schrankenbestimmung, auch wenn das Steuergesetz nicht final die Eigentumsentziehung verfolgt. Ein Beispiel für einen solchen Fall stellt die erdrosselnde Besteuerung eines Gewerbebetriebs dar. Wenn bereits bei Erlass des Steuergesetzes absehbar ist, dass die Steuer nicht aus den Erträgen bezahlt, sondern nur durch Aufzehren des Betriebs erbracht werden kann, so liegt ein ungerechtfertigter Substanzeingriff vor.

Auch die angesprochene Unterbindung des Autofahrens via Steuer ist nicht zu rechtfertigen. Denn diese Form der Besteuerung übersteigt bei typisierender Be-

---

112 BVerfGE 115, 97 (108).
113 Plafonnement des impôts bei 50% gemäß art.1 CGI (code général des impôts) i. V. m Art. 1649-0 A CGI.
114 *Wieland*, DStJG 24 (2001), S. 29 (44 f.); *Tipke*, GmbHR 1996, 8 (12 ff.).
115 *Birk*, Steuerrecht, S. 59 f.

trachtung die hinzunehmende und verkraftbare Belastung des Eigentums. Das Eigentumsrecht an dem KfZ würde nur noch der Form nach bestehen. Die Eigentumsnutzung wäre für die Mehrheit der Bevölkerung de facto ausgeschlossen.

Damit bleibt es bei den bereits angesprochenen Schwierigkeiten, Maßstäbe für die Angemessenheit der Besteuerung zu finden. Viel mehr als die Grenze der erdrosselnden Besteuerung lässt sich dem Art. 14 GG auch weiterhin nicht entnehmen. Mit den Worten *Wielands*[116] ausgedrückt, erscheint es im Grundsatz sinnvoller, spezifisch steuerrechtliche Probleme mit steuerrechtlichen Mitteln – also dem Leistungsfähigkeitsprinzip – zu lösen, als sie mit dem Breitbandantibiotikum des Art. 14 GG zu ersticken, gegen das sich Krankheitserreger schnell als resistent erwiesen haben.

Das Sozialrecht hält auf der Ausgabenseite, als Pendant zu den Anforderungen des Eigentumsschutzes aus Art. 14 GG im Einkommensteuerrecht auf der Einnahmenseite, das Subsidiaritätsprinzip bereit. Global betrachtet schützt dieses den Steuerzahler vor unverhältnismäßiger Belastung durch sozialrechtliche Ansprüche.[117]

Im Sinne der freiheitsschonenden Subsidiarität wird im Sozialrecht zwar der materielle Bedarf gesichert, dieser wird jedoch an eine Antragstellung und umfangreiche Nachweispflichten geknüpft sowie auf ein soziokulturelles Existenzminimum beschränkt.[118] Vor allem ist der Antragsteller grundsätzlich darauf verwiesen, selbst für seinen Unterhalt aufzukommen. Im Übrigen kommt dem Art. 14 GG im Sozialrecht dadurch eine maßgebliche Rolle zu, dass das Bundesverfassungsgericht im Jahr 1980 in einer Grundsatzentscheidung[119] sozialversicherungsrechtliche Ansprüche und Anwartschaften seinem Schutzbereich unterstellte.[120]

V. Kompetenzzersplitterung als Harmonisierungshürde

Möglicherweise erschwert die derzeitige Ausgestaltung der Kompetenzen im Bereich des Sozialrechts und des Steuerrechts die Feinabstimmung beider Teilrechtsgebiete. Bereits hinsichtlich der föderalen Verteilung der Kompetenzen werden Unterschiede zwischen dem staatlichen Nehmen und dem staatlichen Geben deutlich.[121] In der Materie des Steuerrechts hat der Bund im Vergleich zu den Ländern

---

116 *Wieland,* DStJG 24 (2001), S. 46.
117 *Kube,* DStJG 29 (2006), S. 19.
118 *Kirchhof,* JZ 1982, 305 (307 f.).
119 BVerfGE 53, 257 ff.
120 *Hebeler,* Jura 2005, 17 (22).
121 *Waldhoff,* Isensee/Kirchhof HStR V, § 116, Rz. 10 f.; *Heun,* FS Selmer, S. 657 ff.

und Kommunen einen weiten Gestaltungsspielraum.[122] Ihm kommt gemäß Art. 106 Abs. 3 GG ein Teil des Aufkommens der Einkommensteuer zu. Aus diesem Grund hat er für sie nach Art. 105 Abs. 2 GG die Gesetzgebungskompetenz. Der Einfluss der Länder bei einer der wichtigsten Steuerarten tritt nur durch die Zustimmungsbedürftigkeit dieser Gesetze im Bundesrat zu Tage. Durch das Anknüpfen an die Ertragskompetenz zur Ermittlung der Gesetzgebungskompetenz kommt es zu einer Querschnittszuständigkeit des Bundes, unabhängig von den hinter der jeweiligen Materie stehenden Sachgesetzlichkeiten.[123]

Zumindest mittelbar ist es dem Bund daher möglich, fast vollständig Gegenstände zu regeln, die im Verantwortungskreis des Landesgesetzgebers liegen. Dieser Eindruck wird noch dadurch unterstrichen, dass bei der konkurrierenden Gesetzgebung aus Art. 105 Abs. 2 GG auf das Erfordernis des Art. 72 Abs. 2 GG verzichtet wurde. Man könnte davon ausgehen, dass steuerliche Themen ohnehin stets von solcher gesamtstaatlicher Bedeutung sind, dass sie unproblematisch den Anforderungen des Art. 72 Abs. 2 GG genügen. Aus dem Umkehrschluss aus Art. 105 Abs. 2 Alt. 2 GG folgt indessen, dass die Verfassung gerade nicht davon ausgeht, dass etwa alle steuerlichen Fragen die Anforderungen des Art. 72 Abs. 2 GG erfüllen und man deshalb auf das Erfordernis verzichten kann. Gemäß der zweiten Alternative des Art. 105 Abs. 2 GG hat nämlich der Bund dann die Gesetzgebungskompetenz, wenn die Voraussetzungen des Art. 72 Abs. 2 GG vorliegen. Lägen die Voraussetzungen stets vor, bedürfte es nicht mehr der ersten Alternative des Art. 105 Abs. 2 GG. Neben der Gesetzgebungskompetenz erhält der Bund aufgrund (teilweiser) Ertragskompetenz auch die Hoheit über das Verwaltungsverfahren, Art. 108 Abs. 3 GG. Demnach unterliegt unter anderem die Einkommensteuer der Bundesauftragsverwaltung, Art. 108 Abs. 3; 85 Abs. 3, 4 GG.

Anders gestalten sich die Verhältnisse im Sozialrecht. Hier kann sich der Bund zwar hinsichtlich der Gesetzgebungskompetenz auch auf einen durchaus weit zu verstehenden Begriff der *öffentlichen Fürsorge* aus Art. 74 Abs. 1 Nr. 7 GG berufen. Diese Kompetenznorm erfasst auch durchweg das gesamte Sozialrecht.[124] In dieser Materie bestehen indes einige Beschränkungen für den Bund.

Die Kompetenzen des Art. 74 Abs. 1 GG sind grundsätzlich eher punktuell zu verstehen und können nicht ebenso weit verstanden werden wie etwa Art. 105 Abs. 2 GG. Hinzu tritt, dass der Bund stets den Anforderungen des Art. 72 Abs. 2 GG unterliegt.[125] Ist die sozialrechtliche Regelung also weder zur Herstellung gleichwertiger Lebensverhältnisse im Bundesgebiet noch zur Wahrung der

---

122 Dazu *Seiler*, NZS 2007, 617 (619).
123 *Seiler*, NZS 2007, 617 (620).
124 *Seiler*, NZS 2007, 617 (620).
125 BVerfGE 106, 62 (135 ff.).

Rechts- und Wirtschaftseinheit nötig, so bleibt die Kompetenz beim Landesgesetzgeber.

Bis auf den Fall des Art. 104a Abs. 3 S. 2 GG bleibt die Sozialverwaltung Sache der Länder i. S. v. Art. 84 GG. Nach dem ersten Teil der Föderalismusreform ist ein Durchgriff des Bundes auf die Kommunen wegen Art. 84 Abs. 1 S. 7 und 85 Abs. 2 S. 2 GG ohnehin ausdrücklich ausgeschlossen. Generell besagt auch das Konnexitätsprinzip aus Art. 104a Abs. 1 GG, dass die Körperschaft, der die Verwaltungskompetenz zukommt, auch die hierdurch entstehenden Kosten zu tragen hat. Damit kommt dieser Körperschaft, also regelmäßig den Ländern, auch grundsätzlich die Entscheidung über die Verwendung der Finanzmittel zu.[126]

Die beschriebenen Diskrepanzen der Gesetzgebungs-, Verwaltungs- und Finanzierungskompetenz des Bundes im Steuerrecht und Sozialrecht haben weitreichende Folgen. Sie veranlassen den Bund dazu, originär sozialrechtliche Themen, die er nur unter Schwierigkeiten regeln könnte, als Steuerrecht „getarnt" zu normieren. In Letzterem kommen ihm, wie beschrieben, die weitreichenderen Kompetenzen zu.

Als Beispiel kann die Kinderbetreuung[127] genannt werden. Der Bund kann den Abzug von Kinderbetreuungskosten im Einkommensteuerrecht[128] mittels Art. 105 Abs. 2 GG ohne Kompetenzprobleme regeln. Den Vollzug der Regeln kann er mit Hilfe des Art. 108 Abs. 3 GG normieren, die Kostentragung erfolgt anteilig nach Art. 106 Abs. 3 GG. Dagegen muss der Bund im Sozialrecht, wenn er Kinder fördern möchte,[129] auf die „öffentliche Fürsorge" des Art. 74 Abs. 1 Nr. 7 GG zurückgreifen, um eine Gesetzgebungskompetenz zu erhalten. Dabei unterliegt er der Hürde des Art. 72 Abs. 2 GG. Der für die Kinderbetreuung typische kommunale Vollzug darf vom Bund weder geregelt, Art. 84 Abs. 1 S. 7 GG, noch finanziert werden, Art. 104a Abs. 3 GG. Damit besteht ein deutlicher Anreiz für den Gesetzgeber, das einfacher zu verwendende Steuerrecht zu nutzen, um originär sozialrechtliche Regelungen zu treffen.[130]

Im Gegensatz dazu fehlt eine stabile Dogmatik zur Finanzverfassung des Sozialrechts.[131] Es besteht sogar eine Tendenz des BVerfG, die Existenz eines Sozialfinanzrechts abzulehnen.[132] Verantwortlich dafür ist, dass sich das Sozialrecht traditionell als reines Leistungsrecht geriert, sich somit vorwiegend auf das Sozialstaatsprinzip i. V. m. Art. 1 Abs. 1 GG beruft und dabei bewusst oder unbewusst seine Eingriffsseite unterschlägt. Es wird auf der einen Seite der Sozialstaat des

---

126 *Seiler*, NZS 2007, 617 (620).
127 Beispiel bei *Seiler*, NZS 2007, 617 (622).
128 §§ 9c, 9 Abs. 5 S. 1 EStG.
129 Bsp. Förderung von Kindern in Tageseinrichtungen gemäß §§ 22 ff. SGB VIII.
130 *Seiler*, NZS 2007, 617 (623).
131 *Kirchhof*, DStJG 29 (2006), S. 58.
132 BVerfGE 113, 167 (206 f.).

Art. 20 GG gelobt, jedoch im Beitragsrecht die Finanzverfassung und die Grundrechte übersehen.[133] An den Stellen, an denen der Sozialgesetzgeber nicht unterstützt und gibt, sondern belastet und nimmt, bestehen dadurch teilweise deutlich weitere Kompetenzen als im Steuerrecht.[134]

Anders als im Steuerrecht können ohne Rücksicht auf Beitragsgerechtigkeit und Finanzierungsverantwortung Transfers erfolgen, die unter Hinweis auf die Besonderheiten im Sozialrecht gebilligt werden.[135] Das „Sozialfinanzverfassungsrecht" besteht demnach nur aus den Art. 74 Abs. 1 Nr. 12, 87 Abs. 2 und 120 Abs. 1 S. 4 GG.[136] Es muss demnach ein Beitrag nur einmal zum Zweck des sozialen Ausgleichs erhoben worden sein, um ihn dann über die Grenzen der Sozialversicherungsträger hinaus (insbesondere für versicherungsfremde Leistungen) zu transferieren.[137]

Als Zwischenergebnis kann festgehalten werden, dass das Einkommensteuerrecht und das Sozialrecht weder hinsichtlich der Gesetzgebung noch hinsichtlich der Verwaltung oder der finanziellen Begünstigung und der finanziellen Belastung in einer Hand liegen.[138] Im Steuerrecht erscheint aus der Sicht des Bundes die Gesetzgebung unproblematischer, während im Sozialrecht die Verwaltung der Mittel, insbesondere der Transfer, leichter möglich ist. Der dadurch entstandene „Wildwuchs" im Verhältnis von Steuerrecht und Sozialrecht darf zumindest als einer der Gründe der Harmonisierungsbedürftigkeit beider Teilrechtsgebiete angesehen werden.

Sinnvoll erscheint zunächst eine Entflechtung der Zuständigkeiten. In einem zweiten Schritt könnten das Steuerrecht und das Sozialrecht bereits auf grundgesetzlicher Ebene zusammengeführt werden. Denkbar wäre die Etablierung eines gemeinsamen Finanzrechts. Als Begründung für die geforderte Zusammenführung können die oben genannten Reibungsverluste zwischen beiden Teilrechtsordnungen genannt werden. Hinzu tritt, dass Steuern und Sozialversicherungsabgaben sich aus der Sicht des Bürgers als eine kumulative finanzielle Belastung auswirken. Dementsprechend erschiene es vernünftig, beiden Teilrechtsgebieten wegen ihrer gemeinsamen Belastungswirkung einen gemeinsamen Blick auf den Bürger zu geben.

Auch mit Blick auf die staatliche Ausgabenseite ist die Entwirrung und ein geordnetes Nebeneinander von Steuerrecht und Sozialrecht notwendig. Grund hierfür ist ein gewandeltes Verhältnis der beiden Teilrechtsgebiete zueinander. Es kommt zur immer stärkeren Verflechtung, da immer mehr Steuermittel für soziale Hilfs-

---

133 *Kirchhof*, NZS 1999, 161 (161).
134 *Kirchhof*, Isensee/Kirchhof, HStR V, § 125 Rz. 19 ff., 21.
135 *Kirchhof*, DStJG 29 (2006), S. 57 f.
136 *Hebeler*, NZS 2008, 238 (240 f.); *Kirchhof*, NZS 1999, 161 (162).
137 *Kirchhof*, NZS 1999, 161 (163).
138 *Selmer*, NVwZ 2007, 872 (874 f., 878).

systeme verwendet werden müssen (etwa Stützung der gesetzlichen Krankenkassen). Eine Lösung dieser Probleme dürfte kaum allein auf einfachgesetzlicher Ebene zu leisten sein. An dieser Stelle muss an den Mut zur Veränderung im Rahmen der Föderalismusreform appelliert werden.[139]

VI. Das Erfordernis der Widerspruchsfreiheit

Die beiden Teilrechtsgebiete könnten bereits auf grundgesetzlicher Ebene untrennbar durch ein verfassungsrechtliches Gebot der Widerspruchsfreiheit miteinander verbunden sein,[140] sodass eine verfassungsrechtliche Pflicht zur Harmonisierung von Steuerrecht und Sozialrecht bestünde.

1.) Widerspruchsfreiheit in Rechtsprechung und Literatur

Nach dem BVerfG muss der Gesetzgeber eine einmal getroffene Belastungsentscheidung folgerichtig im Sinne von Belastungsgleichheit umsetzen.[141] Jedenfalls innerhalb des Einkommensteuerrechts schließt das Gericht aus „nicht systemgerechten" Regelungen unmittelbar auf einen Verstoß gegen den Gleichheitssatz aus Art. 3 GG.[142] Auch in der Entscheidung des BVerfG zur Entfernungspauschale aus dem Jahr 2008[143] kommt der Folgerichtigkeit eine grundlegende Bedeutung zu. Aus der fehlenden Folgerichtigkeit der Neuregelung der Entfernungspauschale schließt das Gericht auf einen Verstoß gegen Art. 3 GG. Das BVerfG geht demnach jedenfalls von einer Pflicht zur Widerspruchsfreiheit und Folgerichtigkeit innerhalb des Einkommensteuerrechts aus.

In der Entscheidung zur Steuerfreistellung von Krankenkassenbeiträgen aus dem Jahr 2008 scheint das Gericht den Grundsatz der Folgerichtigkeit nun auch auf das Verhältnis von Steuerrecht und Sozialrecht ausdehnen zu wollen, indem es aus dem Grundsatz des steuerfreien Existenzminimums, der Bemessung des Existenzminimums anhand sozialhilferechtlicher Maßstäbe und anhand der grundsätzlichen Entscheidung, Krankenversicherungsbeiträge in § 10 EStG von der Be-

---

139 Dabei scheint es noch ein weiter Weg zu sein von den konturenlosen Verlegenheitswendungen wie „Modernisierung", „Anpassung an veränderte Rahmenbedingungen" oder „aufgabenadäquate Finanzausstattung" zu einem schlüssigen bundesstaatstheoretischen Konzept., vgl. auch *Selmer*, NVwZ 2007, 872 (873).

140 Vgl. dazu: BVerfGE 98, 106 ff.; *Ruppe*, H/H/R, Stand Februar 1990, Einf. ESt, Rz. 477, 530.

141 BVerfGE 122, 210 ff.; 120, 125 ff.; 105, 73 (126); 107, 27 (46 f.); 99, 280 (290).

142 BVerfGE 101, 132 (139); 101, 151 (156); *Moes*, Die Steuerfreiheit des Existenzminimums, S. 128.

143 BVerfGE 122, 210 ff.; dazu: *Lehner*, DStR 2009, 185 (186 f.); *Hey*, Beihefter zu DStR 34 2009, 109 (109); *Jachmann*, Beihefter zu DStR 34 2009, 129 (131 f.).

steuerung auszunehmen, Folgerichtigkeitsschlüsse auf den Umfang der freizustellenden Vorsorgeaufwendungen zieht.[144] So wie das Einkommensteuerrecht in sich widerspruchsfrei sein müsse, so sollte auch die gesamte Rechtsordnung widerspruchsfrei sein. Es deutet demnach einiges darauf hin, dass auch das Einkommensteuerrecht und das Sozialrecht im Zusammenspiel widerspruchsfrei sein müssen.[145]

Von der Frage nach der Pflicht zur Vermeidung von Wertungswidersprüchen ist das Problem der Relativität der Rechtssatzbegriffe abzuschichten.[146] Nur weil ein grammatikalisch gleicher Begriff in verschiedenen Gesetzen benutzt wird, stellt es keinen Wertungswiderspruch dar, an diesen unterschiedliche Rechtsfolgen zu knüpfen. So liegt kein Wertungswiderspruch vor, wenn ein Vermieter i. S. v. §§ 535 ff. BGB nicht zwingend Einkünfte aus Vermietung und Verpachtung i. S. v. §§ 2 Abs. 1 S. 1 Nr. 6, 21 EStG erzielt.[147]

Nur dann, wenn in verschiedenen Teilrechtsgebieten eine identische Zielsetzung vorliegt, sei das Erfordernis der Widerspruchsfreiheit über das Binnensystem eines Rechtsgebietes hinaus zu erstrecken.[148] Da es nur eine wirtschaftliche Realität geben könne,[149] sei diese Zielidentität bei dem Zusammenspiel von Steuerrecht und Sozialrecht insoweit erfüllt, als die Messung der wirtschaftlichen Leistungsfähigkeit im Steuerrecht und im Sozialrecht bezweckt werde.[150] Zur Vermeidung von Wertungswidersprüchen müssen sich steuerliche Leistungsfähigkeit und soziale Bedürftigkeit ausschließen.[151] So wie ein steuerlich Leistungsfähiger nicht Anspruch auf bedürftigkeitsabhängige Sozialleistungen haben kann, darf der Staat dem Bürger nicht notwendige Mittel entziehen, falls er sie ihm durch Sozialleistung wiedergeben müsste.[152]

Dass sich das BVerfG isoliert auf die Folgerichtigkeit beruft, wird kritisiert, da die Gefahr bestehe, dieses nur scheinbar zwangsläufige Postulat überzubewerten.[153] Außer in evidenten Fällen sei der Grundsatz der Folgerichtigkeit abhängig von rechtspolitischer Wertung. Der Steuergesetzgeber dürfe nicht durch den Sachgesetzgeber einer anderen Rechtsmaterie in seiner Entscheidungsfreiheit einge-

---

144 BVerfGE 120, 125 (158 ff.); krit. *Ratschow*, Blümich EStG, Stand September 2009, § 2, Rz. 15.
145 *Hinz*, Einkommensteuerrecht und Sozialrecht, S. 40 ff.
146 *Schmidt-Liebig*, BB 1992, 107 (113).
147 U. U. handelt es sich um Einkünfte aus Gewerbebetrieb i. S. d. §§ 2 Abs. 1 S. 1 Nr. 2, 15 EStG.
148 *Brandis*, DStJG 29 (2006), S. 102.
149 *Franz*, StuW 1988, 17.
150 *Brandis*, DStJG 29 (2006), S. 103; *Becker*, Transfergerechtigkeit und Verfassung, S. 114 ff.
151 *Jachmann*, NZS 2003, 281 (282).
152 *Isensee*, Verhandlungen des 59. DJT 1992, Bd. II, Teil Q, S. 46.
153 *Weber-Grellet*, DStR 2009, 349 ff.; *Drüen*, StuW 2008, 3 (9); *Tipke*, StuW 2007, 201 ff.; *ders.*, DB 2008, 263 ff.

schränkt werden.[154] Dies ergebe sich bereits aus dem Demokratieprinzip der Art. 20 Abs. 1, 2; Art. 28 Abs. 1 GG.

Ein nachfolgendes Parlament könne nicht im Bereich der Steuergesetzgebung an Entscheidungen des vorherigen Parlaments gebunden sein, nur weil es (etwa aus Vertrauensschutzgründen) nicht möglich ist, sofort mit der Steuergesetzänderung auch ein damit im Zusammenhang stehendes Sachgesetz zu ändern. Mithin seien vorübergehende Widersprüche vorprogrammiert und unvermeidlich. Sachlich könne es geboten sein, aufgrund der unterschiedlichen Primärintentionen und Wertungen der Gesetzesmaterien unterschiedliche, sich widersprechende Ziele zu verfolgen. So ist etwa die Hehlerei strafgesetzlich verboten, § 259 StGB, wird also vom Staat abgelehnt. Auf der anderen Seite wird der Hehler zur Einkommensteuer herangezogen, § 40 AO, sodass es wirkt, als habe der Staat ein fiskalisches Interesse an der Begehung der Hehlerei.

Der Widerspruch sei jedoch der Intention des Steuergesetzgebers geschuldet, gemäß Art. 3 GG die Lasten gleich zu verteilen und zwar auch und gerade dann, wenn die Leistungsfähigkeit aus illegalen Geschäften herrührt.[155] Auch könne die Gesetzgebung aufgrund der notwendigen Kompromisse in einer Demokratie nie ganz ohne Widersprüche auskommen.

2.) Notwendigkeit der Widerspruchsfreiheit

Die Gesetzgebung muss widerspruchsfrei sein. Sich widersprechende Gesetze stellten eine Gefahr für die Rechtssicherheit dar. Denn der Bürger könnte nicht erkennen, welches Verhalten von ihm erwartet wird. Problematisch ist weniger die Frage nach dem Gebot der Widerspruchsfreiheit, als vielmehr die Frage, wie dieses Gebot auszufüllen ist. Um den Gesetzgeber nicht unverhältnismäßig in seiner Freiheit einzuschränken, ist nämlich nicht bei der Frage anzusetzen, ob die Rechtsordnung widerspruchsfrei sein sollte oder nicht. Vielmehr muss die Frage gestellt werden, ob überhaupt ein Widerspruch vorliegt.

Die Frage, ob ein Widerspruch vorliegt, ist zugunsten der Gestaltungsfreiheit des Gesetzgebers zurückhaltend zu beantworten. Das heißt, nicht zu schnell darf mit dem Verdikt des Widerspruches zwischen zwei Rechtsmaterien gedroht werden. Sollte aber ein relevanter Widerspruch vorliegen, so ist dieser abzubauen.

Nach dieser Sicht der Dinge besteht überhaupt kein Widerspruch zwischen der Pönalisierung der Hehlerei im Strafrecht und ihrer Erfassung im Steuerrecht. Es ist nur folgerichtig, den Straftäter nicht steuerlich zu begünstigen. Damit ist die

---

154 *Wernsmann*, Verhaltenslenkung in einem rationalen Steuersystem, 2005, S. 190 f.
155 BVerfG Beschl. vom 12.04.1996, Az.: 2 BvL 18/93, NJW 1996, 2086 f.; *Kirchhof*, DStJG 24 (2001), S. 9 (23); *ders.*, StuW 2000, 316 (324).

Rechtsordnung insofern widerspruchsfrei. Auch wenn ein Sachverhalt in verschiedenen Rechtsmaterien scheinbar widersprüchlich unterschiedlich behandelt wird, ist genau zu prüfen, ob ein Widerspruch vorliegt.

Möglicherweise verfolgt jede Rechtsmaterie ihre Ziele, sodass eine unterschiedliche Bewertung eines Sachverhaltes keineswegs widersprüchlich ist, sondern folgerichtig. So kann etwa das Zivilrecht bestimmte Formen der Gewinnerzielung begünstigen. Das heißt nicht, dass es widersprüchlich wäre, diese Formen der Gewinnerzielung überhaupt oder höher zu besteuern.[156] So ermöglicht es der Staat dem Steuerpflichtigen auf der einen Seite, höhere Gewinne zu erzielen, auf der anderen Seite hat er ein fiskalisches Interesse daran, an diesen Gewinnen zu partizipieren.

VII. Zwischenergebnis

Sozialrecht und Steuerrecht weisen Überschneidungen hinsichtlich ihrer verfassungsrechtlichen Wurzeln auf. Insbesondere die Gemeinsamkeiten auf der Ebene der Grundrechte könnten immer dann relevant werden, wenn sozialrechtlich motivierte Lenkungsnormen im Steuerrecht verortet werden sollen.[157]

Aus der Sicht des Sozialrechts kann die Überschneidung im Bereich der Grundrechte relevant werden, soweit es im Rahmen von Zahlungstatbeständen auf steuerrechtliche Messgrößen verweist. Als verbindendes Element erscheint jedenfalls, dass die Forderung nach gleicher (Art. 3 GG) Sozial- und Steuerlastenverteilung sowie die Forderungen nach sozial gerechter (Art. 20 GG) und nach freiheitssichernder (Art. 6, 14 GG) Lastenverteilung ein gemeinsames Werteverständnis zum Ausdruck bringt, das in ein übergreifendes Ordnungsprinzip, also ein allgemeines Lastenverteilungsprinzip – das Leistungsfähigkeitsprinzip – mündet.[158]

Trotz vorhandener Gemeinsamkeiten werden sogleich die Unterschiede der beiden Rechtsgebiete deutlich. Im Grundsatz lässt sich festhalten, dass dem Sozialgesetzgeber auf den ersten Blick hinsichtlich der Gesetzgebung ein weiterer Gestaltungsspielraum zukommt als dem Steuergesetzgeber. Das Steuerrecht bietet jedoch die Möglichkeit, die Erforderlichkeitsklausel des Art. 72 Abs. 2 GG zu umgehen. Dies führt dazu, dass in der Tendenz ein Anreiz für den Bund besteht, sozialrechtliche Themen im Steuerrecht zu regeln.[159]

Auf der Ebene der Mittelverwaltung fällt auf, dass der Finanzverfassung des Steuerrechts aus Art. 104a ff. GG auf der Seite des Sozialrechts trotz vergleichbarer

---

156 Zur „Divergenz" zwischen Konzernrecht und Konzernsteuerrecht: BVerfG 1 BvR 1138/06 (Mehrmütterorganschaft).
157 Dazu unter: Kap. 1 B. II. 3.).
158 *Birk*, Leistungsfähigkeitsprinzip, S. 124 ff.
159 Vgl. zum Kindergeld unter Kap. 2 C. II.

Bedeutung der Rechtsmaterie keine vergleichbaren Regelungen gegenüberstehen. Dies ermöglicht im Sozialrecht, anders als im Steuerrecht, eine fast uneingeschränkte Querfinanzierung unabhängig von der Quelle und vom ursprünglichen Erhebungsgrund der Finanzen.

Im Ergebnis besteht die Gefahr, dass es aus „Praktikabilitätsgründen" zu sachfremden Regelungen in den jeweiligen Teilrechtsgebieten kommt. Eine Lösungsmöglichkeit könnte ein gemeinsames „Sozialfinanzverfassungsrecht" sein. Damit würde praktisch das Gebot der Widerspruchsfreiheit der beiden Teilrechtsordnungen zur Selbstverständlichkeit.

Die Begründung für die unterschiedlichen Entwicklungen der Teilrechtsordnungen mag zum einen historisch in der Konzeption der Bundesrepublik als Steuerstaat zu suchen sein, da die Väter und Mütter des Grundgesetzes gar nicht mit der steigenden Bedeutung des gebühren- und beitragsfinanzierten Sozialstaates rechnen konnten. Zum anderen fällt bei aller Nähe der Teilrechtsordnungen im Bereich der Grundrechte auf, dass das Sozialrecht von eher abstrakten Werten, wie dem Sozialstaatsprinzip (Art. 20 Abs. 1 GG) und dem Grundrecht auf Menschenwürde (Art. 1 Abs. 1 GG), beherrscht wird. Demgegenüber werden im Steuerrecht konkretere Forderungen vor allem aus dem Gleichheitssatz (Art. 3 Abs. 1 GG), dem Schutz von Ehe und Familie (Art. 6 Abs. 1 GG) und der grundrechtlichen Garantie des Eigentums (Art. 14 GG) erhoben.[160]

Auch im Steuerrecht stellen aber die Grundrechte nur äußere Grenzen der Gestaltungsfreiheit des Gesetzgebers dar. Problematisch erscheint es, in einer Art von „Verfassungsfanatismus" alle Antworten auf steuerrechtliche Einzelfragen aus dem Grundgesetz ableiten zu wollen.[161] Ein solcher Ansatz droht, eine Versteinerung des Verfassungsrechts nach sich zu ziehen, sodass neuen Herausforderungen tatsächlicher Art oder neuen Erkenntnissen nur im Wege einer Verfassungsänderung Rechnung getragen werden könnte. Es muss akzeptiert werden, dass das Verfassungsrecht zum großen Teil hilflos gegenüber den Wucherungen der Gesetzgebung[162] ist. Die Verfassung kann nicht als das „juristische Weltenei" verstanden werden, in dem das gesamte Steuerrecht bereits angelegt ist.[163] Aus diesem Grund soll im Rahmen dieser Arbeit nicht nur isoliert das Verfassungsrecht beleuchtet, sondern auch die rechtspolitische Seite mit in die Betrachtung einbezogen werden.

---

160 *Hinz*, Einkommensteuerrecht und Sozialrecht, S. 72; *Kanzler*, FR 1999, 1133.
161 *Birk*, DStJG 24 (2001), S. 412.
162 *Weber-Grellet*, Schmidt EStG, § 2, Rz. 13.
163 *Isensee*, StuW 1994, 3 (6); *Drüen*, DStR 2010, 2 (3).

B. Gemeinsame Funktionen beider Rechtsgebiete

Soweit das Einkommensteuerrecht und das Sozialrecht tatsächlich ein gewisses Näheverhältnis aufweisen, müsste dieses anhand der Verfolgung gemeinsamer Ziele bzw. gemeinsamer Funktionen nachweisbar sein. In diesem Abschnitt soll der Frage nachgegangen werden, welche gemeinsamen Funktionen bestimmt werden können, und inwiefern die Betonung der Ähnlichkeiten oder gerade der Unterschiede beider Teilrechtsgebiete für eine harmonische Abstimmung notwendig ist. Zu diesem Zweck muss zunächst die umverteilende Komponente von Einkommensteuerrecht und Sozialrecht untersucht werden (I). Im Anschluss daran ist die verhaltenslenkende Seite beider Normkomplexe in den Blick zu nehmen (II). Nach dieser Vorstrukturierung kann der Fokus auf die Messung der finanziellen Leistungsfähigkeit oder Bedürftigkeit zur Erfüllung der Aufgaben beider Teilrechtsgebiete gesetzt werden (III).

I. Umverteilung zur gerechten Zuweisung von Lasten und Gewährleistung von Chancengleichheit

Die Umverteilung im Steuerrecht und im Sozialrecht kann nur mit Blick auf die Rechtfertigungsgründe für die Belastung der Bürger betrachtet werden. Bereits in der Begründung, warum dem einen etwas genommen wird, schwingt nämlich mit, warum es dem anderen gegeben werden soll. Dieser Zusammenhang beschreibt die Umverteilung.

Somit ist im Folgenden die Begründung der Belastung durch die Einkommensteuer darzustellen (1.), bevor die bewirkte Umverteilung betrachtet werden kann (2.). Ebenso muss zunächst die Rechtfertigung der Belastungsseite im Sozialrecht analysiert werden (3.), bevor dessen Umverteilungswirkung (4.) dargelegt werden kann. Im Anschluss an ein Zwischenergebnis (5.) soll die steuerlich-soziale Umverteilung konkret auf einfachgesetzlicher Ebene ins Blickfeld rücken (6.). Dabei soll die partielle Verwandtschaft am Beispiel der Verweise zwischen beiden Teilrechtsgebieten und anhand der Rechtsprechung des Bundessozialgerichts verdeutlicht werden.

1.) Grundzüge der Rechtfertigung der Einkommensteuer

An dieser Stelle soll nicht erschöpfend auf die philosophischen, juristischen, ökonomischen und politischen Versuche der Rechtfertigung der Steuer eingegangen werden. Es soll in Grundzügen gezeigt werden, welchen Schwierigkeiten die grundsätzliche Rechtfertigung der Einkommensteuer gegenüber steht. Daran schließt sich ein kurzer Überblick über einige der systemtragenden Gedanken des Einkommensteuerrechts an.

a) Zahlung ohne Gegenleistung

Die fundamentale Schwierigkeit, eine Einkommensteuer zu rechtfertigen, besteht darin, zu erklären, warum der Steuerpflichtige eine Zahlung leisten soll, ohne einen Gegenwert zu erhalten.

Heutzutage vermag die historische Rhetorik der Romantik, die Steuer sei bereits aus sich heraus ein gerechtfertigtes „Opfer", nicht mehr zu überzeugen.[164] Ebenso problematisch oder zumindest missverständlich sind die Erklärungsversuche über die Globaläquivalenz. Insofern hängt die grundsätzliche Rechtfertigung bereits eng mit dem folgenden Unterpunkt (Steuerstaatsprinzip) zusammen. Soweit nämlich vorgebracht wird, die Einkommensteuer sei zu leisten, da das Einkommen nicht nur allein durch die Leistung des Bürgers, sondern auch durch die Gemeinschaft erwirtschaftet sei, also durch den staatlich organisierten und abgesicherten Markt,[165] so wird sogleich gegen die erste Prämisse verstoßen. Die Einkommensteuer soll gerade keine Bezahlung für eine abstrakte Gegenleistung des Staates sein. Der Staat ist nicht der Veranstalter des Marktes,[166] der dafür eine äquivalente Steuer erhebt. Derjenige, der das meiste erwirtschaftet hat, hat nicht zwingend am stärksten die staatliche Infrastruktur genutzt, müsste „globaläquivalent" an sich weniger Steuern entrichten. Derjenige, der Verluste erlitten hat, kann hingegen durchaus in großem Umfang von staatlichen Gewährleistungen profitiert haben, müsste also „globaläquivalent" höhere Steuern entrichten.

Dies zeigt nebenbei, dass die Frage nach der grundsätzlichen Rechtfertigung der Steuer nicht von der Rechtfertigung ihrer Höhe zu trennen ist. Dies darf jedoch nicht zu dem Schluss verleiten, eine niedrige Steuer sei bereits wegen ihrer geringen Belastungswirkung gerechtfertigt. Der Schluss liegt nahe, der Finanzbedarf des Staates allein sei bereits ausreichende Rechtfertigung. So problematisch diese Begründung wegen des hohen Bedarfs öffentlicher Haushalte an Finanzmitteln auch anmutet, scheint es doch die Begründung zu sein, die der Realität am nächsten kommt. Die einzige Einschränkung dieses Begründungsansatzes ist, dass sich die Besteuerung der Höhe nach am Maßstab der Gerechtigkeit orientieren muss.[167] Damit ist die Einkommensteuer, soweit sie gerecht belastet, nach gängiger Auf-

---

164 *Vogel*, Isensee/Kirchhof, HStR II, § 30 Rz. 64.
165 Ursprünglich bei Lorenz v. Stein vgl. *Vogel*, Isensee/Kirchhof, HStR II, § 30 Rz. 65; *Kirchhof*, Gutachten F zum 57. Deutschen Juristentag, S. 14 f., 16 f.
166 *Wendt*, DÖV 1988, 710 (715).
167 *Tipke*, StRO Bd. 2, 2. A., S. 614 f.

fassung bereits dadurch gerechtfertigt, dass der Staat finanzielle Mittel benötigt und dadurch, dass das Einkommen ein zweckmäßiger Maßstab der Erfassung der Leistungsfähigkeit ist.[168]

b) Steuerstaatsprinzip als Voraussetzung der Umverteilung

Die Einkommensteuer unterliegt wie grundsätzlich alle Steuern dem Steuerstaatsprinzip.[169] Die Definition der Steuern als gegenleistungsfrei auf der Einnahmenseite (einfachgesetzlich in § 3 Abs. 1 AO) ist Ausdruck des Steuerstaatsprinzips.[170] Es bestimmt, dass auf der Einnahmenseite die Erhebung von Steuern nicht durch eine bestimmte Mittelverwendung gerechtfertigt werden muss.[171] Auf der Ausgabenseite bestimmt das in § 8 S. 1 BHO niedergelegte und wegen seines Zusammenspiels mit dem Haushaltsrecht mit Verfassungsrang[172] ausgestattete Non-Affektationsprinzip, dass grundsätzlich keine Steuermittel für bestimmte Ausgaben im Vorhinein reserviert werden dürfen.[173]

Beide Prinzipien garantieren gemeinsam den finanziellen (Umverteilungs-)Handlungsspielraum des Parlaments. Demnach stellt die Steuer keine Gegenleistung für eine bestimmte staatliche Leistung dar. Man könnte höchstens von einem globaläquivalenten Näheverhältnis zwischen der Erfüllung der vielfältigen Staatsaufgaben, wie beispielsweise der Herstellung der Rahmenbedingungen für privates Wirtschaften, und der Steuerzahlung sprechen. Diese Gegenleistungsfreiheit der Steuer kann als eine der wesentlichen Errungenschaften des Steuerstaats begriffen werden. Erst die Lösung der Ausgabenseite von der Einnahmenseite ermöglicht die für ein funktionierendes Staatswesen notwendigen Gestaltungsspielräume. Damit ist das Steuerstaatsprinzip eines der fundamentalen Strukturprinzipien des modernen Staates.[174]

---

168 *Tipke*, StRO Bd. 2, 2. A., S. 865.
169 *Vogel*, Isensee/Kirchhof, HStR II, § 30 Rz. 51 ff.
170 *Vogel*, Isensee/Kirchhof, HStR II, § 30 Rz. 51 ff.; *Isensee*, Hamburg, Deutschland, Europa, S. 409 ff.; *Musil,* Staat im Wort (Depenheuer u.a. Hrsg.), S. 929 (930 f.); BVerfGE 78, 249 (266 f.).
171 *Kirchhof*, StuW 1985, 319 (320); *Musil*, DVBl. 2007, 1526 (1531).
172 *Musil*, DVBl. 2007, 1526 (1530); *Heintzen*, Isensee/Kirchhof, HStR V, § 120 Rz. 47; noch ablehnend BVerfGE 7, 244 (254); 9, 291 (300); *Vogel/Waldhoff*, BK GG, Stand: November 1997, Vorb. z. Art. 104a-115 Rz. 383; *Fischer-Menshausen*, v. Münch, GG, Art. 105 Rz. 11.; *Jachmann*, K/S/M, Stand März 2004, § 31 Rz. A 44 a; missverständlich: BVerfG, Beschluss vom 18. 12. 2002, Az. 2 BvR 591/95, NVwZ 2003, 467 (470); dahin stehen gelassen: BVerfGE 93, 319 (348); 110, 274 (294); BVerfG vom 20.04.2004, Az. 1 BvR 1748/99, 1 BvR 905/00.
173 *Musil*, DVBl. 2007, 1526 (1531).
174 *Isensee*, Hamburg, Deutschland, Europa, S. 409 ff.

Dieses Prinzip wurde in Frage gestellt, indem zur Rechtfertigung höherer Abgaben ein bestimmter Verwendungszweck ins Feld geführt wurde (Zwecksteuer).[175] Prominentes Beispiel ist die Ökosteuer, die mit der Entlastung der Rentenbeitragszahler begründet wurde.[176] Es wurde also ein sozialrechtlicher Umverteilungsgedanke in das Steuerrecht übertragen. Nicht die Beitragszahler allein sollten die Kosten des Rentenversicherungssystems tragen. Diese Kosten sollten auf mehr Zahlungsverpflichtete ausgewogen verteilt werden.

Diese Begründung kann jedoch bestenfalls psychologische Wirkung entfalten. Der Gedanke der Umverteilung wohnt bereits dem Steuerstaatsprinzip und der Trennung zwischen Ausgabenseite und Einnahmenseite inne.[177] Losgelöst von seiner konkreten Finanzierungsverantwortung wird der Einzelne im Rahmen seiner Leistungsfähigkeit zur Steuerzahlung herangezogen. Das heißt, der Einzelne wird unabhängig davon, wie sehr oder wie wenig er staatliche Leistungen in Anspruch nimmt, zur Finanzierung allgemeiner Staatsaufgaben herangezogen. Nur durch die Trennung von Einnahmen und Ausgaben lässt sich erklären, dass der Einzelne auch über seine Finanzierungsverantwortung hinaus die Kosten des Gemeinwesens mitzutragen verpflichtet wird. Damit ermöglicht erst das Steuerstaatsprinzip eine Umverteilung, ist also zugleich Grundlage des Sozialstaats.[178]

Würde die Mittelverwendung zum Maßstab der Steuererhebung, wäre die Handlungsfähigkeit des Staates gefährdet. Ein Bürger könnte unter Hinweis auf Verschwendung von Steuermitteln im Rahmen des Arbeitslosengeldes II seine Steuerzahlung einstellen.[179] Vor diesem Hintergrund ist es als Systembruch zu bezeichnen, wenn der Bundeszuschuss zur Rentenversicherung sogar im Gesetzestext an das Aufkommen bestimmter Steuerarten gebunden wird (vgl. § 213 Abs. 3, 4 SGB VI). Das Aufkommen der „ökologischen Steuern" oder der Umsatzsteuer steht nämlich nicht im Zusammenhang mit dem Bedarf der zu unterstützenden Sozialversicherungen. Es ist mit systemwidrig zu hohen oder zu niedrigen Zuschüssen zu rechnen, je nach zwecksteuerlicher Kassenlage.

Außerhalb des Bereichs der Steuern, also bei Gebühren und Beiträgen, spielt der Gedanke der Umverteilung nur eine untergeordnete Rolle.[180] Auch wenn es psychologisch komplizierter und folglich politisch schwieriger ist, eine Steuererhebung zu begründen, ohne auf bestimmte Zwecke zu verweisen, ist gerade vor dem Hintergrund der sozialen Umverteilung die Trennung von Ausgaben und Einnahmen im Steuerstaat unerlässlich.

---

175 *Waldhoff*, StuW 2002, 285 ff.
176 BVerfGE 110, 274.
177 *Musil*, DVBl. 2007, 1526 (1527).
178 *Musil*, DVBl. 2007, 1526 (1527, 1528).
179 *Musil*, DVBl. 2007, 1526 (1528).
180 Vgl. etwa einkommensabhängige Kindergartengebühren, BVerfGE 97, 332; *Jestaedt*, DVBl. 2000, 1820 ff.

c) Gerechtigkeit als Ziel der Umverteilung

Als Prämisse sei gegeben, dass sowohl das Steuerrecht als auch das Sozialrecht das Ziel verfolgen, eine Form von „Gerechtigkeit" herzustellen.[181] Die Trivialität dieser Forderung relativiert sich, sobald die Frage aufgeworfen wird, was denn der Maßstab zur Herstellung „gerechter" Verhältnisse sei. Wegen der Offenheit des Grundgesetzes ist es schwierig, hierauf eine eindeutige Antwort zu finden.[182] Die Frage, was gerecht ist, ist stark von politischen Präferenzen abhängig. Im Sinne einer sozialen Marktwirtschaft befindet sich die Antwort, je nach den politischen Kräfteverhältnissen, zwischen egalitärer Gerechtigkeit, die jedem das Gleiche zuteilt, und der Verteilung der Güter rein nach dem freien Kräftespiel des Marktes.

Dieser so politisch recht allgemein und schwer fassbar vorgezeichnete Begriff von Gerechtigkeit wird in vergleichbarer Art und Weise sowohl im Steuerrecht als auch im Sozialrecht einzelgesetzlich konkretisiert. Im Steuerrecht zeichnet bereits das Steuerstaatsprinzip den Gerechtigkeitsgedanken vor, indem die Einnahmenseite von der Ausgabenseite getrennt wird. Gerade wegen des Verzichts auf Äquivalenz zwischen der Abgabe und staatlicher Leistung ist es möglich, die Staatsfinanzierung von der individuellen Leistungsfähigkeit abhängig zu machen.[183] Nur dadurch ist der Fiskus von der Pflicht entbunden, jedem Steuerpflichtigen den Gegenwert für seine Zahlung zu liefern und nachzuweisen. Wer hinreichende Mittel zu Verfügung hat, kann grundsätzlich schon deshalb in die Pflicht genommen werden. Er ist fähig, einen Teil der Gemeinlasten zu tragen (Lastenverteilungsgerechtigkeit).

Das Sozialrecht verfolgt das Gerechtigkeitsziel fast spiegelbildlich. Dort folgt es aus dem Sozialstaatsprinzip.[184] In dessen einzelgesetzlicher Konkretisierung sollen gerechte Verhältnisse dadurch hergestellt werden, dass nach Erschöpfung der individuellen und innerfamiliären Selbsthilfe Unterstützung gewährt wird.[185] Fehlt es einem Steuerpflichtigen also an Leistungsfähigkeit, so greift der Staat aus Gerechtigkeitsgründen nicht zur Finanzierung von Gemeinschaftsaufgaben auf diesen zurück. Fehlt es dem Steuerpflichtigen so sehr an Leistungsfähigkeit, dass er nicht einmal mehr seine Grundbedürfnisse erfüllen kann, so gilt er als bedürftig und wird unterstützt. Damit greifen Steuerrecht und Sozialrecht zur Verwirklichung des (unbestimmten,[186] aber politisch bestimmbaren) Ziels der Gerechtigkeit ineinander.

---

181 *Tipke*, StRO Bd. 1, 2. A., S. 259 ff.; *Rüfner*, BK GG, Stand: November 1992, Art. 3 Rz. 198.
182 Vgl. *Moes*, Die Steuerfreiheit des Existenzminimums, S. 134 f.
183 *Seiler*, NZS 2007, 617 (618).
184 *Zacher*, Isensee/Kirchhof, HStR II, § 28.
185 *Seiler*, NZS 2007, 617 (618).
186 Grundsätzlich gegen unbestimmte Rechtsbegriffe im Steuerrecht: *Luttermann*, FR 2007, 18 (21 f.).

Ein harmonisches Ineinandergreifen erfordert jedoch eine bessere Abstimmung der Teilrechtsgebiete aufeinander.[187] Ein Leitfaden für diese Abstimmung könnte die Konzentration der jeweiligen Rechtsgebiete auf ihre Kernaufgaben sein. Damit einher ginge die systemgerechte Zuordnung umverteilender Einzelmaßnahmen. Dies ermöglichte wiederum die sinnvolle und sachgerechte Koordinierung von Entlastung und Unterstützung. Damit wäre der Rechtsklarheit und der Gleichheit gedient. Dies sind derzeit die beiden wesentlichen Punkte, deren Fehlen an der Gerechtigkeit in Steuerrecht und Sozialrecht zweifeln lässt. Mangels Klarheit und leichter Nachvollziehbarkeit der Normen droht immer häufiger der böse Schein der ungleichen und damit ungerechten Belastung.

d) Leistungsfähigkeitsprinzip bei direkten und indirekten Steuern

Im Einzelfall gestaltet es sich schwierig, brauchbare Indikatoren zur Messung der Leistungsfähigkeit und damit zur Konkretisierung des Gerechtigkeitsanspruchs zu bestimmen.[188] Der § 1 UStG stellt beispielsweise auf ein sehr ungenaues Merkmal, nämlich letztlich die Einkommensverwendung, ab. Das Gesetz unterstellt also, dass ein Steuerpflichtiger umso mehr und umso teurere Güter kauft, je mehr er verdient. Der Leistungsfähigste gibt demnach das meiste Geld aus. Dabei wird jedoch vergessen, dass selbst wenn der Leistungsfähigere nominell mehr Geld ausgibt, hinterfragt werden müsste, wie viel er denn im Verhältnis zu seinen Einnahmen ausgibt. Je reicher jemand ist, desto weniger muss er für den Konsum einsetzen, desto mehr kann er sparen oder gewinnbringend anlegen, desto mehr kann er mit der „überschüssigen" Leistungsfähigkeit hinzuverdienen.

Das Problem verdeutlicht sich, wenn hypothetisch die Einkommensteuer zugunsten der Umsatzsteuer hinsichtlich ihrer Belastungswirkung bedeutungslos würde. Steuerpflichtige, die aufgrund geringer Gehälter ihr gesamtes Einkommen für tägliche Bedarfe einsetzen müssten, hätten dann ihre gesamten Einkünfte zu versteuern. Finanziell Bessergestellte müssten nur einen (geringen) Bruchteil ihrer Einkünfte für den Konsum einsetzen und auch nur diesen Bruchteil versteuern. Genauer kann demnach im Rahmen der (direkten) Einkommensteuer gemessen werden. Hier wird das Markteinkommen als Indikator individueller Leistungsfähigkeit betrachtet. Dieser Indikator wird im Sinne von horizontaler und vertikaler Steuergerechtigkeit modifiziert.[189]

---

187 Gefordert unter anderem von *Seiler*, NZS 2007, 617 (618).
188 Vgl. *Birk*, Kirchhof/Neumann (Hrsg.) Freiheit, Gleichheit, Effizienz, 2001, S. 61, 64; *Englisch*, Beihefter zu DStR 34 2009, 92 (93); „Leistungsfähigkeit nur bei direkten Steuern relevant": *Heun*, Dreier GG, Band 1, 2. A. 2004, Art. 3 Rz. 75; *Rüfner*, BK GG, Stand: November 1992, Art. 3 Rz. 199.
189 Dazu später unter Kap. 1 B. III. 1).

e) Steuerstaat als Sozialvertrag

Das Steuerstaatsprinzip weist Gemeinsamkeiten mit dem Gedanken des contrat social auf.[190] Dieser sieht vor, dass die einzelnen Bürger als Ausdruck ihrer Macht diese in Form eines Vertrags auf eine Staatsmacht bündeln. Damit wird diese zum Wohl aller Bürger handlungsfähiger als der Einzelne allein. Handelt diese Staatsmacht nicht nach dem Willen des Volkes als eigentlicher Staatsgewalt, wird die Staatsmacht abgesetzt und durch eine neue ersetzt. Niemand käme hingegen auf die Idee, sogleich den contrat social aufzukündigen, ist er doch nicht die Quelle des Unmuts, sondern die vorherige Staatsmacht.

Ähnlich verhält es sich mit der steuerlichen Staatsfinanzierung. Man könnte die Steuern nicht als bloße Pflicht oder Last auffassen. Vielmehr könnten sie als Recht begriffen werden. Ähnlich wie im contrat social Macht auf eine Regierung gebündelt wird, werden finanzielle Mittel der Bürger gebündelt. Erst hierdurch wird die Staatsmacht handlungsfähig und der contrat social mit Leben erfüllt. Genauso wie es den Staat lähmen würde, wenn bei jeder nicht unterstützten Entscheidung der Regierung der Volkssouverän den Vertrag aufkündigte, so lähmte es den Staat, wenn ihm bei jeder nicht unterstützten Ausgabe drohte, dass ihm die Mittel entzogen werden. Somit kann die Steuerzahlung des Einzelnen nicht von der ihm beliebenden Verwendung der Mittel abhängig gemacht werden.

Dies rechtfertigt die grundsätzliche Trennung der Einnahmenseite von der Ausgabenseite. Der Staat muss die Erhebung von Steuern im Verhältnis zu geplanten Ausgaben nicht im Vorhinein im Detail rechtfertigen. Soweit die Verwendung von Steuermitteln nicht den Vorstellungen der Steuerpflichtigen entspricht, etwa wegen Verschwendung, können sie nicht die Erhebung der Steuern in Frage stellen. Das Problem der Verschwendung besteht auf der Ausgabenseite.[191] Vielmehr bringt der Souverän seine Zufriedenheit oder Unzufriedenheit mit der Art und Höhe der Erhebung von Steuern auf der Einnahmenseite und der Verwendung der zur Verfügung gestellten Mittel auf der Ausgabenseite im Rahmen der folgenden Wahl zum Ausdruck. Damit bietet bereits die Grundvoraussetzung des Staates, dass jeder etwas Macht abgibt, damit diese zur effektiven Verfolgung gemeinsamer Ziele gebündelt werden kann, einen tauglichen Rechtfertigungsansatz für die Steuererhebung.

Mit diesem Gedanken verwandt ist der Ansatz *Isensees*,[192] die Steuer als das Freikaufen von Arbeitsleistung anzusehen. Die Verfolgung gemeinsamer Interessen in einem Staat setze grundsätzlich die gemeinsame Erfüllung von Dienst-

---

190 *Rousseau*, Du contrat social, passim; Vergleich bei: *Siegel*, H/H/R, Stand Januar 2002, § 32a, Rz. 13; *Kirchhof*, Isensee/Kirchhof, HStR V, § 118 Rz. 92.
191 *Musil*, DVBl. 2007, 1526 (1529).
192 *Isensee*, Hamburg, Deutschland, Europa, S. 424.

pflichten voraus. Die Steuerzahlung kann nun als Möglichkeit angesehen werden, den Staat statt durch eigene körperliche Leistung durch finanzielle Unterstützung in die Lage zu versetzen, die gemeinsamen Interessen zu verfolgen, also handlungsfähig zu erhalten. Damit ermöglicht im Umkehrschluss die Steuer die Freiheit von staatlichen Dienstpflichten, vergrößert also die privaten und gesellschaftlichen Entfaltungsmöglichkeiten. Demnach kommt der Steuer nicht nur ein die individuelle Freiheit beschränkender Aspekt zu. Sie ist zunächst die Voraussetzung für die freie Betätigung der Grundrechte.

2.) Umverteilungswirkung im Steuerrecht

Um das Verhältnis von Steuerrecht und Sozialrecht zu untersuchen, soll nun die Umverteilung im Steuerrecht betrachtet werden. In seiner Grundkonzeption hat das Steuerrecht nicht den Zweck der Umverteilung.[193] Dies ist eher eine Funktion, die dem Sozialrecht zugeschrieben wird. Das Steuerrecht hat zunächst die Aufgabe, finanzielle Lasten so gerecht wie möglich zu verteilen und nicht Eigentum gerecht zwischen den Bürgern zu verschieben.[194] An dieser Stelle bietet das Steuerrecht jedoch bereits zwei Einfallstore für die eigentlich nicht bezweckte Umverteilung.[195]

Zunächst ist der unbestimmte Begriff der gerechten Steuerlast zu betrachten. Die Vorstellungen darüber, was im Zusammenhang mit Steuern gerecht ist, gehen naturgemäß auseinander. Soweit jedoch ein Konsens darüber besteht, dem finanziell Leistungsfähigeren einen größeren Teil der Finanzierung des Staatswesens aufzubürden, zieht dieser bereits eine Umverteilung nach sich. Soweit nämlich der Leistungsfähigere die Leistungen des Staates in gleichem Umfang in Anspruch nimmt wie der nicht (oder weniger) Leistungsfähige oder in geringerem Umfang als der nicht (oder weniger) Leistungsfähige, so ermöglicht er durch seine höheren Zahlungen eine Umverteilung.[196] Die Umverteilung, die bereits durch eine gerechte Verteilung der Lasten zustande kommt, ist aus dem Prinzip der Belastung nach der wirtschaftlichen Leistungsfähigkeit in Verbindung mit dem Sozialstaatsprinzip (Art. 20 Abs. 1, 28 Abs. 1 S. 1 GG) und dem Rechtsgedanken des Art. 14 Abs. 2 S. 1 GG, dass das Eigentum verpflichtet, verfassungsrechtlich herleitbar.[197] Man kann von direkter steuerlicher Umverteilung sprechen. Konkret erfolgt eine Umverteilung auf der vertikalen Ebene durch den progressiven Steuertarif.

---

193 In diese Richtung auch: *Kirchhof*, Isensee/Kirchhof, HStR V, § 118 Rz. 23 ff.
194 *Kirchhof*, StuW 1980, 361 (362).
195 *Kirchhof*, K/S/M, Stand: ohne Angabe, § 2 Rz. A 254 ff.
196 Zur Frage der Umverteilung durch den progressiven Tarif der Einkommensteuer, *Lammers*, Die Steuerprogression, S. 30 ff.
197 *Klawonn*, Die Eigentumsgewährleistung, S. 92.

Auf horizontaler Ebene erfolgt eine Umverteilung beispielsweise durch den Familienleistungsausgleich. Dieser erfüllt allerdings nur insoweit eine Umverteilungsfunktion, als es, mangels Einkommens der Eltern, zur Auszahlung als Sozialleistung (Kindergeld) kommt und nicht bloß die Steuerfreistellung des Kindesexistenzminimums herbeigeführt wird.[198] Des Weiteren haben die lenkenden Steuernormen einen umverteilenden Charakter, indem solchen Steuerpflichtigen, die ein bestimmtes, gewolltes Verhalten zeigen, ein steuerlicher Vorteil zuteil wird. Man könnte dies als Umverteilung der Lasten bezeichnen.

Der zweite Ansatz, um dem Steuerrecht eine Umverteilungswirkung zuzusprechen, ist die Frage, was finanziert werden soll. Im Rahmen dieser Untersuchung ist der Blick dabei insbesondere auf das Sozialrecht zu richten. Der gegenleistungsfreie Steuerstaat ist notwendige Voraussetzung für die Umverteilung im Sozialstaat.[199] Die Leistungen für die Bedürftigen müssen (soweit nicht über eine besondere Solidargemeinschaft finanziert) zunächst durch Steuermittel aufgebracht werden. Der Steuerzahlung kommt insofern ein indirekt umverteilendes Moment zu, als der Steuerstaat den Finanzbedarf des umverteilenden Sozialstaats deckt. Aus sozialrechtlicher Sicht konkretisiert, stellt die Trennung der Einnahmen von den Ausgaben im Rahmen des Steuerstaatsprinzips eine Art grundlegenden gesellschaftsweiten Solidarverbund dar.[200]

3.) Rechtfertigung der Belastung im Sozialrecht

Auch das Sozialrecht kennt belastende Vorschriften. Es griffe also deutlich zu kurz, zu behaupten, das Steuerrecht sei ausschließlich das Recht des staatlichen Nehmens (vgl. Kindergeld) und das Sozialrecht sei ausschließlich das Recht des staatlichen Gebens (vgl. Beiträge zur Sozialversicherung). Hinsichtlich der Rechtfertigung des staatlichen Nehmens im Sozialrecht fällt ein interessanter Unterschied zum Steuerrecht auf. Im Steuerrecht hat der Gleichheitssatz des Art. 3 Abs. 1 GG, was die Rechtfertigung des Eingriffs an sich betrifft, kaum Anwendungsspielraum. Die Steuerlast wird schlicht bei jedem fällig, der den geforderten Tatbestand erfüllt. Für Art. 3 Abs. 1 GG relevante Vergleichsgruppen können erst auf der Ebene der Höhe der Belastung gebildet werden.[201] Anders verhält es sich bei den Beiträgen zur Sozialversicherung. Hier muss streng an Art. 3 Abs. 1 GG orientiert begründet werden, warum überhaupt bestimmte Gruppen zur Beitragszahlung herangezogen

---

198 Dazu Kap. 2 C. II. 3.) a) aa) (1).
199 *Hase*, Versicherungsprinzip und sozialer Ausgleich, S. 149 ff.; *Kube*, DStJG 29 (2006), S. 17; *Moes*, Die Steuerfreiheit des Existenzminimums, S. 36 ff.
200 *Kube*, DStJG 29 (2006), S. 17.
201 A.A. mit Versuch, Art. 3 GG bereits im Bereich der Erschließung von Steuerquellen in Stellung zu bringen, *Starck*, v. Mangoldt/Klein/Starck, GG I, 5. A., Art. 3 Rz. 90 ff.

werden und andere nicht.[202] Zur Rechtfertigung sozialrechtlicher Belastungen werden die folgenden Prinzipien ins Feld geführt.

a) Versicherungsprinzip

Als einer der möglichen Belastungsgründe im Sozialrecht kommt das Versicherungsprinzip[203] in Frage. Dieses ist gerade in der Sozialversicherung der typische Rechtfertigungsgrund für die Belastungen der Bürger, dessen Vorrang vor der Steuerfinanzierung sogar vom BVerfG[204] unterstrichen wird. Ähnlich wie bei Versicherungsprämie einer privaten Versicherung stellt der Beitrag zur Sozialversicherung die Gegenleistung für die die Abdeckung eines Risikos bzw. eine Anwartschaft auf die Versicherungsleistung dar. Das Versicherungsprinzip wird in der Privatwirtschaft häufig äquivalent interpretiert. Das heißt, der Versicherungsnehmer hat nur Anspruch auf Leistungen in Abhängigkeit von seinen eingezahlten Prämien. Hier bestehen Abweichungen bei der Sozialversicherung.

Beispielsweise hängt die Höhe der Auszahlung der Arbeitslosenversicherung zwar mit der Höhe der Einzahlungen zusammen, §§ 129 ff. SGB III. Auf ein gesamtes Arbeitsleben gesehen lässt die nur kurze Möglichkeit des Bezugs von Arbeitslosengeld den Gedanken an Äquivalenz aber in weite Ferne rücken[205] (vgl. §§ 127, 128, 123, 124 SGB III). Die Versicherten der Gesetzlichen Krankenversicherung haben unabhängig von ihrer Beitragshöhe Anspruch auf die gleiche Versicherungsleistung (vgl. §§ 2, 11 ff. SGB V). In diesen Fällen besteht also keine direkte Äquivalenz zwischen Beitrag und Leistung. Um die Beiträge trotzdem rechtfertigen zu können, wird auf die sogenannte Globaläquivalenz[206] zwischen den versicherten Risikogruppen (Gefährdete, weniger Gefährdete; Jung, Alt) verwiesen.

b) Soziale Verantwortung

Einen schwierig zu fassenden Rechtfertigungsgrund für die Zahlung von Sozialversicherungsbeiträgen entwickelte das BVerfG mit dem Prinzip der sozialen Verantwortung. Demnach könne jemandem aufgrund einer sozialen Verantwortlichkeit für Dritte eine Zahlungspflicht auferlegt werden. Diese Begründung klingt zunächst nachvollziehbar für die Arbeitgeberbeiträge einer paritätisch zu finanzie-

---

202 *Kirchhof*, NZS 1999, 161 (163 f.); *Fuchs/Preis*, Sozialversicherungsrecht, S. 198 ff.
203 *Waltermann*, Sozialrecht, S. 56 ff.
204 BVerfGE 113, 167 (214, 221 f.).
205 *Spellbrink*, JZ 2004, 538 ff.
206 BVerfGE 76, 220 (236 f.).

renden Sozialversicherung. Schließlich kommt dem Arbeitgeber eine soziale Verantwortung für seine Arbeitnehmer zu. Betont man jedoch, dass die Arbeitgeberbeiträge zur Sozialversicherung anerkanntermaßen Teil des Arbeitsentgelts sind,[207] so taugen diese nicht als Beispiel für die Konstruktion eines besonderen Legitimationsgrundes für Sozialversicherungsabgaben. Das Prinzip kann aber dann zum Tragen kommen, wenn gerade kein Arbeitsverhältnis besteht und trotzdem für einen Dritten Beiträge abgeführt werden sollen.[208] Das BVerfG bemühte die Konstruktion eines auf Dauer ausgerichteten integrierten Arbeitszusammenhangs und kulturgeschichtlich gewachsene besondere Verhältnisse gleichsam symbiotischer Art beispielsweise zur Rechtfertigung der Künstlersozialversicherung.[209]

c) Solidaritätsprinzip

Das Solidaritätsprinzip, das auch als Prinzip des sozialen Ausgleichs bezeichnet wird,[210] verdeutlicht am stärksten den umverteilenden Aspekt der Sozialversicherung. So wird beispielsweise in der Krankenversicherung unter Umständen ein höherer Beitrag fällig, als sich allein unter dem Gesichtspunkt einer globalen Äquivalenz ergäbe. Aus Gründen der Familienförderung werden Familienmitglieder kostenlos mitversichert. Fraglich ist jedoch vor dem Hintergrund des allgemeinen Gleichheitssatzes aus Art. 3 GG, warum die Solidarität eher zufällig zwischen bestimmten Versicherten erzwungen wird, warum etwa gerade ein kinderloser Krankenversicherter, der zufällig in einer Versicherung mit vielen mitversicherten Familienmitgliedern ist, für diese mehr bezahlen soll.

Hier drängt sich der Eindruck auf, die allgemeine Staatsaufgabe der Familienförderung aus Art. 6 GG müsse von der Gemeinschaft der Steuerzahler getragen werden und nicht von der Versichertengemeinschaft. Versichert werden letztlich nicht die finanziellen Risiken, die mit Kindern verbunden sind, sondern die finanziellen Risiken, die mit einer Krankheit verbunden sind. Auch mit dem Hinweis auf Art. 6 GG kann nicht die Belastung anderer Mitversicherter begründet werden.[211] Das BVerfG verteidigt das Prinzip unter Hinweis auf die Möglichkeit der Versicherten, auch von den Vorteilen der Umverteilung profitieren zu können, während die Gruppe der nichtversicherten Steuerzahler nicht von den Vorteilen profitieren könne.[212]

---

207 BVerfGE 97, 35 (44); *Kirchhof*, NZS 1999, 161 (165).
208 Beispiele bei *Kirchhof*, DStJG 29 (2006), S. 47.
209 BVerfGE 75, 108.
210 *Kirchhof*, DStJG 29 (2006), S. 48 f.; *Kingreen*, Sozialstaatsprinzip, S. 165 ff.
211 *Kirchhof*, NZS 1999, 161 (165).
212 BVerfGE 113, 167 (221).

Diese Argumentation kann jedoch nur das Prinzip der Globaläquivalenz hinreichend erklären, nicht jedoch, warum mehr als das globale Risiko bezahlt werden soll.[213] Zur Rechtfertigung zumindest der althergebrachten Umverteilungsinstrumente ist der Hinweis auf die soziale Tradition geeignet.[214] Dieser Gedanke kann jedoch nicht auf neue Umverteilungswünsche übertragen werden.[215] Verfassungsrechtlich zulässig ist es etwa, aus Gründen des sozialen Ausgleichs[216] auch arbeitende Rentner mit Sozialversicherungsbeiträgen zu belasten. Diese wären eigentlich beitragsfrei. Allerdings soll der Anreiz beseitigt werden, Rentner nur aus Gründen der Versicherungsfreiheit und der damit verbundenen Beitragsfreiheit zu beschäftigen.[217]

d) Solidarität des Steuerstaats mit der Sozialversicherung

Zu einem gewissen Teil beteiligen sich alle Steuerpflichtigen unabhängig von ihrer Zugehörigkeit zu einem System der sozialen Sicherung an der Solidarität der Sozialversicherung.[218] Einen Teil der Steuereinnahmen nutzt der Staat nämlich gemäß Art. 120 Abs. 1 S. 4 GG, um Zuschüsse für die Sozialversicherung zu zahlen. Alle Steuerpflichtigen beteiligen sich demnach, nach Maßgabe ihrer Leistungsfähigkeit, an der Finanzierung der staatlichen Fürsorge. Somit ergibt sich hieraus auch kein Problem im Hinblick auf den Gleichheitssatz des Art. 3 Abs. 1 GG.

e) „Finanzierbarkeit" als ein möglicher Belastungsgrund

Wie bereits angedeutet wurde, werden unter Benutzung der Worte „sozial", „solidarisch" oder „Solidarität" immer wieder neue Belastungsrechtfertigungen konstruiert. Problematisch daran ist, dass der Begriff „sozial" zu schillernd und dehnbar ist, als dass er eine fassbare Abgrenzung dafür liefern kann, wo eine mögliche Finanzierungsverantwortung beginnt und wo diese endet. Dies zeigt sich insbesondere in Zeiten knapper Haushaltskassen. Auf zumindest politisch entwaffnende Art wird mit dem nicht klar definierten Begriff der „Solidarität" gearbeitet.

Dieser Begriff ist aber mangels Voraussehbarkeit der Rechtsfolgen nicht geeignet, eine gerechte Belastung herzustellen.[219] Zu bedenken ist dabei, dass auch der

---

213 *Kirchhof*, DStJG 29 (2006), S. 48.
214 BVerfGE 113, 167 (196).
215 *Rüfner*, NZS 1992, 81.
216 BVerfGE 14, 312 (317).
217 BVerfGE 14, 312 (318).
218 *Kirchhof*, NZS 1999, 161 (166).
219 *Kirchhof*, DStJG 29 (2006), S. 49.

Begriff „gerechte" Belastung undefiniert und daher für die Auslegung offen ist. Dies ändert aber nichts an dem Befund, dass der Begriff der „Solidarität" allein nicht geeignet ist, eine Belastung zu legitimieren. Er kann die oben genannten Belastungsgründe lediglich legitimatorisch flankieren. Im Übrigen ist er in das Gebiet der Politik zu verweisen, wo er ein Gefühl von Zusammengehörigkeit und gegenseitiger Unterstützung zum Ausdruck bringt und in einem Spannungsverhältnis zum wirtschaftsliberalen Begriff der Eigenverantwortung steht.

Dies deutet darauf hin, dass mit Hilfe der „sozialen" Begriffskonstrukte der wahre Belastungsgrund verschleiert wird, die Finanzierbarkeit der sozialen Sicherungssysteme. Es geht also nicht um schillernde Ausdrücke wie Solidarität oder Ähnliches. Es ist zu prüfen, ob die Finanzierbarkeit der sozialen Sicherungssysteme einen Selbstzweck von solcher Art und Güte darstellt, dass damit eine Mehrbelastung gerechtfertigt werden kann, die den Anforderungen der Belastungsgleichheit standhält.

Im Einkommensteuerrecht stellt offenbar die Finanzierbarkeit einer Neuregelung zumindest einen so gewichtigen Gemeinwohlbelang dar, dass der Vertrauensschutz des Steuerpflichtigen dahinter zurücktritt.[220] Die Finanzierbarkeit der sozialen Sicherungssysteme stellt ebenfalls in jedem Fall ein hohes Gut dar,[221] auf das bei Abwägungsentscheidungen besonderes Gewicht entfällt.[222] Für das BVerfG scheint, kritischen Stimmen zufolge, die „Sicherung der finanziellen Stabilität und damit die Funktionsfähigkeit der Gesetzlichen Krankenversicherung" das Codewort für die Öffnung aller verfassungsrechtlichen Türen zu sein.[223]

Fraglich ist jedoch, ob die Finanzierbarkeit aus sich selbst heraus einen legitimen Belastungsgrund darstellen kann. Die Finanzierbarkeit allein ist im Ergebnis nicht geeignet, eine Antwort auf die Fragen zu geben, ob ein bestimmter Bürger belastet wird und, wenn ja, in welcher Höhe dies geschieht.[224] Die Finanzierbarkeit ist nicht mehr als der Ausgangspunkt, von dem aus überlegt werden kann, wer mit welcher Begründung wie hoch belastet werden kann. Anderenfalls könnte unter Hinweis auf die Finanzierbarkeit jeder Staatsaufgabe die Erhebung von Sonderlasten gerechtfertigt werden. Wollte man unter Hinweis auf die Finanzierbarkeit oder die Stabilität der sozialen Sicherungssysteme ihren jeweils aktuellen Finanzbedarf zur Belastungsrechtfertigung erheben, entstünde ein bedeutsamer Systembruch zwischen Steuerrecht und Sozialrecht. Es würde die Begründung der Sozialversicherungsabgaben in die Nähe des Steuerstaatsprinzips rücken. Damit ist ein Belas-

---

220 Am Beispiel der Umstellung auf die nachgelagerte Besteuerung der Alterseinkünfte zuletzt: BFH vom 19.01.1010, Az.: X R 53/08.
221 BVerfGE 21, 245 (249, 251); 77, 84 (107).
222 BVerfGE 113, 167 (215).
223 Sehr pointiert: *Isensee*, NZS 2004, 393 (395) unter Verweis auf BVerfG Kammerbeschluss vom 04.02.2004, Az. 1 BvR 1103/03, Rz. 24.
224 *Kirchhof*, NZS 2004, 1 (2).

tungsgrund der Finanzierbarkeit oder der Stabilität der Sozialversicherungssysteme allein keine taugliche Rechtfertigung für Sonderlasten.

f) Leistungsfähigkeitsprinzip im Sozialrecht

Man könnte darüber nachdenken, ob die Rechtfertigung von Sozialversicherungsabgaben der Höhe nach mit Hilfe des Leistungsfähigkeitsprinzips erfolgen kann. Vorausgesetzt sei, dass im Sozialrecht wie auch im Steuerrecht die Ausgabenseite nicht zur Disposition steht. In diesem Fall haben beide Rechtsgebiete dasselbe Problem. Eine festgelegte finanzielle Belastung muss möglichst gerecht verteilt werden. Unterschiede ergeben sich allerdings hinsichtlich der grundsätzlichen Rechtfertigung der Lasten. Während im Steuerrecht das Steuerstaatsprinzip als Rechtfertigung für die Belastung aller Steuerzahler herausgearbeitet wurde, bestehen im Sozialrecht verschiedene Einzelgruppen, die sich zu einem sozialen Ausgleich verpflichtet haben oder gesetzlich zum Ausgleich verpflichtet worden sind (z. B. GKV). Innerhalb dieser sozialen Sicherungssysteme haben sich die oben beschriebenen Rechtfertigungsansätze für die jeweiligen Sonderlasten eigener Art herausgebildet. Diese Ansätze haben unterschiedlich starke Legitimationskraft. Während das Versicherungsprinzip noch klar abgrenzbar ist und damit eine hohe Legitimationskraft besitzt, ist es schwierig, mit Hilfe der weicheren „sozialen" Ansätze neue Belastungen zu begründen.

An dieser Stelle rief das insofern klarer und nachvollziehbarer begründete Steuerrecht Begehrlichkeiten hervor. Es wurde also ohne Blick auf ein harmonisches Zusammenwirken von Sozialrecht und Steuerrecht an vermeintlich passenden Stellen das Tor zum Leistungsfähigkeitsprinzip aufgestoßen. Das heißt, dass nicht nur an Einkommensbegriffe des Einkommensteuerrechts angeknüpft wurde. Es wurde zudem versucht, den legitimatorischen Unterbau unterschiedlicher Belastung im Einkommensteuerrecht (Leistungsfähigkeitsprinzip) für das Sozialrecht fruchtbar zu machen.

Darüber, ob dies gelang und ob dies ein Modell für die Zukunft darstellen kann, gehen die Meinungen auseinander.[225] Auf der einen Seite nehmen sowohl sozialrechtliche Rechtsnormen (§§ 238a, 240 Abs. 1 SGB V) als auch Urteile des BVerfG[226] das Leistungsfähigkeitsprinzip in den Kanon möglicher Argumentationsgründe auf, wenn es darum geht, Sozialversicherungsabgaben auszuformen. Auf der anderen Seite wird es als problematisch angesehen, dem bereits nach dem Leistungsfähigkeitsprinzip im Einkommensteuerrecht belasteten Bürger noch ein-

---

225 Krit. *Kirchhof*, NZS 1999, 161 (166 f.); *ders.*, DStJG 29 (2006), S. 50 f.; *Kannegießer*, FS für Klein, 1994, S. 1119, 1131.
226 BVerfGE 92, 53 (69 ff.); 79, 223 (237).

mal unter Hinweis auf seine Leistungsfähigkeit Sozialversicherungsabgaben abzufordern.[227] Dieses Argument kann allerdings nur dann durchgreifen, wenn auch die Sozialversicherungsabgaben allein unter Hinweis auf das Leistungsfähigkeitsprinzip gerechtfertigt werden sollen. Wenn aber die grundsätzliche Abgabepflicht beispielsweise durch das Prinzip der sozialen Verantwortung begründet ist, erscheint es nicht ausgeschlossen, die Höhe der Belastung am Maßstab der Leistungsfähigkeit auszurichten.

Zudem besteht bislang kein Grundsatz, nach dem der Bürger, sei es im Sozialrecht oder im Steuerrecht, unter Hinweis auf einen bestimmten Rechtfertigungsgrund nur einmal belastet werden darf. So versuchen alle Steuerarten auf unterschiedliche Weise, eine vermutete Leistungsfähigkeit abzuschöpfen. Am direktesten geschieht dies im Einkommensteuerrecht. Das Umsatzsteuerrecht vermutet eine höhere Leistungsfähigkeit bei umfangreicheren Rechtsgeschäften.[228] Die Erbschaftsteuer wie die Schenkungssteuer sehen eine erhöhte Leistungsfähigkeit im gegenleistungsfreien Zufluss von Mitteln. Die Grunderwerbsteuer erblickt in der Fähigkeit, ein Grundstück zu kaufen, einen Ausdruck besteuerungswürdiger Leistungsfähigkeit. Es zeigt sich also, dass durchaus mehrfach an das Merkmal Leistungsfähigkeit angeknüpft werden kann.

Zu beachten ist jedoch, dass die steuerliche Leistungsfähigkeit nicht unmittelbar übernommen werden kann, da beispielsweise das Welteinkommensprinzip, inklusive Einkommen aus Kapitalanlagen, (derzeit) nicht in das Leistungsfähigkeitsschema der Sozialversicherung passt. Zudem erscheint es problematisch, dass bei hypothetischer steigender Bedeutung des Leistungsfähigkeitsprinzips in der Sozialversicherung die originär sozialrechtlichen Rechtfertigungen (Versicherungsprinzip, soziale Verantwortung) in ihrer Bedeutung zurücktreten. Überdies übernimmt das Sozialrecht nicht direkt die Ergebnisse des Leistungsfähigkeitsprinzips, sondern modifiziert es durch Geringfügigkeitsgrenzen oder Beitragsbemessungsgrenzen. Auch ist der Beitrag der Sozialversicherung auf Arbeitsentgelte beschränkt.[229] Andere Einkünfte als das Arbeitseinkommen werden nicht erfasst. Damit wird auf gleichheitswidrige Weise nicht die gesamte Leistungsfähigkeit abgebildet. Genau genommen müsste die Jahressteuererklärung zur Grundlage einer Art Sozialabgaben-Jahresausgleich genutzt werden, um das Leistungsfähigkeitsprinzip gänzlich zur Wirkung kommen zu lassen.

Im Ergebnis kann das steuerliche Leistungsfähigkeitsprinzip grundsätzlich auch zur Rechtfertigung von Sozialversicherungsabgaben herangezogen werden. Da die wirtschaftliche Leistungsfähigkeit aber unabhängig davon besteht (oder nicht be-

---

227 *Kirchhof*, DStJG 29 (2006), S. 50.
228 Kap. 1 B. I. 1.) d).
229 *Kirchhof*, DStJG 29 (2006), S. 50.

steht), ob im Steuerrecht oder im Sozialrecht auf sie zurückgegriffen wird, darf es zwischen den Teilrechtsordnungen nicht zu Wertungswidersprüchen kommen.

4.) Umverteilungswirkung durch das Sozialrecht

Das Sozialrecht zielt auf soziale Gerechtigkeit und soziale Sicherheit.[230] Deutlicher als im Steuerrecht tritt damit das umverteilende Element im Sozialrecht zutage. Man könnte sich den Staatshaushalt als eine große Kasse vorstellen. Soweit sich ein Bürger durch seine Tätigkeit am Markt nicht selbst versorgen kann, gebietet das Sozialstaatsprinzip (Art. 20 Abs. 1 GG) die Unterstützung dieses Bürgers mit Mitteln dieser Kasse[231] nach Maßgabe des Bedürftigkeitsprinzips.[232] Damit stellt die Unterstützung nach Maßgabe der Bedürftigkeit ein wesentliches Element sozialrechtlicher Umverteilung dar.

Die sozialrechtliche Umverteilungswirkung tritt auch innerhalb der einzelnen Solidargemeinschaften, wie beispielsweise der Gesetzlichen Krankenversicherung, auf. Der Versicherungsbeitrag richtet sich nicht nach dem abzusichernden Risiko, sondern nach dem Einkommen. Der Arbeitgeber zahlt den Arbeitgeberanteil, ohne selbst in den Genuss der Leistung kommen zu können. Zudem sorgt der Gesundheitsfonds für eine Umverteilung bedeutenden Ausmaßes.[233] Das heißt in der Folge, dass die Zahlung nicht nur auf ein gruppenäquivalentes Risiko innerhalb der jeweiligen Solidargemeinschaft erfolgt. Vielmehr kommt es zu einer mehrdimensionalen solidarischen Umverteilung.[234]

Eine andere Art der Umverteilung erzeugen die Staffelgebühren. Hierbei wird versucht, pauschaliert die Leistungsfähigkeit der Bürger beim Eintritt in staatliche Theater, Museen oder Schwimmbäder zu berücksichtigen.[235] Ein typisches Beispiel sind auch die Staffelgebühren der Kindergärten.[236] Die Besonderheit bei den Gebühren ist, dass sie eigentlich die äquivalente Gegenleistung für eine Leistung des Staates sein sollten.[237] Die zwingende Äquivalenz ließ sich nur schwer mit dem Wunsch verbinden, die (vermutete) Leistungsfähigkeit der Nutzer zu berücksichtigen. Dies führte dazu, dass nach der Rechtsprechung eine Staffelgebühr maximal so hoch sein darf, wie die Gebühr nach dem Äquivalenzprinzip hätte sein müs-

---

230 *Eichenhofer*, Sozialrecht, Rz. 5 ff.
231 *Kube*, NZS 2004, 458.
232 *Becker*, Transfergerechtigkeit und Verfassung, S. 137 ff.
233 *Kube*, DStJG 29 (2006), S. 21.
234 *Seiler,* Grundzüge, S. 83.
235 *Kube*, DStJG 29 (2006), S. 29; *Wienbracke*, DÖV 2005, 201 (203 ff.).
236 Dazu BVerfGE 97, 332 (346 f.).
237 Zur Rechtfertigungsbedürftigkeit von Gebühren: *Musil,* Staat im Wort (Depenheuer u.a. Hrsg.), S. 929 (931 ff., 937 f.).

sen.[238] Das heißt, eine solidarische Querfinanzierung Leistungsfähiger zugunsten weniger Leistungsfähiger soll nicht möglich sein. Da höchstens der tatsächliche Nutzen zu zahlen ist, könnte von einer unechten oder indirekten Umverteilung gesprochen werden. Erst wenn der Staat die aufgrund der Staffelgebühren fehlenden finanziellen Mittel durch Steuermittel ausgleicht, kommt es zur eigentlichen Umverteilung.

Aus steuerrechtlicher Sicht leidet das Sozialrecht, insbesondere das Sozialversicherungsrecht, an einer Begründungsnot für die vielen einzelnen punktuellen Gruppenumverteilungen. Die gruppen- und lohnabhängige Solidarverantwortung lässt sich nicht mehr schlüssig mit der Homogenität der versicherten Gruppen, sondern nur noch historisch erklären.[239] Dies rechtfertigt das gegenwärtige System, ohne es zukünftig zu erzwingen.

5.) Zwischenergebnis

Wird nicht nur isoliert die gewährende Seite des Sozialrechts in den Blick genommen, sondern auch dessen Belastungsseite, so fallen auch in diesem Bereich Parallelen zum Steuerrecht auf. Auch im Sozialrecht müssen Lasten möglichst gerecht verteilt werden. Es bedarf einer ähnlich konkreten Rechtfertigung für die Sozialversicherungsabgaben, wie sie für das Steuerrecht besteht. Derzeit tasten sich Gesetzgebung und Rechtsprechung durch eine begriffliche Grauzone, die immer wieder neue Systembrüche hervorbringt.[240] Eine Ausnahme stellt hier nur das, wenn auch sozial modifizierte, Versicherungsprinzip dar.

In beiden Rechtsgebieten soll nicht etwa eine irgendwie geartete Verteilungsgerechtigkeit im Sinne einer als gerecht empfundenen Verteilung von Gütern durch die Umverteilung erzeugt werden.[241] Vielmehr kann es nur darum gehen, in ausgleichender Art und Weise Sorge dafür zu tragen, dass die Bürger so gut wie möglich in die Lage versetzt werden, den eigenen Lebensunterhalt durch abhängige oder selbständige Arbeit zu erwirtschaften. Dabei hat das Einkommensteuerrecht zum Ziel, entstehende Leistungsfähigkeit nicht im Keim zu ersticken, eine Lastenverteilungsgerechtigkeit[242] herzustellen und die finanzielle Basis der sozialrechtlichen Umverteilung (neben den sozialrechtlichen Gebühren und Beiträgen) zu bilden. Das Steuerstaatsprinzip ermöglicht dabei eine Umverteilung durch die Lösung der Einnahmenseite von der Ausgabenseite, sodass sich für den Einzelnen eine größere Finanzierungsverantwortung begründen lässt, als sich unter dem Ge-

---

238 Zuletzt BVerfGE 108, 1 (18).
239 *Seiler,* Grundzüge, S. 83 f.
240 *Kirchhof,* DStJG 29 (2006), S. 49.
241 Vgl. *Starck,* v. Mangoldt/Klein/Starck, GG I, 5. A., Art. 3 Rz. 27.
242 *Tipke,* StuW 2007, 201 (202 f.).

sichtspunkt der Äquivalenz ergäbe. Das Sozialrecht seinerseits befasst sich unter anderem mit dem Ziel, entstandene Defizitlagen auszugleichen und es dem Bürger zu ermöglichen, wieder eigene wirtschaftliche Leistungsfähigkeit zu erwerben.

Hier besteht noch Harmonisierungsbedarf, da vor dem Hintergrund der unterschiedlichen kompetenziellen Möglichkeiten beider Teilrechtsordnungen ein unabgestimmtes Nebeneinander im Bereich staatlicher Umverteilung entstanden ist.[243] Dies führt in der Folge zu Überschneidungen und Lücken, zu Leistungskumulationen und Leerstellen im gemeinsamen Transfersystem.[244]

Der engste Zusammenhang beider umverteilenden Elemente des staatlichen Finanzrechts ist gleichzeitig der Punkt, der beide Rechtsgebiete voneinander trennt. Es handelt sich um die Belastungsbegründung im Steuerrecht – die finanzielle Leistungsfähigkeit – und die Begründung der Unterstützung im Sozialrecht – die Bedürftigkeit. Auf der einen Seite kann jemand, der leistungsfähig ist, nicht zugleich bedürftig sein und umgekehrt kann jemand, der bedürftig ist, nicht zugleich leistungsfähig sein. Im Grundsatz schließen sich also die Regelungsbereiche beider Teilrechtsordnungen gerade aus.[245] Auf der anderen Seite führen die beiden Prinzipien die Teilrechtsordnungen zusammen. Aus der Zusammenschau beider Prinzipien folgt nämlich, dass der Staat nicht das besteuern darf, was er als Sozialleistung wieder zu gewähren verpflichtet wäre.[246] Eine am Gerechtigkeitsgedanken orientierte Umverteilungsentscheidung im Steuerrecht würde konterkariert, wenn sie in die soziale Abhängigkeit vom gewährenden Staat führte.

6.) Zusammenwirken von Steuerrecht und Sozialrecht aus der Sicht des Einkommensteuerrechts

Nach dem Umreißen der grundsätzlichen Verwandtschaft von Einkommensteuerrecht und Sozialrecht im Bereich der Umverteilung ist im Folgenden darzustellen, wo konkret auf einfachgesetzlicher Ebene die „steuerlich-soziale" Umverteilung stattfindet. Bereits bei der Gesetzeslektüre fällt die Verzahnung und in einigen Bereichen des Einkommensteuerrechts die partielle Verwandtschaft der Teilrechtsordnungen auf.

---

243 *Ruppe,* H/H/R, Stand Februar 1990, Einf. ESt, Rz. 477.
244 Zum Begriff: *Seiler,* Grundzüge, S. 80 ff.
245 *Kube,* NZS 2004, 458.
246 BVerfGE 87, 153 (170 f.); 99, 246 (259 f.); 99, 268 (271); 99, 273 (277); *Kirchhof,* Besteuerung im Verfassungsstaat, 2000, S. 56.

a) Bezugnahme des Einkommensteuergesetzes auf sozialrechtliche Normen

aa) Steuerfreie Einnahmen

Im Einkommensteuerrecht wird das Zusammenwirken von Steuerrecht und Sozialrecht insbesondere in § 3 EStG deutlich. Dieser stellt eine Reihe von Sozialleistungen von der Besteuerung frei. Etwa die Hälfte der derzeit 70 Nummern des § 3 S. 1 EStG haben einen direkten oder indirekten Bezug zum Sozialrecht.[247] Dies könnte zum einen mit der Systematik des EStG begründet werden, nach der nur am Markt erwirtschaftetes Einkommen der Steuer unterfallen soll,[248] zum anderen würde die Besteuerung von Sozialleistungen aus der Sicht des Staates ein unwirtschaftliches Eine-Tasche-andere-Tasche-Prinzip bewirken, indem er mit der einen Hand das gäbe, was er mit der anderen wieder nähme. Dieses Prinzip kommt zwar auch bei der Besoldung von Staatsdienern zum Tragen, die ja auch auf der einen Seite Mittel vom Staat erhalten, sie aber auf der anderen Seite wieder versteuern müssen. Dort rechtfertigt sich dies jedoch aus der Steuergerechtigkeit, sodass keine durchgreifenden Bedenken dagegen bestehen. Anders gewendet könnte die Steuerbefreiung für Sozialleistungen auch als Abkürzung des Zahlungswegs verstanden werden.[249] Würden Sozialleistungen besteuert, müssten diese erhöht werden, da sie sonst nicht mehr ihre Funktion (bspw. Sicherung des Existenzminimums) erfüllen könnten. Davon unabhängig ist jedoch die Frage, ob die gewährte Leistung einem Progressionsvorbehalt nach § 32b EStG unterliegen sollte oder nicht.[250]

bb) Sonderausgabenabzug und außergewöhnliche Belastung

Der steuerliche Sonderausgabenabzug ist insofern mit dem Sozialrecht verzahnt, als er die Sozialversicherung und die private Vorsorge im Bereich der Absicherung für den Krankheitsfall, der Pflegeversicherung, die Vorsorge für den Fall der Arbeitslosigkeit und die Altersvorsorge im Rahmen des subjektiven Nettoprinzips zum Abzug zulässt, §§ 10 Abs. 1 Nr. 2, 3, 3 a; 10 a; 79 ff. EStG. Der Abzug für außergewöhnliche Belastungen hat ebenso zum Ziel, das Primat der eigenverantwortlichen Gestaltung, aber auch die Sicherung der persönlichen Lebensverhältnisse vor staatlicher Sozialhilfe, zu unterstützen, §§ 33 bis 33b EStG.

---

247 Deutlich bei: § 3 S. 1 Nr. 1 bis 3, 6 bis 11, 14, 17, 19, 24, 36, 53, 56 bis 58, 62, 67 EStG.
248 Dazu sogleich unter: Kap. 1 B. I. 6.) b) aa) (1).
249 *Jachmann*, NZS 2003, 281 (282).
250 Vgl. Kap. 2 C. V. 3.) b) cc) (3).

cc) Sonstige Verweise

Um zu verdeutlichen, wie vielschichtig die Bezugnahmen des Einkommensteuergesetzes auf Normen des Sozialrechts sind, seien im Folgenden, ohne Anspruch auf Vollständigkeit, einige weitere Verweise aufgeführt. Im Einzelnen wird auf die nach sozialrechtlichen Kriterien bestimmte Berufsunfähigkeit verwiesen, §§ 16 Abs. 4, 34 Abs. 3 EStG. Des Weiteren wird auf das Merkmal der geringfügigen Beschäftigung aus §§ 8, 8a SGB IV Bezug genommen, §§ 35a Abs. 1; 39e Abs. 8; 40a Abs. 2; 41b Abs. 3; 50e EStG. Der Familienleistungsausgleich, der das ehemals rein sozialrechtliche Kindergeld inkorporiert, besitzt in mehrerlei Hinsicht sozialrechtliche Bezüge,[251] §§ 31 f., 62 ff. EStG. Zum Thema Datenaustausch mit den Sozialbehörden erfolgt in § 41d Abs. 2 EStG ein Verweis mit Sozialrechtsbezug. Im Übrigen erfolgen Verweise mit unterschiedlichen sozialrechtlichen Bezügen in §§ 4d Abs. 1 S. 1 Nr. 1 b) bb); 7k, 8 Abs. 2 S. 6; 22 S. 3 a); 22a Abs. 1 EStG; insbesondere im lohnsteuerlichen Abschnitt §§ 38 Abs. 3; 39b Abs. 2 S. 5 Nr. 3; 40a Abs. 2a, 6; 40b Abs. 3; 41b Abs. 1, 4 EStG; dem schließen sich die Verweise der §§ 44a Abs. 5 S. 2; 49 Abs. 1 Nr. 7 EStG an.

b) Modifizierte Maßgeblichkeit der einkommensteuerlichen Begriffe für das Sozialrecht

Mit einigen Einschränkungen wirken sich steuerliche Normen und Prinzipien auch auf das Sozialrecht aus.[252] Dies geschieht durch verschiedene Verweisungen des Sozialrechts auf das Einkommensteuerrecht. Eine undifferenzierte Übernahme von steuerlichen Begriffen in das Sozialrecht ist nicht zu empfehlen.[253] Verantwortlich dafür ist, dass derzeit die einkommensteuerlichen Entgelt-, Einnahmen- und Einkommensbegriffe durch Lenkungsnormen oder außergewöhnliche Belastungen verzerrt sind.[254] Der § 17 Abs. 1 S. 2 SGB IV formuliert zwar das Ziel einer größtmöglichen Akzessorietät zum Einkommensteuerrecht, lässt jedoch Raum für sozialrechtliche Abweichungen.[255]

---

251 Dazu unter Kap. 2 C. II. 2.) b).
252 Dazu: *Hinz*, Einkommensteuerrecht und Sozialrecht, S. 78 ff.
253 *Kube*, NZS 2004, 458 (459).
254 *Jachmann*, NZS 2003, 281 (283 ff.); *Wernsmann*, Beihefter zu DStR 34 2009, 101 (105 f.); *Drüen*, DStR 2010, 2 (5).
255 Diese zeigen sich bspw. am sozialrechtlich emanzipierten Begriff des „Arbeitsentgelts" des § 14 SGB IV, *Seewald*, Kass/Komm, § 17 SGB IV Rz. 6 (Stand August 2004).

aa) Verweisungsfähige Begriffe der beiden Teilrechtsordnungen

Ein Vergleich bestimmter Begriffe erfolgt, um zu ermitteln, an welchen Stellen die beiden Teilrechtsgebiete aufeinander verweisen oder möglicherweise aufeinander verweisen könnten, um von den Erkenntnissen des jeweils anderen Gebietes zu profitieren. Eine besondere Bedeutung an der Nahtstelle von Einkommensteuerrecht und Sozialrecht kommt dem Einkommensbegriff zu.

(1) Das steuerrechtliche Einkommen

Der Begriff des Einkommens ist ökonomischen Ursprungs.[256] Der aktuelle Einkommensbegriff geht auf die ältere Finanzwissenschaft zurück. Insbesondere *Adolph Wagner* war für die Entwicklung des Begriffs maßgebend.[257] Um zu ermitteln, welche Lebenssachverhalte in den Einkommensbegriff aufzunehmen sind, fand eine Evolution der Begrifflichkeiten statt.

Das Preußische EStG von 1891 bestimmte mit Hilfe der sog. Quellentheorie, was der Einkommensteuer zu unterfallen habe.[258] Problematisch an diesem Ansatz war, dass er nur das erfasste, was aus einer bestimmten Quelle entsprang und nicht etwa auch die Veräußerung der Quelle.[259] Nicht zuletzt aufgrund des zu engen Einkommensbegriffs der Quellentheorie wandte sich das Reichseinkommensteuergesetz vom 29.03.1920 der Reinvermögenszugangstheorie zu.[260] Diese Theorie will sehr umfassend all das als Einkommen erfassen, was in einem bestimmten Zeitabschnitt derart zufließt, dass der Steuerpflichtige darüber disponieren kann, ohne auf bisher vorhandenes Vermögen zurückgreifen zu müssen.[261] Diese Theorie kann allerdings nicht in ihrer Reinform auf die Praxis übertragen werden, da sie auch latente Wertsteigerungen[262] umfassen würde, die zum einen schwer zu ermitteln sind und zum anderen gegen das Realisationsprinzip[263] verstoßen würden. Damit ist der Einkommensbegriff der Reinform dieser Theorie zu weit gefasst.[264] Die verschiedenen Arten von Zuflüssen bedürfen unterschiedlicher Behand-

---

256 Vgl. dazu: *Kirchhof*, K/S/M, Stand: ohne Angabe, § 2, Rz. A 285 ff.; *Ruppe*, H/H/R, Stand Februar 1990, Einf. ESt, Rz. 10 ff.
257 *Wagner*, Finanzwissenschaft, Bd. II, S. 205, 444.
258 Diese wird dem Referenten im Finanzministerium Johannes von Miquels, *Fuisting* zugeschrieben, vgl. *Jakob*, Einkommensteuer, Rz. 2.
259 *Jakob*, Einkommensteuer, Rz. 2.
260 Diese wird zumindest für das deutsche Steuerrecht *Schanz*, FA 1896, S. 1 ff. zugeschrieben.
261 *Schanz*, FA 1896, S. 23 ff.
262 *Lang*, in Tipke/Lang, Steuerrecht, § 4 Rz. 107.
263 *Biergans/Stockinger*, FR 1982, 1 (2).
264 *Pezzer*, DStJG 14 (1991), S. 13.

lung.[265] Daher konnte sich die Reinform der Reinvermögenszugangstheorie nicht durchsetzen.

Das Einkommen des EStG bestimmt sich nicht nach einer bestimmten Theorie, sondern pragmatisch[266] nach den sieben Einkunftsarten des § 2 Abs. 1 EStG, die jeweils verschiedenen Theorien zugeordnet werden können. Als nennenswerter Versuch, die Einkunftsarten unter eine Theorie zu subsumieren, sei noch die Markteinkommenstheorie[267] erwähnt. Demnach könne nur das der Einkommensteuer unterworfen werden, was am Markt erwirtschaftet wurde.[268] Im Gegensatz zur Quellentheorie erfasst sie auch die Veräußerung der Quelle als steuerbaren Vorgang. Anders als bei der Reinvermögenszugangstheorie werden die latenten Wertsteigerungen als nicht steuerbar behandelt. Allerdings ist auch diese Theorie insofern noch nicht der Schlusspunkt der Diskussion, als der Zufluss von solchen nicht am Markt erwirtschafteten Gütern, der nach anerkannter Wertung steuerbar sein sollte, auch nicht erfasst wird.[269] Insbesondere Erbschaften dürften steuerfrei vereinnahmt werden, was als Perpetuierung einer ungleichen Vermögensverteilung massive gleichheitsrechtliche Probleme erzeugte. Im Ergebnis kann die Markteinkommenstheorie als Modifikation sowohl der Quellentheorie als auch der Reinvermögenszugangstheorie verstanden werden. Dadurch werden die drei (allein jeweils schwer zu handhabenden) Theorien in der Gesamtschau zu einem handhabbaren Instrument zur Abgrenzung der steuerbaren von der nicht steuerbaren Sphäre.[270]

Dieser Ansatz wird unter Verweis auf die inzwischen gewandelte Ansicht im finanzwissenschaftlichen und ökonomischen Schrifttum in Frage gestellt.[271] In diesem Zusammenhang wird ein vollständig konsumorientiertes Steuersystem nach Art einer „Ausgabensteuer" präferiert.[272] Das aktuelle System hat Nachteile wie etwa die mangelnde intertemporale Neutralität. So wird jemand, der sein gesamtes Lebenseinkommen in kurzer Zeit erwirtschaftet, deutlich höher besteuert als jemand, dessen Einkommen ihm „wohldosiert" über seine Lebenszeit (nach Art eines Beamten) zufließt. Die Alternative einer völligen Konsumorientierung wirft allerdings Gerechtigkeits- und Praktikabilitätsfragen auf.[273] So ist ein Geringverdiener gezwungen, große Teile seines Einkommens zu verkonsumieren, während Großverdiener ihre Leistungsfähigkeit lange „zurückhalten" können. Praktisch ist

---

265 *Trzaskalik*, in FS Tipke, S. 326.
266 *Zugmaier*, H/H/R, Stand Juli 2004, § 2 Rz. 10; *Jakob*, Einkommensteuer, Rz. 2.
267 *Lang*, DStJG 4 (1980), S. 54 ff.
268 *Ruppe*, DStJG 1 (1978), S. 16.
269 *Biergans/Stockinger*, FR 1982, 1 (4); *Schön*, FS Offerhaus, S. 397.
270 *Lang*, Tipke/Lang, Steuerrecht, § 9 Rz. 52.
271 *Lang*, Tipke/Lang, Steuerrecht, § 4 Rz. 115 ff. m. w. N.
272 Vgl. dazu: *Reis*, Konsumorientierte Besteuerung, S. 57 ff.
273 *Lang*, Tipke/Lang, Steuerrecht, § 4 Rz. 120.

es schwer vorstellbar, wie Privatpersonen ihren gesamten Konsum protokollieren sollten, um ihren Konsum zu versteuern.

Seine juristische Bedeutung erhält der Einkommensbegriff durch die Anknüpfung verschiedenster Rechtsfolgen. So ist das Einkommen im Steuerrecht Indikator für wirtschaftliche Leistungsfähigkeit; die Höhe der Geldstrafen im Strafrecht hängen von ihm ab; im Prozessrecht ergibt sich aus dem Einkommen, ob Prozesskostenhilfe gewährt werden kann oder Pfändungsgrenzen überschritten werden; im Zivilrecht spielt das Einkommen bei der Ermittlung von Unterhaltspflichten eine Rolle, und schließlich knüpft das Sozialrecht in verschiedenen Bereichen an das Einkommen an. Bei einer Anknüpfung an Begriffe anderer Rechtsgebiete muss stets im Auge behalten werden, inwieweit der Inhalt des jeweiligen Begriffs durch die Akteure beeinflusst werden kann[274] (Gestaltbarkeit des Zuflusses von Einkünften im Steuerrecht), und ob der Begriff wirklich passgenau ist. Diese Überlegungen dürften (mit) für die Existenz unterschiedlicher Begriffe des Einkommens im Sozialrecht verantwortlich sein. Manche übernehmen – modifiziert – den steuerrechtlichen Begriff.[275]

Das Einkommen i. S. d. Einkommensteuerrechts ist zweistufig aufgebaut. Zunächst wird auf der ersten Stufe (§ 2 Abs. 1 bis 3 EStG) der Tatbestand der „Summe der Einkünfte" ermittelt. Insofern ist der Begriff kapitalorientiert. Auf einer zweiten Stufe wird das für die Steuerzahlung indisponible – also auch für den privaten Konsum nicht verfügbare – Einkommen ausgeschieden (§ 2 Abs. 4 und 5 EStG). Damit wird auf die Einkommensverwendung – den Konsum – abgestellt, sodass der Einkommensbegriff zugleich auch teilweise konsumorientiert ist.

(2) Möglichkeit der Verweisung

Als Ziel von Verweisungen des Sozialrechts in das Einkommensteuergesetz kommen insbesondere § 2 Abs. 1 bis 5 EStG in Frage. Die dort genannten Maßgrößen werden beispielsweise von § 16 SGB IV, § 21 BAföG, § 10 WoGG und § 2 Abs. 1, 7 - 9 BEEG aufgegriffen. Dabei werden die Werte jedoch nicht einfach übernommen, sondern etwa durch die Hinzurechnung von steuerfreien Einnahmen modifiziert.[276] Genauso werden teilweise steuerpflichtige Einnahmen aus der Bemessungsgrundlage ausgeschieden, § 226 Abs. 1 SGB V.

Je stärker der sozialrechtliche Nachranggrundsatz in den Vordergrund drängt, desto weniger wird in das Einkommensteuerrecht verwiesen.[277] Genauer gesagt,

---

274   Dazu am Beispiel von Zivilrecht und Sozialrecht, *Eichenhofer*, NZS 2004, 169 (172).
275   *Lang,* Tipke/Lang, Steuerrecht, § 9 Rz. 49.
276   *Brandis*, DStJG 29 (2006), S. 113.
277   *Brandis*, DStJG 29 (2006), S. 113.

desto weniger wird auf den Einkommensbegriff des EStG verwiesen. Dementsprechend fehlt ein solcher Verweis im Bereich der Grundsicherung der SGB II und SGB XII. In diesem Bereich wird das Einkommen nach Maßgabe der §§ 82 SGB XII, 11 Abs. 1, 2 SGB II ermittelt. Die zum § 82 SGB XII ergangene Verordnung[278] zeigt jedoch wieder deutliche Parallelen zum Einkommensteuergesetz.[279]

(3) Gründe für die sozialrechtlichen Modifikationen

Hintergrund der vorgenommenen Modifikationen im Sozialrecht ist, dass die einkommensteuerlichen Begriffe nicht immer vollständig verweisungstauglich sind.[280] Das zu versteuernde Einkommen ist beispielsweise oft weit entfernt von dem, was dem Steuerpflichtigen tatsächlich zur Verfügung steht. Im Gegensatz zu dieser Unschärfe muss das Sozialrecht in einigen Bereichen eine Art Liquiditätsbetrachtung[281] erreichen, die die tatsächlich verfügbaren Mittel darstellt.

(a) Unschärfen bei der Einkommensermittlung

Bereits bei der Ermittlung des Einkommens als Maßstab für die steuerliche Leistungsfähigkeit kommt es zu Verwerfungen und Verzerrungen durch sozialpolitisch motivierte Regelungen. So wird der von § 2 EStG vorgesehene Stufenaufbau bereits in § 2 Abs. 3 EStG unsystematisch durchbrochen.[282] Hier ist ein Abzug des Altersentlastungsbetrags, des Entlastungsbetrags für Alleinerziehende und des Freibetrags für Land- und Forstwirte[283] (§ 13 Abs. 3 EStG) geregelt. Hier bietet es sich an, die Struktur der Bemessungsgrundlage zu verkürzen, zu vereinfachen und systematisch zu bereinigen.[284] Damit würde die Möglichkeit gegeben, die steuerliche Leistungsfähigkeit zu messen. Darüber hinaus wäre der somit bereinigte, systematisch ermittelte Wert der Leistungsfähigkeit auch in der Lage, eine verbesserte Aussagekraft für andere Rechtsgebiete zu erlangen.

Der Entlastungsbetrag des § 24a EStG verliert durch den Übergang zur nachgelagerten Besteuerung der Alterseinkünfte ohnehin seine Bedeutung, sodass er sukzessive abgeschmolzen wird.[285]

---

278 Verordnung zur Durchführung des § 82 des Zwölften Buches Sozialgesetzbuch.
279 *Brandis*, DStJG 29 (2006), S. 115.
280 *Ruppe*, H/H/R, Stand Februar 1990, Einf. ESt, Rz. 477.
281 *Brandis*, DStJG 29 (2006), S. 122.
282 *Lang*, Tipke/Lang, Steuerrecht, § 9 Rz. 41.
283 *Gmach*, H/H/R, § 13 Rz. 360 ff.
284 *Lang*, Tipke/Lang, Steuerrecht, § 9 Rz. 41.
285 *Mellinghoff*, Kirchhof, EStG, § 24a Rz. 1.

Die Steuervergünstigung des § 24b EStG fördert Alleinerziehende. Sie begegnet nicht nur systematischen sondern auch inhaltlichen Bedenken.[286] Zum einen sollte der Ausgleich für Familienleistungen nicht unsystematisch über das Gesetz (die Gesetze) verstreut werden. Weiterhin ist auch inhaltlich fraglich, ob es nicht angebracht ist, nach der Zahl der Kinder zu differenzieren und nach der Bedürftigkeit zu fragen, statt die Rechtsfolge allein an den Status der Eltern zu knüpfen.[287] So ist zwar das Alleinerziehen typischerweise mit Erwerbsminderung verbunden, eine ähnliche Lage ist indes auch bei Paaren denkbar.

Ohne auf die verfassungsmäßige Rechtfertigung der Subvention für Landwirte im Einzelnen eingehen zu wollen, darf zumindest bezweifelt werden, dass dieser zentrale Standort im Einkommensteuerrecht die geeignete Stelle ist, um standortbedingte Nachteile und die angeblichen Nachteile durch die Sozialpflichtigkeit der land- und forstwirtschaftlichen Flächen (durch Betretungsrechte) auszugleichen[288] oder um das Kleinbauernsterben[289] zu verhindern.

Für Zwecke der außersteuerlichen Anknüpfung modifiziert das EStG seine Einkommensbegriffe sogar selbst, § 2 Abs. 5a EStG. Für außersteuerliche Zwecke wird die Schedulenbesteuerung[290] der Abgeltungsteuer wieder aufgehoben und eine echte Synthese der Einkunftsarten erzeugt (Erhöhung um die Beträge, die nach §§ 32d Abs. 1 und 43 Abs. 5 EStG zu besteuern sind).[291] Zudem erhöhen sich die Maßgrößen um die nach § 3 Nr. 40 EStG steuerfreien Beträge und vermindern sich folgerichtig um die nach § 3c Abs. 2 EStG (eigentlich) nicht abziehbaren Beträge.

Der Minderungsbetrag kommt dadurch zustande, dass das Teileinkünfteverfahren keine Berücksichtigung findet,[292] also nicht nur 60 v. H. der Betriebsvermögensmehrungen in die (sozialrechtlichen) Maßgrößen eingehen, sondern 100 v. H. Im Umkehrschluss werden auch nicht nur 60 v. H. der Betriebsausgaben berücksichtigt, sondern 100 v. H. Hintergrund der Norm ist, dass befürchtet wurde, sozialrechtliche Normen könnten nicht schnell genug die Regeln des Teileinkünfteverfahrens[293] (bei Einführung der Norm im Jahr 2000[294] noch Halbeinkünfteverfahren)[295] und der Abgeltungsteuer nachvollziehen. Hierdurch hätte gedroht, dass bei sozialrechtlichen Normen, die an die Unterschreitung bestimmter Einkom-

286 Kein Grundrechtsverstoß laut: BVerfG vom 22.05.2009, Az. 2 BvR 310/07 (Nichtannahmebeschluss); daraufhin Beschwerde anhängig beim EGMR vom 27.11.2009, Az. 45624/09.
287 *Seiler,* Kirchhof, EStG, § 24b Rz. 1.
288 *Gmach,* H/H/R, § 13 Rz. 362.
289 *Gmach,* H/H/R, § 13 Rz. 369.
290 *Ratschow,* Blümich EStG, Stand September 2009, § 2, Rz. 11, 162 ff.
291 *Ratschow,* Blümich EStG, Stand September 2009, § 2, Rz. 163.
292 *Hallerbach,* H/H/R, Stand Juli 2001, § 2, Rz. 876.
293 *Ratschow,* Blümich EStG, Stand September 2009, § 2, Rz. 163; *Nacke,* H/H/R, Stand Oktober 2008, § 3 Nr. 40, Rz. 5.
294 BGBl. I 2000, S. 1433 ff.
295 *Hallerbach,* H/H/R, Stand Juli 2001, § 2, Rz. 871.

mensgrenzen anknüpfen, sich der Kreis der Berechtigten zu Lasten der öffentlichen Haushalte schlagartig erweitert. Dabei wird in Kauf genommen, dass sich in einigen Fällen ein zu hoher maßgeblicher Anknüpfungsbetrag ergibt.[296]

(b) Modifikationen im Bereich der Verluste

Erlittene Verluste des Vorjahres zu berücksichtigen, mag im Steuerrecht sinnvoll sein, kann aber keine aktuelle Bedürftigkeit im Sozialrecht auslösen. Diese Sicht der Dinge kann wiederum durchaus kritisiert werden. Sie unterstellt die Geltendmachung von unechten Verlusten als den Regelfall und übersieht die Bemühungen des Steuergesetzgebers, diese unechten Verluste zu identifizieren und zu beseitigen.[297]

Der § 15 Abs. 1 SGB IV verweist auf die Gewinnermittlungsvorschriften des EStG. Dazu zählen auch die Regelungen zum vertikalen und horizontalen Verlustausgleich. Indes nimmt das Bundessozialgericht den § 10d EStG von der Verweisung aus.[298] Dies ist insofern problematisch, als das Einkommensteuerrecht und das Sozialrecht prinzipiell die gleiche wirtschaftliche Leistungsfähigkeit messen. An dieser Stelle muss klargestellt werden, dass es ein Ideal wäre, die Lebensleistungsfähigkeit eines Bürgers zu erfassen.[299] Damit wäre die sogenannte intertemporale Neutralität[300] der Besteuerung gesichert. Das heißt, die Besteuerung wäre im Gegensatz zu heute unabhängig davon, wann das Einkommen zufließt. Derzeit ist es steuerlich wesentlich günstiger, wenn das Lebenseinkommen dosiert über die Lebenszeit zufließt.

Das Ideal der Erfassung der Lebensleistungsfähigkeit ist jedoch aus verwaltungspraktischen Gründen nicht zu gewährleisten.[301] Die Erben müssten sonst theoretisch eine Steuererklärung über die gesamte Lebenszeit des Steuerpflichtigen erstellen. Zudem muss der Staat zeitnah finanziert werden.[302] Aus diesem Grund sind Abweichungen von der Erfassung der Lebensleistungsfähigkeit im derzeitigen System nicht zu vermeiden. Die Regeln des Verlustausgleichs haben hierbei das Ziel, einen Ausgleich zwischen der eigentlich gebotenen Erfassung der Lebensleistungsfähigkeit und der Verwaltungspraktikabilität zu schaffen. Steuerpflichti-

---

296 Kritisch insofern: *Sommer/Sommer*, DStR 2008, 1626 (1628).
297 *Brandis*, DStJG 29 (2006), S. 128.
298 BSGE 88, 117, 118.
299 *Jachmann*, NZS 2003, 281 (285).
300 *Musil/Leibohm*, FR 2008, 807 (809 f.).
301 Es sei denn, es erfolgte ein Systemwechsel etwa zu einer Konsumorientierung der Besteuerung: *Lang,* Tipke/Lang, Steuerrecht, § 4 Rz. 120 f; vgl. auch das Gedankenexperiment eines „Existenzminimums auf Lebenszeit" bei: *Moes,* Die Steuerfreiheit des Existenzminimums, S. 248 ff.
302 *Lang,* Tipke/Lang, Steuerrecht, § 9 Rz. 44.

ge, deren Einkommen über die Jahre starken Schwankungen unterliegt, sollen nicht benachteiligt werden. Der Verlustausgleich ist im Leistungsfähigkeitsprinzip des Steuerrechts Ausdruck des objektiven Nettoprinzips.

Damit ließe sich der Ausschluss der Verweisung auf § 10d EStG im Sozialrecht nur aus zwei Gründen erklären. Zum einen könnte man sich auf die Position stellen, der Verlustausgleich verstoße gegen Prinzipien der zeitnahen Erfassung der Leistungsfähigkeit des Bürgers, oder der Verlustausgleich diene vorwiegend der Geltendmachung von unechten Verlusten. Das Sozialrecht ist jedoch nicht der geeignete Ort, um Gestaltungen zur Produktion unechter Verluste zu sanktionieren. Dies ist ein Problem des Steuerrechts und sollte auch dort gelöst werden. Es spricht demnach einiges für einen Gleichlauf des Begriffes des Arbeitseinkommens im Sozialrecht mit dem des Einkommensteuerrechts, sofern keine sozialrechtlichen Spezifika die Modifikation der steuerrechtlichen Messung der Leistungsfähigkeit erforderlich machen.[303]

(c) Sozialrechtliches Entstehungsprinzip versus steuerrechtliches Zuflussprinzip

Ein technisches Problem bei der Abstimmung von Einkommensteuerrecht und Sozialrecht ist das aus einkommensteuerrechtlicher Sicht nur schwer nachvollziehbare sozialrechtliche Entstehungsprinzip[304] (auch als Entstehungstheorie, Anspruchstheorie, Fälligkeitssystem[305] bezeichnet).

Das Einkommensteuerrecht basiert auf dem Zuflussprinzip. Das heißt, dass eine Besteuerung von Einkommen erst dann erfolgt, wenn dieses dem Steuerpflichtigen auch zugeflossen ist, § 11 Abs. 1 EStG. Dieses Prinzip wird im Sozialrecht abgewandelt. Hier wird auch das als Arbeitsentgelt[306] gewertet, worauf zwar ein Anspruch bestand, was jedoch tatsächlich nicht zugeflossen ist, § 14 Abs. 1 S. 1 SGB IV (ein Arbeitgeber enthält dem Arbeitnehmer Teile des Lohns vor).

Dies kann auch Auswirkungen auf das Einkommensteuerrecht haben. Nach § 3 Nr. 39 EStG (i. d. F. von 2001) war Arbeitslohn aus einer geringfügigen Beschäftigung nach § 8 Abs. 1 Nr. 1 SGB IV steuerfrei. Da nach dem sozialrechtlichen Entstehungsprinzip auch zukünftige Leistungen zum maßgeblichen regelmäßigen Arbeitsentgelt gezählt werden, wenn diese nur mit hinreichender Wahrscheinlichkeit innerhalb des Beschäftigungszeitraums von einem Jahr zu erwarten sind,[307] konnte die Steuerbefreiung aufgrund eines Phantomlohns entfallen.[308] Auf der an-

---

303 Dazu unten auch Kap. 1 B. I. 6.) b) cc) (3).
304 *Bergkemper*, FR 2009, 89 ff.
305 *Seewald*, Kass/Komm, § 14 SGB IV Rz. 42 ff., 48 (Stand August 2008).
306 *Fichte, Erlenkämper/Fichte*, Sozialrecht, S. 285.
307 *Jachmann*, NZS 2003, 281 (284); *Wellisch/Quast*, DStR 2007, 54 (55).
308 H/H/R § 3 Nr. 39 (alt) Rz. 44.

deren Seite galt dann für das Steuerrecht wieder das Zuflussprinzip, nach dem eigentlich eine Geringfügigkeit i. S. d. § 3 Nr. 39 EStG (i. d. F. von 2001) vorlag.[309]
Es besteht also die Gefahr, auch solche Teile des Arbeitslohns negativ anzurechnen, auf die zwar ein Anspruch besteht, der jedoch entweder nicht durchgesetzt wird oder sich nicht durchsetzen lässt. Aus dieser Überlegung heraus und wegen des systematischen Bruchs ist das sozialrechtliche Entstehungsprinzip problematisch. Einnahmen setzen auch deren Realisierung voraus.[310] Aus steuerrechtlicher Sicht drängt sich ein Verstoß gegen das Leistungsfähigkeitsprinzip auf, soweit an einen Steuerpflichtigen Forderungen herangetragen werden, deren Höhe sich nach einem nur fiktiven Einkommen richtet. Dagegen kann auch nicht argumentiert werden, die Sozialversicherungen orientierten sich am Versicherungsprinzip, sodass für sie andere Maßstäbe gelten können.[311] Eine größere Nähe zu zivilrechtlichen Versicherungen erklärt nicht das Entstehungsprinzip. Auch wenn eine zivilrechtliche Versicherung an das Einkommen anknüpfen wollte, käme sie in Erklärungsnot, soweit sie nicht nur an real zugeflossenes Einkommen, sondern zum Nachteil des Versicherungsnehmers auch an fiktives Einkommen anknüpfen wollte. Im Übrigen ist die Beitragsgestaltung, soweit sie am Einkommen anknüpft und nicht am versicherten Risiko, auch nicht nur am Versicherungsprinzip ausgerichtet, sondern nimmt Leistungsfähigkeitsgesichtspunkte auf,[312] was sie in die Nähe des Steuerrechts rückt.
So wie im Steuerrecht nach § 8 Abs. 1 EStG Einnahmen solche Güter sind, die zufließen, deuten auch verschiedene Stellen im Sozialrecht in diese Richtung. So spricht § 14 Abs. 1 Satz 1 SGB IV von erzielten Einnahmen. Auch § 11 SGB II fragt nach im jeweiligen Monat zugeflossenen Einnahmen.[313] Der Kinderzuschlag nach § 6a BKGG orientiert sich am Zuflussprinzip.[314] Damit deutet auch im Sozialrecht der Begriff der Einnahmen grundsätzlich auf einen Zufluss hin.
Auch die historische Begründung des Entstehungsprinzips mag nicht zu überzeugen. Danach soll aus dem Schutzgedanken der Sozialversicherung heraus ein Arbeitgeber, der geschuldeten Arbeitslohn nicht bezahlt, sich keine beitragsrechtlichen Vorteile verschaffen dürfen.[315] Um dies zu gewährleisten, bedürfe es des Entstehungsprinzips. Was gegenüber dem pflichtwidrigen Arbeitgeber aber die Belastung des Arbeitnehmers mit Beiträgen aufgrund fiktiven Einkommens bewirken soll, erschließt sich nicht. Es dürfte wirkungsvollere Mittel geben, um

309 Vgl. BFH vom 29.05.2008, Az. VI R 57/05.
310 So auch: *Bundessteuerberaterkammer (BStBK) (Hrsg.)*, „Steuerdickicht lichten – Wachstum sichern", S. 34 (zu beziehen über: www.bstbk.de).
311 *Marx*, NZS 2002, 126 (128).
312 Vgl Kap. 2 A. IV.
313 *Spellbrink*, KSW Kommentar zum Sozialrecht, § 11 SGB II Rz. 4.
314 BT Drs. 17/942; 17/742.
315 *Marx*, NZS 2002, 126 (126 f.).

rechtswidrig agierende Arbeitgeber zur Einhaltung ihrer Verpflichtungen zu bewegen.

Gegen die Geltung eines Entstehungsprinzips spricht auch der Hinweis in § 17 Abs. 1 S. 2 SGB IV, wonach bei der Bestimmung des Arbeitsentgelts möglichst Übereinstimmung mit dem Einkommensteuerrecht herrschen soll. In jedem Fall sprechen Praktikabilitätsgründe bei der Lohnbuchhaltung für einen Gleichklang von Steuerrecht und Sozialrecht in diesem Punkt.[316]

bb) Die Verweisungen im Einzelnen

Versucht man die Verweisungen des Sozialrechts in das EStG zu systematisieren, so fällt auf, dass neben einigen wenigen Spezialverweisungen überwiegend auf den Einkommensbegriff, den Kinderleistungsausgleich, die steuerliche Berücksichtigung der Altersvorsorge und Vorschriften des Datenabgleichs des EStG verwiesen wird. Ein großer Teil der Verweisungen rührt also daher, dass ursprünglich sozialrechtliche Regelungen (Kindergeld) oder mit dem Sozialrecht verwandte Themen (steuerliche Berücksichtigung der Altersvorsorge) im Einkommensteuergesetz enthalten sind.

(1) Sozialrechtliche Einkommensbegriffe

(a) Arbeitsentgelt

Im § 14 SGB IV wird das vom Steuerrecht emanzipierte sozialrechtliche sog. Arbeitsentgelt definiert, das jedoch nicht ohne Verweis auf § 3 EStG auskommt.[317] Die Einnahmen nach § 14 Abs. 1 S. 1 SGB IV verweisen auf den Arbeitslohn des § 2 LStDV. Objektive Steuerbefreiungen gelten durch die ArEV[318] und § 14 Abs. 1 S. 3 SGB IV auch im § 14 SGB IV.[319] Nach § 14 Abs. 1 S. 3 SGB IV werden steuerfreie Aufwandsentschädigungen und die in § 3 Nr. 26 EStG aufgeführten steuerfreien Einnahmen nicht unter den Begriff Arbeitsentgelt subsumiert.

---

316 *Marx*, NZS 2002, 126 (128).
317 Zur Nähe der Rechtsgebiete: *Seewald*, Kass/Komm, § 14 SGB IV Rz. 3 ff. (Stand August 2008).
318 Verordnung über die Bestimmung des Arbeitsentgelts in der Sozialversicherung (Arbeitsentgeltverordnung), BGBl. I 1984, S. 1642, 1644; in der Fassung vom 29.06.2006, BGBl. I 2006, S. 1402.
319 *Jachmann*, NZS 2003, 281 (283).

Der Einnahmenbegriff des § 14 SGB IV wandelt sich damit in der Tendenz zum Nettobegriff.[320] Die Aufwandsentschädigungen führen nämlich im Steuerrecht zwar zu Einnahmen. Diese werden jedoch steuerfrei gestellt, da regelmäßig Werbungskosten oder Betriebsausgaben in gleicher Höhe angefallen wären, § 3 Nr. 12 S. 2 EStG.[321]

Problematisch ist, dass durch die Anknüpfung verschiedener Bereiche des Sozialrechts an den monatlichen Arbeitslohn spätere Sozialleistungen teilweise gestaltbar sind. So können Eheleute ihre Steuerklassen in der Weise gestalten, dass je nach Bedarf für einen Ehegatten ein höheres monatliches Entgelt bspw. für die Berechnung des Arbeitslosengeldes maßgeblich wird.[322] Die Gestaltung der Höhe des monatlichen Entgelts wurde jedoch erst kürzlich im Bereich des Elterngeldes für zulässig erklärt.[323]

Die Steuerbefreiung sowohl der Aufwandsentschädigungen als auch der Übungsleiterpauschale in § 3 Nr. 26 EStG sind rechtfertigungsbedürftige Abweichungen von der Regelbesteuerung. Auffällig ist, dass der damit verfolgte Sachzweck über den § 14 Abs. 1 S. 3 SGB IV in das Sozialrecht übernommen wurde. Die erfolgten Ausnahmen lassen sich durch Vereinfachungszwecke erklären.[324] Wie die Überschrift der *modifizierten* Maßgeblichkeit[325] bereits andeutet, ist es jedoch nicht ausgeschlossen, dass es aus sozialrechtlichen Erwägungen zu Abweichungen kommt.[326]

(b) Arbeitseinkommen und Gesamteinkommen

Für die Definition des sog. Arbeitseinkommens des § 15 SGB IV wird gänzlich auf die Gewinnermittlung der §§ 4 ff. EStG verwiesen.[327] Der Steuerbescheid ist verbindlich.[328] Eine sozialrechtliche Modifikation findet insofern statt, als die selbständige Tätigkeit, § 15 Abs. 1 S. 1 SGB IV, eine Beschränkung auf „alle typischerweise mit persönlichem Einsatz verbundenen Einkunftsarten" erhält.[329] Dieses Merkmal ist dem § 2 Abs. 1 S. 1 Nr. 1 bis 3 EStG fremd.

---

320 *Jachmann*, NZS 2003, 281 (284).
321 *Erhard*, Blümich EStG, Stand 104. A., § 3 Rz. 3 f.
322 Krit. *Fritz/Horlemann*, NJW 1986, 114 ff.
323 BSG vom 25.06.2009, Az. B 10 EG 3/08 R , DStR 2009, 2263 ff.
324 *Jachmann*, NZS 2003, 281 (284).
325 Kap. 1 B. I. 6.) b).
326 *Arens*, BB 2001, 94 (95); *Marx*, NZS 2002, 126 (128); *Berndt* DStR 2000, 1520 (1522 f.).
327 *Seewald*, Kass/Komm, § 15 SGB IV Rz. 3 (Stand August 2004).
328 *Fichte, Erlenkämper/Fichte*, Sozialrecht, S. 286 ff.; *Jachmann*, NZS 2003, 281 (284), krit. *Seewald*, Kass/Komm, § 15 SGB IV Rz. 22 (Stand August 2004).
329 BSGE 88, 117, 118.

Das sog. Gesamteinkommen aus § 16 SGB IV definiert sich als Summe der Einkünfte im Sinne des EStG, dürfte also als Verweis auf § 2 Abs. 3, 5a, b EStG[330] zu verstehen sein. Andererseits verweist § 16 SGB IV auch „insbesondere" auf die sozialrechtlichen Begriffe der §§ 14, 15 SGB IV. Zur Ermittlung der sozialversicherungsrechtlichen Verdienstgrenze wird aus dem einkommensteuerlichen Gewinn ein durchschnittlicher Monatsbetrag errechnet. Hierfür ist wieder das steuerliche Wirtschaftsjahr oder Rumpfwirtschaftsjahr maßgebend.[331] In § 18 a-f SGB IV erfolgen im Rahmen der Ermittlung verschiedener Einkommensgrößen eine Reihe von Verweisen ins EStG. Der § 17 Abs. 1 S. 2 SGB IV enthält die grundsätzliche Forderung nach einem Gleichlauf von Steuerrecht und Sozialrecht beim Einkommensbegriff. Auf diese Einkommensbegriffe greifen die übrigen Sozialgesetzbücher bei Bedarf zurück.

(c) Sonstige Verweise im Bereich des Einkommensbegriffs

Zur Bestimmung des zu berücksichtigenden Einkommens weist § 11 Abs. 2 S. 1 Nr. 1 SGB II[332] darauf hin, dass die zu entrichtende Einkommensteuer nicht angerechnet wird. Die Maßgröße des sog. Leistungsentgelts aus § 133 Abs. 1 Nr. 2 SGB III verweist auf Vorschriften der Lohnsteuer, §§ 39 ff., 51 EStG. Die Höhe des Insolvenzgeldes richtet sich danach, ob in der Bundesrepublik Einkommensteuer entrichtet wurde, § 185 Abs. 2 SGB III. Für Selbständige i. S. d. EStG gilt ein Mindestbeitrag nach § 162 Nr. 5 SGB VI. Zur Ermittlung der Beitragshöhe kann der Einkommensteuerbescheid maßgebend sein, §§ 165 Abs. 1 S. 3 ff., Abs. 1 a; 279 Abs. 2 SGB VI. Für die Maßgröße des sog. Regelentgelts kommt es nach § 47 Abs. 5 SGB IX auf die Steuerpflicht nach §§ 1, 1a EStG an. Nur die soziale Pflegeversicherung des SGB XI sieht keinen eigenen Verweis in das EStG vor. Sie ist jedoch akzessorisch zur Krankenversicherung des SGB V (bspw. §§ 54, 55 SGB XI), was zur Folge hat, dass sich über die Regelungen des SGB V auch teilweise einkommensteuerliche Normen im SGB XI auswirken.

(2) Kinderleistungsausgleich

Vorsorglich stellt § 25 Abs. 1 SGB I klar, dass Leistungen nach dem BKGG nur dann in Frage kommen, wenn der Familienleistungsausgleich des § 31 EStG nicht

---

330 *Seewald*, Kass/Komm, § 16 SGB IV Rz. 2 (Stand September 2007).
331 *Jachmann*, NZS 2003, 281 (284).
332 § 11b Abs. 1 Nr. 1 SGB II nach dem Gesetz zur Ermittlung von Regelbedarfen und zur Änderung des Zweiten und Zwölften Sozialgesetzbuches, BR Drs. 109/11; BT Drs. 17/3404.

greift. Im Bereich der Arbeitsförderung kann die Versicherungspflicht vom ein-kommensteuerlichen Anspruch auf Kindergeld abhängig sein, § 26 Abs. 2a S. 1 Nr. 2 SGB III. Auch die Höhe des Arbeitslosengeldes richtet sich gemäß § 129 Nr. 1 SGB III nach dem Vorhandensein von Kindern i. S. v. § 32 EStG. Im Bereich der Krankenversicherung sind zur Ermittlung der Belastungsgrenze bei Zuzahlungen gemäß § 62 Abs. 2 S. 3 SGB V die Kinderfreibeträge des § 32 Abs. 6 EStG vom sog. jährlichen Bruttolohn abzuziehen. Die Kinder- und Jugendhilfe bedient sich der Verweisung auf den Familienleistungsausgleich des § 31 EStG in §§ 39 Abs. 6 und 97a Abs. 2 SGB VIII und des Verweises auf das Kindergeldrecht der §§ 62 ff. EStG in § 94 Abs. 3 SGB VIII. Im System der Rehabilitation und Teilhabe behinderter Menschen hängt die Höhe von Hilfeleistungen nach § 46 Abs. 1 S. 2 Nr. 1 SGB IX vom Vorhandensein von Kindern i. S. v. 32 EStG ab. Bei der Einkommensanrechnung bleibt gemäß § 52 Abs. 2 SGB IX ein Betrag in Höhe des einkommensteuerlichen Kindergeldes außer Betracht.

(3) Altersvorsorgebeiträge

Zur Bestimmung des zu berücksichtigenden Einkommens weist § 11 Abs. 2 S. 1 Nr. 4 SGB II[333] darauf hin, dass Altersvorsorgebeiträge i. S. v. § 82 EStG nicht anzurechnen sind. Für die Nichtanrechnung der Altersvorsorgebeiträge finden sich in den §§ 82 Abs. 2 Nr. 3, 90 Abs. 2 Nr. 2 SGB XII Parallelvorschriften. Der § 33 Abs. 1 Nr. 5 SGB XII erklärt diese sogar für förderfähig.

(4) Datenabgleich

Im § 52 Abs. 1 Nr. 3, 4 SGB II und parallel in § 118 Abs. 1 Nr. 3, 4 SGB XII ist der Datenabgleich mit der Steuerverwaltung vorgesehen. In § 189a Abs. 2 SGB III finden sich Regelungen zum Datenaustausch mit der Finanzverwaltung. Bei Arbeitsverhältnissen im steuerbegünstigten Bereich i. S. v. § 10b EStG sind Erleichterungen der Meldepflichten des § 28a Abs. 6a Nr. 2 SGB IV vorgesehen. Der § 306 SGB V regelt die Zusammenarbeit mit den Finanzbehörden, interessanterweise nach Satz 1 Nr. 6 der Vorschrift auch zur Verfolgung von Verstößen gegen Steuergesetze. Bei der Gesetzlichen Rentenversicherung bestehen Verweise im Rahmen des Datenabgleichs von §§ 148 Abs. 1 S. 2, Abs. 3; 150 Abs. 5 SGB VI auf § 91 Abs. 1 S. 1 EStG. Im Verfahrensrecht verweist das Sozialrecht bei Fragen der

---

333 § 11b Abs. 1 Nr. 3, 4 SGB II nach dem Gesetz zur Ermittlung von Regelbedarfen und zur Änderung des Zweiten und Zwölften Sozialgesetzbuches, BR Drs. 109/11; BT Drs. 17/3404.

Datenübermittlung in das EStG, §§ 71 Abs. 1 S. 1 Nr. 3, 4, 10, 11; 74 S. 1 Nr. 3; 79 Abs. 1 SGB X.

(5) Besondere Verweise

In § 15 Abs. 4 SGB I werden Rentenversicherungsträger zum partiellen Steuerberater für den Bereich der steuerlichen Förderung der Altersvorsorge ernannt. Nach § 154 Abs. 2 S. 1 Nr. 4 SGB VI hat regelmäßig ein Bericht über die Wirksamkeit der steuerlichen Förderung privater Altersvorsorge zu ergehen. Aufgrund der Besonderheiten der Unfallversicherung besteht nur eine eher randständige Verweisung auf das steuerliche Gemeinnützigkeitsrecht[334] in der Zuständigkeitsregelung des § 128 Abs. 1 Nr. 2 SGB VII. Im Rahmen der Regelungen zur kostenlosen Beförderung im öffentlichen Personennahverkehr des § 145 Abs. 1 S. 5 Nr. 1 SGB IX wird auf die Definition der Hilflosigkeit des § 33b Abs. 6 EStG verwiesen.

cc) Modifizierte Maßgeblichkeit am Beispiel der Rechtsprechung des BSG

Interessanterweise zeigt sich die für das Steuerrecht relevante Nähe der Teilrechtsgebiete nicht nur anhand der Rechtsprechung des BVerfG und des BFH, sondern auch an einigen Judikaten des BSG.

(1) Merkzeichen „H"

Als eindrucksvolles Beispiel der grundsätzlichen Nähe, aber mangels Abgestimmtheit nicht genauen Übertragbarkeit von einkommensteuerlichen- und sozialrechtlichen Begriffen kann die Auslegung des Begriffs der „Hilfsbedürftigkeit" nach § 33b Abs. 6 EStG durch das BSG[335] angeführt werden.

Einerseits richtet sich das Verfahren zur Feststellung der Hilfsbedürftigkeit nach sozialrechtlichem Maßstab, § 69 Abs. 4 SGB IX. Andererseits stellt das Gericht einen Unterschied zwischen „steuerrechtlicher und versorgungsrechtlicher Hilfsbedürftigkeit" und „versicherungs- und sozialhilferechtlicher Hilfsbedürftigkeit" heraus. Demnach müsse die Hilfsbedürftigkeit i. S. d. § 33b Abs. 6 EStG anders ausgelegt werden als nach dem naheliegenden sozialrechtlichen Begriff der Pflegebedürftigkeit aus §§ 14 f. SGB XI. Dies könne daran liegen, dass beide Begriffe von vorn herein nicht vergleichbar sind, da die steuerrechtliche Hilfsbedürftigkeit

---

334 Damit zielt der Verweis in erster Linie auf die §§ 51 ff. AO und nicht in das EStG.
335 BSG vom 12.02.2003, Az: B 9 SB 1/02 R; Besprechung *Kube*, NZS 2004, 458 ff.

eine Minderung der finanziellen Leistungsfähigkeit umschreiben soll, während die sozialrechtliche Pflegebedürftigkeit der Frage nachgeht, wie viel Hilfe tatsächlich notwendig ist.[336] Dieser Schluss erscheint jedoch nicht zwingend. Zu sehr drängt sich die Analogie zum Verhältnis der Begriffe Leistungsfähigkeit und Bedürftigkeit auf, die sich auch trotz unterschiedlicher Ausgangspunkte aufeinander abstimmen lassen. Eine nach mathematischen Methoden ermittelte steuerliche „Hilflosigkeit" i. S. v. § 33b Abs. 6 EStG kann es nicht geben, sodass das Merkmal nicht ohne (sozialrechtliche) Wertungen auskommt.

Mit gutem Grund könnte gerade das sachnähere Sozialrecht vorzeichnen, wer aus steuerlicher Sicht einer Entlastung bedarf. In diese Richtung weist bereits § 65 Abs. 2 S. 2 EStDV, der für das Vorliegen der steuerlichen „Hilfsbedürftigkeit" jedenfalls die sozialrechtliche Pflegestufe III nach § 15 SGB XI ausreichen lässt.

(2) Geringfügige Beschäftigung

Dass die Diskussion um das sozialrechtliche Entstehungsprinzip und das steuerliche Zuflussprinzip[337] nicht nur rein akademischer Natur ist, zeigt sich in der Rechtsprechung des BSG zum Tatbestandsmerkmal der geringfügigen Beschäftigung[338] der §§ 8, 8a SGB IV. Auf dieses Merkmal greifen verschiedene Vorschriften des Einkommensteuergesetzes zurück.[339] Da die geringfügige Beschäftigung i. S. v. §§ 8, 8a SGB IV von Einkommensgrenzen abhängig ist, kommt es auf die Frage an, welcher Einkommensbegriff zu verwenden ist. Das BSG rechnet im Sinne des Entstehungsprinzips auch solche Einnahmen an, die erst in Zukunft mit einer gewissen Wahrscheinlichkeit zufließen. In der Folge erlangt das sozialrechtliche Entstehungsprinzip systemwidrig auch Gültigkeit im Einkommensteuerrecht, § 35a Abs. 1 EStG.

(3) Verluste

Ein ähnliches Problem entsteht bei dem bereits angesprochenen Verlustvortrag und Verlustrücktrag des § 10d EStG.[340] Die im Einkommensteuerrecht aus Gründen der Wahrung des objektiven Nettoprinzips als Unterprinzip des Leistungsfähig-

---

336 In diese Richtung: *Kube*, NZS 2004, 458 (461).
337 Siehe Kap. 1 B. I. 6.) b) aa) (3) (c).
338 BSG vom 30.08.1994, Az. 12 RK 59/92, BSGE 75, 61 ff.; vom 07.02.2002, Az. B 12 KR 13/01 R, NZS 2002, 645 ff.; vom 26.01.2005, Az. B 12 KR 3/04 R; NZS 2005, 654; vom 14.07.2004, Az. B 12 KR 1/04 R, NZS 2005, 538 ff.
339 Siehe Kap. 1 B. I. 6.) b) bb) (5).
340 Siehe Kap. 1 B. I. 6.) b) aa) (3) (b).

keitsprinzips ermöglichten Verlustvor- und rückträge werden im Sozialrecht nicht anerkannt.[341] Dort scheint man davon auszugehen, dass es sich hierbei regelmäßig nicht um die Folge schwankender Einkommenszuflüsse handelt, sondern um geschickte Gestaltungen. Auf der anderen Seite kann die Nichtanerkennung aus der Warte des Sozialrechts folgerichtig sein. Bei der Frage, ob ein Anspruch auf Sicherung des Existenzminimums nach dem SGB II vorliegt, muss nach Sinn und Zweck der Vorschrift eine Art aktuelle Liquiditätsbetrachtung erfolgen.

Ob jemand in einem bestimmten Monat bedürftig ist, hängt somit nicht von steuerlichen Maßgrößen ab. Dies widerspricht auch nicht dem Leistungsfähigkeitsprinzip. Denn der Bedürftigkeit konnte im Jahr der Verlustentstehung Rechnung getragen werden. Möglicherweise bestand zu dieser Zeit ein Anspruch auf Grundsicherung nach dem SGB II. Etwas anderes kann bei einer Rente gelten, deren Höhe von der Anrechnung von Einkommen abhängig ist. Hier ist es eine klare Benachteiligung von Steuerpflichtigen mit schwankenden Einkommen, wenn die Verluste nicht anerkannt werden. Eine differenzierende Betrachtung erscheint folglich der richtige Weg zu einer Harmonisierung von Einkommensteuerrecht und Sozialrecht zu sein.

(4) Sonstige Entscheidungen

Bei der Analyse der neueren Rechtsprechung des BSG entsteht der Eindruck, die Berührungspunkte zwischen Einkommensteuerrecht und Sozialrecht seien weniger interessante Ausnahmen als vielmehr der Normalfall. Das BSG musste sich wegen § 2 Abs. 7 S. 2 BEEG zur Berechnung der Höhe des Elterngeldes vertieft mit der steuerrechtlichen Einteilung in Einkünfte aus nichtselbständiger Arbeit und sonstigen Bezügen gemäß § 38a Abs. 1 S. 3 EStG beschäftigen.[342] Auch war fraglich, ob steuerfreie Einkünfte den Anspruch auf Elterngeld erhöhen.[343] Es hatte darüber zu entscheiden, ob der Wechsel der Lohnsteuerklassen zur Gestaltung eines höheren Anspruchs auf Elterngeld missbräuchlich ist.[344]

Anders als im Steuerrecht vorgegeben, wird das Kindergeld für Fragen der Grundsicherung von einer Förderung der Familie (§ 31 S. 2 EStG) in anrechenbares Einkommen des Kindes (§ 11 Abs. 1 S. 3 SGB II)[345] umgewandelt, sodass § 31 S. 2 EStG als bloßer Programmsatz in diesen Fällen leer läuft. In Konkurrenz zum

---

341 BSG vom 16.05.2001, Az. B 5 RJ 46/00 R, BSGE 88, 117 ff.
342 BSG vom 03.12.2009, Az. B 10 EG 3/09 R.
343 BSG vom 25.06.2009, Az, B 10 EG 9/08 R.
344 BSG vom 25.06.2009, Az. B 10 EG 3/08 R, DStR 2009, 2263 ff.
345 BSG vom 13.05.2009, Az. B 4 AS 39/08 R; vom 27.01.2009, Az. B 14/7b AS 14/07 R; *Scholz*, FPR 2006, 329 (332); vom BVerfG nicht zur Entscheidung angenommen, BVerfG vom 11.03.2010, Az. 1 BvR 3163/09.

BFH verbleibt auch noch ein kleiner Teil der Kindergeldrechtsprechung beim BSG[346] (BKGG) und ist damit geeignet, eine divergierende Rechtsprechung hervorzurufen.

Zur Ermittlung des sog. Leistungsentgeltes aus § 133 SGB III musste das BSG die Lohnsteuer berechnen.[347] Für die Ermittlung der Höhe eines Anspruchs aus der Unfallversicherung musste es Forderungen bewerten i. S. v. § 6 Abs. 1 Nr. 2 EStG.[348] Immer wieder führt die Krankenversicherung zu rechtsgebietsüberschreitender Rechtsprechung des BSG. Es musste die wirtschaftliche Leistungsfähigkeit freiwillig Versicherter bestimmen, § 240 Abs. 1 S. 1 SGB V.[349] Es musste ermitteln, inwieweit auch die Betreuungs- und Erziehungskomponente des Kinderfreibetrags, § 32 Abs. 6 EStG, für die Zuzahlungspflicht nach § 62 Abs. 2 S. 3 SGB V relevant ist.[350] Bemerkenswert ist auch die eher fragmentarische Berücksichtigung nur bestimmter Einkünfte bei der Frage nach dem Ausschluss von der Familienmitversicherung (§ 10 SGB V) im Vergleich zur steuerrechtlichen Ermittlung der Summe der Einkünfte nach § 2 Abs. 3 EStG.[351]

dd) Zwischenergebnis

Um eine stärkere Harmonisierung von Einkommensteuerrecht und Sozialrecht zu erreichen, kommen häufigere Verweise in das Einkommensteuerrecht in Frage.[352] Das langfristige Ziel müsste die einheitliche Übernahme einkommensteuerlicher Maßgrößen als Ausgangsgrößen für das Sozialrecht darstellen.[353] Solche Übernahmen sind jedoch nur dann sinnvoll, wenn in einer Art allgemeinem Teil des EStG zunächst die wirtschaftliche Potenz des Bürgers gemessen würde, ohne diese sogleich durch steuerliche Besonderheiten, wie etwa Lenkungszwecke, zu verfälschen.[354] Es müssten im Ergebnis die Rechenschritte beider Teilrechtsgebiete vereinheitlicht werden.[355] Dies entspricht den Grundsätzen der Verwaltungsvereinfachung, der Transparenz und der Einheit der Rechtsordnung.

---

346 Beispielsweise: BSG vom 19.02.2009, Az. B 10 KG 2/07 R.
347 BSG vom 21.07.2009, Az. B 7 AL 23/08 R.
348 BSG vom 30.06.2009, Az. B 2 U 25/08 R.
349 Zuletzt: BSG vom 02.09.2009, Az. B 12 KR 21/08 R.
350 BSG vom 30.06.2009, Az. B 1 KR 17/08 R.
351 BSG vom 04.06.2009, Az. B 12 KR 3/08 R.
352 *Brandis*, DStJG 29 (2006), S. 125.
353 *Birk*, dt. Sozialrechtsverband, Sozialrecht und Steuerrecht, SDSRV 32 (1989) S. 114; *Franz*, StuW 1988, 33.
354 In diese Richtung auch: *Bundessteuerberaterkammer (BStBK) (Hrsg.)*, „Steuerdickicht lichten – Wachstum sichern", S. 10, 15 (zu beziehen über: www.bstbk.de).
355 Expertenkommission „Alternative Steuer-Transfer-Systeme", BMF-Schriftenreihe Heft 59, 1996, 9, 62 ff.

II. Verhaltenslenkende Umverteilung

Neben der Umverteilung aus Gründen sozialer Gerechtigkeit kann die Verhaltenslenkung mittels finanzieller Anreize als einigendes Band zwischen Einkommensteuerrecht und Sozialrecht ausgemacht werden. Derjenige, der sich im Sinne des Lenkungszwecks verhält, vermeidet nicht nur eine Sanktion, sondern profitiert von einer Umverteilung zu seinen Gunsten. Hier soll der Frage nachgegangen werden, inwiefern sich die Teilrechtsordnungen bei der Verfolgung von Lenkungszielen ergänzen und unterstützen oder, mangels Abstimmung untereinander, sich gegenseitig widersprechen und behindern. Zur Beantwortung dieser Frage muss zunächst die Lenkung im Steuerrecht (1.) und sodann die Lenkung im Sozialrecht (2.) untersucht werden, bevor der Fokus auf die Verhaltenssteuerung an der Grenze beider Teilrechtsgebiete gelenkt werden kann (3.).

1.) Steuerrechtliche Lenkungsnormen

Grundsätzlich dienen Steuern der Einnahmenerzielung. Allerdings belasten sie dabei den Bürger nicht nur finanziell, sondern wirken sich auch auf sein Verhalten aus. Diese Gestaltungswirkung[356] oder Lenkungswirkung kann Nebeneffekt oder gewolltes Ziel einer Steuernorm sein.[357] Als Beispiel für einen ungewollten Lenkungseffekt können die sinkende Nachfrage und die damit verbundenen negativen Folgen für die Konjunktur nach einer Steuererhöhung angeführt werden.[358] Als gewollter Lenkungseffekt ist hingegen der sparsame Energieverbrauch, also die sinkende Nachfrage nach Strom und fossilen Brennstoffen durch die Erhöhung von Mineralölsteuer und Stromsteuer anzusehen.[359] Es deutet sich also bereits an, dass Nutzen und Nachteile der Lenkungsfunktion von Abgaben sowohl in der Rechtswissenschaft als auch in der Finanz- und Politikwissenschaft kontrovers diskutiert werden.[360]

Heutzutage wird Lenkung zumeist in Form von Steuerentlastung für bestimmtes Verhalten betrieben. Seltener wird ein bestimmtes Verhalten durch eine Steuer pönalisiert. Eine Erhöhung der Ökosteuer etwa „bestraft" den (übermäßigen) Energieverbrauch. War es in der Weimarer Republik noch üblich, junge Paare durch einen Ledigenzuschlag zur Heirat zu animieren, wäre ein solcher Zuschlag heute

---

356 *Wernsmann*, Verhaltenslenkung in einem rationalen Steuersystem, 2005, S. 66 ff.; *Schemmel*, StuW 1995, 39 (43 ff.).
357 Zur grundsätzlichen Zulässigkeit: BVerfGE 38, 61 (79 ff.); 84, 239 (274); 93, 121 (147).
358 *Musil*, Der Staat 2007, 420 (421).
359 *Wernsmann*, Verhaltenslenkung in einem rationalen Steuersystem, 2005, S. 63.
360 *Hendler/Heimlich*, ZRP 2000, 325 (325); *Leisner W.G.*, Existenzsicherung, S. 350 f.

als Verstoß gegen den Gleichheitssatz anzusehen.[361] Mit verantwortlich für die Tendenz, durch Entlastungen zu lenken, dürften die größere Akzeptanz und bessere politische Vermittelbarkeit solcher Regelungen in der Bevölkerung sein. Eine globale Erhöhung der Steuern für alle Steuerpflichtigen mit anschließender Entlastung von Ehepaaren wirkt beispielsweise weniger verdächtig, einen Gleichheitsverstoß herbeizuführen, als ein Zuschlag nur für Ledige.

a) Systematik der Lenkungsnormen

Strittig ist die Systematik der (teilweise) lenkenden Steuernormen und der Steuernormen generell. Es wird vorgeschlagen, bei bewusster Steuerung von Sozialzwecknormen zu sprechen und diese als eine Untergruppe der Lenkungssteuer einzuordnen.[362] Damit kommt etwa *Tipke* zu dem Ergebnis, Steuernormen in Fiskalzwecknormen, Sozialzwecknormen (mit Lenkungsnormen einerseits und Umverteilungsnormen andererseits) und Vereinfachungszwecknormen zu unterteilen.[363]

Unter Auslassung der Vereinfachungszwecknormen unterscheidet *Vogel* Lastenausteilungsnormen und Lenkungsnormen.[364] Auch *Birk* verzichtet auf die Vereinfachungszwecknormen und differenziert lediglich nach Fiskalzwecknormen und steuerlichen Lenkungsnormen.[365] Ebenfalls unter Ausschluss der Gruppe der Vereinfachungszwecknormen kommt *Wernsmann* zu einer Einteilung in Fiskalzwecknormen und Lenkungszwecknormen, wobei weitere Unterscheidungen nicht kategorisch ausgeschlossen werden.[366] *Lehner* kommt wegen der vorhandenen Mischformen von Fiskalzweck-, Sozialzweck- und Lenkungszwecknormen zu dem Schluss, dass zumindest bei Steuernormen mit sozialem Hintergrund eine eindeutige Einteilung nicht zu leisten sei.[367]

Im Bereich der hier interessierenden Berührungspunkte zwischen Steuerrecht und Sozialrecht verweist das BVerfG zur Rechtfertigung von steuerlichen Belastungsentscheidungen häufig auf nicht näher konkretisierte sozialpolitische Erwägungen des Gesetzgebers. Dies geschieht sowohl beim Vorliegen als auch bei Nichtvorliegen von außersteuerlichen Lenkungszielen.[368] Das heißt, das BVerfG

---

361 *Musil*, Der Staat 2007, 420 (425).
362 *Tipke*, StRO Bd. 1, 2.A., S. 77 ff.; *Lang*, Tipke/Lang, Steuerrecht, § 4 Rz. 19; *Musil*, Der Staat 2007, 420 (422).
363 *Tipke*, StRO Bd. 1, 2.A., S. 74 ff.; *Lang*, Tipke/Lang, Steuerrecht, § 4 Rz. 20 ff.
364 *Vogel*, StuW 1977, 97 (99).
365 *Birk*, Leistungsfähigkeitsprinzip, S. 67 ff., 153 ff., 194 ff. 232 ff.
366 *Wernsmann*, Verhaltenslenkung in einem rationalen Steuersystem, 2005, S. 84.
367 *Lehner*, Einkommensteuerrecht und Sozialhilferecht, S. 39.
368 BVerfGE 13, 181 (203); 16, 147 (165); 37, 38 (51); 43, 108 (120); 50, 386 (392);74, 182 (200).

scheint eine Unterscheidung von Normen mit sozialem Hintergrund in reine Sozialzwecknormen, Lenkungsnormen oder Fiskalzwecknormen entweder derzeit nicht vornehmen zu wollen oder nicht für notwendig zu erachten.

b) Rechtfertigung von Lenkungsnormen

Lenkungsnormen weichen bewusst und gezielt vom Prinzip der Leistungsfähigkeit ab. Zur Betonung seines Anspruchs, das Mittel der Steuer nicht ausschließlich zur Einnahmenerzielung zu verwenden, ergänzte der Gesetzgeber 1977 den § 3 Abs. 1 AO dahingehend, dass die Einnahmenerzielung ausdrücklich auch Nebenzweck sein kann.[369] Auch für Gebühren[370] und Sonderabgaben[371] besteht im Grundsatz die Möglichkeit, diese mit Lenkungszwecken aufzuladen.

Lenkungsnormen können als verfassungsrechtlicher „Dauerbrenner"[372] bezeichnet werden. Ihre Besonderheit besteht darin, dass bei ihnen das Verhältnismäßigkeitsprinzip eine deutlich größere Rolle spielt als bei reinen Fiskalzwecknormen. Aus dem Steuerstaatsprinzip folgt, dass sich die Verhältnismäßigkeit von Einnahmen und Ausgaben des Staates kaum zur Rechtfertigung oder Kritik der rein fiskalischen Steuererhebung fruchtbar machen lässt.[373] Indes kommt der Verhältnismäßigkeit und damit der Überprüfbarkeit von Steuernormen dann eine größere Bedeutung zu, wenn gleichzeitig mit dem Fiskalzweck noch ein bestimmter Lenkungszweck verfolgt wird.[374] Eine Unverhältnismäßigkeit kommt bei Lenkungsnormen demnach nicht erst dann in Betracht, wenn die Besteuerung in den Bereich der erdrosselnden Wirkung abzuleiten droht. Die Steuernorm ist bei Lenkungszwecken ähnlich zu überprüfen wie eine sonstige Norm, die die Handlungsfreiheit des Bürgers einzuschränken geeignet ist. Wenn also der Lenkungszweck mit einfacheren, weniger einschneidenden Mitteln als der fraglichen Steuernorm erreichbar ist, so steht die Verfassungswidrigkeit der Norm im Raum.

Um den Spielraum des Steuergesetzgebers nicht allzu sehr einzuschränken, muss dabei jedoch stets die Intensität der Lenkungswirkung beachtet werden. Solange sich die (zugleich) lenkende Norm (noch) als Ausgestaltung des Leistungsfähigkeitsprinzips betrachten lässt, also fiskalischer Natur ist, bedarf es grundsätzlich keiner zusätzlichen Rechtfertigung[375] oder gar zusätzlicher Ermächtigung. In

---

369 *Hendler/Heimlich*, ZRP 2000, 325 (325).
370 BVerfGE 50, 217 ff.
371 BVerfGE 57, 139 ff.
372 *Birk*, DStR 2009, 877 (879, 880 f.).
373 *Musil*, DVBl. 2007, 1526 (1528).
374 *Musil*, DVBl. 2007, 1526 (1529) a.A. *Weber-Grellet*, Steuern im modernen Verfassungsstaat, S. 16.
375 *Seiler*, NZS 2007, 617 (619).

einem solchen Fall nimmt der Lenkungszweck an der Rechtfertigung der Fiskalzwecknorm teil.[376] Diese Grenze der Intensität der Lenkungswirkung könnte etwa bei Sonderabgaben überschritten sein, die in der Hauptsache nicht auf Erzielung von Geldmitteln, sondern auf Herbeiführung einer bestimmten Handlungsweise bei einer bestimmten Personengruppe gerichtet ist.[377] Diese Normen sind in ihrer Wirkungsweise mit gesetzlichen Geboten vergleichbar, von denen man sich durch Geldzahlung frei zeichnen kann.

Zur lenkenden Durchbrechung des Prinzips der Leistungsfähigkeit werden verschiedene Rechtfertigungsansätze vorgeschlagen. Grundsätzlich darf der Gesetzgeber mit Steuern ordnend und lenkend in das Wirtschaftsleben eingreifen. Somit ist auch das Leistungsfähigkeitsprinzip nicht unantastbar. Nur gegen das Willkürverbot darf hierbei nicht verstoßen werden. Demnach muss der die Lenkungsnorm tragende Grund gegen das Leistungsfähigkeitsprinzip abgewogen werden, und die Durchbrechung muss dem Interesse des Gemeinwohls[378] dienen und kann an der Bedürftigkeit oder an bestimmten Verdiensten des Steuerpflichtigen gemessen werden.

aa) Gemeinwohlprinzip

Das Steuerrecht verteilt finanzielle Lasten auf die Allgemeinheit.[379] Davon ausgehend kann die Belastung des Einzelnen auch nur im Rahmen seiner Gemeinwohlverantwortung gerechtfertigt werden. Eine rechtfertigungsbedürftige Ausnahme von der Gemeinwohlverantwortung läge vor, wenn eine bestimmte Gruppe etwa (teilweise) aus dieser ausgenommen würde.[380] Vor diesem Hintergrund ist zu verlangen, dass lenkende Steuervergünstigungen gemeinwohlbezogen gerechtfertigt werden, soll nicht der Gleichheitssatz verletzt werden.[381] Gleiches gilt selbstverständlich auch für die Sonderbelastungen. Das Leistungsfähigkeitsprinzip darf demnach zwar eingeschränkt, aber nicht vollständig negiert werden. So rechtfertigt selbst der überragend wichtige Gemeinwohlwert des Umweltschutzes beispielsweise keine existenzgefährdende Steuerbelastung.[382]

---

376 *Seiler*, NZS 2007, 617 (620).
377 Vgl. zur Schwerbehindertenabgabe BVerfGE 57, 139 (167).
378 *Lang*, Tipke/Lang, Steuerrecht, § 4 Rz. 125; *Birk*, Das Leistungsfähigkeitsprinzip, S. 232 ff.
379 *Wernsmann*, H/H/Sp AO, Stand: Juni 2009, § 4 AO, Rz. 410.
380 *Lang*, Tipke/Lang, Steuerrecht, § 4 Rz. 126.
381 BVerfGE 93, 121 (148).
382 *Lang*, Tipke/Lang, Steuerrecht, § 4 Rz. 126.

bb) Bedürfnis- oder Bedürftigkeitsprinzip im Steuerrecht

Ein weiteres Prinzip, welches geeignet ist, nicht rein fiskalische Normen zu begründen, ist nach *Lang* das Bedürfnisprinzip.[383] Es sei zwischen zwei Lagen zu unterscheiden. Zum einen bestehe die (materielle) Unfähigkeit, Steuern zu zahlen, also mangelnde Leistungsfähigkeit. Diese werde bereits durch Fiskalzwecknormen (steuerliche Freistellung des Existenzminimums) berücksichtigt. Zum anderen seien Bedürftigkeitslagen denkbar, die neben der steuerlichen Leistungsunfähigkeit bestehen.

Dies ist zwar zutreffend. Allerdings bedarf es dafür nicht des neuen Begriffs des „Bedürfnisprinzips" (welcher selbst bei *Lang* nicht durchweg durchgehalten wird). Es handelt sich hierbei um eine Annäherung an den bekannten sozialrechtlichen Begriff der Bedürftigkeit. Eine solche zusätzliche sozialzweckmäßige Berücksichtigung von Leistungsunfähigkeit besteht zum Beispiel in der Eigenheimförderung für Familien durch das sog. Baukindergeld, § 34f EStG, sowie in der Förderung der Vermögensbildung der Arbeitnehmer, § 19a EStG. Neben den persönlichen Interessen der Familien und der Arbeitnehmer werden durch diese Vergünstigungen auch Interessen der Allgemeinheit verfolgt. So sollen die materiellen Lebensverhältnisse der Familien gesichert und verbessert werden (Art. 6 Abs. 1 GG) und die Kluft zwischen Arbeitnehmern und Unternehmenseignern abgebaut (abgemildert) werden.[384]

Vergünstigungen, die auf dem Bedürftigkeitsprinzip aufbauen, müssen ihrem Zweck angemessen sein. Wird die Bemessungsgrundlage durch eine solche nichtfiskalische Norm[385] verkürzt, so folgen daraus stets Degressionseffekte. Dies führt dazu, dass der Vergünstigungseffekt mit wachsendem Einkommen ansteigt. Dies führt ein Bedürftigkeitsprinzip ad absurdum, da gerade die Nicht-Bedürftigen besondere Unterstützung erfahren.[386] Somit lassen sich Abzüge von der Bemessungsgrundlage nur schwerlich mit dem Bedürftigkeitsprinzip begründen. Vor diesem Hintergrund wurde auch die Eigenheimförderung aus § 10e EStG abgeschafft.

cc) Verdienstprinzip

Fördert ein Steuerpflichtiger das Allgemeininteresse in besonderer Art und Weise, so sieht das Steuerrecht eine Belohnung in Form von Entlastungen nach dem Verdienstprinzip vor. Damit sollen positive Anreize etwa zur Investition in struktur-

---

383 *Lang,* Tipke/Lang, Steuerrecht, § 4 Rz. 127, m. w. N. Fn. 102.
384 *Lang,* Tipke/Lang, Steuerrecht, § 4 Rz. 127.
385 Siehe Kap. 1 B. II. 1.) c) aa).
386 *Lang,* Tipke/Lang, Steuerrecht, § 4 Rz. 128.

schwachen Regionen oder in andere Gemeinwohlzwecke (Denkmal- /Umwelt-schutz) gesetzt werden.[387] Nach *Lang* sind solche kapitallenkenden Anreize geeignet, einen Abzug von der Bemessungsgrundlage zu rechtfertigen. Der Zweck richtete sich gerade an diejenigen, die fähig sind, Kapital gemeinnützig einzusetzen.[388] Dass eine stärkere Begünstigung von Reichen bei Bedürftigkeitssubventionen die Vergünstigung selbst pervertiert, ist unmittelbar nachzuvollziehen. Genauso ist jedoch fraglich, warum eine Investition desto mehr Anerkennung verdient, je reicher der Steuerpflichtige ist. Dies ist schwer einzusehen. Bei den durch das Verdienstprinzip begründeten Subventionen kommt es ebenso zu einem Degressionseffekt, sodass höhere Einkommen stärker profitieren. Es ist demnach ebenso absurd, dass Investierende mit höheren Einkommen als „verdienstvoller" angesehen werden als Menschen, die trotz geringen Einkommens einen kleinen Beitrag leisten (Spenden). Bei Geringverdienern wiegt der Konsumverzicht, der Anerkennung verdient, sogar schwerer.

c) Bewertung von Rechtfertigung und Systematik der Lenkungsnormen

Nun soll der generelle Lenkungsanspruch der Steuer und die sich daraus ergebende Systematik der Steuernormen bewertet werden. Dabei ist zu bedenken, dass die Lenkungszwecke stets zu Verzerrungen im Verhältnis von Steuerrecht und Sozialrecht führen.

aa) Systematik steuerlicher Normen

Was die Vereinfachungszwecknormen angeht, so soll hier den Auffassungen gefolgt werden, nach denen dieser Gruppe keine eigenständige Bedeutung beizumessen ist. Der Vereinfachungszweck schließt weder den Fiskalzweck noch den Sozialzweck oder den Lenkungszweck aus. Der Vereinfachungszweck steht nicht neben den übrigen Kategorien. Eher kann der Vereinfachungszweck bei den übrigen Kategorien auftreten, sodass die fraglichen Normen den jeweiligen Kategorien zuzuordnen sind.[389] Das einzige, was den Vereinfachungszwecknormen eigen ist, ist ihre Rechtfertigungsbedürftigkeit vor Art. 3 GG wegen der notwendigen Typisierung und Pauschalierung.[390] Allein deshalb, oder wegen der wünschenswerten

---

387 *Lang,* Tipke/Lang, Steuerrecht, § 9 Rz. 129.
388 *Lang,* Tipke/Lang, Steuerrecht, § 9 Rz. 129.
389 *Wernsmann,* Verhaltenslenkung in einem rationalen Steuersystem, 2005, S. 84.
390 *Lang,* Tipke/Lang, Steuerrecht, § 4 Rz. 23.

Vereinfachung im Steuerrecht, sind die Vereinfachungszwecknormen jedoch nicht als eigenständige steuerliche Normkategorie hervorzuheben.[391]

Klar abgrenzbar erscheint die Gruppe der Fiskalzwecknormen. Fraglich ist jedoch, ob nur die Lenkungsnormen neben die Fiskalzwecknormen treten, oder ob die Lenkungsnormen als Teil der Sozialzwecknormen zu den Fiskalzwecknormen treten, oder ob Sozialzwecknormen und Lenkungsnormen als zwei eigenständige Gruppen neben den Fiskalzwecknormen stehen sollten. Nach der hier vertretenen Auffassung sollte zwischen den Kategorien der Sozialzwecknormen und der Lenkungsnormen differenziert werden. Beide müssen gleichberechtigt nebeneinander stehen. Die Lenkungsnormen sind zu deutlich von Sozialzwecknormen abgegrenzt, um die ersten als Teil der zweiten anzusehen. Es ist nicht zwingend sozial, wenn durch Steuern eine Lenkung herbeigeführt wird. Dies lässt sich bereits am Beispiel der Ökosteuer darstellen. Dem Steuerpflichtigen soll ein finanzieller Anreiz zum Energiesparen gegeben werden. Dies hat keine Berührung mit einem sozialen Zweck.

Auf der anderen Seite können die Sozialzwecknormen, die auf eine soziale Umverteilung gerichtet sind, nicht mit einer Lenkungsnorm in Verbindung gebracht werden. So soll niemand durch den progressiven Einkommensteuertarif oder durch die höhere erbschaftsteuerliche Belastung von Nicht-Verwandten zu einem bestimmten Verhalten veranlasst werden.[392] Unter dem Vorbehalt möglicher, nicht klar zuzuordnender Mischformen erscheint folglich die Einteilung in Fiskalzwecknormen, Lenkungsnormen und Sozialzwecknormen plausibel.

Eine Mischform liegt vor, wenn nicht klar festgestellt werden kann, ob der Gesetzgeber eine außersteuerliche Lenkungs- oder Sozialzwecknorm schaffen wollte.[393] Bis zu einem bestimmten Grad haben nicht nur die als solche bezeichneten „Lenkungsnormen" eine Lenkungswirkung. Bis zu einem gewissen Grad ist sogar jedes Steuersystem von Grund auf lenkend. Beobachtete man beispielsweise in der DDR eine erdrosselnde Besteuerung von Kapitalgesellschaften mit Körperschaftsteuersätzen von bis zu 95%, so war damit die ideologiebedingte Zurückdrängung dieser Wirtschaftsform zugunsten der volkseigenen Wirtschaft bezweckt.[394] Im Gegensatz dazu bringt heute ein Körperschaftsteuersatz von 15% (§ 23 Abs. 1 KStG) nach der Unternehmensteuerreform 2008[395] das Interesse des Staates an der Ansiedelung von Kapitalgesellschaften, also die Unterstützung eines marktwirtschaftlichen Systems, zum Ausdruck.

---

391 *Wernsmann*, Verhaltenslenkung in einem rationalen Steuersystem, 2005, S. 84.
392 *Wernsmann*, Verhaltenslenkung in einem rationalen Steuersystem, 2005, S. 84.
393 Nach *Vogel*, StuW 1977, 97 ff. sogar nur in Ausnahmefällen eindeutig bestimmbar.
394 *Musil*, Der Staat 2007, 420 (434 f.).
395 Überblick bei *Kessler*, BB 2007, 523 (524); *Melchior*, DStR 2007, 1229 (1235).

Vogel kommt bei Mischformen zu dem Schluss, bei der Untersuchung einer Steuernorm nach ihrer Wirkung und ihrem objektiven Zweck abzuschichten.[396] Angelehnt an diesen Gedanken könnte eine solche nicht eindeutig zuzuordnende Norm nach ihrer Wirkung in die verschiedenen Kategorien eingeordnet werden, um zu ermitteln, an welchem Maßstab die Norm zu messen ist. In einem zweiten Schritt der Interpretation ist zu gewichten und zu vergleichen, in welchem Maß die fragliche Norm faktisch fiskalisch, lenkend oder sozial ist.[397] Dabei ist dem ursprünglich vom Gesetzgeber verfolgten Ziel besonderes Gewicht beizumessen.

bb) Rechtfertigung von Lenkungsnormen

Die Durchsetzung des Steuerrechts mit Lenkungsnormen gilt als einer der Hauptgründe dafür, dass die betreffenden Gesetze als überkomplex und kaum noch verständlich angesehen werden.[398] Eine Abstimmung zwischen Einkommensteuerrecht und Sozialrecht ist solange nicht möglich, wie spezielle Sachzwecke in systemfremder Art und Weise die Normen verzerren. Durch diese Verzerrung erfolgt im Steuerrecht eine Belastung jenseits der am Leistungsfähigkeitsprinzip orientierten Fiskalzwecknormen. Im Sozialrecht erfolgen hierdurch Transferleistungen, die nicht durch das Prinzip der Bedürftigkeit erklärbar sind. Solange also solche Nebenzwecke durch die Rechtsgebiete verfolgt werden, kann es zumindest keine unmittelbare Pflicht zur Abstimmung untereinander geben.[399] Die gemeinsame Aufgabe, die Leistungsfähigkeit/Bedürftigkeit des Bürgers zu messen und eine Lastenverteilungsgerechtigkeit[400] herzustellen, wird somit konterkariert.

Nicht zuletzt wegen Zweifeln an der grundsätzlichen Geeignetheit von steuerlichen Lenkungsnormen, bestimmte politischen Vorstellungen umzusetzen, wird zum Teil die gänzliche Abschaffung dieses Mittels politischer Gestaltung gefordert.[401] Dies gilt insbesondere vor dem Hintergrund einer damit verbundenen Verwaltungsvereinfachung, die eine effektive Abwicklung des Einzelfalls erst ermöglicht. Aus der Sicht des Zusammenwirkens von Steuerrecht und Sozialrecht geht eine solche absolute Forderung aber zu weit. Dem Gesetzgeber sollte dieses hochwirksame Mittel der Feinsteuerung und des sozialen Ausgleichs nicht genommen werden. Die Überbetonung des individuellen Schutzes vor lenkenden Abgaben

---

396 *Vogel*, StuW 1977, 97 ff., *ders.*, DStZ/A 1977, 5 (9), dort jedoch mit einer anderen Einteilung der Normen.
397 *Vogel*, StuW 1977, 97 (108).
398 *Musil*, Der Staat 2007, 420 (436).
399 *Jachmann*, NZS 2003, 281 (282).
400 *Tipke*, StuW 2007, 201 (202 f.).
401 *Selmer*, Steuerinterventionismus und Verfassungsrecht, S. 1 ff.; *Kirchhof EStG-Vorschlag,* DStR 2001, 913 ff.; *Tipke,* StRO Bd. 2, 2. A., S. 854; *Raupach*, DStJG 29 (2006), S. 5.

übersieht, dass das Individuum nach dem Willen des Grundgesetzes gemein-schaftsgebunden ist. Bei allen Schwierigkeiten und offenen Fragen im Zusammenhang mit der steuerlichen Lenkung stellt diese oft die elegantere und freiheits-schonendere Form staatlicher Gestaltung dar.[402] Als Alternative bliebe häufig nur das ordnungsrechtliche Gebot oder Verbot, da die sonstigen „sanften Lenkungs-instrumente",[403] wie etwa die Selbstverpflichtung, nicht die gleichen Erfolgsaus-sichten bieten.

2.) Sozialrechtliche Lenkungsnormen

Sozialrechtliche Normen sind wie Steuernormen (und grundsätzlich alle Rechts-normen) teils dazu bestimmt, eine Friedensordnung[404] herzustellen, indem sie am Maßstab sozialer Gerechtigkeit ausgerichtet werden. Als solche können die Nor-men als äußere Schranken der individuellen Freiheitssphäre zum Schutz Dritter und der Allgemeinheit angesehen werden. Damit kommt ein prinzipieller Dualis-mus von Staat und Gesellschaft zum Ausdruck.

Auf der anderen Seite können die Normen auch als Steuerungsinstrument an-gesehen werden.[405] Gerade aus der Sicht der staatlichen Entscheidungsträger (Re-gierung und Parlament) bieten Rechtsnormen die Möglichkeit, soziale Zwecke per Lenkung zu verfolgen. Diese Sicht der Normen relativiert die scharfe Trennung zwischen Gesellschaft und Staat.[406] Gerade im Sozialrecht sollte die Konkretisie-rung des Gerechtigkeitsgedankens und der Gedanke der finalen politischen Steue-rung durch die Rechtsnormen keinen Widerspruch per se darstellen.[407] Beide könnten unter dem Oberbegriff der sozial gerechten Gestaltung vereint werden. So sollte gerade die Steuerung politischer Verhältnisse keinen Widerspruch zum An-spruch auf Gerechtigkeit darstellen. Insbesondere im Sozialrecht wird an vielen Stellen die Gerechtigkeit als wesentliches Ziel einer Regelung angestrebt, sodass beide Sichten auf die Normen parallel laufen.

Im Gegenzug ist kaum auszuschließen, dass Normen, die direkt auf die Her-stellung von Gerechtigkeit gerichtet sind, auch zumindest mittelbar lenkend auf

---

402 *Hendler/Heimlich*, ZRP 2000, 325 (326).
403 *Hendler/Heimlich*, ZRP 2000, 325 (328).
404 *Immanuel Kant*, Die Metaphysik der Sitten, 1797, Erster Teil der Einleitung in die Rechts-lehre, § B: „Das Recht ist also der Inbegriff der Bedingungen, unter denen die Willkür des einen mit der Willkür des anderen nach einem Gesetze der Freiheit zusammen vereinigt werden kann.".
405 *Luhmann*, Das Recht der Gesellschaft, S. 154 ff., 156 ff.
406 *Lepsius*, Steuerungsdiskussion, Systemtheorie und Parlamentarismuskritik, 1999, S. 17 ff., 21 ff.
407 *Seiler*, NZS 2007, 617.

das Verhalten der Rechtsunterworfenen einwirken.[408] Im Ergebnis besteht der Unterschied zwischen steuernden Normen und „nur" die Gerechtigkeit verfolgenden Normen nicht in der Verhaltenslenkung an sich, sondern in dem hinzutretenden Lenkungsanspruch der Politik. Je nach Effektivität der Regelung tritt eventuell noch eine Verstärkung der Lenkungswirkung auf. Im Ergebnis ist demnach wohl nur ungenau und schwerpunktmäßig zu bestimmen, ob eine Regelung lenkenden Charakter aufweist oder nicht. Eine Ausnahme bilden hier nur solche Normen, die ihren Lenkungsanspruch so deutlich zum Ausdruck bringen wie §§ 62 Abs. 5; 87 Abs. 2g Nr. 4, Abs. 7; 303f Abs. 2 S. 1 Nr. 1 SGB V, wo expressis verbis von einer Steuerungsfunktion die Rede ist. Auch Kapitel 1 des SGB II bringt in seinem Titel „Fördern und Fordern" einen klaren Lenkungsanspruch zum Ausdruck. Sogar vorrangig erscheint die Lenkungsfunktion beim sozialrechtlichen Elterngeld.[409]

Ähnlich wie bei lenkenden Steuerrechtsnormen hängt die Rechtfertigung lenkender Sozialrechtsnormen eng damit zusammen, wie folgerichtig[410] sich die jeweilige Regelung in das übrige Normgefüge einpasst. Stellt sich die lenkende Norm (noch) als Ausgestaltung des Leistungsfähigkeitsprinzips oder des Bedürftigkeitsprinzips dar, so bestehen keine freiheits- oder gleichheitsrechtlichen Bedenken. Hält sich die fragliche Norm jedoch nicht mehr im Rahmen dessen, was durch die jeweiligen Leitprinzipien der Teilrechtsgebiete vorgezeichnet ist, so besteht die Gefahr, dass gleich Leistungsfähige oder gleich Bedürftige ungleich behandelt werden. Im Extremfall steht gar die Verletzung von Freiheitsgrundrechten im Raum.

Im Fall einer möglichen Ungleichbehandlung müssen sowohl bei lenkenden Steuer- wie auch Sozialrechtsnormen die drohende Ungleichbehandlung mit dem verfolgten Sachzweck ins Verhältnis gesetzt werden. Trotz prinzipiell gleicher Leistungsfähigkeit oder gleicher Bedürftigkeit müssen im Fall einer solchen Lenkungsnorm also Unterschiede von solcher Art und Güte zwischen den Rechtsunterworfenen gefunden werden, die eine unterschiedliche Behandlung rechtfertigen.[411] Im Sozialrecht erfolgt dabei ein Vergleich gleich Bedürftiger vor dem Hintergrund möglicher trotzdem vorhandener Unterschiede. Im Einkommensteuerrecht muss jedoch nicht nur die begünstigte Gruppe mit der nichtbegünstigten Gruppe (bei gleicher Leistungsfähigkeit) verglichen werden. Hinzu tritt, dass sich beispielsweise eine Steuerentlastung auch noch innerhalb der begünstigten Gruppe unterschiedlich auswirkt.[412] Verantwortlich dafür ist der progressive Einkommensteuertarif. In der Folge ist der Gestaltungsspielraum des Sozialgesetzgebers an dieser Stelle weiter als derjenige des Steuergesetzgebers.

---

408 *Seiler*, NZS 2007, 617.
409 Vgl. Kap. 2 C. V. 3.) b).
410 *Seiler*, NZS 2007, 617 (620).
411 BVerfGE 55, 72 (88).
412 *Seiler*, NZS 2007, 617 (620).

3.) Lenkung an der Grenze der Rechtsgebiete

Bei der Zusammenschau von Einkommensteuerrecht und Sozialrecht fällt auf, dass, sei es aus politischer Überzeugung oder aus finanziellen Nöten des Staates, die Risikovorsorge und teilweise die soziale Umverteilung nicht mehr rein öffentlich-rechtlich mit Hilfe sozialer Leistungsstrukturen erfolgt. Vielmehr werden die Möglichkeiten steuerlicher Lenkung verstärkt genutzt, um private Wohlfahrtsmärkte zu stärken und die soziale Leistungsebene auf eine Ergänzungsfunktion zurückzudrängen.[413] Am deutlichsten wird dieser Zusammenhang durch das Altersvermögensgesetz[414] unter Beweis gestellt. Das Problem der Tendenz, Sozialzwecknormen in das EStG aufzunehmen, besteht darin, dass der Idealtyp der transparenten Umverteilung, abgesehen von der Quersubvention verschiedener Sozialleistungsträger, die sozialrechtliche Transferleistung und nicht die lenkende Steuerentlastung ist.

Soweit unter Verweis auf die Fähigkeit des Leistungsfähigkeitsprinzips, Lasten gerecht zu verteilen, Letzteres verstärkt mit der Pflicht zur sozialen Umverteilung aufgeladen wird, geht dies zu Lasten der Transparenz und Überzeugungskraft sowohl des steuerlichen Leistungsfähigkeitsprinzips als auch des sozialen Umverteilungszwecks. Der Steuer wohnt grundsätzlich nur die Funktion der Finanzbeschaffung inne. Eine mit der sozialrechtlichen Umverteilung begründete Steuererhöhung ist insofern intransparent, als kein Anspruch darauf besteht, die hinzugewonnenen Mittel auch für den Sozialzweck zu verwenden.[415] Im Übrigen rückt das steuerliche Ideal der Einfachheit weiter in die Ferne, soweit der Gesetzgeber Lenkungswünsche aus anderen Rechtsgebieten über die Steuer realisiert.[416]

Problematisch können die steuerlichen Lenkungsnormen insbesondere dann werden, wenn sich das Sozialrecht per Verweisung steuerlicher Maßgrößen bedient. Bei Verweisungen des Sozialrechts auf das Steuerrecht müssen drei Fälle unterschieden werden. Zum einen können die Lenkungszwecke des Einkommensteuerrechts auch im Sozialrecht erwünscht sein. Dies entspräche dem Ideal der Einheit der Rechtsordnung. In diesem Fall bereiten die steuerungspolitisch aufgeladenen Normen des EStG keine Probleme. Der gegenteilige Fall, wenn der Lenkungseffekt im Sozialrecht unerwünscht ist, ist problematisch. Die Belastung der steuerlichen Normen mit anderen politischen Zielsetzungen ist in diesem Fall geeignet, die Aussage der Normen zu verzerren. Im dritten Fall, der wohl der häufigste sein dürfte, ist gar nicht zeitnah zu klären, welcher Teil einer steuerrechtlichen Norm dem Fiskalzweck dient und welcher Teil sonstige Zwecke verfolgt. Es kann

---

413 *Jachmann*, NZS 2003, 281 (283).
414 BGBl. I 2001, S. 1310.
415 Siehe Kap. 1 B. III. 3.) c) aa).
416 *Jachmann*, NZS 2003, 281 (283).

auch sinnvoller Weise nicht vom Sozialrechtsanwender verlangt werden, stets die Lenkungs- und Fiskalzwecke der Steuergesetze zu erforschen.[417] In diesem Fall bleibt nur das unter systematischen Erwägungen unbefriedigende Ergebnis, dass die Normen aus verwaltungspraktischen Gründen trotz des womöglich vorhandenen steuerlichen Lenkungszwecks maßgeblich für das Sozialrecht sind.

In diesem Fall bleibt nur zu hoffen, dass eine Vielzahl der Fälle der dritten Gruppe sich mit der ersten decken, dass also in vielen Fällen, in denen sich die Übernahme von verzerrten Regelungen aus dem Steuerrecht nicht vermeiden lässt, der zugleich verfolgte Lenkungszweck auch im Sozialrecht erwünscht ist. Ausgehend von der Intention beider Rechtsgebiete, die wirtschaftliche Leistungsfähigkeit des Bürgers zu messen, spricht auch einiges für die Vermutung, dass der Kreis der Überschneidungen größer ist als die Unterschiede. Anderenfalls hätte sich wohl auch der Gesetzgeber nicht der Technik des Verweises zwischen den Rechtsgebieten bedient. Wenn es also ein Lenkungszweck im Steuerrecht rechtfertigt, die Gemeinwohlverantwortung eines Steuerpflichtigen zu begrenzen, so besteht eine gewisse Vermutung dafür, dass dieser Grund sich auch auf den sozialrechtlichen Transfer auswirken darf. In solchen Fällen sind Lenkungsnormen hinnehmbar. In den Fällen, in denen diese Vermutung widerlegt wird, wirken sich Lenkungsnormen nachteilig aus und sind zu hinterfragen.

Soweit die Lenkung nicht bloßer Nebeneffekt, sondern erwünschte Folge einer Regelung ist, sollte genau bedacht werden, welche Rechtsmaterie sachlich besser geeignet ist, den Zweck zu verfolgen. Für das Steuerrecht ist zu fordern, dass lenkende Normen, Sozialzwecknormen und Fiskalzwecknormen so weit wie möglich voneinander getrennt werden.[418] Ein harmonischeres Zusammenarbeiten von Sozialrecht und Einkommensteuerrecht würde helfen, die Anreize für den Gesetzgeber zu vermindern, originär sozialrechtliche Themen mittels Steuerrecht zu bearbeiten.

4.) Zwischenergebnis

Die Möglichkeit, die Umverteilung zur politischen Lenkung zu nutzen, erschwert die Abstimmung von Steuerrecht und Sozialrecht. Dennoch sind Lenkungsnormen grundsätzlich zulässig. Denn sie ermöglichen es, politische Gestaltungswünsche zielgenau und weniger eingriffsintensiv als durch Gebote und Verbote zu realisieren. Zudem spricht die Einheit der Rechtsordnung für die (widerlegliche) Vermutung, dass sich steuerliche Lenkungszwecke auch im Sozialrecht auswirken dürfen.

---

417 *Jachmann*, NZS 2003, 281 (284 f.).
418 Zur Kritik an der Vermengung von Fiskalzweck, Lenkungszweck und Sozialzweck zuletzt, *Bareis*, DStR 2010, 565 (566).

Problematisch ist jedoch die Funktionsverlagerung vom gewährenden Sozialstaat zum lenkenden Steuerstaat, indem originär sozialrechtliche Regelungsmaterien zur Entlastung des Staatshaushalts verstärkt mit dem Mittel des steuerlichen Anreizes verfolgt werden. Im Sinne transparenter sozialer Umverteilung und harmonischer Abstimmung ist die Konzentration der Rechtsgebiete auf ihre Hauptaufgaben zu bevorzugen.

III. Erfassung der finanziellen Verhältnisse des Bürgers im Steuerrecht und Sozialrecht

Zur Erfüllung ihrer jeweiligen Aufgaben müssen beide Rechtsgebiete die finanziellen Verhältnisse des Bürgers erfassen. Nur so kann ermittelt werden, wer in welcher Höhe belastet werden kann, entlastet werden muss oder sogar staatlicher Unterstützung bedarf. Um zu verstehen, wie beide Rechtsgebiete die finanziellen Verhältnisse des Bürgers erfassen und um aus den gefundenen Ergebnissen neue Erkenntnisse gewinnen zu können, wird zunächst gezeigt, welche Funktion das Leistungsfähigkeitsprinzip im Steuerrecht und im Sozialrecht hat (1.). Daran schließt sich die Erläuterung der Bedeutung der Bedürftigkeit im Sozialrecht und Steuerrecht an (2.). Aus einer Verbindung beider Begriffe folgt sodann ein Plädoyer für eine modifizierte bedarfsgerechte Interpretation des steuerlichen Leistungsfähigkeitsprinzips (3.).

1.) Das Leistungsfähigkeitsprinzip im Steuerrecht und im Sozialrecht

Das BVerfG hat aus dem Leistungsfähigkeitsprinzip bisher fast nur auf die Gebotenheit von bestimmten Abzugstatbeständen geschlossen, was weitere Anwendungsfelder nicht ausschließt.[419] Bevor diese weiteren Anwendungsfelder bearbeitet werden können, muss die bisherige Dogmatik zum Leistungsfähigkeitsprinzip umrissen werden.

a) Leistungsfähigkeitsprinzip im Steuerrecht

Zunächst soll das Leistungsfähigkeitsprinzip in seiner Eigenschaft als grundlegender Gerechtigkeitsgarant im Einkommensteuerrecht beleuchtet werden.[420] Erst

---

419 *Wernsmann*, Verhaltenslenkung in einem rationalen Steuersystem, 2005, S. 212.
420 Grundlegend: *Birk*, Leistungsfähigkeitsprinzip, S. 43 ff.; *Lang*, Die Bemessungsgrundlage, S. 115 ff.

durch das Leistungsfähigkeitsprinzip werden die Steuern nämlich zu einem „erlaubten Fall von Raub".[421]

aa) Grundlagen

Bereits in Art. 13 der französischen Erklärung der Menschen- und Bürgerrechte vom 26. August 1789 wurde die Idee gleicher Lastenzuteilung nach individueller Leistungsfähigkeit kodifiziert.[422] Im Grundsatz war der Gedanke dann auch in § 73 der Einleitung zum Preußischen Allgemeinen Landrecht enthalten.[423] Erst in der Weimarer Reichsverfassung vom 11. August 1919 wurde das Leistungsfähigkeitsprinzip durch Art. 134 WRV als oberster Besteuerungsgrundsatz in Deutschland eingeführt.[424] Im Grundgesetz ist das Prinzip jedoch nicht mehr ausdrücklich genannt.

Heutzutage versteht man unter dem Leistungsfähigkeitsprinzip die bereichsspezifische Konkretisierung des allgemeinen Gleichheitssatzes aus Art. 3 Abs. 1 GG für das Einkommensteuerrecht.[425] Die Leistungsfähigkeit fragt danach, ob jemand in der Lage ist, finanziell zum Gemeinwesen beizutragen und wie viel er (bei nach Möglichkeit relativ zu anderen Steuerpflichtigen gleichem Opfer) zugunsten der Gemeinschaft entbehren kann.

Nach dem Leistungsfähigkeitsprinzip verlangt Art. 3 GG nicht, dass alle Steuerpflichtigen im Sinne formaler Gleichheit in gleicher Höhe belastet werden.[426] Dies sah das historische Modell der sogenannten Kopfsteuer vor, die, soweit ersichtlich, heute keine Rolle mehr spielt.[427] Auch das Äquivalenzprinzip,[428] nach dem der Steuerpflichtige in Abhängigkeit der Inanspruchnahme staatlicher Leistungen zur Finanzierung des Gemeinwesens herangezogen wird, kann im Einkommensteuerrecht kein geeigneter Maßstab sein.[429] Das Äquivalenzprinzip würde beispielsweise den bedürftigen Sozialhilfeempfänger in die Finanzierungspflicht nehmen, da dieser staatliche Hilfe in besonderem Maß in Anspruch nimmt.

---

421 Zitat: Thomas von Aquin bei: *Hahn*, StuW 2004, 167 (167); kein taugliches Kriterium nach: *Leisner*, StuW 1983, 97 ff.
422 Diese ist nach Satz 1 der Präambel zur französischen Verfassung (Constitution du 4 octobre 1958) auch heute noch in Kraft (damals als: „en raison de leurs facultés" auf das Vermögen bezogen; heute als: „la capacité contributive" auf die Fähigkeit, Steuern zu zahlen bezogen).
423 *Birk*, Leistungsfähigkeitsprinzip, S. 6 ff.; *Wernsmann*, Verhaltenslenkung in einem rationalen Steuersystem, 2005, S. 262.
424 *Bühler*, Die Reichsverfassung vom 11. August 1919, Art. 134.
425 *Birk*, Leistungsfähigkeitsprinzip, S. 103, 108, 165, 170, 238; *ders.*, Steuerrecht, S. 55; *Lang*, Die Bemessungsgrundlage, S. 115 ff.
426 BVerfGE 8, 51 (68 f.); 93, 121 (135).
427 *Tipke*, StRO Bd. 1, 2.A., S. 473 ff.
428 *Kirchhof*, K/S/M, Stand: ohne Angabe, § 2 Rz. A 269.
429 *Birk*, Steuerrecht, S. 11 f.

Damit ließen sich Leistung und Gegenleistung saldieren. Das Äquivalenzprinzip ist folglich eher im Bereich der Gebühren brauchbar, die streng gegenleistungsgebunden sind.

Der Gleichheitssatz des Art. 3 Abs. 1 GG ist unter Berücksichtigung der Besonderheiten des Einkommensteuerrechts fachspezifisch durch das Leistungsfähigkeitsprinzip zu konkretisieren. Bei der Interpretation des Leistungsfähigkeitsprinzips zeigt sich eine interessante verfassungsrechtliche Wechselwirkung. Das Leistungsfähigkeitsprinzip wird als bereichsspezifische Ausprägung des Gleichheitssatzes aus Art. 3 Abs. 1 GG verstanden. Das Leistungsfähigkeitsprinzip seinerseits wird wiederum durch andere Verfassungsinhalte erst konkretisiert.[430] So bindet das Gebot der Berücksichtigung des Existenzminimums im Steuerrecht das Leistungsfähigkeitsprinzip an das Sozialstaatsprinzip, Art. 20 Abs. 1 GG i. V. m. Art. 1 Abs. 1 GG, und an Art. 2 Abs. 1 GG i. V. m. Art. 12 und 14 GG.[431] Das Gebot der Förderung der Familie und das Verbot, steuerlich nachteilige Folgen an die Ehe oder die Familie zu knüpfen, bindet das Leistungsfähigkeitsprinzip an Art. 6 GG.[432] Soweit es um die Vermeidung einer übermäßigen, also erdrosselnden, Besteuerung geht, hat das Prinzip der Besteuerung nach der finanziellen Leistungsfähigkeit auch einen Bezug zur Eigentumsgarantie des Art. 14 GG.[433] Es entsteht der ungewöhnliche Eindruck, der Gleichheitssatz aus Art. 3 GG würde im Bereich des Steuerrechts via Leistungsfähigkeitsprinzip durch bestimmte Freiheitsrechte konkretisiert.

Soll das Leistungsfähigkeitsprinzip auf eine kurze, banale Aussage reduziert werden, so könnte diese lauten: Wer mehr hat, der soll mehr Steuern zahlen. Diese auf den ersten Blick schlüssige, vernünftige Aussage verliert ihren Glanz, sobald unter die Oberfläche geschaut wird, sobald also nach konkreten Schlussfolgerungen gefragt wird. Das Leistungsfähigkeitsprinzip wird überwiegend als reine Messung der Zahlungsfähigkeit verstanden.[434] Auch mit dieser Aussage ist noch nicht viel gewonnen, wenn bedacht wird, dass auch die Zahlungsfähigkeit zunächst einmal ermittelt werden muss. Das Leistungsfähigkeitsprinzip ist eine ursprünglich ökonomische Forderung. Allerdings sind sich seit nunmehr Jahrhunderten auch die Ökonomen nicht einig, was genau darunter zu verstehen sei.[435] Unklar ist bereits, ob stets nur auf die Ist-Leistungsfähigkeit abzustellen ist, oder ob eine Soll-Leistungsfähigkeit herangezogen werden kann. Die Soll-Leistungsfähigkeit würde auch das als Leistungsfähigkeit erfassen, was jemand in der Lage ist zu erwerben, aber aus Bequemlichkeit zu erwerben unterlässt.

---

430 Vgl. *Birk*, Leistungsfähigkeitsprinzip, S. 54 ff.; *ders.*, Steuerrecht, S. 57 f.
431 BVerfGE 82, 60; 99, 216; 99, 246.
432 BVerfGE 82, 60; 99, 246.
433 *Papier*, DStR 2007, 973 (974); *Wernsmann*, NJW 2006, 1169 (1173 f.).
434 *Birk*, Steuerrecht, S. 12.
435 *Birk*, Steuerrecht, S. 12 ff.

Die Ist-Leistungsfähigkeit bezieht nur das mit ein, was tatsächlich vorhanden ist. Dabei wird unter Ökonomen unterschiedlich bewertet, ob lediglich nach der Menge der vorhandenen finanziellen Mittel zu fragen ist, oder ob auch die Art des Erwerbs (gefährliche, anstrengende körperliche Arbeit einerseits; angenehme, angesehene, geistige Tätigkeit andererseits) in den Vergleich einbezogen werden muss. Sicher erscheint nur, dass bei Geltung eines solchen Prinzips die gleich Leistungsfähigen (Zahlungsfähigen) auch gleich besteuert werden müssen. Die durch die Besteuerung bewirkten Einbußen an ökonomisch finanzieller Dispositionskraft sollen als relativ gleich schwer anzusehen sein.[436]

Zur Ermittlung dessen, was als gleich schwer anzusehen ist, stützte sich die Wirtschaftswissenschaft auf die von Rousseau 1755 entwickelte Opfertheorie[437] und entwickelte sie weiter. Eine bemerkenswerte Form der Opfertheorie ist die Grenznutzentheorie.[438] Diese ihrerseits in verschiedenen Unterarten vorgeschlagene Hypothese besagt im Wesentlichen, dass in niedrigeren Einkommensgruppen jeder zusätzliche Euro einen größeren Mehrnutzen erzeugt als bei höheren Einkommensgruppen. Das bedeutet, dass die Nutzenkurve anfangs relativ steil ansteigt und später (bei hohen Einkommen) immer stärker abflacht. Im Umkehrschluss besagt die Grenznutzenkurve auch, dass ein Eingriff bei höheren Einkommen weniger schwerwiegend wirkt als bei niedrigen Einkommen.[439] Aus dieser Feststellung ist jedoch auch nicht mehr zu gewinnen als die Aussage, Wohlhabendere müssen in einem gerechten Steuersystem mehr Steuern zahlen. Es lassen sich hingegen nicht ohne weiteres konkrete Forderungen nach einem bestimmten Tarifverlauf ableiten.[440]

Ein progressiver Tarif führt dazu, dass bei höheren Einkommen nicht nur höhere Steuern gezahlt werden, sondern dass sich auch der Tarif erhöht. Das heißt, es sind mehr und höhere Steuern zu zahlen. Dies entspricht dem oben genannten ökonomischen Gedanken, dass Wohlhabende mehr zahlen sollen. Bei einem proportionalen Tarif wird der gleiche Steuersatz auf alle angewendet. Auch unter diesen Umständen zahlen höhere Einkommensklassen mehr Einkommensteuer. Das ökonomische Leistungsfähigkeitsprinzip wäre ebenfalls erfüllt. Letztlich kann sogar ein degressiver Tarifverlauf die Forderungen des ökonomischen Leistungsfähigkeitsprinzips erfüllen. Selbst wenn mit steigendem Einkommen der Tarif sinkt, kann dieser Verlauf so ausgestaltet sein, dass im Ergebnis für höhere Einkommen

---

436 *Neumark*, Grundsätze gerechter und ökonomisch rationaler Steuerpolitik, S. 135.
437 *Jean Jacques Rousseau*, Discours sur l'économie politique, 1755; *Kirchhof*, K/S/M, Stand: ohne Angabe, § 2 Rz. A 270 ff.
438 Dazu: *Schmidt*, Die Steuerprogression, 1970, S. 16 ff.
439 Zur Kritik an der Grenznutzentheorie: *Blum/Kalven*, The uneasy case for progressive taxation, 1953, S. 40, 50; *Schmidt, Kurt*, Die Steuerprogression, 1960, S. 18; im Grundsatz aber zustimmend: BVerfGE 43, 108 (125).
440 Anmerkung von *Seiler*, zit. nach *Richter/Welling*, FR 2010, 127 (130); *Birk*, Steuerrecht, S. 13; *Lammers*, Die Steuerprogression, S. 138 ff.

eine nominell höhere Steuer zu zahlen ist. Mehr verlangt das ökonomische Prinzip nicht. Damit kann das Leistungsfähigkeitsprinzip als ein ökonomisch relativ unbestimmtes, erst durch Rechtsprechung und juristische Literatur bestimmbares Prinzip[441] angesehen werden. Es bleibt noch festzuhalten, dass Prinzipien wie das Leistungsfähigkeitsprinzip im Gegensatz zu kodifizierten Normen nicht absolute Geltung beanspruchen können. Liegen rechtfertigende Gründe vor, so können sie durchbrochen werden.[442]

Aufgrund seiner juristischen Bestimmbarkeit[443] greift die Globalkritik am Begriff des Leistungsfähigkeitsprinzips von wirtschaftswissenschaftlicher Seite[444] und vereinzelt von juristischer Seite[445] im Ergebnis nicht durch. Demnach sei das Leistungsfähigkeitsprinzip ein schillernder Begriff.[446] Er führe zu keinem Erkenntnisgewinn. Er liefere die Ergebnisse, die durch Modifikationen seiner Definition herbeigeführt werden sollen. Insbesondere die aktuelle ökonomische Kritik am Leistungsfähigkeitsprinzip ist auf die vorherrschende effizienz- und nicht gerechtigkeitsorientierte finanzwissenschaftliche Lehrmeinung zurückzuführen.[447] Demnach solle ein Steuersystem in erster Linie dafür Sorge tragen, die effiziente Allokation der Ressourcen nicht zu behindern.[448]

Dies steht in einem Spannungsverhältnis zu Umverteilungs- und Gerechtigkeitserwägungen. Bei der juristischen Betrachtung des Leistungsfähigkeitsprinzips ist ein wertfreier mathematischer Ansatz, wie in ökonomischen Analysen, der weitgehend rechtliche und gesellschaftliche Realitäten außer Acht lässt,[449] nicht möglich. Wie oben beschrieben, ist dies kein Nachteil. Gerade die Aufladung des Begriffs der Leistungsfähigkeit mit Verfassungsinhalten ermöglicht es, abwägende und ausgleichende[450] Schlüsse aus diesem Prinzip bis hinab zu einzelnen Steuernormen zu ziehen.[451] Was nicht gerechtfertigt werden kann, kann zwar in Gesetzesform gekleidet werden, ist aber kein Recht.[452]

Die Alternative zum Leistungsfähigkeitsprinzip wäre ein Steuerrecht, das sich nach beliebigen Einfällen von „Elefantenrunden", „Koalitionsrunden" oder „Ver-

---

441 *Birk*, Steuerrecht, S. 14; *ders.*, StuW 2000, 328 (329); *Bach*, StuW 1991, 116 (117 ff.).
442 *Alexy*, Theorie der Grundrechte, S. 90 ff.
443 Vgl. BVerfGE 61, 319 (343 f.); 82, 60 (86); 93, 121 (135); Leistungsfähigkeitsprinzip als Rechtswertquelle/Rechtserkenntnisquelle, *Kirchhof*, K/S/M, Stand: ohne Angabe, § 2 Rz. A 275.
444 Zuerst bereits 1863: *Schmoller*, ZgS 19, 57.
445 *Leisner*, StuW 1983, 97 ff.
446 *Neumann*, Kirchhof/Neumann, Freiheit, Gleichheit, Effizienz, S. 23 (27); *Bareis*, StuW 2000, 81 (85).
447 *Lang*, Tipke/Lang, Steuerrecht, § 4 Rz. 84; § 1 Rz. 45.
448 *Musil/Leibohm*, FR 2008, 807 ff.
449 *Lang*, Tipke/Lang, Steuerrecht, § 1 Rz. 45.
450 *Hensel*, VjSchStFR 1930, S. 463; bei *Stolleis*, Geschichte, S. 220 ff. (223).
451 In der Sprache von *Birk*, Leistungsfähigkeitsprinzip, S. 54: Sekundärableitungen, die die grundsätzlicheren Primärableitungen konkretisieren.
452 So *Tipke*, StRO Bd. 2, 1. A., S. 539; sinngemäß aber auch: *ders.*, StRO Bd. 2, 2. A., S. 588 f.

mittlungsausschüssen" richtet, in denen Partei- und Gruppeninteressen untereinander ausgehandelt werden; ein Steuerrecht, das sich, in Abhängigkeit von „Koalitionsräson", vorwiegend am Nettozuwachs von Stimmen einer naheliegenden Wahl orientiert; ein Steuerrecht, das vor den Interessen hinreichend einflussreicher Verbände einknickt; ein Steuerrecht, das Interessen einzelner Ministerpräsidenten unverhältnismäßig stark berücksichtigt, damit andere Vorhaben nicht im Bundesrat blockiert werden; ein Steuerrecht, das den geschickten informierten Steuerpflichtigen stets begünstigt und die Zahlung der „Dummensteuer" den restlichen Steuerpflichtigen überlässt.[453]

bb) Konkrete Ausprägung im EStG

Im Einkommensteuerrecht werden aus dem Leistungsfähigkeitsprinzip konkrete Schlüsse gezogen. Hierfür wird es in zwei Unterprinzipien aufgeschlüsselt, das objektive Nettoprinzip und das subjektive Nettoprinzip.

(1) Objektives Nettoprinzip

In § 2 Abs. 2 EStG ist im Rahmen der Ermittlung der Einkünfte das objektive Nettoprinzip als Ausformung der Besteuerung nach der individuellen Leistungsfähigkeit kodifiziert worden.[454] Unter Einkünften sind die Einnahmen abzüglich der im Zusammenhang mit den Einnahmen entstandenen Ausgaben zu verstehen. Es soll also das von der Besteuerung ausgeschieden werden, was der Steuerpflichtige aufgewendet hat, um überhaupt Einnahmen erzielen zu können. In Höhe dieser Ausgaben entsteht keine Leistungsfähigkeit, die es dem Steuerpflichtigen ermöglicht, seine persönlichen Bedürfnisse in erhöhtem Maß zu befriedigen. Diese Erwerbsaufwendungen werden bei den Gewinneinkünften Betriebsausgaben, § 4 Abs. 4 EStG, und bei Überschusseinkünften Werbungskosten, § 9 Abs. 1 EStG, genannt. Somit wird ermittelt, welcher Gewinn (über die Betriebsausgaben) im Rahmen der Gewinneinkünfte (§ 2 Abs. 2 S. 1 Nr. 1 EStG), welche Überschüsse (über die Werbungskosten) bei den Überschusseinkünften (§ 2 Abs. 2 S. 1 Nr. 2 EStG) und welche Einnahmen über den Sparer-Pauschbetrag bei den Kapitaleinkünften (§ 2 Abs. 2 S. 2 EStG i. V. m. § 20 Abs. 9 EStG) bei dem Steuerpflichtigen verblieben.

---

453 *Tipke*, StRO Bd. 1, 2. A., S. 487 f.
454 *Lang*, Die Bemessungsgrundlage, S. 167 ff.; *Birk*, Steuerrecht, S. 186; zur Diskussion des Verfassungsrangs des objektiven Nettoprinzips: *Englisch*, Beihefter zu DStR 34 2009, 92 ff.; *Lang*, StuW 2007, 3 (4 ff.); aus ökonomischer Sicht zuletzt: *Wagner*, StuW 2010, 24 (30 ff.).

Um die gesamte Leistungsfähigkeit des Steuerpflichtigen zu messen, werden die einzelnen Einkünfte zur Summe der Einkünfte addiert, § 2 Abs. 3 EStG. Daraus wird geschlossen, dass das objektive Nettoprinzip nicht nur erfordert, dass die Verluste innerhalb einer Einkunftsart geltend gemacht werden können (interner oder horizontaler Verlustausgleich), sondern dass auch ein Verlustausgleich zwischen den verschiedenen Einkunftsarten (externer oder vertikaler Verlustausgleich) möglich sein muss[455] (Prinzip der Reineinkünfte).[456]

Der Blick auf dieses so einfach wirkende System wird durch eine Vielzahl von Durchbrechungen getrübt. So sind all jene Aufwendungen, die unter einer privaten Mitveranlassung leiden, grundsätzlich[457] vom Abzug ausgeschlossen, §§ 12 Nr. 1 S. 2, 4 Abs. 5 EStG. Die Gestaltungsanfälligkeit des externen Verlustausgleichs zog eine Vielzahl von Verlustausgleichsverboten und Ausgleichsbeschränkungen nach sich. Diese Normen, wie etwa § 4h EStG (Zinsschranke),[458] suchen teilweise in ihrer Komplexität ihresgleichen. Dies mag mit dafür verantwortlich sein, dass das BVerfG bis heute offen lässt, ob dem objektiven Nettoprinzip Verfassungsrang einzuräumen ist.[459]

(2) Subjektives Nettoprinzip

Die private Vermögensverwendung unterliegt grundsätzlich dem Abzugsverbot des § 12 EStG. Dieser Grundsatz wird durch das subjektive Nettoprinzip durchbrochen.[460] Im Zusammenhang mit dem subjektiven Nettoprinzip ist dem Steuerpflichtigen das zu belassen, was sein Existenzminimum und das seiner Familie darstellt.[461] Allerdings beschränken sich die Abzugstatbestände des subjektiven Nettoprinzips nicht auf Abzüge mit existenzsicherndem Charakter. Es finden sich auch einige Abzüge mit Lenkungsfunktion. Konkret findet das subjektive Nettoprinzip seinen Niederschlag in § 2 Abs. 4 EStG. Dieser normiert den Abzug von

---

455 *Birk*, Steuerrecht, S. 186.
456 *Lang*, Tipke/Lang, Steuerrecht, § 9 Rz. 42.
457 Ausnahmen bestehen bei a) höchstens 10% privater Mitveranlassung; b) leicht nachprüfbarer Trennung und betrieblicher Teil nicht von untergeordneter Bedeutung; bisherige Kasuistik: BFH BStBl II 1981, 131 (Telefon); BFH BStBl II 1971, 17 (PKW); BFH BStBl II 1980, 117 (Haushaltshilfe); BFH BStBl II 2004, 958 (Computer); eine weitere Aufweichung des Grundsatzes erfolgte durch die Entscheidung des Großen Senats zur Teilbarkeit von Reisekosten, BFH vom 21.09.2009, Az. GrS 1/06 vom 21.09.2009.
458 Dazu *Musil/Volmering*, DB 2008, 12 ff.
459 Zuletzt BVerfGE 122, 210 ff. (Entfernungspauschale); *Wesselbaum-Neugebauer*, FR 2006, 807 (808 ff.); die Regelung aus ökonomischer Sicht verteidigend: *Ismer/Kaul/Rath*, FR 2008, 58 (66 f.).
460 *Lang*, Die Bemessungsgrundlage, S. 71 ff.; *Birk*, Steuerrecht, S. 191 f.
461 Zuletzt wieder: BVerfGE 107, 27 (48); 110, 412 (433).

Sonderausgaben (§§ 10 – 10c EStG) und von außergewöhnlichen Belastungen (§§ 33 – 33b EStG) vom Gesamtbetrag der Einkünfte.

Die privaten Abzüge nach dem subjektiven Nettoprinzip dienen der horizontalen Steuergerechtigkeit.[462] Der existenznotwendige Aufwand muss in angemessener und realitätsgerecht bestimmter Höhe von der Einkommensteuer freigestellt werden.[463] Dies hebt das subjektive Nettoprinzip, anders als das objektive Nettoprinzip, in Verfassungsrang.[464] Noch nicht endgültig geklärt ist jedoch, inwieweit über den Schutz des Existenzminimums hinaus auch sonstige unvermeidbare oder zwangsläufige private Aufwendungen zu berücksichtigen sind.[465] Als verfassungsrechtliche Maßstäbe des subjektiven Nettoprinzips[466] kommen der allgemeine Gleichheitssatz aus Art. 3 Abs. 1 GG (mit dem Leistungsfähigkeitsprinzip als Vergleichsmaßstab), die Unantastbarkeit der Menschenwürde nach Art. 1 Abs. 1 GG in Verbindung mit dem Sozialstaatsprinzip aus Art. 20 Abs. 1, 28 Abs. 1 S. 1 GG und (im Bereich des Familienexistenzminimums) in Verbindung mit Art. 6 GG; sowie das freiheitsrechtlich begründete Verbot der Erdrosselungssteuer nach Art. 2 Abs. 1, 12 Abs. 1, 14 Abs. 1 GG in Frage.

Die Eliminierung des indisponiblen Einkommens aus der Bemessungsgrundlage ist keine Steuervergünstigung oder Subvention, sondern realisierte Besteuerung nach der wirtschaftlichen Leistungsfähigkeit. Ein Problem bei der Realisierung des subjektiven Nettoprinzips sind die verschiedenen Konzepte, mit denen versucht wird, die steuerliche Leistungsfähigkeit realitätsgerecht zu erfassen. Dadurch werden Steuervergünstigungsnormen mit Fiskalzwecknormen vermischt.[467] Und Fiskalzwecknormen werden zu Steuerprivilegien (Abzug von Vorsorgeaufwendungen, da nur bestimmte Vorsorgeformen erfasst werden).[468] In der Nähe des steuerlichen Existenzminimums fallen subjektives und objektives Nettoprinzip teilweise zusammen, soweit durch mangelnde Abzüge von notwendigen Erwerbsaufwendungen zugleich eine mangelnde Verschonung des existenznotwendigen Bedarfs des Steuerpflichtigen und seiner Familie auftritt.[469]

---

462 *Birk*, Leistungsfähigkeitsprinzip, S. 165 ff.; *Lang,* Tipke/Lang, Steuerrecht, § 9 Rz. 80.
463 BVerfGE 110, 412 (433).
464 *Schneider*, Beihefter zu DStR 34 2009, 87 (87 f.); für Verfassungsrang des objektiven Nettoprinzips: *Englisch*, Beihefter zu DStR 34 2009, 92 (98 ff.).
465 BVerfGE 107, 27 (48), 112, 268 (280); *Englisch*, NJW 2006, 1025 (1029).
466 *Lang,* Tipke/Lang, Steuerrecht, § 9 Rz. 73; *Birk*, Leistungsfähigkeitsprinzip, S. 173.
467 Dazu zuletzt, *Bareis*, DStR 2010, 565 (566).
468 BVerfGE 120, 125 ff.
469 BVerfGE 122, 210 ff. im Anschluss an den Vorlagebeschluss des BFH vom 10.01.2008, BStBl. II 2008, 234 ff.; dazu: *Lehner*, DStR 2009, 185 (186 f.).

(3) Tarifverlauf

Bisweilen wird die Frage aufgeworfen, ob das Leistungsfähigkeitsprinzip einen bestimmten Tarifverlauf verlangt. Falls dem so sein sollte, müsste im Rahmen dieser Arbeit diskutiert werden, ob eine bedarfsgerechte Interpretation des Leistungsfähigkeitsprinzips[470] auch Aussagen für den Tarifverlauf zulässt. Ob das Grundgesetz, insbesondere das Leistungsfähigkeitsprinzip, zwingende Aussagen über den Tarifverlauf der Einkommensteuer zulässt, ist strittig.[471] Vertiefende Ausführungen zu dieser Frage würden den Rahmen dieser Arbeit sprengen. Es soll darum der Hinweis genügen, dass wohl die überwiegenden Stimmen in der Literatur verfassungsrechtliche Zwänge für einen bestimmten Tarifverlauf ablehnen.[472] Der Tarif wird vielmehr dem Gestaltungsspielraum des Gesetzgebers überantwortet.[473] Die Stimmen, die aus dem Leistungsfähigkeitsprinzip zumindest teilweise Forderungen ableiten wollen, formulieren ihre Vorschläge demnach auch nur recht zurückhaltend.[474] Erwähnenswert erscheint vor dem Hintergrund des Untersuchungsgegenstands die Auffassung *Jüptners*, das Sozialstaatsprinzip bedinge einen progressiven Einkommensteuertarif.[475] Trotz vielfältiger juristischer und finanzwissenschaftlicher Begründungsansätze scheint eine tendenzielle Präferenz für einen progressiven Tarif der Einkommensteuer in Literatur und Rechtsprechung zu bestehen, ohne dass dieser jedoch verfassungsrechtlich zwingend wäre.[476] Dem soll hier gefolgt werden, sodass sich auch aus einer bedarfsgerechten Interpretation des Leistungsfähigkeitsprinzips keine zwingenden Aussagen über den Tarifverlauf treffen lassen.

b) Leistungsfähigkeitsprinzip im Sozialrecht

Im Folgenden soll gezeigt werden, dass das Leistungsfähigkeitsprinzip nicht von vorn herein auf das Teilrechtsgebiet der Einkommensteuer beschränkt ist, sondern sich auch im Bereich des Sozialrechts auswirkt. Erhöhter Leistungsfähigkeit kor-

---

470 Dazu später unter Kap. 1 B. III. 3.).
471 Dazu eingehend: *Lammers*, Die Steuerprogression, S. 29, 67, 138 ff.
472 *Siegel*, H/H/R, Stand Januar 2002, § 32a, Rz. 14; *Tipke*, StRO Bd. 1, 1. A., S. 498; *ders.*, StRO Bd. 2, 2. A., S. 837.
473 *Birk*, Leistungsfähigkeitsprinzip, S. 165 ff.; *Dziadkowski*, BB 1985, Beilage 9 zu Heft 15, 1 ff.; *Flockermann*, FS für Klein, S. 393 (396); *Jachmann*, StuW 1998, 293 (295); *Loritz*, § 34, Rz. 1212; *Reis*, Konsumorientierte Besteuerung, S. 280 ff.
474 *Vogel*, DStZ/A 1975, 409 (411); *Jüptner*, Leistungsfähigkeit, S. 83; *Papier*, Der Staat 1972, 483 (504); *Kichhof*, NJW 2000, 2792 (2795); *ders.*, Verfassungsstaat, S. 53 f.
475 *Jüptner*, Leistungsfähigkeit, S. 83 ff.
476 *Liesenfeld*, Existenzminimum, S. 161; beachte jedoch BVerfGE 8, 51 (68 ff.); *Arndt/Schumacher*, NJW 1994, 961 (964).

respondiert im Sozialstaat eine höhere soziale Verantwortung[477] und sinkende oder bestenfalls überhaupt nicht vorhandene Bedürftigkeit. Damit kann der Begriff der Leistungsfähigkeit zwanglos für beide Rechtsgebiete Anwendung finden. Im Steuerrecht folgt eine Zahlungspflicht, wenn positive Leistungsfähigkeit vorhanden ist. Im Sozialrecht hingegen ist Bedürftigkeit - also negative Leistungsfähigkeit - die Voraussetzung für soziale Transferleistungen. Damit kann der Begriff der Leistungsfähigkeit sowohl als Basis für ein freiheitsschonendes staatliches Nehmen im Steuerrecht, als auch als Grundlage für ein existenzsicherndes Geben im Sozialrecht benutzt werden.[478]

Dies besagt jedoch nur, dass beide Rechtsgebiete, um ihre Aufgaben erfüllen zu können, auf ähnliche Informationen angewiesen sind. Beide messen die finanzielle Potenz des Bürgers. Die Betrachtungsweisen sind jedoch grundverschieden. Das Steuerrecht sucht nach Merkmalen von über dem Notwendigen liegenden Aufwand, um ihn zur Grundlage der Besteuerung zu machen. Das Sozialrecht sucht nach Merkmalen, die Rückschlüsse darauf zulassen, ob der Bürger sich ein menschenwürdiges Dasein allein aus eigener Kraft finanzieren kann oder nicht. Daher schließen sich positive und negative Leistungsfähigkeit (oder Leistungsfähigkeit und Bedürftigkeit) aus.[479] Der Bürger kann nicht zugleich auf Sozialtransfers angewiesen und steuerlich leistungsfähig sein. Das würde bedeuten, dass der Staat ihm durch die Steuer Mittel nähme, die er ihm sofort als Sozialleistung zurückgewähren müsste.[480] Der Staat darf jedoch dem Bürger nicht via Steuer die notwendigen Subsistenzmittel entziehen, falls er sie ihm durch Sozialleistung wiedergeben müsste.[481] Es würde zu einem „Eine-Tasche-andere-Tasche-Prinzip" führen, das lediglich volkswirtschaftlich nachteilige Verwaltungskosten produzierte. Im Zivilrecht wurde für eine solche Situation aus dem Prinzip von Treu und Glauben der Grundsatz entwickelt: „dolo agit qui petit quod statim redditurus est.[482]" Diesen Rechtsgedanken auf das staatliche Eingriffsrecht im Bereich der Steuern übertragen, kann gefolgert werden, dass der Staat dann nicht auf Mittel des Steuerpflichtigen zugreifen darf, wenn er sogleich verpflichtet wäre, sie als Sozialleistung wieder herauszugeben. Unabhängig davon, ob ein solches Verhalten widersprüchlich wäre, ist es im Steuerrecht auch wegen eines Verstoßes gegen Freiheitsrechte und die Menschwürdegarantie verboten.[483] Eine Steuer, die zur Folge hat, dass der Bürger auf staatliche Hilfe angewiesen ist, fällt neben den genannten Brüchen auch in den Bereich der Erdrosselungssteuer und ist bereits aus diesem Grund nicht mit

---

477 *Jachmann*, NZS 2003, 281 (282).
478 *Jachmann*, NZS 2003, 281 (282).
479 *Jachmann*, NZS 2003, 281 (282).
480 *Starck*, v. Mangoldt/Klein/Starck, GG I, 5. A., Art. 3 Rz. 85.
481 *Isensee*, Verhandlungen des 59. DJT 1992, Bd. II, Teil Q, S. 46.
482 BGHZ 74, 293 (300).
483 *Wernsmann*, Verhaltenslenkung in einem rationalen Steuersystem, 2005, S. 273.

dem Grundgesetz zu vereinbaren. Dies widerspricht jedoch nicht dem oben gefundenen Ergebnis, dass Elemente der Leistungsfähigkeit berechtigterweise auch in Bereiche des Sozialrechts hineinwirken können.[484]

2.) Das Bedürftigkeitsprinzip im Sozialrecht und im Steuerrecht

a) Bedürftigkeitsprinzip im Sozialrecht

Als Pendant zum steuerlichen Leistungsfähigkeitsprinzip kennt das Sozialrecht das Bedürftigkeitsprinzip. Bevor aus der Zusammenschau von Leistungsfähigkeit und Bedürftigkeit neue Schlüsse gezogen werden können, muss auch das Prinzip der sozialen Bedürftigkeit umrissen werden. Analog zur steuerlichen Leistungsfähigkeit ist der Begriff der sozialen Bedürftigkeit nicht so einfach definierbar, wie es auf den ersten Blick erscheint. Anders als das Versicherungsprinzip knüpft die Bedürftigkeit nicht an vorangegangene Einzahlungen oder an ein festgelegtes Lebensrisiko.[485] Unter den Begriff der Bedürftigkeit können eine Reihe von Mangelfällen subsumiert werden. Wann genau der Mangelfall vorliegt, wann jemand also im sozialrechtlichen Sinn bedürftig ist, richtet sich nach den jeweiligen Einzelgesetzen. Im Grundsatz muss ein bestimmter Bedarf definiert und geprüft werden, ob der Hilfesuchende diesen selbst decken kann. Es gibt also keine absolute, für das gesamte Sozialrecht gültige Definition. Die §§ 1 – 10 SGB I, die die grundsätzlichen Aufgaben des Sozialrechts umschreiben, umreißen zugleich auch unterschiedliche Bedarfslagen. Am deutlichsten geschieht dies in § 9 SGB I. Für die Grundsicherung für Arbeitssuchende ist der Begriff der Bedürftigkeit im § 9 Abs. 1 SGB II definiert. Im Bereich der Sozialhilfe erfolgt keine eigene Definition. Der jeweilige Begriff der Bedürftigkeit wird jedoch beispielsweise in §§ 19 Abs. 1, 41 Abs. 1, 53 Abs. 1, 61 Abs. 1, 67 Abs. 1 SGB XII umschrieben. In § 1 2. HS BAföG erfolgt eine weitere bereichsspezifische Definition der Bedürftigkeit.

Wegen der grundsätzlichen Weite möglicher Mangelfälle wird das Bedürftigkeitsprinzip durch die Grundsätze der Subsidiarität und der Individualisierung beschränkt. Der Grundsatz der Subsidiarität besagt, dass auf Leistungen, die Bedürftigkeitslagen ausgleichen sollen, dann kein Anspruch besteht, wenn sich der Hilfesuchende selbst helfen kann, er also im Stande ist, den jeweiligen Bedarf selber zu decken, §§ 2 Abs. 2, 11, 12 SGB II; § 2 SGB XII.[486] Die Individualisierung ver-

---

484 Vgl. zur GKV Kap. 2 A. IV, V.
485 *Waltermann*, Sozialrecht, S. 234.
486 *Eichenhofer*, VSSR 1991, 185 ff.

langt die Orientierung bedürftigkeitsabhängiger Leistungen am jeweiligen Einzelfall, §§ 3 Abs. 1, 14 SGB II; § 9 SGB XII.[487]

b) Bedürftigkeit im Einkommensteuerrecht

Ähnlich wie durch Verweisungstechnik und eigene spezifisch sozialrechtliche Regelungen das Leistungsfähigkeitsprinzip nicht auf das Einkommensteuerrecht beschränkt ist, sondern auch im Sozialrecht eine Rolle spielt, kommt auch das Merkmal der Bedürftigkeit nicht nur im Sozialrecht, sondern auch im Einkommensteuerrecht zum Tragen. Dies belegen die folgenden Beispiele, die weniger als abschließender Katalog, sondern eher als Überblick zu verstehen sind. Bereits in § 3 Nr. 2, 2a, 2b, 10, 11, 36, 43 EStG wird deutlich, dass zur Vermeidung von Wertungswidersprüchen zum Sozialrecht solche Leistungen von der Besteuerung ausgenommen sind, die von sozialer Bedürftigkeit abhängen. Auch § 10a Abs. 1 S. 3 EStG knüpft über die Verbindung zum SGB XII an dessen Bedarfstatbestände an. Ein weiteres deutliches Beispiel für die Aufnahme des Merkmals der Bedürftigkeit in das EStG findet sich in § 33b Abs. 2 und 6 EStG zur Regelung des Pauschbetrags für behinderte Menschen. Nach § 75 Abs. 1 EStG entfallen Rückzahlungsansprüche im Kindergeldrecht, soweit soziale Bedürftigkeit vorliegt.

3.) Verbindung beider Begriffe im Steuerrecht – Plädoyer für eine Modifikation des Leistungsfähigkeitsprinzips im Sinne einer bedarfsgerechten Ermittlung steuerlicher Leistungsfähigkeit

Den bereits seit längerem vorgetragenen[488] und von *Lehner*[489] weiterentwickelten Gedanken aufgreifend, die persönlichen Umstände des Steuerpflichtigen unter Zuhilfenahme sozialrechtlicher Erkenntnisse in die Besteuerung einzubeziehen, soll der Begriff der Leistungsfähigkeit weiterentwickelt werden. Dies geschieht durch eine teilweise Annäherung der Begriffe der Bedürftigkeit und der Leistungsfähigkeit. Die Nähe beider Größen stellte bereits *Birk* anschaulich dar, indem er festhielt: „Was nützt eine Steuerverteilung entsprechend dem Leistungsfähigkeitsprinzip, wenn über das Transferleistungssystem die Belastungsrelationen beliebig verändert werden können."[490] Im Umkehrschluss taugt auch das ausgewogenste Sozialleistungssystem nicht viel, wenn ein undifferenzierter übermäßiger Steuerzugriff

---

487 BVerwGE 47, 103 (106).
488 Nach *Lehner*, StuW 1986, 59: erstmals im Jahr 1969 aufgekommen; *Dziadkowski*, BB 1985, Beilage 9 zu Heft 15, 1 ff.
489 *Lehner*, Einkommensteuerrecht und Sozialhilferecht, S. 40 ff.
490 *Birk*, Leistungsfähigkeitsprinzip, S. 5.

dessen Wertungen unterläuft.[491] Damit führt also die Untersuchung der Harmonie im Zusammenspiel von Einkommensteuerrecht und Sozialrecht, ohne dass es ursprünglich beabsichtigt gewesen wäre, geradezu zwangsläufig zur Herausarbeitung eines Vorschlags zur Modifikation des Leistungsfähigkeitsprinzips im Einkommensteuerrecht.

a) Hintergrund der Modifikation

In diesem einleitenden Abschnitt sollen die Notwendigkeit eines modifizierten Interpretationsansatzes (aa), sein historischer Hintergrund (bb), die Notwendigkeit der Modifikation vor dem Hintergrund des Zusammenwirkens von Sozialrecht und Steuerrecht (cc) und der einzelfallbezogene Hintergrund (dd) erläutert werden.

aa) Notwendigkeit eines modifizierten Interpretationsansatzes

Steuerrechtsnormen, die das existenznotwendige Einkommen verschonen, dienen der gleichmäßigen Verteilung der Steuerlast und unterliegen den Anforderungen des Leistungsfähigkeitsprinzips. Sie sind nach heutiger Auffassung keine einem Sozialzweck dienende Subvention.[492] Es herrscht Einigkeit darüber, dass das Leistungsfähigkeitsprinzip die steuerliche Verschonung des existenznotwendigen Einkommens gebietet.[493] Es fehlte jedoch ein systematisches Konzept zur qualitativen und quantitativen Konkretisierung dieses Gebots.[494] Einen Vorschlag für ein solches Konzept erarbeitete *Lehner* anhand des funktionalen Zusammenhangs von Leistungsfähigkeit und Bedürftigkeit. So wie im Einkommensteuerrecht die Grundwertung der Verschonung des existenznotwendigen Bedarfs bestehe, sei das Sozialrecht darauf gerichtet, das existenznotwendige Einkommen im Fall der Bedürftigkeit zu gewähren.[495]

Welchen Schwierigkeiten eine Interpretation des Leistungsfähigkeitsprinzips begegnet, zeigt das BVerfG selbst, indem es formelhaft bemüht ist, „einmal gewählte Ordnungsprinzipien" oder einfachgesetzlich „statuierte Sachgesetzlichkeiten" herauszuarbeiten, an die es den Gesetzgeber binden kann.[496] Statt das Leistungsfähigkeitsprinzip zu konturieren, wurde beispielsweise auf „verkehrspoliti-

---

491 So auch *Pezzer*, StuW 1989, 219 (225).
492 *Tipke*, StRO Bd. 2, 2. A., S. 801.
493 *Birk*, Leistungsfähigkeitsprinzip, S. 50; *Lang*, Die Bemessungsgrundlage, S. 191 ff.
494 *Lehner*, Einkommensteuerrecht und Sozialhilferecht, S. 41.
495 *Lehner*, Einkommensteuerrecht und Sozialhilferecht, S. 41 ff.; der Zusammenhang wird auch im Zivilrecht deutlich, vgl. dort: *Palandt/Diederichsen*, §§ 1602, 1603.
496 BVerfGE 34, 103 (115); 66, 214 (223 f.).

sche Erwägungen"[497] oder andere „verschiedenartige rechtspolitische Ziele"[498] abgestellt. Damit wird auf außersteuerliche Zielsetzungen des Gesetzgebers abgehoben, ohne vorher zu prüfen, ob es sich um Normen handelt, die außersteuerliche Ziele[499] (Lenkungszweck, Sozialzweck) verfolgen. Handelt es sich um reine Fiskalzwecknormen, so sind diese allein am Maßstab der gerechten Verteilung der Lasten[500] – also am Leistungsfähigkeitsprinzip – zu messen. Vorliegend interessiert vor allen Dingen, dass teilweise auf nicht näher bestimmte sozialpolitische Erwägungen abgestellt wurde, unabhängig davon, ob außersteuerliche Lenkungsziele vorlagen oder nicht.[501]

Ein weiterer Grund für den bis heute bestehenden Konturierungsbedarf des Leistungsfähigkeitsprinzips an der Nahtstelle von Einkommensteuerrecht und Sozialrecht besteht in dem nicht immer deutlich werdenden Verhältnis der beiden Teilrechtsordnungen.[502] Im Bereich des Existenzminimums stehen sich Bedürftigkeitsprinzip und Leistungsfähigkeitsprinzip gegenüber. Bildlich ausgedrückt stellen sie zwei Seiten einer Medaille dar.[503] Beide messen die wirtschaftliche Potenz des Bürgers. Allerdings sind beide nicht deckungsgleich. Sie sind nicht eins zu eins übertragbare Rechtsmaterien, nicht ein und dieselbe Seite der Medaille.[504]

Zudem besitzt diese gedachte Medaille einen bedeutsamen Prägerand in Form des Bereichs zwischen sozialrechtlicher Bedürftigkeit und steuerrechtlicher Leistungsfähigkeit. Dieser Bereich setzt sich aus zwei Personengruppen zusammen. Wer aufgrund verschiedener Steuerbefreiungen (z. B. Grundfreibetrag, Verlustvorträge) keine Einkommensteuer zu entrichten hat, obwohl Einkünfte zugeflossen sind, ist noch nicht automatisch bedürftig im Sinne des Sozialrechts. Die andere Personengruppe hat zwar tatsächlich keine nennenswerten Zuflüsse, muss sich jedoch gemäß dem sozialrechtlichen Nachranggrundsatz zunächst an nahe stehende Personen richten, bevor sie staatliche Hilfe in Anspruch nehmen kann.[505] Wer sich beispielsweise in einer Bedarfsgemeinschaft nach § 36 S. 1 SGB XII befindet, ist trotz fehlender Leistungsfähigkeit nicht bedürftig. Das Sozialrecht selbst ordnet Geringverdiener in eine so genannte Gleitzone ein, § 20 Abs. 2 SGB IV. Hier besteht innerhalb des Sozialrechts eine vergleichbare Lage zum beschriebenen Be-

---

497 BVerfGE 27, 58 (65).
498 BVerfGE 34, 103 (117).
499 *Lehner*, Einkommensteuerrecht und Sozialhilferecht, S. 45.
500 *Wernsmann*, H/H/Sp AO, Stand: Juni 2009, § 4 AO, Rz. 410.
501 *Lehner*, Einkommensteuerrecht und Sozialhilferecht, S. 45 unter Verweis auf BVerfGE 43, 108 (120); 50, 386 (392).
502 *Lehner*, Einkommensteuerrecht und Sozialhilferecht, S. 45 f.
503 *Birk*, Leistungsfähigkeitsprinzip, S. 125; *Pezzer*, StuW 1989, 219 (225); *Lehner*, Einkommensteuerrecht und Sozialhilferecht, S. 401; auch als Spiegelbild bezeichnet bei: *Brandis*, DStJG 29 (2006), S. 94; dieses sprachliche Bild ablehnend: *Axer*, DStJG 29 (2006), S. 187; *Schmidt-Liebig*, BB 1992, 107 (108).
504 So wohl gemeint bei: *Jachmann*, K/S/M, Stand März 2004, § 31 Rz. A 7, A 47.
505 Dazu *Brandis*, DStJG 29 (2006), S. 95.

reich zwischen steuerlicher Leistungsfähigkeit und sozialrechtlicher Bedürftigkeit. Personen in der Gleitzone sind noch nicht zwingend bedürftig, jedoch fehlt ihnen die sozialrechtliche Leistungsfähigkeit, sodass ihre Pflicht zur Entrichtung von Sozialbeiträgen modifiziert wird. Eine Bedarfsorientierung bei der Interpretation des Leistungsfähigkeitsprinzips könnte helfen, Lehren aus der strukturellen Nähe zum Sozialrecht zu ziehen und die Auslegung des Fundamentalprinzips der Besteuerung zu erleichtern.

bb) Historischer Hintergrund des Modifikationsvorschlags

Bereits ab Mitte des 18. Jahrhunderts[506] entstand und verfestigte sich der Gedanke, dass die Prüfung der steuerlichen Leistungsfähigkeit nicht nur anhand von sachlichen, sondern auch von persönlichen Merkmalen erfolgen muss.[507] Diese Entwicklung ist bedeutsam für die soziale Ausrichtung des zentralen Besteuerungsgrundsatzes des Einkommensteuerrechts. Es erfolgt eine Entwicklung dahin, nicht mehr nur an sachliche Vermögensmerkmale (Objektsteuern[508] auf Grund und Boden, Wollsteuern oder die französische Fenstersteuer o.ä.) anzuknüpfen, sondern mehr und mehr die persönliche Situation des Steuerpflichtigen in die Bemessung seiner Leistungsfähigkeit eingehen zu lassen.

Damit einher geht die gesteigerte Beachtung der individuellen Beschwer für den einzelnen Steuerpflichtigen, also die Beachtung einer sozialen Komponente.[509] Diese soziale Komponente der Besteuerung definiert nicht das Leistungsfähigkeitsprinzip näher. Sie *ist* das Leistungsfähigkeitsprinzip. Mit Anerkennung der sozialen Komponente wurde nicht mehr äquivalent von einem bestimmten Vermögensbestand auf eine höhere Schutzbedürftigkeit durch den Staat oder auf eine umfangreichere Inanspruchnahme staatlicher Infrastruktur und damit auf das zu zahlende Steuerentgelt[510] geschlossen. Vielmehr wurde versucht zu ermitteln, in welcher Höhe dem individuellen Steuerpflichtigen ein Opfer[511] für das Wohl der Allgemeinheit zuzumuten ist. Indes wurde diese faktische Wendung hin zu einer sozialen Komponente der Besteuerung noch nicht mit dem Wort „sozial" begründet. Denn der Begriff „sozial" hatte zum damaligen Zeitpunkt noch keinen Bezug

---

506   *A. Wagner*, Finanzwissenschaft, Band 2, Theorie der Besteuerung; *R. Meyer*, Die Principien der gerechten Besteuerung; *F. J. Neumann*, Die Steuer nach der Steuerfähigkeit.
507   *Ossenbühl*, Die gerechte Steuerlast, S. 29 Fn. 66.
508   *Birk*, Steuerrecht, S. 4 ff.
509   *Lehner*, Einkommensteuerrecht und Sozialhilferecht, S. 21.
510   *Ossenbühl*, Die gerechte Steuerlast, S. 29.
511   *R. Meyer*, Die Principien der gerechten Besteuerung, S. 337.

zum Individuum. Unter sozialer Korrektur verstand man ausschließlich die globale korrigierende Einwirkung auf vorgefundene Einkommensverhältnisse.[512]

cc) Zusammenwirken der Teilrechtsordnungen als Hintergrund des Modifikationsvorschlags

Einkommensteuerrecht und Sozialrecht begegnen einander überwiegend als Teilrechtsordnungen einseitigen staatlichen Nehmens und einseitigen staatlichen Gebens bei der Ausgestaltung der ökonomischen Mindestvoraussetzungen für den Lebensbedarf des Menschen.[513] Betrachtet man beide Systeme von außen von der Warte des Sozialstaatsprinzips, so haben sie keine gegensätzliche Wirkung, sondern sind miteinander verbunden und bedingen einander, indem das staatliche Nehmen des Steuerrechts das staatliche Geben des Sozialrechts erst ermöglicht.[514] Auf der anderen Seite haben die Unterstützung durch das Sozialrecht und die Hilfe zur Selbsthilfe zum Ziel, es dem Bedürftigen wieder zu ermöglichen, selbst für seinen Unterhalt zu sorgen und dabei wieder an der Finanzierung des Gemeinwesens teilzunehmen. Als Beispiele seien nur die Unterstützung im Krankheitsfall durch die Krankenkasse oder die Hilfen im Fall der Arbeitslosigkeit angeführt. Für den Einzelnen treffen sich staatliches Nehmen und staatliches Geben bei dem gemeinsamen Nenner, ein menschenwürdiges Existenzminimum für jedermann zu ermöglichen.[515]

Zu weit dürften *Jachmann* und *Hinz*[516] gehen, soweit sie die Verteilungsgerechtigkeit als gemeinsames Ziel beider Rechtsordnungen ausmachen wollen.[517] Es dürfte etwas idealisiert sein, beim Steuerrecht und Sozialrecht von Verteilungsgerechtigkeit zu sprechen.[518] Das Steuerrecht ist bemüht, Lasten gerecht zu verteilen.[519] Dort trifft folglich der Begriff der Lastenverteilungsgerechtigkeit zu.[520] Denn das Steuerrecht dient wohl kaum vorwiegend dazu, eine als ungerecht empfundene Vermögensverteilung (wie etwa die Schere zwischen Arm und Reich) zu korrigieren. Es bemüht sich lediglich, die Finanzierung der staatlichen Aufgaben

---

512 *R. Meyer*, Die Principien der gerechten Besteuerung, S. 184, Zur geschichtlichen Entwicklung des sozialen Gedankens im Einkommensteuerrecht vgl. *Lehner*, Einkommensteuerrecht und Sozialhilferecht, S. 20 ff.
513 *Lehner*, Einkommensteuerrecht und Sozialhilferecht, S. 9.
514 *Kirchhof*, JZ 1982, 305; *Brandis*, DStJG 29 (2006), S. 94.
515 *Lehner*, Einkommensteuerrecht und Sozialhilferecht, S. 9.
516 *Hinz*, Einkommensteuerrecht und Sozialrecht, S. 40; diesen Gedanken aufgreifend: *Jachmann*, NZS 2003, 281 (281 f.).
517 Zur Schwierigkeit der Definition des Begriffs „Gerechtigkeit": *Tipke*, StRO Bd. 1, 2. A., S. 236 ff.
518 Dazu: *Elschen*, StuW 1988, 1 ff.
519 *Wernsmann*, H/H/Sp AO, Stand: Juni 2009, § 4 AO, Rz. 410.
520 *Tipke*, StuW 2007, 201 (202 f.).

unter Hinweis auf die finanzielle Leistungsfähigkeit gerecht zu verteilen. Weniger Leistungsfähige sollen einen geringeren Anteil zu tragen haben. Dies wird beispielsweise durch die Progression im Einkommensteuerrecht zu erreichen versucht, sodass weniger Leistungsfähige nicht nur nominell weniger Steuern zahlen (im Sinne einer proportionalen Besteuerung), sondern auch einem niedrigeren Tarif unterliegen (Progression).

Es wird jedoch kein Existenzminimum in Höhe eines durchschnittlichen Haushaltsbedarfs von der Besteuerung frei gestellt, sondern nur ein „Not-Mindestbedarf". Ebenso wenig ermöglicht das Sozialrecht etwa im Bereich der Grundsicherung jedermann einen bestimmten Durchschnitts-Lebensstandard, sondern nur ein der Menschenwürde entsprechendes Existenzminimum. Damit passt der Begriff der Verteilungsgerechtigkeit genau genommen noch weniger zu den Strukturen des Sozialrechts, soweit man ihn im Sinne einer Wohlstandskorrektur versteht.

In den einzelnen Teilgebieten des Sozialrechts sind konkrete Aufgaben, wie etwa die Gesundheitsversorgung, zu erfüllen. Auch die dabei entstehenden Kosten sind nach einer sozialrechtlich modifizierten finanziellen Leistungsfähigkeit[521] gerecht zu verteilen, sodass auch hier eher von Lastenverteilungsgerechtigkeit gesprochen werden sollte. Die Sozialsysteme verfolgen kein idealisiertes Ziel der sonstigen Verteilungsgerechtigkeit. Ziel ist zunächst die Wahrung der Menschenwürde (Art. 1 Abs. 1 GG i. V. m. Art. 20 Abs. 1, 28 Abs. 1 GG), des sozialen Friedens und die Schaffung der Rahmenbedingungen für eine soziale Marktwirtschaft.

So fangen die staatlichen Sozialsysteme etwa in der Arbeitslosenversicherung Probleme auf, die durch die Wirtschaft erzeugt wurden, deren Lösung der Markt allein jedoch nicht leistet. Auf die Lösung dieses Problems ist der Markt aber angewiesen, bedarf er doch der Stabilität und des sozialen Friedens. Unter diesem Blickwinkel ist das Sozialrecht die staatliche Antwort auf ein Marktversagen.[522]

Dies schließt nicht aus, dass unter anderen politischen Voraussetzungen beide Rechtsgebiete in der Weise modifiziert werden könnten, dass sie eine Verteilungsgerechtigkeit zum Ziel haben. Indes dürfte auch *die* Verteilungsgerechtigkeit nicht existieren, sondern eine Reihe verschiedener Vorstellungen darüber, was Verteilungsgerechtigkeit bedeutet. Mangels Festlegung des Grundgesetzes auf ein bestimmtes Wirtschaftssystem[523] ist die Beantwortung dieser Frage dem Kräftespiel der Politik zu überlassen.

---

521 Vgl. Kap. 2 A. III.

522 *Eichenhofer*, NZS 2004, 169 (170).

523 BVerfGE 4, 7 (17 f.); 7, 377 (400); 12, 341 (347); 12, 354 (363); 14, 263 (275); 21, 73 (78); 25, 1 (19 f.); 30, 292 (319); 50, 290 (336 f.); *Huber*, DÖV 1956, 97 ff., 135 ff., 172 ff., 200 ff.; *Badura*, JuS 1976, 205 ff.; *Bäumler*, DÖV 1979, 325 ff.; *Bleckmann*, JuS 1991, 536 ff.; *Sodan*, DÖV 2000, 361 ff.

dd) Einzellfallbezogener Hintergrund des Modifikationsvorschlags

Für den Einzelnen zeigt sich die Untrennbarkeit von Einkommensteuerrecht und Sozialrecht besonders an seiner persönlichen Gesamtbelastung im Rahmen des staatlichen Nehmens.[524] Schon lange interessiert den Einzelnen nicht allein seine Belastung mit Einkommensteuer. Für den Bürger ergibt sich die Frage nach der Akzeptanz von Abgaben, seien sie steuerlicher oder sozialrechtlicher Natur, nicht unterteilt nach Rechtsgebieten, sondern nach der Gesamtbelastung.[525] Daher muss bei der Frage der zumutbaren Steuerbelastung des Einzelnen (auch im Hinblick auf die Steuermoral) die Gesamtbelastung durch Steuern und Sozialversicherungsabgaben im Blick behalten werden.

In diesem Zusammenhang stellt sich die Frage, ob das Leistungsfähigkeitsprinzip nur für die Einkommensteuer gilt, oder ob es einen Maßstab für die Gesamtbelastung des Bürgers darstellen soll. Ginge man von der zweiten Variante aus, so bestünde eine Verbindung etwa auch zwischen den indirekten und den direkten Steuern.[526] Es ließe sich beispielsweise argumentieren, ein bestimmter (progressiver) Tarifverlauf sei im Einkommensteuerrecht geboten, um die regressive Wirkung der Umsatzsteuer zumindest teilweise auszugleichen.[527]

Soll das Leistungsfähigkeitsprinzip als Maßstab für die Gesamtbelastung angesehen werden, so streitet auch dies für eine Annäherung an sozialrechtliche Gegebenheiten, um die aus dem Sozialrecht stammenden Belastungen hinreichend zu beachten. Dies gilt im Besonderen, soweit sozialrechtliche Belastungen nicht ausschließlich wirtschaftlich eigennützig sind, sondern zu einer solidarischen Mitfinanzierung der Bedarfe Dritter führen.[528] Nur so kann die Leistungsfähigkeit auch realitätsgerecht bestimmt werden. Dies ist beispielsweise die Intention des Sonderausgabenabzugs für Krankenversicherungsbeiträge, § 10 Abs. 1 Nr. 3a EStG, und für Beiträge zur Rentenversicherung, § 10 Abs. 1 Nr. 2a EStG.[529]

---

524 Andeutungsweise bei: *Pausenberger*, Eigentum und Steuern in der Republik, S. 418 ff.
525 In diese Richtung bereits: *Birk*, Leistungsfähigkeitsprinzip, S. 120.
526 *Axer*, DStJG 29 (2006), S. 188 f.
527 *Lammers*, Die Steuerprogression, S. 37 ff.; *Moebus*, Die verfassungsrechtliche Begründung der progressiven Einkommensteuer und ihre systemgerechte Durchführung, S. 69 ff.
528 *Leisner*, Die verfassungsrechtliche Belastungsgrenze der Unternehmen, passim; *Pausenberger*, Eigentum und Steuern in der Republik, S. 421.
529 Dazu *Kulosa*, H/H/R, Stand September 2009, § 10, Rz. 30 ff.

b) Vorschlag für eine bedarfsorientierte Interpretation des Leistungsfähigkeitsprinzips

Im Folgenden soll ein Vorschlag für eine bedarfsorientierte Interpretation des Leistungsfähigkeitsprinzips unterbreitet werden. Hierzu ist zunächst der funktionale Zusammenhang von Steuerrecht und Sozialrecht zu entfalten, bevor eine Verknüpfung von Leistungsfähigkeitsprinzip und Bedürftigkeitsprinzip erfolgen kann.

aa) Grundsätzliche Probleme eines Modifikationsvorschlags

Bei der Herleitung und Konkretisierung eines Prinzips besteht stets die Gefahr, dass mehr hineininterpretiert wird, als sich eigentlich aus den Wurzeln des Prinzips ziehen lässt.[530] Dennoch spricht die lange „Reifung" des Leistungsfähigkeitsprinzips in der Rechtsprechung, deren wissenschaftliche Begleitung und nicht zuletzt der Umstand, dass es bereits einmal als eigenes Verfassungsprinzip in der WRV anerkannt war, dafür, es nicht als bloße Zusammenschau der beteiligten Grundgesetznormen zu betrachten. Es kann durchaus als ein verselbständigtes Prinzip angesehen werden, aus dem mehr gewonnen werden kann, als sich aus der Summe der einzelnen Grundgesetzartikel ergibt.[531] Ein bedarfsorientierter Ansatz bei der Interpretation des Leistungsfähigkeitsprinzips mag zunächst ungewöhnlich und schwer vertretbar erscheinen. Er hat nämlich zur Folge, dass das Leistungsfähigkeitsprinzip nicht lediglich als Gleichheitspostulat, sondern auch verstärkt als freiheitsrechtlich aufgeladenes Institut anzusehen ist. Bei näherer Betrachtung zeigt sich jedoch, dass sich ein solcher Ansatz durchaus begründen lässt und dieser in der Lage ist, zur Konturierung des Leistungsfähigkeitsprinzips beizutragen.

bb) Eingrenzung des Modifikationsvorschlags vor dem Hintergrund des Harmonisierungsziels

Um das Sozialrecht und das Einkommensteuerrecht aus steuerrechtlicher Sicht aufeinander abzustimmen, müssen die Berührungspunkte beider Teilrechtsordnungen aufgezeigt werden und an diesen Stellen eine Harmonisierung im Sinne eines sozialen Steuerrechts herbeigeführt werden. Das bedeutet, dass nicht das Sozialrecht das Steuerrecht überlagert, sondern dass bestimmte Wertentscheidungen und Erfahrungen aus dem Sozialrecht für das Steuerrecht fruchtbar gemacht werden sollen.

---

530 *Arndt*, FS für Mühl, S. 29 ff.
531 *Jüptner*, Leistungsfähigkeit, S. 98.

Hierfür bietet sich als Hauptangriffspunkt im Steuerrecht das Leistungsfähig-keitsprinzip an. Nirgendwo ist die Verbindung beider Teilrechtsordnungen so eng wie zwischen dem Leistungsfähigkeitsprinzip und dem sozialen Bedürftigkeits-prinzip. Demnach kommt eine Interpretation des Leistungsfähigkeitsprinzips im Lichte sozialstaatlicher Wertentscheidungen in Frage. Im Bereich der Berührungs-punkte von Steuerrecht und Sozialrecht zieht das Sozialstaatsprinzip als Maßstab allen staatlichen Handelns[532] nicht nur den Verschaffungsanspruch des Sozialhil-feempfängers nach sich, sondern auch den Abwehranspruch des Steuerpflichti-gen.[533] So hat der Bedürftige Anspruch auf Sicherung seines Existenzminimums durch staatliche Leistungen, während der Steuerpflichtige Anspruch auf Steuer-freistellung eines realitätsgerecht ermittelten Existenzminimums hat.

Auch lässt sich das Leistungsfähigkeitsprinzip durch die Eigentumsgarantie der Verfassung näher ausformen. Aus den Wertentscheidungen des Art. 14 GG kann nach *Lehner* der Vorrang der privatnützigen Befriedigung des existenznotwendi-gen Bedarfs aus eigenem Einkommen vor der Abgabe zum Wohl der Allgemeinheit und vor dem Anspruch des Einzelnen an die Allgemeinheit entnommen wer-den.[534] Demnach können Sozialstaatsprinzip und Eigentumsgrundrecht als aufein-ander bezogene Konkretisierungen einer grundsätzlich selbstverantwortlichen Da-seinsgestaltung aufgefasst werden.

Nicht gefolgt wird *Lehner* insofern, als er die Wertentscheidung von Art. 14 GG i. V. mit dem Sozialstaatsprinzip als Begründung einer *soweit als möglich* eigen-verantwortlichen und vor allem staatsfreien Daseinsgestaltung begreifen möch-te.[535] Ein solcher Schluss würde die Vermutung nahe legen, aus den Freiheitsrech-ten könne auf eine bestimmte, eher marktliberale Wirtschaftsform geschlossen werden. Ähnliche Versuche sind im Rahmen des Art. 2 GG zu beobachten. Indem die Wettbewerbsfreiheit aus den Art. 12 und 14 GG herausgelöst und dem stark auf die individuelle Freiheit konzentrierten Art. 2 GG unterstellt wird, besteht auch dort die Vermutung, es solle einem bestimmten, eher marktzentrierten Wirtschaftssys-tem das Wort geredet werden. Derart enge Forderungen aus dem Grundgesetz ab-leiten zu wollen, verstieße gegen die Entscheidung, keine bestimmte Wirtschafts-ordnung in der Verfassung festzulegen.[536]

---

532 *Zacher*, Isensee/Kirchhof, HStR V, § 28 Rz. 20 ff.
533 *Lehner*, Einkommensteuerrecht und Sozialhilferecht, S. 14.
534 *Lehner*, Einkommensteuerrecht und Sozialhilferecht, S. 14.
535 *Lehner*, Einkommensteuerrecht und Sozialhilferecht, S. 14.
536 *Dreier*, Dreier GG, Band 1, 2. A., Art. 2 Rz. 38.

cc) Verknüpfung von Einkommensteuerrecht und Sozialrecht zur Harmonisierung von Leistungsfähigkeit und Bedürftigkeit

Im Folgenden wird davon ausgegangen, dass das Einkommensteuerrecht und das Sozialrecht einen funktionalen Zusammenhang haben. Dieser ergibt sich nicht bloß aus dem sachlichen Zusammenhang beider Teilrechtsordnungen mit der Messung der steuerlichen oder sozialrechtlichen Leistungsfähigkeit. Vielmehr verbindet beide eine Grundannahme, der von steuerlicher wie von sozialer Seite Rechnung zu tragen ist. Es handelt sich um die Grundannahme, dass jeder Erwachsene die Freiheit hat, aber, soweit ihm dies möglich ist, auch darauf verwiesen ist, den Lebensbedarf für sich und seine Familie durch abhängige oder selbständige Arbeit zu verdienen.[537]

Diese Grundannahme dürfte Gültigkeit haben unabhängig von der politischen Couleur.[538] Steuerrecht und Sozialrecht haben als eine ihrer Prioritäten, dieser Grundannahme zur Geltung zu verhelfen. Das Steuerrecht verfolgt dieses Ziel, indem es das Lebensnotwendige nicht zur Besteuerung heranzieht und bemüht ist, entstehende Leistungsfähigkeit nicht sogleich durch Wegbesteuerung zu erdrosseln. Insofern kann die Steuerfreistellung des Existenzminimums auch freiheitsrechtlich gestützt werden (Art. 12 Abs. 1, 14 Abs. 1, 2 GG).[539] Es besteht ein Vorrang des Erwerbs der eigenen Lebensgrundlage durch eigene Arbeitsleistung als Ausdruck freiheitlichen selbstbestimmten Lebens vor der Versorgung durch den Staat.[540] Es ist nicht mehr Ausdruck von Privatnützigkeit, wenn der Staat das wegbesteuert, was zur Deckung des existenznotwendigen Bedarfs benötigt wird.[541] Somit hat folgerichtig die Steuerverschonung Vorrang vor der staatlichen Sozialleistung.[542]

Das Sozialrecht verfolgt dieses Ziel, indem es bemüht ist, in wirtschaftliche Not Geratenen ein menschenwürdiges Leben zu ermöglichen und vor allem dem Bedürftigen Hilfestellung zur (Wieder-) Eingliederung in das Arbeitsleben zu geben.

---

537 *Zacher*, Ehe und Familie, Verfassungsrecht und Völkerrecht, S. 955; *ders.*, Grundtypen des Sozialrechts, FS Zeidler 1, S. 572 ff. 574 f.; *ders.*, Verfassung und Sozialrecht, FS Dürig S. 67 ff. 71 ff.; *ders.*, Isensee/Kirchhof, HStR V, § 28 Rz. 28; *Pezzer*, FS für Zeidler, 1987, S. 757 (770); *Lehner*, Einkommensteuerrecht und Sozialhilferecht, S. 47.
538 Auch und gerade bei der hypothetischen Auszahlung eines bedarfsunabhängigen Bürgergeldes ist der Bürger darauf verwiesen, für seinen Lebensunterhalt zu sorgen, da keine weiteren staatlichen Hilfen gewährt würden.
539 *Jachmann*, K/S/M, Stand März 2004, § 31 Rz. A 7, A 47; *Ruppe*, H/H/R, Stand Februar 1990, Einf. ESt, Rz. 543; *Soria*, JZ 2005, 644 (652); *Wendt*, DÖV 1988, 710 (720); *Kirchhof*, HStR V, § 119 Rz. 117 ff., 145 ff.; *Tipke*, StRO Bd. 2, 2. A., S. 785 ff., 798.
540 Krit. *Birk* H/H/Sp AO, Stand: November 1998, § 4 AO, Rz. 580 ff.
541 *Birk*, ZRP 1979, 221 (225); *ders.*, Leistungsfähigkeitsprinzip, S. 137; *Wendt*, DÖV 1988, 710 (720); *Kirchhof*, HStR V, § 119 Rz. 219.
542 *Tipke*, StRO Bd. 2, 2. A., S. 785.

Aus sozialrechtlicher Sicht wird die oben genannte Grundannahme als sozial-rechtliches Subsidiaritätsprinzip bezeichnet. Sobald ein Ausnahmefall von diesem Prinzip auftritt, also Bedürftigkeit vorliegt, wird von einem auszugleichenden De-fizit gesprochen.[543] Ein solches Defizit kann nicht nur durch Arbeitslosigkeit oder Krankheit entstehen. Auch eine Übererhebung von Steuern kann eine Defizitlage auslösen, die eine sozialrechtliche Kompensation erfordert.[544] Die Notwendigkeit einer sozialrechtlichen Kompensation drängt den Bürger in die Position eines Bitt-stellers im Rahmen der sozialrechtlichen Komm-Struktur.

Diese Zusammenhänge sind wichtig, um den funktionellen Zusammenhang von Einkommensteuerrecht und des Sozialrecht darzustellen. Sie sind allerdings eher als Leitlinien zu verstehen, denn als Dogma. Grund dafür ist, dass in der Praxis eine Übererhebung von Steuern nur in ganz bestimmten Fällen, also bei Einkom-men in der Nähe des Existenzminimums, zu sozialrechtlich relevanter Bedürftig-keit führt.[545] So führt, vereinfacht dargestellt, bei einem Alleinstehenden mit einem hohen Einkommen von 100.000 EUR im Jahr erst eine hypothetische Wegbe-steuerung von über 90 % des Einkommens in die Nähe des Existenzminimums. Erst wenn ihm über 90% des Einkommens wegbesteuert würde, träfe auf ihn der Gedanke zu, dass ihm erst die Gewährung des Grundfreibetrags ein Leben ohne Abhängigkeit von der Sozialhilfe ermöglicht.

Was das Problem der Antragsstruktur im Sozialrecht angeht, muss im Steuer-recht auf die Abgeltungssteuer[546] hingewiesen werden. Interessanterweise geht man davon aus, dass dem Bürger nicht zugemutet werden kann, dass ihm das Exis-tenznotwendige wegbesteuert wird und er in der Folge auf soziale Hilfen ange-wiesen ist. Dies wird unter anderem damit begründet, dass es nicht zumutbar sei, dass der Steuerpflichtige initiativ werden müsste, um einen verfassungsmäßigen Zustand zu erreichen. Dies ist jedoch für eine kleine Gruppe von Steuerpflichtigen der Fall. Wegen der Abgeltungssteuer würde bei einem Steuerpflichtigen, der aus-schließlich Kapitaleinkünfte hat, kein Grundfreibetrag zur Anwendung kommen, sodass er bei einem persönlichen Steuersatz von unter 25% auch die Kapitalein-künfte erst deklarieren müsste, um in den Genuss der Günstigerprüfung des Fi-nanzamts zu kommen.[547] Das heißt, bei Erträgen in der Nähe des Existenzmini-mums würde auch erst nach einem gesonderten Antrag des Steuerpflichtigen eine erfolgte Besteuerung des Existenzminimums beseitigt.

Es ergibt sich, dass jedenfalls für Einkommen in der Nähe des Existenzmini-mums die ausreichende Verschonung des lebensnotwendigen Einkommens über-haupt erst Voraussetzung für den selbstbestimmten Erwerb nach der Grundannah-

543 *Lehner*, Einkommensteuerrecht und Sozialhilferecht, S. 47.
544 *Lehner*, Einkommensteuerrecht und Sozialhilferecht, S. 47.
545 Diesen Punkt klammert Lehner aus.
546 Zur verfassungsrechtlichen Beurteilung der Abgeltungssteuer: *Musil*, FR 2010, 149 ff.
547 Vgl. *Musil*, FR 2010, 149 (151).

me ist.[548] Diese Voraussetzung wird in zweierlei Hinsicht durch das Sozialrecht konkretisiert. Zum einen sieht das Sozialrecht die Selbsthilfe vor der Sozialhilfe vor. Zum anderen wird die Voraussetzung qualitativ und quantitativ durch die Einzeltatbestände präzisiert, die in der Zusammenschau das ergeben, was für ein menschenwürdiges Leben die Mindestvoraussetzung ist.[549]

Insbesondere diese einzeltatbestandlichen Konkretisierungen des sozialhilferechtlichen Bedarfs sollen nun nicht als bloße unverbindliche Vorgaben zur Entwicklung einer steuerrechtlichen Grundwertung verstanden werden.[550] Vielmehr stellen sie vor dem Hintergrund des sozialrechtlichen Subsidiaritätsprinzips einfachgesetzlich formulierte Mindestanforderungen an die gebotene steuerliche Verschonung dar. Das Sozialrecht gewinnt maßgebliche Bedeutung als Maßstab für die steuerliche Verschonung von Einkommen, da im Sozialrecht unter Berücksichtigung des tatsächlichen Bedarfs ermittelt wird, wann staatliche Hilfe notwendig ist und da diese Hilfe subsidiär nur dann als notwendig erachtet wird, wenn der Mindestbedarf nicht selbständig erwirtschaftet werden kann.

Das heißt, es soll Sorge getragen werden, dass niemand weniger zur Verfügung hat als diesen Mindestbedarf. Daraus ergibt sich eine absolute Untergrenze, unter die kein Steuerpflichtiger durch Wegbesteuerung seines Einkommens gezwungen werden darf. Aus diesem Grunde ist es nicht nur gerechtfertigt, sondern sogar geboten, die Konkretisierungen des Leistungsfähigkeitsprinzips an den inhaltlichen Vorgaben des Sozialrechts zu messen.[551] Die im Lichte sozialrechtlicher Vorgaben gewonnenen einzeltatbestandlichen Konkretisierungen des Leistungsfähigkeitsprinzips wirken wiederum zurück auf das Grundprinzip und können helfen, dessen Konturen zu schärfen. Dies wiederum trägt zur Überzeugungskraft des Leistungsfähigkeitsprinzips als solchem bei, schwächt es doch die Argumente der Kritiker,[552] die vornehmlich an der vermeintlichen Konturenlosigkeit des Prinzips ansetzen.

dd) Weitere Konkretisierung des Modifikationsvorschlags

Bisher leitet das BVerfG eine Verknüpfung von Einkommensteuerrecht und Sozialrecht nur auf einfachgesetzlicher Ebene her.[553] Hierdurch kommt es zu einer

---

548 Vgl. ohne die Grundannahme *Kirchhof*, StuW 1985, 319 (328).
549 *Lehner*, Einkommensteuerrecht und Sozialhilferecht, S. 47.
550 *Lehner*, Einkommensteuerrecht und Sozialhilferecht, S. 47.
551 *Lehner*, Einkommensteuerrecht und Sozialhilferecht, S. 47.
552 *Arndt*, NVwZ 1988, 787 (791).
553 Beginnend mit: BVerfGE 66, 214 (223 f.).

fragwürdigen Auslegung der Verfassung vom einfachen Gesetz her.[554] Nach hier vertretener Auffassung ist die angesprochene Verknüpfung aus Gründen der Folgerichtigkeit, Widerspruchsfreiheit und des Willkürverbots verfassungsrechtlich zwingend. Soweit im Sozialrecht bereits Informationen vorliegen, die für die Besteuerung relevant sein könnten, wäre es willkürlich und damit unzulässig, sich im Steuerrecht auf den Zwang zur Pauschalierung und Typisierung zu berufen.

Damit erhebt das Sozialrecht den Anspruch, in bestimmten Fällen zwingende Vorgaben für die Besteuerung zu statuieren. Für den Bereich des Existenzminimums lassen sich somit konkrete Schlussfolgerungen ziehen. Im Sozialrecht muss der Mindestbedarf gesichert werden. Es muss aber auch *nur* dieser Mindestbedarf gesichert werden. Damit entfaltet das Sozialrecht nach hier vertretener Auffassung verfassungsrechtlich zwingend nicht nur Bedeutung für eine *Untergrenze* des einkommensteuerlich anzuerkennenden Existenzminimums. Zugleich ist es auch die *Obergrenze* dessen, was im Steuerrecht als Existenzminimum beachtet werden muss. Damit gibt das Sozialrecht die genaue Größe des zu verschonenden Existenzminimums an.

Nach dem oben Festgestellten wäre eine kleinere oder größere Summe für das steuerliche Existenzminimum kaum zu rechtfertigen. Denn es wäre nicht zu erklären, warum jemand, der selbst für seinen Unterhalt sorgen kann und Steuern zahlt, einen größeren oder kleineren Mindestbedarf haben solle, als jemand, der auf staatliche Unterstützung angewiesen ist. Dies schließt keine weitergehende Freistellung des Einkommens von der Besteuerung aus. Nur ist diese dann als Lenkungsnorm oder Sozialzwecknorm zu rechtfertigen.

Insofern besteht im Ergebnis auch keine Differenz zu den Autoren, die vertreten, der zu belassende Individualbedarf müsse deutlich höher angesetzt werden als die Bedarfsgrenze, ab der sozialrechtliche Hilfen gewährt werden.[555] Das dadurch statuierte Abstandsgebot zwischen steuerlicher Verschonung und sozialrechtlicher Leistung ist nur nach hier vertretener Auffassung keine Frage des zu sichernden Existenzminimums, sondern ein (legitimer) Lenkungszweck, der die Voraussetzungen steuernder Normen zu erfüllen hat.

Damit soll nach hier vertretener Auffassung das Leistungsfähigkeitsprinzip dadurch gestärkt werden, dass es auf seine wesentlichen Aussagen zurückgeführt wird. Abgelehnt wird der Versuch, originäre Lenkungszwecke, die über die Kernaussage des Leistungsfähigkeitsprinzips hinausgehen, mittels dieses Prinzips zu

---

554 So bereits in früheren Entscheidungen zum Leistungsfähigkeitsprinzip geschehen: *Vogel*, StuW 1984, 197 (199).
555 *Jachmann*, K/S/M, Stand März 2004, § 31 Rz. A 7, A 47; *Friauf*, DStJG 12 (1989), S. 3 (31 f.); *Wendt*, DÖV 1988, 710 (720); *Kirchhof*, Gutachten für den 57. DJT 1988, S. F 51; *ders.*, JZ 1982, 305 (308); *Isensee*, FS für Broermann, 1982, S. 365 (389).

begründen. Letzteres erscheint als Hauptgrund für die vermeintliche Konturenlosigkeit des Begriffs.[556]

Die von *Lehner* entwickelte und hier modifizierte Idee der bedarfsgerechten Interpretation des Leistungsfähigkeitsprinzips entstand unter dem Eindruck eines nicht realistisch bemessenen Grundfreibetrags, also im Bereich des Existenzminimums des Einzelnen.[557] Im weiteren Verlauf dieser Arbeit ist zu untersuchen, ob dieser Ansatz einen deutlich größeren Anwendungsbereich hat, als zunächst angenommen. Nicht nur, dass diese Idee im Bereich des Familienexistenzminimums Anwendung finden könnte, sie könnte auch in dem verfassungsrechtlich noch nicht abschließend geklärten Bereich jenseits des Existenzminimums[558] zur Anwendung gelangen und ein wertvolles Mittel zur Konturierung gesetzlicher Wertentscheidungen sein und eine Hilfestellung bei der Normauslegung im Bereich der Berührungspunkte zwischen Sozialrecht und Einkommensteuerrecht bieten.

ee) Begründung des freiheitsrechtlichen Aspekts des Modifikationsvorschlags

Eine reine, aus ökonomischer Sicht wünschenswerte wertungsneutrale und damit stets entscheidungsneutrale Interpretation des Leistungsfähigkeitsprinzips ist aus juristischer Sicht nicht denkbar.[559] Zur Begründung einer möglichst gerechten Belastungsentscheidung dürfen rechtliche und gesellschaftliche Realitäten nicht außer Acht gelassen werden. Dies geschieht aus juristischer Sicht durch die Rückanbindung des Leistungsfähigkeitsprinzips an-, und dessen Konturierung durch grundgesetzliche Wertungen. Fraglich ist nun, ob sich das bedarfsorientierte Leistungsfähigkeitsprinzip nur aus den relativen Wertungen des Gleichheitssatzes des Art. 3 GG oder zumindest auch aus den absoluten Wertungen der Freiheitsrechte[560] herleiten lässt.

---

556 Siehe oben Kap. 1 B. III. 1.) a).
557 Vgl. Rechenbeispiel für 1992, nachdem ein Sozialhilfeempfänger in München einen Bedarf i. H. v. 13.668 DM/Jahr hat, während für ein Einkommen in gleicher Höhe 1.575 DM Einkommensteuer zu zahlen seien, *Lehner*, Einkommensteuerrecht und Sozialhilferecht, S. 1, Fn. 1.
558 BVerfGE 107, 27 (48), 112, 268 (280); *Englisch*, NJW 2006, 1025 (1029).
559 *Musil/Leibohm*, FR 2008, 807 (810 ff.); a.A. vorsichtig formuliert bei: *Liesenfeld*, Existenzminimum, S. 124.
560 Zur Entwicklung der Bedeutung der Freiheitsrechte in der Rechtsprechung des BVerfG: *Beyer*, Die Freiheitsrechte, S. 36 ff.

(1) Freiheit gegen Gleichheit

Die Schwäche der gleichheitsrechtlichen Begründung des Leistungsfähigkeitsprinzips besteht darin, stets auf Vergleichspaare abstellen zu müssen. Nicht umsonst sind im Rahmen einer verfassungsrechtlichen Prüfung die wirkungsvolleren Freiheitsrechte vor den Gleichheitsrechten zu prüfen. Gleichheitsrechten ist es immanent, immer nur eine relative Gerechtigkeit herstellen zu können.

Im Bereich des Existenzminimums ist dies höchst problematisch. Würde das Leistungsfähigkeitsprinzip sich ausschließlich aus dem Gleichheitssatz herleiten, bestünde beispielsweise keine verfassungsrechtliche Schieflage, wenn niemandem ein Existenzminimum zugestanden würde. In diesem Fall würden alle Steuerpflichtigen gleich behandelt. Der Gleichheitssatz des Art. 3 GG wäre erfüllt. Dem Gleichheitssatz ist demnach wenig Substanzielles zu entnehmen. Somit sind die Begründungsanforderungen an ein „gleichheitsrechtliches Ausschließlichkeitsdogma" zur Herleitung und Konturierung des Leistungsfähigkeitsprinzips sehr hoch anzusetzen.[561] Erst durch eine zusätzliche auch freiheitsrechtlich fundierte Herleitung kann das Leistungsfähigkeitsprinzip seine Rolle als Gerechtigkeitsprinzip ausfüllen. Auch wenn der Begriff der Gerechtigkeit äußerst unscharf ist, leuchtet doch unmittelbar ein, dass eine bloße relative Gerechtigkeit, wie sie Art. 3 GG vorschreibt, nicht in allen Fällen bereits gerechte Ergebnisse hervorbringt. Erst durch das Zusammenspiel mit Freiheitsrechten ist ein „gerechtes" Leistungsfähigkeitsprinzip zu bewerkstelligen.[562] Die Steuerfreiheit dessen, was zur Existenz notwendig ist, ergibt sich möglicherweise unabhängig von einem Vergleich zu anderen Steuerpflichtigen bereits aus den Freiheitsrechten.[563]

Hier soll eine Möglichkeit vorgeschlagen werden, zumindest in einem Teilbereich den absoluten Wertungen der Verfassung zur Geltung zu verhelfen. Erst die Verpflichtung zur Anknüpfung an die Wertungen des Sozialstaatsprinzips etwa garantiert die Steuerfreiheit des Existenzminimums. Es erscheint denkbar, die äußeren Grenzen der Besteuerung absolut durch Freiheitsrechte zu ziehen. Eine Besteuerung ist demnach beispielsweise nur dann gerecht, wenn das Existenzminimum gewahrt ist (Art. 1 Abs. 1 GG i. V. m. Sozialstaatsprinzip) und wenn die Steuerbelastung nicht erdrosselnd wirkt (Art. 14 GG). Dies lässt dem Gesetzgeber einen sehr weiten Gestaltungsspielraum. Innerhalb dieser absoluten Grenzen muss die relative Steuergerechtigkeit gewährleistet werden. Hier kommt der gleichheitsrechtliche (Art. 3 GG) Teil des Leistungsfähigkeitsprinzips zum Tragen.

---

561 *Liesenfeld*, Existenzminimum, S. 127.
562 Für eine ausschließliche Herleitung über die Freiheitsrechte: *Liesenfeld*, Existenzminimum, S. 128; *Moes*, Die Steuerfreiheit des Existenzminimums, S. 217 ff, 224 ff.
563 *Vogel*, FS für Offerhaus, S. 47 (52).

(2) Aufwand gegen Bedarf

Die hier aufgeworfene Frage nach dem wirklichen Ursprung des Leistungsfähigkeitsprinzips wird möglicherweise durch die Anknüpfung an die Begriffe „disponibles" und „nicht disponibles" Einkommen überdeckt.[564] Diese meist fraglos übernommenen Begriffe verdecken die Frage danach, welche Gruppen denn bei einer gleichheitsrechtlichen Herleitung des Leistungsfähigkeitsprinzips zu vergleichen sind. Zumeist gibt man sich schlicht mit den Kategorien „disponibel" und „nicht disponibel" zufrieden.[565]

Diese erlauben jedoch keinen Erkenntnisgewinn. Man betrachte beispielsweise die Frage, ob bestimmte Vorsorgeaufwendungen abziehbar sein müssen oder nicht.[566] Im aktuellen VZ können die Steuerpflichtigen, außer bei Pflichtversicherungen, frei darüber entscheiden, ob sie Mittel für die Vorsorge aufwenden oder nicht. Damit sind diese Mittel disponibel. Nur mit kaum überzeugender, gekünstelter Argumentation (mit der Entlastung der Solidargemeinschaft) kann versucht werden, diese Ausgaben als indisponibel darzustellen.[567] Damit rücken die Kategorien disponibel und indisponibel in die Nähe der Beliebigkeit.

Auch das BVerfG zeigte, dass diese Begriffe keineswegs eindeutig sind. So führt es aus, dass auch ein Betreuungs- und Erziehungsbedarf für ein Kind, der zu keiner finanziellen Belastung führt, indisponibel ist.[568] Tatsächlich können die Eltern jedoch sehr wohl nach eigenem Wunsch über die fraglichen Mittel verfügen. Dagegen wird der über das Existenzminimum hinausgehende Teil des zivilrechtlich geschuldeten Unterhalts als disponibel angesehen.[569] In Wirklichkeit kann der Unterhaltgewährende aber nicht frei über dieser Mittel verfügen. Dieser scheinbare, durch die Kategorien „disponibel und nicht-disponibel" hervorgerufene Widerspruch, kann durch den hier vorgeschlagenen Begründungsansatz beseitigt werden.

Verlangt eine bedarfsorientierte Interpretation des Leistungsfähigkeitsprinzips, dass das sozialrechtlich anerkannte Existenzminimum von der Besteuerung freizustellen ist, so könnten sich die scheinbar widersprüchlichen Urteile zum „disponiblen" Einkommen nahtlos in diese Begründung einfügen. Voraussetzung ist nur ein sozialrechtlich festgeschriebenes Existenzminimum, ein sozialrechtlich fest-

---

564 *Liesenfeld*, Existenzminimum, S. 95; *Moes*, Die Steuerfreiheit des Existenzminimums, S. 155 ff.
565 Entwickelt auf dem 57. Deutschen Juristentag 1988, *Kaiser-Plessow*, FPR 2005, 479 (480).
566 Zu Altersvorsorgeaufwendungen: anhängiges Verfahren: BVerfG vom 05.03.2010, Az. 2 BvR 323/10 zuvor BFH vom 09.12.2009, Az. X R 28/07, DStRE 2010, 91 ff.; zu Krankenversicherungsbeiträgen: BFH vom 14.12.2005, Az. X R 20/04, BStBl. II 2006, 312 ff.; *Englisch*, NJW 2006, 1025 (1027); *Kirchhof*, StuW 1985, 319 (328); *Seer*, StuW 1996, 323 (333).
567 *Englisch*, NJW 2006, 1025 (1027).
568 BVerfGE 99, 216 (230 ff.) krit. *Lange*, ZRP 2000, 415 ff.
569 BVerfGE 82, 60 (91).

geschriebener Betreuungsbedarf und ein sozialrechtlich anerkannter Vorsorgebedarf. Nach der hier vertretenen Auffassung müssen genau diese vorgefundenen (realitätsgerechten) Werte von der Besteuerung freigestellt werden.[570] Damit muss also die Unterhaltszahlung nur (entweder beim Empfänger oder Zahlenden) genau bis zum Existenzminimum berücksichtigt werden. Soll mehr berücksichtigt werden, so kann dies als Lenkungszweck (Steigerung der Zahlungsmoral o. ä.) geschehen, ist jedoch nicht zwingende Folge des Leistungsfähigkeitsprinzips.

Auch soweit ein bestimmter (Betreuungs-)Bedarf sozialrechtlich als Teil des Existenzminimums anerkannt ist, ist diesem im Einkommensteuerrecht Rechnung zu tragen. Es stellt keinen Widerspruch dar, dass ein Steuerpflichtiger diese Summe nicht verausgabt hat und in Wirklichkeit darüber disponieren kann. Dies ist logische Folge der Anknüpfung an einen (realistisch bemessenen) Bedarf und nicht an einen Aufwand.

Der Befürchtung, Steuerpflichtige könnten zu Unrecht entlastet werden, wenn statt an Aufwand an Bedarfe angeknüpft wird, kann mit dem Hinweis darauf begegnet werden, dass ein System, das an den Aufwand anknüpft, bei weitem gestaltungsanfälliger ist. Ein Mensch kann nur bedingt mit weniger auskommen, als es ein realistisch bemessenes Existenzminimum vorsieht. Nur in diesem Rahmen, wenn er also weniger ausgibt als das Existenzminimum vorsieht, könnte er eine zu große steuerliche Entlastung erfahren. Viel eher könnte mit phantasievoller Gestaltung künstlich Aufwand erzeugt werden, der bei einem aufwandorientierten System zu Abzügen führt.

Damit zeigt sich, dass die hier vertretene Interpretation des Leistungsfähigkeitsprinzips unter Ablehnung der Kategorien „disponibel/indisponibel" nicht nur mit der Rechtsprechung des Bundesverfassungsgerichts kompatibel ist. Sie beseitigt sogar vermeintliche Widersprüche zwischen den Judikaten.[571]

(3) Entstehung gegen Verwendung

Grundsätzlich fragt das Einkommensteuerrecht nur nach der Entstehung des Einkommens. Wie das Einkommen verwendet wird, welche Funktion es hat, bleibt außer Betracht.[572] Dieser Grundsatz wird im Rahmen des subjektiven Nettoprinzips durchbrochen. Indem beispielsweise Abzüge für die Sicherung des Existenzminimums des Steuerpflichtigen und seiner Familie gewährt werden, rückt auch die Verwendung des Einkommens, also seine Funktion, in den Blick.[573]

---

570 Anders noch BVerfGE 99, 246 (259): „Grenze, die überschritten aber nicht unterschritten werden darf.".
571 Andeutungsweise bereits bei: *Liesenfeld*, Existenzminimum, S. 101 a. E. 102.
572 *Birk,* Leistungsfähigkeitsprinzip, S. 55.
573 *Lehner*, Einkommensteuerrecht und Sozialhilferecht, S. 391 ff.

Diesen Gedanken fortführend ist es also möglich, dem Einkommen bestimmte Funktionen zuzuweisen. Diese Erkenntnis ist, vor dem Hintergrund des funktionalen Zusammenhangs von Einkommensteuerrecht und Sozialrecht, wesentlich für die Harmonisierung beider Teilrechtsgebiete. Sie erlaubt die Feststellung, dass grundsätzlich die steuerliche Verschonung nicht hinter die soziale Gewährung zurückfallen darf. Anderenfalls könnte beispielsweise in manchen Fällen die Einkommensfunktion „Sicherung des Existenzminimums" nicht erfüllt werden.[574]

(4) Bedarfsorientierte Interpretation am Beispiel außergewöhnlicher Belastungen

Das Einkommensteuerrecht fragt grundsätzlich nur nach einem „Aufwand", während das Sozialrecht nach einem „Bedarf" fragt.[575] Dies droht den Blick darauf zu verstellen, dass die Entscheidung, das Existenzminimum steuerfrei zu stellen, nur dann folgerichtig[576] umgesetzt werden kann, wenn eine Bewertung des ökonomischen Mindest*bedarfs* für ein ökonomisches Existenzminimum erfolgt.[577]

Deutlich wird diese Problematik beispielsweise im Rahmen des Abzugs von außergewöhnlichen Belastungen, § 33 EStG.[578] Dieser knüpft an zwangsläufige Aufwendungen an, obwohl inkonsequenterweise auch in §§ 33a Abs. 2 S. 1 und 33b Abs. 1 S. 1 EStG vom Bedarf die Rede ist. Es entspräche viel eher dem Leistungsfähigkeitsprinzip, an einen bestimmten besonderen Bedarf anzuknüpfen. So kennt das Sozialrecht die Hilfe in besonderen Lebenslagen,[579] welche mit dem Abzug in § 33 EStG funktional korrespondiert und mit deren Hilfe sich dieser Bedarf ermitteln ließe.[580]

Durch die Anknüpfung des § 33 EStG an Aufwendungen und den damit verbundenen fiskalischen Zwang, diese Aufwendungen in irgendeiner Art und Weise zu begrenzen, verliert das Leistungsfähigkeitsprinzip, auf dem die Norm eigentlichen beruhen soll, an Schärfe. Der Anschein wird erweckt, das Leistungsfähigkeitsprinzip sei disponibel für den Gesetzgeber.

Die derzeitige Konstruktion des § 33 EStG orientiert sich am Kriterium der Zumutbarkeit. Dies verkehrt das Leistungsfähigkeitsprinzip sogar in sein Gegenteil. Es wird nicht nach der Rechtfertigung der Steuererhebung gefragt.[581] Vielmehr wird die Steuererhebung als gegeben hingenommen und ähnlich der historischen

---

574 Dazu später unter: Kap. 1 B. III. 3.) b) ff) (1).
575 Vgl. *Lang*, Die Bemessungsgrundlage, S. 549 ff., 579 ff.
576 Zur Folgerichtigkeit vgl. BVerfGE 122, 210 ff.
577 *Lehner*, Einkommensteuerrecht und Sozialhilferecht, S. 45 f.
578 *Lehner*, Einkommensteuerrecht und Sozialhilferecht, S. 200.
579 Beispielsweise in § 67 SGB XII.
580 *Lehner*, Einkommensteuerrecht und Sozialhilferecht, S. 214 f.
581 *Lehner*, Einkommensteuerrecht und Sozialhilferecht, S. 202.

Korrektur aus Billigkeitsgründen[582] die Auswirkung einer zu weit gehenden Belastung ausgeglichen.

Der verunglückte Ansatz als Billigkeitsnorm wird noch dadurch unterstrichen, dass § 33 Abs. 3 EStG zur Bestimmung der Zumutbarkeit nicht etwa an die Art der besonderen Belastungslage, also an die Art des Bedarfs oder wenigstens die Art des Aufwands, anknüpft, sondern an den Gesamtbetrag der Einkünfte.[583] Nicht nur der Art nach, auch der Höhe nach ist die Anknüpfung an den Gesamtbetrag der Einkünfte problematisch. Für die Zumutbarkeit wird von einem Betrag ausgegangen, der für die außergewöhnlichen Aufwendungen tatsächlich gar nicht zur Verfügung steht.[584] Die Anknüpfung an den Gesamtbetrag der Einkünfte unterschlägt, dass die Leistungsfähigkeit des Steuerpflichtigen auch durch die benannten außergewöhnlichen Belastungen, §§ 33a, b EStG und durch Sonderausgaben eingeschränkt ist.[585]

Die fehlende Orientierung an einem bedarfsorientiert interpretierten Leistungsfähigkeitsprinzip wird auch dadurch deutlich, dass § 33 Abs. 1 EStG verlangt, dass die außergewöhnlichen Belastungen nur eine Minderheit[586] treffen. Vor dem Hintergrund des Leistungsfähigkeitsprinzips wird die Not des Einzelnen nicht dadurch weniger berücksichtigungswürdig, dass er sie mit einer großen Anzahl von Leidensgenossen teilen muss.[587] Sachgerechter erscheint es, dem im Lichte des tatsächlichen Bedarfs interpretierten Leistungsfähigkeitsprinzip zur vollen Geltung zu verhelfen. Damit verträgt sich allerdings nicht die Berücksichtigung eines unvermeidlichen (teilweise gar lebensnotwendigen) Bedarfs erst oberhalb einer Zumutbarkeitsgrenze.

ff) Auch freiheitsrechtliche Interpretation des Leistungsfähigkeitsprinzips

Wie dargestellt, führt die hier vertretene bedarfsgerechte Interpretation des Leistungsfähigkeitsprinzips zu der Feststellung, dass Letzteres nicht ausschließlich gleichheitsrechtlich, sondern zugleich freiheitsrechtlich begründet ist. Die für die Interpretation des Leistungsfähigkeitsprinzips nutzbaren Freiheitsrechte lassen sich in zwei Gruppen aufteilen. Nach der Funktion des Einkommens kann nach

---

582 So § 56 EStG 1925 (EStG vom 10.08.1925, RGBl. I, S. 189).
583 *Lehner*, Einkommensteuerrecht und Sozialhilferecht, S. 202.
584 BFHE 85, 83 (86).
585 Zur Kritik *Arndt*, K/S/M, § 33 Rz. B 44.
586 § 33 Abs. 1 EStG spricht von: „größeren Aufwendungen als der überwiegenden Mehrzahl der Steuerpflichtigen gleicher Einkommensverhältnisse, gleicher Vermögensverhältnisse und gleichen Familienstands" erwachsen.
587 BFHE 56, 773 (786).

einer „bedarfsorientierten" sozialen Ausrichtung der Freiheitsrechte und einer „liberalen" Schutzrichtung der Freiheitsrechte differenziert werden.[588]

(1) Bedarfsorientiert

Die für diese Untersuchung besonders interessante Gruppe der Freiheitsrechte ist diejenige, die eine „bedarfsorientierte" Ausrichtung der Besteuerung verlangt. Diese Gruppe der Freiheitsrechte schützt in dem Umfang vor der Besteuerung, wie das Einkommen bestimmte Grundfunktionen (etwa Sicherung der Existenz des Steuerpflichtigen und seiner Familie) erfüllt. Hierfür kommen vor allem die Menschenwürdegarantie (Art. 1 Abs. 1 GG), das allgemeine Persönlichkeitsrecht (Art. 2 Abs. 1 i. V. m. Art. 1 Abs. 1 GG), der Schutz der Familie aus Art. 6 GG und das Sozialstaatsprinzip in Frage.

Aus diesen Freiheitsrechten lassen sich Forderungen nach der Berücksichtigung existenzieller Bedarfe ableiten. Die Frage ist hierbei, welche Funktion[589] bestimmte Einkommensteile für den konkreten Steuerpflichtigen haben. Bestimmte Einkommensteile haben die Funktion, dem Steuerpflichtigen und seiner Familie die Absicherung der Existenz zu ermöglichen, andere Einkommensteile dienen etwa „nur" der Steigerung des Lebensstandards.

Hier zeigt sich noch einmal der Zusammenhang des Begriffs „disponibles Einkommen" und „bedarfsorientierte Interpretation des Leistungsfähigkeitsprinzips". Im Ergebnis kommen beide Begriffe nicht zwingend zu unterschiedlichen Ergebnissen, die Begründung ist jedoch bei der bedarfsorientierten Interpretation nachvollziehbarer. Die Begriffe „disponibel" und „nicht-disponibel" sind eher Oberbegriffe, sie erklären jedoch nichts. Es wird nicht klar, was und in welcher Höhe disponibel ist und was nicht. Erst der Rückgriff auf die lebensnotwendigen Bedarfe unter Rückanbindung an die Erfahrungen im Sozialrecht kann den Begriff mit Leben füllen. Erst wenn mit Hilfe des Sozialrechts ermittelt wurde, was lebensnotwendige Bedarfe sind, wird nachvollziehbar, was in welcher Höhe indisponibel ist.

Im Einzelnen folgt aus der Menschenwürdegarantie (Art. 1 Abs. 1 GG), dass dem Bedürftigen im Sozialrecht ein zur Sicherung des Existenzminimums ausreichender Betrag zur Verfügung gestellt werden muss.[590] Für das Steuerrecht kann daraus gefolgert werden, dass Einkommensteile, die zur Sicherung der Existenz benötigt werden, nicht wegbesteuert werden dürfen.[591] Diese Forderung wird durch

---

588 *Birk*, Leistungsfähigkeitsprinzip, S. 126 f.; *Draschka*, Steuergesetzgebende Staatsgewalt, S. 169 ff.
589 Einteilung nach Funktion des Einkommensteile bei: *Lehner*, Einkommensteuerrecht und Sozialhilferecht, S. 380 ff.; im Anschluss: *Liesenfeld*, Existenzminimum, S. 141.
590 BVerfGE 82, 60 ff.
591 BVerfGE 82, 60 ff; 99, 216 ff.

das Sozialstaatsprinzip unterstützt, welches den Schutz eines soziokulturellen Existenzminimums und nicht nur ein bloßes Überleben vorsieht. Der Art. 6 GG rundet den Schutz hinsichtlich der Familie ab.

Etwas komplizierter wird der Befund bei dem allgemeinen Persönlichkeitsrecht aus Art. 2 Abs. 1 i. V. m. Art. 1 Abs. 1 GG. Grundsätzlich lässt sich mittels allgemeinen Persönlichkeitsrechts nur eine Aussage darüber treffen, woran die Besteuerung anknüpfen darf.[592] Es könnte etwa die Privatsphäre verletzt werden, wenn zur Besteuerung höchstpersönliche Informationen eingeholt werden müssten. Fraglich erscheint aber, ob auch in materieller Hinsicht Besteuerungsgrenzen aus dem allgemeinen Persönlichkeitsrecht gewonnen werden können.[593]

Das allgemeine Persönlichkeitsrecht wurde von der Rechtsprechung entwickelt. Schon früh (1954) erkannte der BGH es als absolutes Recht aus § 823 Abs. 1 BGB an.[594] Erst deutlich später (1973) wurde das allgemeine Persönlichkeitsrecht in Verfassungsrang gehoben.[595] Seitdem herrscht in Rechtsprechung und Literatur insofern Einigkeit, als das allgemeine Persönlichkeitsrecht als unbenanntes Freiheitsrecht auf Art. 2 Abs. 1 i. V. mit Art. 1 Abs. 1 GG gestützt wird, wobei ein Schwerpunkt auf dem Art. 2 Abs. 1 GG liegt.[596] Nach der Rechtsprechung des Bundesverfassungsgerichts schützt das allgemeine Persönlichkeitsrecht unter anderem die Grundbedingungen der Persönlichkeitsentfaltung.[597]

Zu diesen Grundbedingungen gehören neben der Ausrichtung des Strafvollzugs auf die Resozialisierung[598] oder der Kenntnis der eigenen Abstammung[599] auch die finanziellen Grundbedingungen.[600] Die Entfaltung der Persönlichkeit ist abhängig von den zur Verfügung stehenden Mitteln. Wer etwa ein bestimmtes Hobby betreiben möchte, bedarf hierfür finanzieller Mittel. Sollen die finanziellen Grundbedingungen vom allgemeinen Persönlichkeitsrecht mit umfasst sein, so ist es auch folgerichtig, diese Entscheidung im Steuerrecht nachzuzeichnen. Demnach gehören bestimmte Mindestverschonungen auch in den Schutzbereich des allgemeinen Persönlichkeitsrechts. Hier liegt jedoch bereits das Problem. Nach einer bedarfsorientierten Interpretation des Leistungsfähigkeitsprinzips müssten bestimmte Bedarfe definiert werden, die über das Existenzminimum hinaus anerkannt werden müssten, um das allgemeine Persönlichkeitsrecht zur Geltung kommen zu lassen.

---

592 In diese Richtung: *Kirchhof*, FS Tipke S. 27; *ders.*, K/S/M, § 2 EStG, Rz. A 112 ff.
593 Ablehnend: *Hammerstein*, S. 197, 209 ff., 238 ff.
594 BGHZ 13, 334 ff.; 20, 345; 26, 349; 35, 363; 39, 124; 128, 1.
595 BVerfGE 34, 239 (245 ff.).
596 *Degenhart*, JuS 1992, 361 ff.
597 BVerfGE 72, 155 ff.; 79, 256 ff.; 90, 263 ff.; 96, 169 ff.
598 BVerfGE 98, 169 ff.
599 BVerfGE 79, 256 ff.; 90, 263 ff.
600 BVerfGE 72, 155 (170 ff.); *Canaris*, JZ 1987, 993 (1002); *ders.*, JZ 1988, 494 (497); *ders.*, JZ 1990, 679 ff.; *Goecke*, NJW 1999, 2305 ff.; *Liesenfeld*, Existenzminimum, S. 146 ff.; OLG Celle, JZ 1990, 294.

Wollte man also bestimmte Forderungen für das Steuerrecht aus dem allgemeinen Persönlichkeitsrecht ableiten, müsste der Schutzgehalt dieses Rechts auf bestimmte Kernbedarfe reduziert werden. Sonst müsste all das, was jemand für seine Persönlichkeitsentfaltung zu benötigen meint, vor dem Steuerzugriff geschützt sein. Die eigene subjektive Bestimmung dessen, was für die Persönlichkeitsentfaltung notwendig ist und was für die Steuererhebung zur Verfügung steht, dürfte die Steuerschuld in den meisten Fällen auf Null schrumpfen lassen. Dies wäre mit dem Steuerstaatsprinzip nicht zu vereinbaren. Eine Reduzierung des allgemeinen Persönlichkeitsrechts auf bestimmte Kernaussagen bzw. Kernbedarfe würde das Recht aber unzulässig petrifizieren. Es ist gerade typisch für das allgemeine Persönlichkeitsrecht, noch keinen festen abgrenzbaren Kern zu besitzen.[601] Dies ermöglicht es, für zukünftige Gefahrenlagen gewappnet zu sein. Nach hier vertretener Auffassung lässt sich folglich das allgemeine Persönlichkeitsrecht nicht für eine bedarfsorientierte Betrachtungsweise des Leistungsfähigkeitsprinzips fruchtbar machen.[602] Die diesem Recht natürlicherweise inhärente Unbestimmtheit verhindert den Schluss auf bestimmte Bedarfe. Damit ist das allgemeine Persönlichkeitsrecht eher den „liberalen" als den „bedarfsorientierten" Freiheitsrechten zuzuordnen.

(2) Liberal

Die als „liberal" bezeichneten Freiheitsrechte beruhen auf dem Gedanken, dass das Einkommen und Vermögen grundsätzlich dem Steuerpflichtigen gehört, da dieser es selbst erarbeitet hat. Als konkreter Anknüpfungspunkt für diesen Gedanken im Grundgesetz kommen die Berufsfreiheit Art. 12 GG, das Eigentumsgrundrecht aus Art. 14 GG und subsidiär die allgemeine Handlungsfreiheit aus Art. 2 Abs. 1 GG in Frage.

Diese Stoßrichtung der Freiheitsrechte ist nicht als rein egoistisch misszuverstehen. Die Gewährleistung der Freiheitsrechte besitzt eine unmittelbare Rückanbindung an die Verpflichtung zur Wahrnehmung von Gemeinwohlverantwortung durch Steuern.[603] Denn ein Teil der Rechtfertigung der Steuererhebung basiert auf der Überlegung, dass gerade weil jemand besonders umfangreich von der Gewährleistung der Freiheitsrechte profitiert hat und grundsätzlich privatnützliche Mittel anhäufen konnte, dieser als wirtschaftlich leistungsfähig zur Steuerzahlung herangezogen werden kann.

Diese Schutzrichtung spielt überwiegend jenseits des Existenzminimums eine Rolle. Es kann untersucht werden, inwieweit die Steuererhebung noch verhältnis-

---

601 BVerfGE 54, 148 ff.; 72, 155 ff.; 79, 256 ff.
602 A.A. *Liesenfeld*, Existenzminimum, S. 146 ff., 147.
603 Andeutungsweise: *Hinz*, Einkommensteuerrecht und Sozialrecht, S. 38.

mäßig ist. Insbesondere die Reichweite des Art. 14 GG spielt in diesem Zusammenhang eine Rolle.[604]

Die Frage, ob aus dem Leistungsfähigkeitsprinzip quantitative Grenzen der Besteuerung gezogen werden können, soll jedoch an dieser Stelle nicht weiter vertieft werden.[605] Hierfür bietet ein bedarfsorientierter Interpretationsansatz des Leistungsfähigkeitsprinzips keine Anhaltspunkte. Dies liegt darin begründet, dass für Fragestellungen oberhalb des Existenzminimums nur wenig Raum für die Anknüpfung an einen bestimmten Bedarf ist.

Wenn alle Steuerpflichtigen den gleichen Lebensbedarf haben, können daraus keine Rückschlüsse auf die zumutbare Steuerbelastung erfolgen. Wegen des für alle Einkommensgruppen gleichen Lebensbedarfs kann somit auch aus der Sicht einer bedarfsorientierten Interpretation des Leistungsfähigkeitsprinzips nicht auf einen bestimmten (möglichst gerechten) Tarifverlauf der Einkommensteuer geschlossen werden.

So ist beispielsweise der progressive Tarifverlauf gerade nicht die Fortsetzung der Schonung, welche auch dem Existenzminimum zugrunde liegt.[606] Er muss auf andere Art und Weise begründet werden. Ober- und unterhalb des Existenzminimums besteht ein fundamentaler Unterschied, was Herleitung und Aussagekraft des Leistungsfähigkeitsprinzips angeht.[607]

Im Bereich des Existenzminimums können aus den „bedarfsorientierten" Freiheitsrechten i. V. m. dem Gleichheitssatz (Art. 3 Abs. 1 GG) konkrete Aussagen getroffen werden. Oberhalb des Existenzminimums können mit Hilfe der „liberalen" Freiheitsrechte, außer dem bekannten Verbot der erdrosselnden Besteuerung, zunächst nur wenig konkrete Forderungen hergeleitet werden.[608] Insbesondere kann aus Art. 14 GG keine verfassungsrechtliche Obergrenze der Besteuerung in

---

604 Für die Geltung des Art. 14 GG: *Lehner*, Einkommensteuerrecht und Sozialhilferecht, S. 364 ff.; *Vogel*, Finanzverfassung, S. 36 ff.; *Vogel/Waldhoff*, BK, Vorb. zu Art. 104a bis 115 GG, Rz. 543 ff.; *Kirchhof*, VVDStRL 39 (1981), 213 (226); *ders.*, HStR IV, § 88, Rz. 63 ff.; *ders.*, JZ 1982, 305 ff; *ders.*, StuW 1984, 297 ff.; *ders.*, StuW 1985, 319 ff.; *Papier*, in Maunz/Dürig, Art. 14 GG, Rz. 160 ff.; *Wieland*, DStJG 24 (2001), S. 29 ff; *Pausenberger*, Eigentum und Steuern in der Republik, S. 387 f., 450 ff.

605 Ein solcher Versuch findet sich beispielsweise bei: *Draschka*, Steuergesetzgebende Staatsgewalt, S. 179 ff.; *Liesenfeld*, Existenzminimum, S. 164 ff.

606 So aber bei *Schäffle*, Die Steuern, Bes. Teil (1897), S. 211 f.; *Liesenfeld*, Existenzminimum, S. 150 greift diesen Gedanken wieder auf.

607 Dies räumt auch *Liesenfeld*, Existenzminimum, S. 159 ein, trotz eines Versuchs der Quantifizierung oberhalb des Existenzminimums.

608 BVerfGE 63, 343 (367 f.); *Papier*, Finanzielle Gesetzesvorbehalte, S. 76 ff.; *ders.*, Maunz/Dürig, Art. 14 GG, Rz. 177 ff.; *ders.*, DVBl. 1980, 787 (792 f.); *Birk*, Leistungsfähigkeitsprinzip, S. 187 f.; *Hammerstein*, S. 209 f.; *Isensee*, Hamburg, Deutschland, Europa, S. 409 (434); *Selmer*, Steuerinterventionismus, S. 286 f.; *Tipke*, StRO Bd. 1, 2. A. S. 418; *Waldhoff*, StuW 2002, 285 (305).

der Nähe der Hälfte (Halbteilungsgrundsatz) gelesen werden.[609] Rechtspolitisch spricht gegen den Versuch, quantitative Besteuerungsgrenzen zu ziehen, dass in Gestalt von großen Einkommen oder großen Vermögen gerade die Ungleichheiten der freiheitlichen Gesellschaft zu Materie gerinnen und Ausgangspunkt für neue Ungleichheiten werden.[610] Nur mit Hilfe hinreichender Gestaltungsfreiheit ist es dem Gesetzgeber möglich, durch die Erhebung von Steuern die Sozialleistungen zu finanzieren und auf bedrohliche Entwicklungen der Eigentumsverteilung auch umverteilend zu reagieren.[611] Aus diesem Grund sind quantitative Besteuerungsgrenzen nicht verfassungsrechtlich zu perpetuieren, sondern den politischen Kräften zu überlassen, welche in der Folge die politische Verantwortung für ihre Entscheidungen zu tragen haben.

c) Versuch, Aussagen zur Verhältnismäßigkeit der Besteuerung zu treffen

Wie oben festgestellt, können keine festen quantitativen Grenzen der Besteuerung – etwa bestimmte Vomhundertsätze – aus dem Grundgesetz begründet werden.[612] Dies liegt für die hier vertretene Auslegung des Leistungsfähigkeitsprinzips zunächst darin begründet, dass für unterschiedliche Einkommensklassen nicht unterschiedliche „Bedarfsklassen" entwickelt werden können.[613]

aa) Non-Affektation – Gesamtdeckung

Hinzu tritt, dass der für Grundrechtsprüfungen notwendigen Anwendung des Verhältnismäßigkeitsgrundsatzes im Einkommensteuerrecht rechtliche Grenzen gesetzt sind. So schließt das haushaltsrechtliche Non-Affektationsprinzip[614] eine Gegenüberstellung von Abgabenlast und der mit Hilfe der eingenommenen Mittel bestrittenen Ausgaben aus.

---

609 BVerfGE 115, 97 ff.; So aber noch: BVerfGE 93, 121 ff.; zu dieser Entscheidung: *Böckenförde,* Abweichende Meinung zu BVerfGE 93, 121 (149 ff.); *Arndt/Schumacher,* DStR 1995, 1813 ff.; *Bornheim,* DB 1997, 1534; *Felix,* BB 1995, 2241; *Flume,* DB 1995, 1779 ff.; *Jachmann,* DStR 1996, 574 f.; *Mayer,* DB 1995, 1831 ff.; *Rose,* DB 1995, 1879 ff., 2387 ff.; *ders.,* DB 1997, 494 ff.; *Schüppen,* DStR 1997, 494; *Tipke,* GmbHR 1996, 8 ff.; *Vogel,* NJW 1996, 1505 ff.; *Vogel,* JZ 1996, 43 ff.
610 *Böckenförde,* Abweichende Meinung zu BVerfGE 93, 121 (149, 163); krit. gegen Substanzbesteuerungen: *Kußmaul/Zabel,* BB 2007, 967 ff.; *Tipke,* StRO Bd. 2, 2. A., S. 931 ff.
611 *Böckenförde,* Abweichende Meinung zu BVerfGE 93, 121 (149, 163).
612 Insofern missverständlich bis problematisch noch BVerfGE 8, 51 (68 f.) wo „im Sinne verhältnismäßiger Gleichheit" gefordert wird, „Leistungsfähigeren einen höheren Prozentsatz seines Einkommens als Steuer" abzuverlangen.
613 So auch: *Tipke,* GmbHR 1996, 8 (11).
614 *Musil,* DVBl 2007, 1526 ff.

Non-Affektation bedeutet nicht nur, dass ein Bürger seine Steuer nicht kürzen darf, weil er einen bestimmten Ausgabezweck nicht gutheißt. Die Frage nach dem legitimen Zweck einer staatlichen Handlung unterliegt nämlich bereits einem weitreichenden politischen Beurteilungsspielraum. Der im Steuerrecht wesentlich hinzutretende Effekt ist, dass die Inanspruchnahme des Bürgers im Hinblick auf den fraglichen Zweck nicht auf ihre Verhältnismäßigkeit überprüfbar ist. Der einzelne geleistete Euro ist nicht einer Teilfinanzierung einer bestimmten staatlichen Maßnahme zuzuordnen. Die Frage, ob eine bestimmte staatliche Maßnahme überhaupt durchgeführt werden darf, ist also von der Frage danach, wie viel ein Steuerpflichtiger zu ihrer Finanzierung beizutragen hat, zu trennen. Im Ergebnis kann der Steuerpflichtige nicht über das Mittel der Finanzierung das politische Tagesgeschehen mitbestimmen. Die Entscheidung über das „ob" einer Maßnahme ist ihm aufgrund des politischen Beurteilungs- und Prognosespielraums entzogen. Die Entscheidung darüber, wie hoch die steuerlichen Lasten des Steuerpflichtigen aufgrund einer Maßnahme sind, ist ihm wegen des Non-Affektationsprinzips entzogen. Eine Verhältnismäßigkeitsprüfung ist nur eingeschränkt möglich.

bb) Qualitative Grenzen

Im Steuerrecht können nur qualitative Besteuerungsgrenzen mit guten Argumenten überzeugend erklärt werden (vgl. Existenzminimum). Quantitative Besteuerungsgrenzen (z. B. Halbteilungsgrundsatz) hingegen, lassen sich nur sehr schwer plausibel begründen.[615] Selbst das Verbot der erdrosselnden Besteuerung ist nur scheinbar eine quantitative Grenze. In Wirklichkeit würde eine erdrosselnde Besteuerung eine neue Qualität, nämlich die Unrentabilität des Erwerbs, nach sich ziehen. Das heißt, ein Steuerpflichtiger wird sich nur schwerlich mit dem bloßen Hinweis, die Steuer sei unverhältnismäßig hoch, gegen die Höhe der Besteuerung wenden können. Vielmehr müsste er überzeugend vorbringen, die Entfaltung welcher wirtschaftlicher Freiheiten ihm im Ergebnis durch die Wegbesteuerung unverhältnismäßig erschwert werden oder unmöglich gemacht werden.[616] Auch das BVerfG erkannte, dass die Entwicklung quantitativer Grenzen aus der Verfassung an den Rand dessen führt, was noch unter Rechtsprechung zu subsumieren ist.[617] Soweit

---

615 Zu dieser Begründung: *v. Arnim*, VVDStRL 39 (1981), S. 286 (308); so i. E. auch *Lammers*, Die Steuerprogression, S. 151, 164 f.; *Jachmann*, StuW 1996, 97 (99 ff.); zur Untauglichkeit des Verhältnismäßigkeitsprinzips: *Birk*, H/H/Sp AO, Stand November 1997, § 4 AO, Rz. 536 f.
616 *Birk*, H/H/Sp AO, Stand November 1997, § 4 AO, Rz. 540.
617 *Sieckmann*, Der Staat 2002, 385 ff.

das Gericht quantitative Grenzen ziehen musste, war es stets bemüht, dies unter Verweis auf politisch vorgezeichnete Größen zu tun.[618]

Fraglich ist nun, ob eine bedarfsorientierte Interpretation des Leistungsfähigkeitsprinzips möglicherweise „qualitative" Besteuerungsgrenzen – auch oberhalb des Existenzminimums – zu ziehen im Stande ist. An dieser Stelle kommt der Funktion des Einkommens eine zentrale Rolle zu. Ein Aspekt der bedarfsorientierten Interpretation des Leistungsfähigkeitsprinzips besteht darin, dem Einkommen bestimmte Funktionen zuzuweisen. Möglicherweise können durch diese Funktionszuweisung qualitative Besteuerungsgrenzen bestimmt werden. Analog zu den quantitativen Grenzen können auch mittels qualitativer Grenzziehung höchstens Extremfälle herausgearbeitet werden, in denen der Steueranspruch zurücktreten muss.[619]

Keinesfalls soll versucht werden, maximal zulässige Vomhundertsätze zu bestimmen. Eine wohlverstandene bedarfsorientierte Interpretation des Leistungsfähigkeitsprinzips bestimmt vielmehr die Funktion der Einkommensteile und prüft dann qualitativ, ob diese Funktion ungerechtfertigt verletzt wurde. Es müssen also keine Vomhundertsätze gesucht werden, die in einigen Jahren bereits überholt sein können. Vielmehr müssen möglicherweise verletzte Einkommensfunktionen gesucht werden und deren Wertigkeit bestimmt werden. Das heißt, es soll der Versuch unternommen werden, freiheitsrechtlich mit Hilfe der Einkommensfunktion absolute (extreme) Grenzen der Besteuerung zu bestimmen, innerhalb derer wiederum nur relative, gleichheitsrechtliche Forderungen aus der Verfassung abgeleitet werden können.[620]

Die erste und grundlegende Funktion des Einkommens besteht darin, das Existenzminimum des Steuerpflichtigen und seiner Familie abzusichern. Nach den obigen Ausführungen darf diese Funktion nicht durch die Besteuerung konterkariert werden. Sonst würde eine qualitative Besteuerungsgrenze überschritten, indem die Mindestanforderungen der Menschenwürdegarantie (Art. 1 Abs. 1 GG) und des Sozialstaatsprinzips[621] nicht beachtet würden.

Oberhalb des Existenzminimums gestaltet es sich schwieriger, brauchbare Einkommensfunktionen zu bestimmen. So ist kaum begründbar, dass etwa die Finan-

---

618 Noch ohne bedarfsorientierte Interpretation des Leistungsfähigkeitsprinzips bediente sich das BVerfG in BVerfGE 99, 216 ff. des Sozialrechts – noch nicht als zwingendes verfassungsrechtliches Gebot – sondern als einfachgesetzlichen Anhaltspunkt, um das Existenzminimum zu quantifizieren. Bei der zulässigen Abweichung bei der Aufteilung von Wahlkreisen bezog sich das Gericht auf § 3 Abs. 3 S. 2 BWG, BVerfGE 16, 130 (141); 95, 335 (365). Bei der 5%-Sperrklausel verwies es auf landesrechtliche Vorschriften, um die Quantifizierung zu begründen, BVerfGE 1, 208 (256 f.); BVerfGE 4, 31 (44); BVerfGE 51, 222 (237); 82, 322 (338).
619 *Arndt/Schumacher*, NJW 1994, 961 (965).
620 So bereits andeutungsweise bei: *Arndt/Schumacher*, NJW 1994, 961 (964).
621 Vgl oben: Kap. 1 A. II.

zierung eines Eigenheims wertvoller sei als die Finanzierung einer Segelyacht.[622] Eine Funktion, die oberhalb des Existenzminimums besteht, dort jedoch nur noch geringeren Schutz erfahren kann, ist die grundsätzliche Privatnützigkeit des durch eigene abhängige oder selbständige Arbeit erlangten Einkommens. Die Durchbrechung der Privatnützigkeit ist rechtfertigungsbedürftig, wobei dem Steuergesetzgeber ein sehr weiter Gestaltungsspielraum zuzugestehen ist. Das heißt, die Rechtfertigung unter Hinweis auf das verfolgte gemeine Wohl wird regelmäßig gelingen. Es bestehen jedoch Grenzfälle, in denen sich die Erhebung von Steuern im Hinblick auf die Privatnützigkeit nicht mehr rechtfertigen lässt, in denen sich qualitative Besteuerungsgrenzen auftun.

Hier ist beispielsweise die erdrosselnde Besteuerung zu nennen. Diese führt zu dem qualitativen Unterschied, dass die Einkommensquelle erstickt wird oder der Erwerb nicht weiter sinnvoll ist. Das bedeutet, dass jedenfalls bei einem Steuersatz von 100% eine neue Qualität erreicht ist. In diesen Fällen ist die grundsätzliche Privatnützigkeit des Erworbenen nicht mehr gegeben. Eine qualitative Besteuerungsgrenze liegt vor.

Eine weitere qualitative Grenze könnte in einer ineffizienten Steuererhebung[623] zu erblicken sein. Würde etwa das Aufkommen der Einkommensteuer vollkommen von den Verwaltungskosten verschlungen, dann würde das Eigentum nur noch um der Belastung Willen beschränkt. Der Gemeinschaft erwüchse aus dieser Steuer kein Vorteil.[624] Damit entfiele das rechtfertigende Argument, das die Durchbrechung der Funktion der Privatnützigkeit des Einkommens legitimierte. Jedenfalls würde eine zu 100% ineffiziente Steuer zu einer weiteren qualitativen Grenze der Abgabenlast führen.

Eine weitere wichtige Funktion des Einkommens ist die soziale Absicherung (etwa für das Alter, Krankheit oder Arbeitslosigkeit). Vergleichbar mit dem Bereich des Existenzminimums zeichnet auch hier das Sozialrecht den einkommensteuerlich anzuerkennenden Bedarf vor. Als Begründung für die Relevanz dieser Einkommensfunktion kann die zwangsweise Mitgliedschaft in den sozialen Sicherungssystemen angeführt werden. Es wird nicht nur ein eigenes Risiko abgesichert, sondern – je nach Leistungsfähigkeit – auch das Sozialsystem gestützt. Damit sind diese Kosten nicht der Funktionsgattung „Privatnützigkeit" zuzuordnen. Die Einkommensfunktion der sozialen Absicherung kann dann verletzt sein, wenn dafür aufgewandte Beträge bei der Besteuerung keine hinreichende Beachtung erfahren.

---

622 Dies ist nicht damit zu verwechseln, dass die Förderung des Eigenheimbaus ein nachvollziehbarer Lenkungszweck sein mag. Hier soll jedoch die Leistungsfähigkeit gerade frei von Lenkungszwecken bestimmt werden.

623 Dazu: *Neumark*, Handbuch der Finanzwissenschaft II, 3. A., 1980, S. 151; *Beyer*, Die Freiheitsrechte, S. 164.

624 Lediglich die Beschäftigung einiger Verwaltungsbeamter wäre dadurch gesichert.

Damit konnte, ohne Anspruch auf Vollständigkeit, gezeigt werden, dass auch jenseits des Existenzminimums plausible Einkommensfunktionen bestimmt werden können, deren Verletzung u. U. eine Besteuerung als unverhältnismäßig erscheinen lässt. Es besteht auch nicht die Gefahr, dass beliebig Einkommensfunktionen hinzuerfunden werden können, die geschützt werden müssten. Solche neuen Einkommensfunktionen würden regelmäßig in die Funktion „Privatnützigkeit" fallen und nur deren Grenzen unterliegen. Der hier vertretene Begründungsansatz, über eine bedarfsgerechte Interpretation des Leistungsfähigkeitsprinzips die Freiheitsgrundrechte (teilweise) in Stellung zu bringen und über die Einkommensfunktionen qualitative Besteuerungsgrenzen zu bestimmen, führt nicht zwingend zu numerisch anderen Ergebnissen als der bisherige Ansatz. Allerdings leitet dieser Ansatz die Ergebnisse plausibler her, als der bloße Verweis auf den diffusen Begriff des „indisponiblen" Einkommens.

d) Praktische Einbindung sozialrechtlicher Vorgaben

An den Berührungspunkten des Einkommensteuerrechts mit dem Sozialrecht besteht stets die Möglichkeit, sich der Erfahrung und der empirisch ermittelten Daten des Sozialrechts zu bedienen. Diese dürfen jedoch nicht einfach übernommen werden, sondern es muss eine Prüfung der Informationen vor dem Hintergrund des nur funktionalen Zusammenhangs der Teilrechtsordnungen erfolgen. So kann im Bereich des Existenzminimums nicht schlicht ein Grundsicherungsbedarfssatz als Maß für das steuerliche Existenzminimum übernommen werden. Es muss im Steuerrecht, um die Daten sinnvoll verwerten zu können, auch der Vielzahl weiterer Unterstützungssysteme im Sozialrecht (etwa Wohnen, Heizen)[625] Rechnung getragen werden.

Auch muss betont werden, dass das Sozialrecht jeden Bedürftigen individuell betrachtet. Finanzielle Verpflichtungen, den Ehepartner oder Kinder zu unterstützen, spielen daher im Sozialrecht keine Rolle. Der Bedürftige könnte sie ohnehin nicht unterstützen, sonst bestünde keine Bedürftigkeitslage. Vielmehr wird dem Ehepartner und den Kindern im Beispiel jeweils ein eigener Bedarfssatz zugeordnet. Ganz anders muss solchen Verpflichtungen im Einkommensteuerrecht Rechnung getragen werden. Erst die Zusammenschau verschiedener Vergünstigungen, auf die der Bedürftige Anspruch hat, ergibt das, was für eine menschenwürdige Existenz als notwendig anzusehen ist.

Dabei ist zu betonen, dass nicht alle sozialrechtlichen Begünstigungen auch zwingend ein steuerrechtliches Pendant haben müssen. Dies gilt insbesondere im

---

625   Vgl. § 1 WoGG.

Bereich der Förderung. Hier ist abzuwägen, ob das sozialrechtliche Förderungsziel auch mit Zielen des Einkommensteuerrechts korrespondiert. Dieser Zusammenhang ist nicht lediglich als willkommene Interpretationshilfe zu verstehen. Soweit an den neuralgischen Punkten zwischen beiden Rechtsordnungen Erfahrungen und Daten im Sozialrecht zusammengetragen wurden, die für das Einkommensteuerrecht relevant sein können, darf sich das Steuerrecht nicht vor diesen Informationen verschließen. Immerhin steht der Vorwurf der Willkür im Raum, wenn auf vorhandene Erfahrungssätze ohne Rechtfertigung nicht zurückgegriffen würde.

Für das Einkommensteuerrecht bedeutet dies, dass ein Verbergen hinter dem Zwang zur Typisierung und Pauschalierung dann nicht mehr möglich ist, wenn nähere Informationen über Steuerpflichtige nicht mehr von neuem gesammelt werden müssten, sondern lediglich in angepasster Art und Weise aus dem Sozialrecht übernommen werden müssen.[626] Dabei kommt das Sozialrecht dem Einkommensteuerrecht insofern entgegen, als es selbst Massenfallrecht ist und bereits selbst Pauschalierungen vornimmt. Damit kann an den Berührungspunkten von Steuerrecht und Sozialrecht die Forderung aufgestellt werden, dass sich der Gesetzgeber der Informationen des Sozialrechts bedienen muss, wenn er nicht willkürlich handeln will.

Für das Existenzminimum bedeutet dies, dass genau das und nur das von der Besteuerung freizustellen ist, was im Sozialrecht als das für eine menschenwürdige Existenz Notwendige erkannt wurde. Alles darüber Hinausgehende dient nicht unmittelbar der gerechten Verteilung der Lasten. Soll mehr verschont werden, so kann dies aufgrund von Sozialzwecknormen oder Lenkungsnormen erfolgen. Werden diese mit dem Fiskalzweck vermengt, so verzerren sie die Messung der Leistungsfähigkeit des Steuerpflichtigen. Wird beispielsweise politisch entschieden, dass im Einkommensteuerrecht mehr verschont werden soll, als das Sozialrecht gewährt, um in der Nähe des Existenzminimums einen Anreiz zum eigenständigen Erwerb zu setzen, so ist dies möglich, aber nach den Anforderungen an eine Lenkungsnorm zu rechtfertigen. Eine solche Interpretation des Leistungsfähigkeitsprinzips steht im Einklang mit der Rechtsprechung des Bundesverfassungsgerichts. Dieses lässt bei der Frage nach dem Abzug von Unterhaltsaufwendungen auch eine Präferenz für eine Begrenzung auf das Existenzminimum erkennen.[627]

e) Die Bedarfsorientierung in Rechtsprechung und Literatur

Nun soll gezeigt werden, dass weder Rechtsprechung noch Literatur weit vom Gedanken einer bedarfsorientierten Interpretation des Leistungsfähigkeitsprinzips

---

626 Kap. 2 B. II. 3.) b) bb).
627 BVerfGE 82, 60 (91); *Liesenfeld*, Existenzminimum, S. 102.

entfernt sind. Das BVerfG bediente sich bei einigen Entscheidungen der Bedarfsgrößen des Sozialrechts. Indes sind diese Urteile noch nicht von dem Willen beseelt gewesen, eine bestimmte (am Bedarf orientierte) Interpretation des Leistungsfähigkeitsprinzips festzuschreiben. Vielmehr handelt es sich um ein traditionelles Abstellen auf die ordnungsbildende Kraft einer einfachgesetzlichen Vorentscheidung des Gesetzgebers.[628] Sowohl die Rechtsprechung als auch ein Großteil der Literatur lässt offen, wie das Verhältnis von Freiheitsrechten (insbesondere des Sozialstaatsprinzips) zum Existenzminimum zu verstehen ist.[629] Wird das Existenzminimum (auch) freiheitsrechtlich begründet, so deutet vieles darauf hin, dass damit auch das Leistungsfähigkeitsprinzip insgesamt (zugleich) eine freiheitsrechtliche, sozialstaatliche Wurzel hat.

aa) Bundesverfassungsgericht

Es scheint, als würde sich in der Rechtsprechung des Bundesverfassungsgerichts ein behutsames Hinwenden zu einem bedarfsorientierten Interpretationsansatz des Leistungsfähigkeitsprinzips entwickeln.[630] Dieser Eindruck soll im Folgenden durch jeweils kurze schlagwortartige Verweise auf die entsprechenden Urteile belegt werden.

(1) Erste Urteile

Bereits im Rahmen der ersten Urteile, die dem Leistungsfähigkeitsprinzip überhaupt Verfassungsrang zuerkannten, stellte das BVerfG fest, dass die Wertmaßstäbe des Grundgesetzes (insbesondere Art. 6 GG und das Sozialstaatsprinzip) bei dessen Konkretisierung zu beachten seien.[631] Diese Sicht festigte sich. Immer wieder wurde das Leistungsfähigkeitsprinzip als solches im allgemeinen Gleichheitssatz des Art. 3 Abs. 1 GG verankert. Gerade im Bereich des Kindergeldrechts wurde als gesetzliche Wertentscheidung des Grundgesetzes zugunsten von Ehe und Familie das Sozialstaatsprinzip herangezogen.[632] Noch ohne das Leistungsfähigkeitsprinzip näher zu konkretisieren, wird zumindest anerkannt, dass Unterhaltspflichten die Leistungsfähigkeit mindern. Die enge Verbindung von Einkommensteuerrecht und Sozialrecht wird bereits herausgestrichen, wenn auch fälschlicher-

---

628 So *Lehner*, Einkommensteuerrecht und Sozialhilferecht, S. 46 bzgl. BVerfGE 66, 214 (224).
629 *Söhn*, FA 1994, 372 ff.; *Arndt/Schuhmacher,* AöR 118 (1993), 513 ff.; *R. Wendt*, FS Tipke, S. 47 (50 ff.); *Tipke*, StRO Bd. 2, 2. A., S. 491.
630 BVerfGE 66, 214 (224); 82, 60 (89 f.); 87, 153 ff.; 99, 216 (233 f.); 112, 164 (173 ff., 180 ff.).
631 BVerfGE 43, 108 (118, 120).
632 BVerfGE 43, 108 f.; 61, 319 ff.; 66, 214 (224); 82, 60 ff.; 87, 153 ff.; 99, 216 ff.

weise noch von einer Alternativität der Berücksichtigung des Kinderexistenzminimums im Sozialrecht und im Einkommensteuerrecht ausgegangen wird.[633]

(2) Betreuungsaufwendungen

In einer Entscheidung zur Berücksichtigung zwangsläufiger Betreuungsaufwendungen berufstätiger Alleinstehender mit Kindern bestimmte das BVerfG, dass solche Aufwendungen steuerlich berücksichtigt werden müssten, da sonst gegen das Leistungsfähigkeitsprinzip verstoßen werde.[634]

(3) Realitätsgerechte Berücksichtigung

Geradezu einen Meilenstein bildet das Urteil zu den Grenzen der Berücksichtigung von Unterhaltspflichten (1984).[635] Seitdem steht fest, dass aus dem Leistungsfähigkeitsprinzip messbare Grenzen der Besteuerung abgelesen werden können. Der Gesetzgeber darf bei der Bemessung von Abzugstatbeständen keine realitätsfremden Grenzen ziehen.[636] Es wird jedoch noch nicht verlangt, die realitätsnahen Grenzen aus dem Sozialrecht zu gewinnen. Vielmehr wird zunächst nur die steuerrechtsinterne Systemgerechtigkeit angemahnt.[637]

(4) Kindergeld

Deutlich wird der Zusammenhang der Frage der Konkretisierung des Leistungsfähigkeitsprinzips mit sozialrechtlichen Anforderungen in einer Entscheidung zum Kindergeld aus dem Jahr 1990.[638] Dort wurde, wie üblich, das Leistungsfähig-

---

633 BVerfGE 43, 108 (120 ff.).
634 BVerfGE 61, 319 ff.; *Arndt*, JZ 1983, 200; *Rendels*, DStR 1983, 494 ff.; *Schmidt-Bleibtreu*, BB 1983, 50 ff.
635 BVerfGE 66, 214 ff.; 67, 290 ff.; *Vogel*, StuW 1984, 197 ff.; *Deubner*, NJW 1985, 839 ff.; *Zeidler*, StuW 1985, 1 ff.
636 BVerfGE 66, 214 (223 ff.).
637 *Lehner*, DStR 1992, 1641 (1641).
638 BVerfGE 82, 60 ff.; *Lehner*, FS für Zacher, S. 511 ff.; *ders.:* IStR 2008, 38: Die Urteile sind eng verbunden mit grundlegenden Gedanken Klaus Vogels.; *Bareis*, DStR 1991, 1164 ff.; *ders.*, FR 1991, 405 ff.; *Buop*, DStZ 1990, 579 ff.; *Dötsch*, FR 1991, 315 ff.; *Felix*, DStZ 1990, 471 ff.; *Giloy*, DStZ 1990, 599 ff.; *Jüptner*, StVj 1990, 307 ff.; *Kanzler*, FR 1990, 457 f.; *Lang*, StuW 1990, 331 ff.; *Ross*, DStZ 1990, 611 ff.; *Dziadkowski*, DStR 1991, 8 ff.; *ders.*, FR 1991, 281 ff.; *Mittmann*, DStZ 1991, 163 ff.; *Oepen*, FR 1992, 149 ff.; *Schmidt-Liebig*, BB 1992, 107 ff.

keitsprinzip als Ausdruck der Steuergerechtigkeit auf Art. 3 GG gestützt.[639] Zusätzlich wird aber ausgeführt, dass aus Art. 1 Abs. 1 GG i. V. m. dem Sozialstaatsprinzip folge, dass das Existenzminimum steuerfrei bleiben müsse. Insbesondere bei dem Familienexistenzminimum ergebe sich dies aus Art. 6 Abs. 1 GG.[640] Die Konkretisierung des Leistungsfähigkeitsprinzips folge somit zusätzlich aus Art. 6 Abs. 1 GG und Art. 1 Abs. 1 GG.[641] Es wird deutlich, dass außer den bisher anerkannten gleichheitsrechtlichen Anforderungen auch freiheitsrechtliche Gehalte eine Rolle bei dem Verständnis des Leistungsfähigkeitsprinzips spielen können. Zudem sind diese freiheitsrechtlichen Gehalte über das Sozialstaatsprinzip eng mit sozialrechtlichen Anforderungen verwandt. Es besteht bereits eine sprachliche Annäherung an eine bedarfsgerechte Interpretation des Leistungsfähigkeitsprinzips, indem gerade nicht von den für die Gewährleistung des Existenzminimums notwendigen „Aufwendungen", sondern von „Bedarfen" die Rede ist.[642]

(5) Aufwandlose Kinderbetreuung

Noch deutlicher wird der Begriff der Leistungsfähigkeit vom BVerfG in der Entscheidung zum Kinderfreibetrag[643] weiterentwickelt. Dort wird neben den Abzügen für tatsächlichen Aufwand im Zusammenhang mit der Kinderbetreuung noch ein Abzug für aufwandlose Kinderbetreuung verlangt.[644] Das Gericht wollte damit vor dem Hintergrund des Art. 6 GG eine unterschiedliche Behandlung verschiedener Erziehungsmodelle vermeiden. Anderenfalls könnten Eltern, die ihr Kind in einem Kindergarten betreuen lassen, diesen Aufwand absetzen. Eltern, die die Betreuungsleistung selber erbringen, hätten hingegen keine steuerliche Berücksichtigung.

Dieser Ansatz ist nur vereinzelt auf Zustimmung[645] gestoßen. Meist wird darin eine unzulässige Fortentwicklung oder Durchbrechung des Leistungsfähigkeits-

---

639 BVerfGE 82, 60 (86 f.).
640 BVerfGE 82, 60 (85).
641 BVerfGE 82, 60 (87).
642 BVerfGE 82, 60 (91).
643 BVerfGE 99, 216 ff.; *Lehner*, JZ 1999, 726 ff.
644 BVerfGE 99, 216, 240 ff.
645 Dazu: *Papier*, NJW 2002, 2129 (2131); *Kirchhof*, NJW 2000, 2792 ff. ablehnend *Tiedchen*, BB 1999, 1681 (1683), *Seer/Wendt*, NJW 2000, 1904 (1907), *Sacksofsky*, NJW 2000, 1896 (1902).

prinzips gesehen.[646] Die Anerkennung aufwandloser Abzugstatbestände öffne die Tür für eine Soll-Leistungsfähigkeit. Wenn nämlich auf der einen Seite ohne einen tatsächlichen Aufwand das Unterlassen des Erwerbs während der Kindererziehung steuermindernd berücksichtigt werde, so könnten konsequent auf der Einnahmenseite auch nicht nur das vom Steuerpflichtigen tatsächlich Erworbene, sondern auch Erwerbspotentiale zu einer größeren wirtschaftlichen Leistungsfähigkeit führen.[647] Problematisch sei dabei insbesondere die Quantifizierung von Erwerbspotential.[648] Weiterhin wird kritisiert, dass Fiskal- und Lenkungszweck durch den aufwandlosen Abzug vermischt würden. Es gehe nicht um die realitätsgerechte Berücksichtigung des Existenzminimums. Vielmehr solle eine Subventionierung der Eigenbetreuung durch die Eltern erfolgen, was ein Lenkungszweck sei. Eine solche Förderung der Familien, so sie politisch gewünscht sei, habe jedoch nicht im Einkommensteuerrecht zu erfolgen, sondern im Sozialrecht.[649] Wer mangels Kinderbetreuungskosten bei der Eigenbetreuung eine weniger kostspielige Art der Grundrechtsausübung aus Art. 6 GG wähle, bedürfe nicht der gleichen steuerlichen Entlastung wie jemand, der eine teurere Art der Grundrechtsausübung wähle.[650] Es handele sich um disponibles Einkommen.[651]

Unabhängig davon, ob man sich dem BVerfG in diesem Einzelfall anschließen möchte oder nicht, ob man also aufwandlose Kinderbetreuung anerkennen möchte oder nicht, wird ein interessanter Ansatz bei der Interpretation des Leistungsfähigkeitsprinzips deutlich. Wenn das BVerfG nicht an den konkreten Aufwand anknüpft,[652] was liegt dann näher als ein realistisch bemessener Bedarf. Es wird an einen Kinderbetreuungs*bedarf* angeknüpft. Dies lässt darauf schließen, dass eine bedarfsgerechte Interpretation zumindest für möglich gehalten wird.

Zwar wurde wieder das Leistungsfähigkeitsprinzip grundsätzlich aus Art. 3 GG hergeleitet, das familiäre Existenzminimum wurde jedoch (einmal mehr) auf Art. 1 Abs. 1 i. V. m. dem Sozialstaatsprinzip und Art. 6 Abs. 1 GG gegründet.[653] Wieder wurde also neben dem Maßstab der Gleichheit auch freiheitsrechtlichen

---

646 *Schön*, DStR 1999, 1677 (1680); *Ahmann*, NJW 2002, 633 (634); *Sacksofsky*, NJW 2000, 1896 (1902); *Sangmeister*, StuW 2001, 168 (174 f.); *Schneider*, NJW 1999, 1303; *Seer/Wendt*, NJW 2000, 1904 (1907); *Tiedchen*, BB 1999, 1681 (1683); *Kanzler*, FR 1999, 158 ff.; *Renner*, S. 100, 106; *Vogel*, FS für Offerhaus, S. 47 (62); *Gröpl*, StuW 2001, 150 (161 f.); *Heuermann*, BB 1999, 660 (661); *Kirchhof*, NJW 2000, 2792 (2795); *Arndt/Schumacher*, NJW 1999, 745; *Wernsmann*, Verhaltenslenkung in einem rationalen Steuersystem, S. 302 f.
647 *Wernsmann*, Verhaltenslenkung in einem rationalen Steuersystem, S. 303.
648 *Tipke*, StRO Bd. 2, 2. A. S. 498.
649 *Wernsmann*, Verhaltenslenkung in einem rationalen Steuersystem, S. 303.
650 *Wernsmann*, Verhaltenslenkung in einem rationalen Steuersystem, S. 308.
651 *Schneider*, NJW 1999, 1303; *Ahmann*, NJW 2002, 633 (334); *Heuermann*, DStR 2000, 1546 (1550); *Seer/Wendt*, NJW 2000, 1904 (1908 f.); *Tiedchen*, BB 1999, 1681 (1684 f.).
652 BVerfGE 99, 216, (243).
653 BVerfGE 99, 216 (233).

(insbesondere sozialen) Anforderungen maßgebliches Gewicht bei der Interpretation des Leistungsfähigkeitsprinzips beigemessen.

Genauso wie argumentiert wurde, auch Eltern ohne Betreuungsaufwand müssten – aus Gleichheitsgründen – entlastet werden, ließe sich argumentieren, beide Eltern hätten den gleichen Bedarf an Betreuungsleistung, der sich aus dem Art. 6 GG i. V. m. dem Sozialstaatsprinzip ergibt. Damit ließe sich der aufwandlose Betreuungsbedarf auch direkt mit sozialrechtlichen Bedarfsgrößen und teilweise unter Rückgriff auf Freiheitsrechte begründen.

Soweit an sozialrechtlich determinierte Bedarfe angeknüpft würde, bestünde auch nicht die Gefahr, dass auf der Gegenseite eine Soll-Leistungsfähigkeit in Ansatz gebracht wird. Soweit jemand etwas Bestimmtes benötigt, heißt das nicht, dass er auch einen bestimmten „Soll-Ertrag" erwirtschaften muss. Soweit es sich um sozialrechtlich ermittelte realitätsgerechte Bedarfe handelt, kann auch nicht von einer Subvention gesprochen werden, die im Sozialrecht zu erfolgen habe. Vielmehr ist es dann Ausdruck der hier vertretenen Interpretation des Leistungsfähigkeitsprinzips.

(6) Grundfreibetrag

Am weitesten entfernt sich das BVerfG von der rein gleichheitsrechtlichen Herleitung des Leistungsfähigkeitsprinzips zugunsten einer freiheitsrechtlichen Herleitung in einer Entscheidung zum Grundfreibetrag.[654] Hier leitete das Gericht die Notwendigkeit, das eigene Existenzminimum des Steuerpflichtigen steuerfrei zu belassen, nur aus der allgemeinen Handlungsfreiheit im vermögensrechtlichen und berufsrechtlichen Bereich her, Art. 2 Abs. 1 GG; Art. 12 Abs. 1 GG; Art. 14 GG.[655] Die grundsätzliche Herleitung des Leistungsfähigkeitsprinzips erfolgt jedoch weiterhin aus Art. 3 GG.

(7) Zahlungsfähigkeit versus Leistungsfähigkeit

In einer Entscheidung zur Erbschaftssteuer[656] klingt an, dass allein die Zahlungsfähigkeit als einzig möglicher Maßstab zur Messung der Leistungsfähigkeit kein unumstößliches Dogma ist. So erkennt das Gericht an, dass unter bestimmten Umständen zwar nominell in zwei Unternehmen die gleiche Menge an finanziellen Mitteln vorhanden sein kann. Dies schließe jedoch nicht aus, dass eine unter-

---

654 BVerfGE 87, 153 ff.; dazu *Lehner*, DStR 1992, 1641 ff.; *Bareis*, DStR 1995, 157 ff.
655 BVerfGE 87, 153 ff.
656 BVerfGE 93, 165 (176).

schiedliche Verfügbarkeit über diese Mittel besteht, der Rechnung getragen werden muss.[657] Damit erkennt das Gericht an, dass es durchaus Situationen gibt, in denen die theoretisch gleiche Zahlungsfähigkeit nicht gleich zu bewerten ist, sodass sie nicht zur gleichen Leistungsfähigkeit führt. Fraglich sei, ob in solchen Fällen mit einem neuen Begriff der Leistungsfähigkeit Abhilfe geschaffen werden kann, oder ob trotz gleicher Leistungsfähigkeit eine Ungleichbehandlung bejaht werden kann, um anschließend nach ihrer Rechtfertigung zu fragen.[658]

(8) Sozialversicherungsbeiträge im Allgemeinen

Das BVerfG entschied am 04.11.2003,[659] dass Sozialversicherungsbeiträge dem Grunde nach nicht zu Lasten unterhaltsverpflichteter Eltern die Bemessungsgröße des § 32 Abs. 4 S. 2 EStG (Kindergeldausschluss wegen eigenen Einkommens des Kindes) erhöhen dürfen und widersprach damit dem BFH.[660] Der Höhe nach sei die Berücksichtigung nicht am von der Lebensstellung abhängigen zivilrechtlichen Unterhalt auszurichten, sondern bedarfsorientiert am sozialhilferechtlichen Existenzminimum.[661]

(9) Krankenversicherungsbeiträge im Besonderen

In einer Entscheidung vom 13.02.2008 weist das BVerfG einmal mehr auf die Bedeutung des sozialhilferechtlichen Leistungsniveaus für die Ermittlung existenznotwendiger Ausgaben, hier für die Krankenversicherung, hin.[662] Es bleibt jedoch weiterhin bei einer aufwandorientierten Betrachtungsweise.

(10) Hartz IV–Sätze

In seiner Entscheidung vom 09.02.2010 zur Höhe der Regelsätze nach dem SGB II scheint sich das Gericht zunächst selbst zu widersprechen, indem es zur Ermittlung des steuerlichen Existenzminimums nicht auf das sozialrechtliche Existenzminimum zurückgreift, sondern umgekehrt kurz erwägt, für die sozialrechtli-

---

657 Krit. *Wernsmann*, Verhaltenslenkung in einem rationalen Steuersystem, S. 296 f.
658 So *Wernsmann*, Verhaltenslenkung in einem rationalen Steuersystem, S. 297.
659 BVerfGE 112, 164 ff.; *Seer/Wendt*, NJW 2006, 1 ff.
660 BFH, BStBl. II 2000, 566 ff.; BStBl. II 2004, 584.
661 Dazu *Seer/Wendt*, NJW 2000, 1904 (1907).
662 BVerfGE 120, 125 ff.

chen Bedarfssätze der Kinder die Kinderfreibeträge des EStG fruchtbar zu machen.[663] Es bleibt jedoch bei einem kurzen Anprüfen und Ablehnen dieser Position.

(11) Zwischenergebnis

Es kann in der Rechtsprechung des BVerfG als gesichert angesehen werden, dass das Leistungsfähigkeitsprinzip einen verfassungsrechtlich fundierten Maßstab für die Einkommensteuer darstellt. Es wird primär auf den Gleichheitssatz des Art. 3 GG gegründet.

Es erscheint in der Rechtsprechung des Bundesverfassungsgerichts als zumindest offen, inwieweit freiheitsrechtliche (insbesondere soziale) Ansätze bei der Konkretisierung des Leistungsfähigkeitsprinzips eine Rolle spielen können. Die freiheitsrechtlichen Wertungen könnten als bloße Hilfen bei der Wahl der gleichheitsrechtlichen Anknüpfungspunkte verstanden werden.[664] Ebenso könnte das Leistungsfähigkeitsprinzip als solches neben den gleichheitsrechtlichen Wertungen (jedenfalls im Bereich des Existenzminimums) auch freiheitsrechtliche (soziale) Wertungen einschließen.[665] Es bleibt also offen, ob es des gedanklichen Umweges über die Gleichheit bedarf, um auf die Wertungen etwa des Sozialstaatsprinzips zurückgreifen zu können.

bb) Literatur

Im Schrifttum wird der Ansatz einer bedarfsorientierten Interpretation des Leistungsfähigkeitsprinzips als Abkehr vom – oder zumindest Relativierung des – derzeit vorherrschenden rein aufwandorientierten Ansatzes so weit ersichtlich nur selten direkt vertreten (1). Manche Stimmen schließen diesen Gedanken grundsätzlich aus (2). Eine Reihe von Stellungnahmen beinhalten jedoch Andeutungen, die eine Bedarfsorientierung als vertretbar erscheinen lassen. Vorausgesetzt, dass in steuerrechtswissenschaftlichen Beiträgen Worte nicht unbedacht gesetzt werden, verwundert, wie häufig statt von existenzsicherndem *Aufwand* von existenzsicherndem *Bedarf* die Rede ist.

---

663 BVerfG vom 09.02.2010, Az. 1 BvL 1/09, 3/09, 4/09, Rz. 158.
664 *Liesenfeld*, Existenzminimum, S. 80.
665 *Liesenfeld*, Existenzminimum, S. 80.

(1) Pro Bedarfsorientierung

Soweit ersichtlich, wird der bedarfsorientierte Ansatz der Interpretation des Leistungsfähigkeitsprinzips am deutlichsten bei *Lehner* und, ihm weitgehend folgend, *Liesenfeld* vertreten. Beide stützen sich auf die enge Verwandtschaft von Leistungsfähigkeitsprinzip und Bedürftigkeitsprinzip. Sie setzen voraus, beide Teilrechtsordnungen haben zum Ziel, es jedem zu ermöglichen, seinen Unterhalt selbst zu verdienen. Jeder sei aber auch soweit als möglich darauf verwiesen, selbst für seinen Unterhalt zu sorgen. Es sei nicht mehr Ausdruck eines freiheitlichen selbstbestimmten Lebens, wenn jemand in die Abhängigkeit vom gewährenden Staat gezwungen würde. Aus diesen Grundvoraussetzungen entwickeln sie ihre jeweiligen Vorschläge für eine bedarfsgerechte Interpretation des Leistungsfähigkeitsprinzips.

Die vorgefundene, kaum hinterfragte gleichheitsrechtliche Herleitung des Leistungsfähigkeitsprinzips wird kritisiert, die sich sowohl gleichheitsrechtlicher, als auch freiheitsrechtlicher Wertungen bedient, ohne klarzustellen, auf welche Weise diese in die Definition des Leistungsfähigkeitsprinzips einfließen.[666] Hierdurch werde die verfassungsrechtliche Begründung der gefundenen Ergebnisse verschleiert.

Dem ist, auf den speziellen Fall der Nahtstelle zwischen Steuerrecht und Sozialrecht bezogen, zuzustimmen. Es wird nicht klar, in welcher Weise an die freiheitsrechtlichen sozialen Wertungen anzuknüpfen ist, ob hierfür insbesondere ein verfassungsrechtlicher Zwang besteht. Nur scheinbar besteht die häufig zitierte Einigkeit, dass das Leistungsfähigkeitsprinzip allein gleichheitsrechtlich begründbar ist. Ohne freiheitsrechtliche, soziale Wertungen kommt, soweit ersichtlich, kein Autor oder Urteil aus. Vielmehr drängt sich der Eindruck auf, im Bereich der Nahtstellen von Einkommensteuerrecht und Sozialrecht könne auch ohne den Umweg über das Gleichheitsrecht direkt auf das Sozialstaatsprinzip zurückgegriffen werden.

Bereits *Vogel* schlug vor, das Leistungsfähigkeitsprinzip nicht ausschließlich auf den Gleichheitssatz des Art. 3 GG zu gründen. Das Prinzip fuße auf vier Wurzeln, nämlich dem Gleichheitssatz, dem Sozialstaatsprinzip, dem Willkürverbot und der Finanzverfassung.[667] Auch bei ihm erscheint das für diese Untersuchung wichtige Institut des Sozialstaatsprinzips im Rahmen der Begründung des Leistungsfähigkeitsprinzips. Das bedeutet, auch nach seiner Meinung ist es nicht fernliegend, das Leistungsfähigkeitsprinzip mit sozialen Wertungen auszufüllen und ihm dadurch Konturen zu verleihen.

---

666 *Liesenfeld*, Existenzminimum, S. 92 f.
667 *Vogel*, DStJG 12 (1989), S. 123 (141); *ders.*, HStR IV, § 87, Rz. 93 ff.; *ders*, FS für Offerhaus, S. 47 ff.; *Vogel/Waldhoff*, BK, Vorb. zu Art. 104a bis 115 GG, Rz. 519.

Ebenso stützt *Tipke* das Leistungsfähigkeitsprinzip nicht ausschließlich auf den Gleichheitssatz. Auch für ihn fließt der zentrale Besteuerungsgrundsatz aus einer Vielzahl von Vorschriften. Unter diesen finden sich auch das Sozialstaatsprinzip und die Freiheitsrechte.[668]

Unter Verweis auf *Tipke* bestätigt auch *Lang*, dass das Leistungsfähigkeitsprinzip sozialstaatlich geprägt ist.[669] Er führt aus, dass der Weg zu einer Harmonisierung der Einkommensbegriffe zwischen dem Einkommensteuerrecht und dem Sozialrecht dann eröffnet wäre, wenn der steuerrechtliche Einkommensbegriff die *Bedarfs*situation des Steuerpflichtigen so berücksichtigen würde, wie es das Leistungsfähigkeitsprinzip gebiete.[670] Hieran zeige sich die Spiegelbildlichkeit von steuerlicher Leistungsfähigkeit und sozialrechtlicher Bedürftigkeit. Die Einheit der Rechtsordnung gebiete die rechtseinheitliche Bemessung wirtschaftlicher Leistungsfähigkeit und Bedürftigkeit sowohl im Verhältnis des Steuerrechts zum Sozialrecht als auch im Verhältnis des Steuerrechts zum Unterhaltsrecht. Da die vorgenannten Rechtsgebiete einschließlich des Steuerrechts in die wirtschaftliche Leistungsfähigkeit/Bedürftigkeit den Lebensbedarf mit einbezögen, komme rechtseinheitlich nur eine bedarfsorientierte Maßgröße in Betracht. Der pure Rückgriff auf das Markteinkommen erfordere Modifikationen und führe zwangsläufig zur Zersplitterung der Einkommensbegriffe.[671]

Auch nach *Paul Kirchhof* erlangt das Sozialstaatsprinzip Bedeutung für die Besteuerung und ist durch den Blick auf sozialrechtlich vorgezeichnete Größen zu konkretisieren.[672] Dies ist Ausdruck der hier vorgeschlagenen Modifikation des Leistungsfähigkeitsprinzips. Zur Verteidigung des Abzugs für den Betreuungs- und Erziehungsbedarf führt er aus, dass nicht immer zugunsten eines wirtschaftszentrierten Bildes (Berufsfreiheit Art. 12 GG) nur auf Aufwand abgestellt werden müsse, der zu Geldabflüssen führt.[673] Der Betreuungsbedarf entstehe, vor dem Hintergrund des Art. 6 GG, allein aus dem Vorhandensein von Kindern und nicht erst aus der Erwerbstätigkeit der Eltern. Verallgemeinert man diese Aussage, so kann festgehalten werden, dass bei der Besteuerung, abhängig vom einschlägigen Grundrecht, durchaus nicht an den Aufwand, sondern an einen realitätsgerecht bemessenen Bedarf anzuknüpfen ist. Eine bedarfsorientierte Interpretation des Leistungsfähigkeitsprinzips komme jedenfalls bei der Frage nach der gerechten Belastung durch indirekte Steuern zum Zug.[674] Insofern sind auch die Überlegungen *Kirchhofs* mit einem bedarfsorientierten Ansatz in Einklang zu bringen.

---

668   *Tipke*, StRO Bd. 1, 2. A., S. 479 ff., 492 ff.
669   *Lang*, Tipke/Lang, Steuerrecht, § 4 Rz. 185.
670   *Lang*, Tipke/Lang, Steuerrecht, § 1 Rz. 26 a. E.
671   *Lang,* Tipke/Lang, Steuerrecht, § 9 Rz. 49.
672   *Kirchhof*, Isensee/Kirchhof, HStR V, § 118 Rz. 219.
673   *Kirchhof*, NJW 2000, 2792 (2795 f.).
674   *Kirchhof*, Isensee/Kirchhof, HStR V, § 118 Rz. 192.

Auch mit den Ausführungen von *Birk* erscheint eine bedarfsorientierte Interpretation des Leistungsfähigkeitsprinzips vereinbar.[675] Zwar leitet er das Leistungsfähigkeitsprinzip nicht aus den Freiheitsrechten, sondern vorwiegend aus Art. 3 GG her.[676] Indes sei das Leistungsfähigkeitsprinzip durch weitere Verfassungsinhalte zu konkretisieren.[677] Damit kommt auch bei *Birk* (jedenfalls im Bereich des Existenzminimums) den Freiheitsrechten (insbesondere dem Sozialstaatsprinzip) eine maßgebliche Bedeutung bei der Interpretation des Leistungsfähigkeitsprinzips zu.[678] Auch erkennt er die enge Verbindung und Aufeinander-Bezogenheit von Steuerrecht und Sozialrecht an. So stellt er die wesensmäßige Vergleichbarkeit von sozialen und steuerlichen Abgaben heraus.[679] Die Bedeutung der Freiheitsrechte im Zusammenhang der beiden Teilrechtsordnungen arbeitete er als doppelte Garantie heraus, indem er dem Steuerrecht die Wahrung der Freiheitsrechte im staatlichen Nehmen und dem Sozialrecht die Bewahrung des soziokulturellen Existenzminimums durch das staatliche Geben zuwies.[680]

Bei der Erläuterung des Zusammenspiels von direkten und indirekten Steuern im Bereich des Existenzminimums führt *Birk* aus, dass der Gesetzgeber bei der Bemessung des einkommensteuerlichen Existenzminimums zu bedenken habe, dass die indirekten Steuern den Lebens*bedarf* erhöhen.[681] Es wird wohl nicht zu viel in dieses Zitat hinein interpretiert, wenn festgehalten wird, dass auch für *Birk* die Beachtung eines Lebens*bedarfs* zur realitätsgerechten Ermittlung des Existenzminimums eine Rolle spielt. Daran ließe sich eine Interpretation des Leistungsfähigkeitsprinzips im Lichte eines realitätsgerecht ermittelten sozialrechtlichen Bedarfs knüpfen.

Brandis möchte, unter Verweis auf *Lehner*,[682] den Einkommensbegriff des Einkommensteuerrechts bedarfsorientiert formulieren.[683] Ohne eine entsprechende Ausgestaltung des Leistungsfähigkeitsprinzips ist kein „bedarfsgerecht formulierter" Einkommensbegriff denkbar. Damit ist dieser Vorschlag im Ergebnis eine andere Formulierung für eine bedarfsorientierte Interpretation des Leistungsfähigkeitsprinzips.

Ebenso unter Verweis auf *Lehner* stellt *Waldhoff* klar, dass, um die bloß formale Betrachtung der Steuergerechtigkeit nach dem Maßstab des Art. 3 GG zu über-

---

675 Andeutungsweise: *Birk*, Leistungsfähigkeitsprinzip, S. 144, 148.
676 *Birk*, Leistungsfähigkeitsprinzip, S. 165, 170, 238; *ders.*, Steuerrecht, S. 54 ff.
677 *Birk*, Leistungsfähigkeitsprinzip, S. 54 ff.; *ders.*, Steuerrecht, S. 57 ff.
678 *Birk*, Steuerrecht, S. 59.
679 *Birk*, Leistungsfähigkeitsprinzip, S. 87 ff.
680 *Birk*, Leistungsfähigkeitsprinzip, S. 123 ff.
681 *Birk*, Steuerrecht, S. 58 (Rz. 197).
682 *Lehner*, Einkommensteuerrecht und Sozialhilferecht, S. 177, 184 ff.
683 *Brandis*, DStJG 29 (2006), S. 105.

winden, die steuerliche Belastungsentscheidung als Konkretisierung eines *bedarfs-gerechten* Belastungsmaßstabs ausgestaltet werden muss.[684]

Um nicht immer wieder in die Gefahr zu geraten, das Existenzminimum auf verfassungswidrige Weise zu unterschreiten und vom BVerfG verpflichtet zu werden, nachzubessern, befürwortet *Horlemann* eine dynamische Ankopplung des steuerlichen Existenzminimums an den sozialhilferechtlichen Bedarf.[685] Folglich sprechen auch praktische Erwägungen für eine bedarfsorientierte Interpretation des Leistungsfähigkeitsprinzips.

Hey stellt im Anschluss an *Tipke*[686] und *Birk*[687] fest, dass ein Abzug von kindbedingten Mehrbelastungen von der Bemessungsgrundlage verzerrend wirke.[688] Daraus folge, dass nur ein Abzug von der Steuerschuld mit dem *Bedürfnisprinzip* zu vereinbaren sei. Geht man davon aus, dass Bedürfnisprinzip mit dem Bedürftigkeitsprinzip gleichzusetzen ist, so deuten auch die Ausführungen *Heys* auf die Möglichkeit einer bedarfsorientierten Interpretation des Leistungsfähigkeitsprinzips hin.

(2) Contra Bedarfsorientierung – Kritische Stimmen im Schrifttum

Der Vorschlag, die Interpretation des Leistungsfähigkeitsprinzips in bestimmten Bereichen eng an das Sozialrecht zu koppeln und den Anwendungsbereich dieser Erkenntnisquelle über das Existenzminimum hinaus ausdehnen zu wollen, kann durchaus kritisiert werden. Ansatzpunkte der Kritik könnten die Voraussetzung sein, unter der der funktionale Zusammenhang von Steuerrecht und Sozialrecht beschrieben wird sowie die teilweise Zurückdrängung der Anknüpfung an den Aufwand zugunsten der Anknüpfung an den Bedarf. Eine rein praktische Folge, die man kritisieren könnte, ist, dass bei einer Anknüpfung an sozialrechtliche Bedarfssätze die Sozialhilfe nicht mehr nur die staatliche Ausgabenseite belastet, sondern zugleich auch noch die Einnahmen mindert.[689]

(a) Zu viele Bedarfe

Der Vorschlag, das Leistungsfähigkeitsprinzip bedarfsgerecht auszulegen, könnte unter Hinweis auf eine unüberschaubare Vielzahl von Bedarfen zurückgewiesen

---

684 *Waldhoff*, Isensee/Kirchhof HStR V, § 116, Rz. 105, 108.
685 *Horlemann*, DStR 1999, 397 (398, 401).
686 *Tipke*, StRO Bd. 1, 2. A., S. 530.
687 *Birk*, StuW 1989, 212 (217); *Birk/Wernsmann*, JZ 2001, 218 (223).
688 *Hey*, NJW 2006, 2001 (2006).
689 *Neumann*, NVwZ 1995, 426 (426).

werden.[690] Man könne etwa Ausbildungsbedarfe, Vorsorgebedarfe oder gar Vermögensbildungsbedarfe kreieren. Dem wäre entgegenzuhalten, dass für die hier vertretene Auslegung nur bestimmte Bedarfe in Frage kommen. Es müssen solche Bedarfe sein, die nach der aktuellen sozialrechtlichen Auffassung als das soziokulturelle Existenzminimum anerkannt werden. Nicht mehr und nicht weniger ist im Einkommensteuerrecht im Ergebnis als steuerliches Existenzminimum anzuerkennen. Demnach können anzuerkennende Bedarfe gerade nicht willkürlich kreiert werden. Das, was für ein menschenwürdiges Leben die Mindestvoraussetzung ist, wird vielmehr nachvollziehbarer als bisher.

(b) Voraussetzungen des Modifikationsvorschlags

Genau genommen wird der Grundfreibetrag nur bei Einkommen in der Nähe des Existenzminimums benötigt, um den Bürger nicht grundgesetzwidrig und in entmündigender Art und Weise in die sozialrechtliche Bedürftigkeit zu drängen. Nur in diesem Bereich trifft die Aussage wirklich zu, dass bei einer Besteuerung des Existenznotwendigen nominell eine Bedürftigkeitslage entstünde, die vom Staat ausgeglichen werden müsste.[691] Solange auch nach Abzug von Steuern noch mehr verbleibt als das Existenzminimum, kann nicht in der oben genannten Art und Weise argumentiert werden. Hier könnten eher eine als gerecht empfundene Lastenverteilung, Lenkungsfunktionen oder schlicht die Vereinfachung des Verfahrens den Abzug eines Grundfreibetrags begründen. Dass ein Grundfreibetrag in Höhe des sozialrechtlichen Existenzminimums in jeder Einkommensklasse nicht zwingend ist, deutet sich bei *Hackmann* an.[692] Es soll jedoch zunächst als vorgefundene Wertentscheidung angesehen werden, in jeder Einkommensklasse einen Grundfreibetrag anzuerkennen, auch wenn in höheren Einkommensklassen rein wirtschaftlich nicht die Gefahr besteht, Lebensnotwendiges zu besteuern.[693]

(c) Aufwand gegen Bedarf

Dem Ansatz, Bedarfe statt Aufwendungen zum Anknüpfungspunkt steuerlicher Verschonung zu machen, widerspricht *Hackmann*.[694] Er begründet dies mit dem Beispiel eines Asketen, der geringere Aufwendungen tätige, als es seinem Bedarf entspricht. Dieser könne, stellt man auf den Bedarf ab, einen höheren Abzugsbetrag

---

690 *Schneider*, NJW 1999, 1303 ff.; *Sacksofsky*, NJW 2000, 1896 (1902).
691 Dazu auch: *Schmidt-Liebig*, BB 1992, 107 (109).
692 *Hackmann*, BB 1994, Beilage Nr. 19 S. 2 (5).
693 Dazu später unter: Kap. 2 B. II. 3.) b) aa).
694 *Hackmann*, BB 1994, Beilage Nr. 19, 2 (3).

geltend machen, als wenn auf die tatsächlichen Aufwendungen abgestellt würde. Vor dem Hintergrund eines realitätsgerecht ermittelten Existenzminimums im Sozialrecht kann eine solche Begründung als fernliegend, wenn nicht gar zynisch bezeichnet werden. Zum einen ist es unwahrscheinlich, dass eine größere Zahl von Menschen absichtlich, ohne Notwendigkeit unterhalb eines realistisch bemessenen Existenzminimums lebt. Zum anderen böte ein solches minimalistisches Leben auch keine sinnvolle Steuersparmöglichkeit, da keine weiteren Abzugsbeträge dadurch gewonnen werden. Ganz anders steht es im Fall von Aufwendungen. Hier besteht stets die Gefahr, dass versucht wird, Kosten der persönlichen Lebensführung unter Abzugstatbestände zu subsumieren.

Die mit der Bindung des Steuerrechts an das Sozialrecht herbeigeführten Folgen sind für *Hackmann* problematisch. Soweit der Grundfreibetrag im Steuerrecht vom sozialrechtlichen Existenzminimum abhänge, sei eine Versteinerung des Systems zu befürchten.[695] Die Gestaltungsspielräume des Gesetzgebers seien insofern eingeschränkt, als er bei jeder Erhöhung sozialer Hilfen an die damit verbundenen steuerlichen Folgen denken müsse (Erhöhung des Grundfreibetrags). Diesen Bedenken kann entgegengehalten werden, dass eine Verbesserung der Situation von Sozialleistungsempfängern, zumal vor dem Hintergrund bereits stark verschuldeter öffentlicher Kassen, nur aufgrund zwingender Erkenntnisse, wie etwa aus einem neuen Existenzminimumbericht,[696] erfolgt. Wenn soziale Hilfsleistungen erhöht werden, dann spricht demnach vieles dafür, dass ein verfassungsrechtlicher Zwang besteht, auch den Grundfreibetrag zu erhöhen, um nicht bestimmte Bevölkerungsgruppen wissentlich in die Abhängigkeit vom Staat zu zwingen.

Auch den Befürchtungen, eine (zumindest teilweise) Maßgeblichkeit des Sozialrechts für das Steuerrecht habe eventuell nachteilige Folgen für die Empfänger von Sozialleistungen,[697] kann entgegengetreten werden. Es ist keineswegs zwingend, dass jede Erhöhung von Leistungen an Bedürftige auch eine erhöhte Freistellung von der Besteuerung nach sich ziehen muss, sodass eventuell aus finanziellen Gründen von der Besserstellung der Bedürftigen abgesehen wird. So kann im Sozialrecht auf der einen Seite das Existenzminimum für den Bedürftigen gesichert werden. Darüber hinaus können ihm Umschulungen oder ähnliche Maßnahmen zur Wiedereingliederung in den Arbeitsmarkt geboten werden. Diese Maßnahmen hängen nicht ausschließlich mit dem notwendigen Existenzminimum zusammen. Sie sind eher eine Investition der Gemeinschaft in den Bedürftigen, um es zu ermöglichen, ihn (wieder) als Steuerzahler zu gewinnen. Damit braucht ein den Eingliederungsmaßnahmen entsprechendes Äquivalent nicht im Einkommensteuerrecht berücksichtigt zu werden.

---

695 *Hackmann*, BB 1994, Beilage Nr. 19, 2 (4).
696 BT Drs. 16/3265.
697 *Hackmann*, BB 1994, Beilage Nr. 19, 2 (4).

Weiter wird vorgebracht, Steuerrecht dürfe, wenn nicht sogar müsse, mehr verschonen, als das Sozialrecht gewährt.[698] Zum einen sprächen dafür prinzipielle Erwägungen. Es solle die staatliche Unterstützung subsidiär sein zur eigenen Erwerbstätigkeit. Zum anderen soll der selbst Erwerbende mehr zur Verfügung haben, als der vom Staat Unterstützte. Diese Überlegungen lassen sich jedoch weniger dem Leistungsfähigkeitsprinzip, als den arbeitsmarktpolitischen Anreizzwecken, also Lenkungszwecken, zuordnen.

Hackmann wirft die Frage auf, warum bei der Einkommensteuer eine strikte Anpassung an die sozialhilferechtlichen Größen gefordert wird, nicht jedoch bei den direkten Steuern.[699] Dieser These kann bereits im Grundsatz widersprochen werden. Es gibt durchaus Diskussionen zur Anpassung auch der Umsatzsteuer an sozialrechtliche Anforderungen.[700] Es handelt sich jedoch um eine anders gelagerte Diskussion, da die direkten Steuern (z. B. Umsatzsteuer auf Lebensmittel) für alle gleich hoch sind. Damit können sie beispielsweise in die Preisindices, die zur Bestimmung des sozialrechtlichen Existenzminimums gebildet werden, mit aufgenommen werden. So ist etwa nach einer Erhöhung der Umsatzsteuer das notwendige Existenzminimum im Sozialrecht und in der Folge der Grundfreibetrag entsprechend anzupassen. Dieses Vorgehen kann nur die dringendsten Probleme im Zusammenhang mit der Umsatzsteuer lösen. Es ändert nichts daran, dass niedrigere Lohngruppen relativ zum Einkommen deutlich mehr Umsatzsteuer zu zahlen haben als Besserverdiener, da sie gezwungen sind, einen größeren Teil ihres Einkommens zu verkonsumieren.

Soweit *Hackmann* vertritt, nicht der gesamte existenznotwendige Bedarf sei gleich dringlich,[701] so ist dieser Ansatz aus mehreren Gründen nicht haltbar. Ein realitätsgerecht ermitteltes Existenzminimum spiegelt das wider, was nach dem jeweils aktuellen zivilisatorischen Stand als das für ein menschenwürdiges Leben Unabdingbare angesehen wird. Hierbei verbietet sich eine Unterscheidung in dringlich und weniger dringlich. Je nach sozialpolitischer Ausrichtung mag es Auffassungen geben, die höhere Leistungen als das Existenzminimum fordern. Vor dem Hintergrund der Garantie der Menschenwürde aus Art. 1 GG kann das Existenzminimum jedoch nicht bewusst unterhalb dessen angesiedelt werden, was für ein menschenwürdiges Leben notwendig ist. Dies stellte einen zivilisatorischen Rückschritt dar, indem lediglich das Überleben, also ein Gerade-so-am-Leben-Erhalten, als notwendig erachtet würde.

---

698 *Hackmann*, BB 1994, Beilage Nr. 19, 2 (5).
699 *Hackmann*, BB 1994, Beilage Nr. 19, 2 (6 f.).
700 *Lammers*, Die Steuerprogression, S. 37 ff.; diese Überlegungen bestehen auch bereits seit geraumer Zeit: vgl. *Hensel*, System des Familiensteuerrechts, S. 162.
701 *Hackmann*, BB 1994, Beilage Nr. 19, 2 (7).

Vor diesem Hintergrund kann auch der Hinweis, bei erheblichen Preisunterschieden könne der Bedürftige ausweichen,[702] nicht nachvollzogen werden. *Hackmann* schlägt vor, Bedürftige, die in Regionen mit hohen Mietpreisen wohnen, auf die Möglichkeit zu verweisen, in günstigere Regionen umzuziehen. Auf alle wirtschaftlichen, sozialen, städtebaulichen und kriminalpräventiven Gründe einzugehen, die die bewusste Erzeugung sozialer Brennpunkte als kontraproduktiv erscheinen lassen, würde den Rahmen dieser Untersuchung sprengen. Jedenfalls ist ein solcher Vorschlag als nicht zu rechtfertigender Eingriff in das Recht auf Freizügigkeit aus Art. 11 GG zu bewerten. So ist nicht nur die Wohnsitznahme, sondern auch das Beibehalten[703] des Wohnsitzes geschützt. *Kunig* spricht insoweit von der „negativen" Freizügigkeit, als dem Recht, einen bestimmten Ort nicht aufsuchen zu müssen.[704] Eingriffe ließen sich nach dem Sozialvorbehalt des Art. 11 Abs. 2 GG nur dann rechtfertigen, wenn eine ausreichende Lebensgrundlage nicht vorhanden ist und der Allgemeinheit daraus besondere Lasten entstünden. Dieser Rechtfertigungsgrund ist nicht dahingehend zu verstehen, dass ein Empfänger von Sozialleistungen bei Preisunterschieden aufgefordert werden kann, in eine günstigere Gegend zu ziehen, da sonst einem Leistungsträger höhere Kosten entstünden. Hier sind vielmehr Extremfälle gemeint. Wenn etwa ein Auffanglager für Flüchtlinge in einer Gemeinde bereits überfüllt ist und weitere Menschen deshalb aufgefordert werden, sich in eine andere Gemeinde zu begeben, dann kann dies unter Art. 11 Abs. 2 GG subsumiert werden. Generell sind pauschalierende Festlegungen bei der Einschränkung der Freizügigkeit nur in engen Grenzen möglich.[705] Der Ruf nach „Zuteilung" von Wohngemeinden sei somit prinzipiell freiheitsfeindlich und gleichheitsfeindlich.[706]

Hackmann[707] erwägt einen individualisierenden Ansatz bei der Berücksichtigung des Existenzminimums. So dürfe nicht lediglich das jeweilige am Markt erwirtschaftete Erwerbseinkommen betrachtet werden. Vielmehr müssten nach Art der Reinvermögenszugangstheorie auch die im Eigentum verkörperten Nutzungswerte in die Erfassung des für die Bestreitung des Existenzminimums zur Verfügung stehenden maßgebenden Einkommens mit einfließen. Man stelle sich ein Vergleichspaar vor, von dem ein Steuerpflichtiger zur Miete wohnt, der andere ein Eigenheim zur Verfügung hat. Beiden sei ein unterschiedlich hoher Betrag als Existenzminimum anzuerkennen. Denn dem Eigentümer flössen (Nutzungs-) Werte zu, die zu berücksichtigen seien. Er spare Mietaufwendungen. Die Leistungsfähigkeit sei somit nicht als die bloße Zahlungsfähigkeit zu verstehen. Der Eigentü-

---

702 *Hackmann*, BB 1994, Beilage Nr. 19, 2 (7).
703 *Jarass*, Jarass/Pieroth, GG, Art. 11 Rz. 2, 3.
704 *Kunig*, Münch/Kunig, GGK I, 5. A. 2000, Art. 14, Rz. 18.
705 *Kunig*, Münch/Kunig, GGK I, 5. A. 2000, Art. 14, Rz. 22.
706 *Kunig*, Münch/Kunig, GGK I, 5. A. 2000, Art. 14, Rz. 29.
707 *Hackmann*, BB 1994, Beilage Nr. 19, 2 (28).

mer könne im Ergebnis darauf verwiesen werden, dass das mietfreie Wohnen seine Leistungsfähigkeit erhöhe.

Damit schlägt *Hackmann* im Ergebnis vor, einen möglichst niedrigen Betrag für das Existenzminimum zu wählen. Er fürchtet Fehlanreize durch eine mit der Erhöhung des Grundfreibetrags verbundene Tariferhöhung in den Bereichen jenseits des Grundfreibetrags. Anders ausgedrückt, spricht er sich gegen das umverteilende Element im Rahmen der Einkommensbesteuerung aus.

Der Ansatz ist abzulehnen. Es wird die Frage nach der Höhe des Existenzminimums mit der Frage vermischt, auf welcher Grundlage das zu versteuernde Einkommen zu ermitteln ist.[708] Dies führt zu einer Besteuerung eines bestimmten Soll-Ertrages.[709] So wie ein Brach-liegen-lassen eines Grundstücks sich steuerlich negativ auswirkte, müsste sich auch ein „Brach-liegen-lassen von Arbeitskraft" negativ auswirken. Im Extremfall könnte eine solche Argumentation dazu führen, einem Arbeitnehmer (individualisiert) den Grundfreibetrag kürzen zu wollen mit der Begründung, er habe nur halbtags gearbeitet, also Arbeitskraft brach liegen lassen. Ein solcher Ansatz ist mit der Menschenwürdegarantie des Grundgesetzes (Art. 1 GG) nicht zu vereinbaren. Die freie Wahl zwischen Einsatz der Arbeitskraft und Freizeit wäre durch das Steuerrecht relativiert, was den Steuerpflichtigen zum bloßen Objekt staatlichen Handelns degradierte. Die Erfassung von Nicht-Markteinkommen führt zudem zu Situationen, die grundsätzlichen Gerechtigkeitserwägungen widersprächen. So müssten aus Gründen der Verwaltungspraktikabilität bestimmte „Soll-Pauschalbeträge" für das Nicht-Markteinkommen bestimmt werden, um nicht jeden Bürger einzeln prüfen zu müssen.[710] Steuerpflichtige mit höherem Nicht-Markteinkommen würden durch einen unter ihren tatsächlichen Verhältnissen liegenden Pauschalbetrag begünstigt. Weniger Wohlhabende würden durch Anrechnung eines über ihren tatsächlichen Verhältnissen liegenden Pauschalbetrags benachteiligt. Zu ihren Lasten würde ein zu hohes Nicht-Markteinkommen in Ansatz gebracht werden. Hätten sie die Möglichkeit, das tatsächlich niedrigere Nicht-Markteinkommen nachzuweisen, bliebe es bei der Benachteiligung. Gerade die schwächsten Glieder der Gesellschaft würden mit zusätzlichen Nachweispflichten, die möglicherweise mit Beratungskosten verbunden sind, belastet.

Kube[711] spricht sich eher für eine Trennung des Maßstabs der Leistungsfähigkeit von dem der Bedürftigkeit aus. Das Leistungsfähigkeitsprinzip diene lediglich der Begrenzung der staatlichen Möglichkeiten, soziale Bedarfe zu decken. Der sozialstaatliche Schutzanspruch des Bürgers, der sich im Prinzip der Bedürftigkeit aus-

---

708 Vgl. *Hackmann*, BB 1994, Beilage Nr. 19, 2 (24).
709 Vgl. *Hackmann*, BB 1994, Beilage Nr. 19, 2 (32).
710 *Hackmann*, BB 1994, Beilage Nr. 19, 2 (32).
711 *Kube*, DStJG 29 (2006), S. 18.

drückt, sei indirekt dadurch beschränkt, dass der Vermögenseingriff zur Finanzierung des Bedarfs verhältnismäßig sein muss. Dem ist zwar grundsätzlich zuzustimmen, allerdings kann dies nicht der einzige Punkt sein, an dem beide Prinzipien ineinandergreifen. Dies griffe zu kurz. Der von *Kube* anerkannte Zusammenhang der beiden Teilrechtsordnungen wäre nur dann relevant, wenn die Steuerzahler aufgrund des Finanzbedarfs der Sozialsysteme in erdrosselnder Weise besteuert würden. So stellt auch *Kube* im weiteren Verlauf fest, dass Leistungsfähigkeitsprinzip und Bedürftigkeit aufeinander bezogene Grundsätze seien. So sei das Leistungsfähigkeitsprinzip auch ein sozialstaatliches Prinzip, und das Bedürftigkeitsprinzip vollende den steuerlichen Belastungsgedanken. Dies relativiert die eingangs erhobene Forderung nach einer weitgehenden Trennung beider Begriffe.

Schmidt-Liebig lehnt die Maßgeblichkeit des Sozialrechts für das Steuerrecht rundweg ab. Es sei nicht nachzuvollziehen, dass dem Sozialgesetzgeber ein weiterer Handlungsspielraum zu Gebote steht als dem Steuergesetzgeber.[712] Die Leistungsfähigkeit werde im Einkommensteuerrecht nur unzureichend ermittelt. Mithin bestehe auch keine Pflicht, einen realitätsgerechten Abzugsbetrag für das Existenzminimum zu bestimmen. Diese Argumentation wird gerade durch die vorgeschlagene Harmonisierung von Sozialrecht und Einkommensteuerrecht entkräftet. Soweit das Einkommensteuerrecht einen (zunächst) von Lenkungszwecken und Sozialzwecken befreiten Einkommensbegriff bereitstellt, spricht auch nichts dagegen, ein nach Bedarfsgrößen ermitteltes Existenzminimum von der Besteuerung freizustellen.

Seer/Wendt wollen, im Sinne des derzeitigen Systems, nur tatsächliche Kosten zum Abzug zulassen. Demnach scheinen sie, zumindest vor dem Hintergrund des BVerfG-Urteils vom 22.12.1999,[713] eine Bedarfsorientierung abzulehnen.[714]

f) Zusammenfassung

Einkommensteuerrecht und Sozialrecht treffen einander bei dem Versuch, die finanzielle Potenz des Bürgers zu messen. Das Einkommensteuerrecht bestimmt sie mit Hilfe des Leistungsfähigkeitsprinzips, das Sozialrecht mittels des Bedürftigkeitsprinzips. Beide betrachten den Bürger von ihrem jeweiligen Standpunkt her. Aus der Verbindung beider Begriffe sowie der Maßgabe, dass grundsätzlich jeder Bürger von eigener selbständiger oder abhängiger Arbeit leben soll und der grundsätzlichen Privatnützigkeit des Eigentums, ist es vor dem Hintergrund von Sozialstaatsprinzip und Menschenwürdegarantie erforderlich, einen Betrag in Höhe des

---

712 *Schmidt-Liebig*, BB 1992, 107 (110).
713 BVerfGE 99, 216.
714 *Seer/Wendt*, NJW 2000, 1904 (1907).

sozialrechtlich ermittelten Existenzminimums von der Steuer freizustellen. Bestimmte sozialrechtliche Bedarfe sind steuerlich anzuerkennen. Dies führt zu einer bedarfsorientierten Interpretation des Leistungsfähigkeitsprinzips im Steuerrecht. Damit einher geht die funktionale Betrachtung des Einkommens. Weiterhin folgt daraus die Feststellung, dass das Leistungsfähigkeitsprinzip nicht ausschließlich aus dem Gleichheitssatz des Art. 3 GG herzuleiten ist. Es ist zudem durch bestimmte Freiheitsrechte definiert.[715] Die Einkommensfunktion der Sicherung des Existenzminimums lässt sich verhältnismäßig einfach plausibel herleiten. Schwieriger ist es, oberhalb des Existenzminimums relevante Einkommensfunktionen zu definieren. Man könnte vermuten, dass in diesem Bereich nur die Funktion der „Privatnützigkeit" besteht. Diese Funktion kann durch erdrosselnde oder ineffiziente Besteuerung verletzt sein. Es kann jedoch noch die Funktion der sozialen Absicherung abgegrenzt werden. Diese ist für die vorliegende Untersuchung von besonderem Interesse. Es können also bestimmte, vom Sozialrecht in das Einkommensteuerrecht importierte, Einkommensfunktionen ausgemacht werden, die bei der Besteuerung Beachtung finden müssen (z. B. Absicherung des Krankheitsrisikos, Alterssicherung). Hinsichtlich der Höhe der Verschonung ist auf sozialrechtlich ermittelte Maßgrößen abzustellen.

Die hier vertretene bedarfsorientierte Interpretation des Leistungsfähigkeitsprinzips führt nicht unbedingt zu (numerisch) anderen Ergebnissen als die bisherige Betrachtung des Leistungsfähigkeitsprinzips. Die gefundenen Ergebnisse werden jedoch nachvollziehbarer und damit überzeugender. Das Leistungsfähigkeitsprinzip als solches wird durch mehr Überzeugungskraft gestärkt.

Das sowohl gleichheitsrechtlich als auch freiheitsrechtlich begründete Leistungsfähigkeitsprinzip hat zur Folge, dass sich freiheitsrechtliche Extremgrenzen der Besteuerung (z. B. Existenzminimum) aufzeigen lassen, die vom Gesetzgeber ausgereizt werden können, aber nicht müssen. Innerhalb dieser Extremgrenzen der Besteuerung gilt wiederum nur der Gleichheitssatz aus Art. 3 GG als verfassungsrechtlicher Maßstab. Damit können hinsichtlich Tarifverlauf und Tarifhöhe nur (relative) gleichheitsrechtliche Forderungen gestellt werden. Es können in diesen Punkten keine absoluten freiheitsrechtlichen Aussagen aus dem Grundgesetz gewonnen werden. Derartige Versuche setzen sich stets dem Verdikt der Willkür aus.

---

715 Für die Herleitung ausschließlich aus Freiheitsrechten: *Lehner*, Einkommensteuerrecht und Sozialhilferecht, S. 337 ff.; *Liesenfeld*, Existenzminimum, S. 128 ff.

2. Kapitel: Das Zusammenwirken der Rechtsgebiete an ausgewählten Beispielen

Im Folgenden sollen die im ersten Kapitel entwickelten Ideen und die gefundenen Ergebnisse angewandt werden. Insbesondere soll die Wechselwirkung zwischen dem Einkommensteuerrecht und dem Sozialrecht an konkreten einfachgesetzlichen Beispielen dargestellt werden. Die grundsätzliche Nähe der verschiedenen Teilgebiete des Sozialrechts zum Steuerrecht ergibt sich daraus, dass im Sozialrecht zwar nicht eine allgemeine Zahlungsverantwortlichkeit wie im Steuerrecht, sondern besondere sozialstaatliche Gruppenverantwortlichkeiten bestehen, welche ihrerseits aber den steuerfinanzierten Sozialstaat auf der Basis beitragsfinanzierter Versicherungsleistungen entlasten und neben bedürftigkeitsbezogenen Elementen verstärkt leistungsfähigkeitsbezogene Elemente aufnehmen.[716] Nun soll geprüft werden, inwiefern sich eine bedarfsorientierte Interpretation des Leistungsfähigkeitsprinzips in die Nahtstellen von Einkommensteuerrecht und Sozialrecht einfügt.

Aufgrund der aktuellen Diskussion über eine umfassende Reform der Gesetzlichen Krankenversicherung, für die womöglich in Zukunft verstärkt auf steuerrechtliche Grundsätze zurückgegriffen wird, soll dieser Teil der Sozialversicherung zuerst auf seine Verbindungen zum Steuerrecht hin untersucht werden (A.). Da sich die Effektivität eines Systems der sozialen Sicherung und des sozialen Steuerrechts am deutlichsten beim untersten Auffangnetz herauskristallisiert,[717] sollen im weiteren Verlauf die Sicherung des Existenzminimums des Einzelnen (B.) und der gesamten Familie (C.) betrachtet werden. Eine weitere besondere Beziehung von Steuerrecht und Sozialrecht besteht im Bereich der Alterssicherung (D.). Dort wird das Mittel der steuerlichen Verschonung zur Stärkung der Eigenvorsorge eingesetzt, da das Versagen des sozialrechtlichen Alterssicherungssystems befürchtet wird.

---

716 *Kube*, NZS 2004, 458; *Hase*, Versicherungsprinzip und sozialer Ausgleich, S. 110 f.; *Rolfs*, Das Versicherungsprinzip im Sozialversicherungsrecht, S. 287.
717 *Naumann*, NVwZ 1995, 426 (426).

A. Das staatliche Nehmen im Einkommensteuerrecht und der Gesetzlichen Krankenversicherung

Da das Gesundheitswesen und seine rechtliche Ausgestaltung, das Gesundheitsrecht, ein wesentliches Instrument zur Herstellung sozialer Sicherheit darstellt,[718] soll zunächst die Absicherung gegen das Krankheitsrisiko im Zusammenspiel von Sozialrecht und Steuerrecht beleuchtet werden. Zur Vorstrukturierung soll in einem ersten Schritt das rechtliche Feld der Absicherung gegen das Krankheitsrisiko abgesteckt werden. Hierzu erfolgt zunächst ein Überblick über die Gesetzliche Krankenversicherung (I.), bevor in Abgrenzung zur Sozialversicherung die Private Krankenversicherung kurz umrissen wird (II.). Zur Annäherung an die Nahtstelle von Einkommensteuerrecht und Sozialrecht ist sodann die Finanzierung der Gesetzlichen Krankenversicherung anzusprechen (III.). Dies führt zu Fragen der finanzrechtlichen Einordnung der Krankenkassenbeiträge (IV.) und der Bemessung der Beiträge (V.) unter besonderer Beachtung der Familienversicherung (VI.). Nach dieser Vorarbeit schließt sich die kritische Würdigung der derzeitigen Regelung vor dem Hintergrund der Verbindungslinien zum Steuerrecht an (VII.). Es folgt sodann die Diskussion der maßgeblichen Reformvorschläge (VIII.).

I. Gesetzliche Krankenversicherung im Überblick

Die Gesetzliche Krankenversicherung folgt dem Versicherungsprinzip.[719] Das heißt, es handelt sich grundsätzlich um einen Zusammenschluss gleichartig Gefährdeter zu einer Gefahrengemeinschaft,[720] zur Abdeckung von im Einzelfall zufälligen aber in ihrer Gesamtheit abschätzbaren Bedarfen.[721] Es besteht jedoch eine Modifikation im Vergleich zu privatrechtlichen Versicherungen. Die Krankenversicherung ist dem Gedanken der Solidarität,[722] der sich aus dem Sozialstaatsprinzip herleitet, verpflichtet. Aus diesem Grund können auch zu solchen Versicherten Vertragsverhältnisse begründet werden, bei denen sich das zu versichernde Risiko bereits verwirklicht hat, die also bereits erkrankt sind.

Typisch für die Sozialversicherung ist die Zwangsversicherung. Nur durch dieses Instrument kann eine hinreichend breite Risikogemeinschaft geschaffen werden.[723] Auch dies stellt einen Unterschied zu privatrechtlichen Versicherungen dar. Der für diese Untersuchung bedeutendste Unterschied zur Privatversicherung ist,

---

718 *Musil*, Strukturfragen des Sozialverfassungsrechts, S. 21 (28).
719 Vgl. zu den Grundstrukturen: *Kingreen*, Sozialstaatsprinzip, S. 463 ff.
720 *Waltermann*, Sozialrecht, S. 57.
721 *Waltermann*, Sozialrecht, S. 58.
722 *Waltermann*, Sozialrecht, S. 58.
723 *Waltermann*, Sozialrecht, S. 55.

dass nicht ein gleiches Risiko zu gleichen Beiträgen führt (Einzeläquivalenz).[724] Vielmehr richtet sich der Beitrag der Gesetzlichen Krankenversicherung im Sinne eines sozialen Ausgleichs nicht nach der individuellen Gefährdung oder nach Vorerkrankungen, sondern nach dem Arbeitsentgelt des versicherten Arbeitnehmers (§§ 226 f. SGB V; § 5 Abs. 1 Nr. 1 SGB V). Dessen Familienmitglieder sind zudem nach § 10 SGB V kostenlos mitversichert.[725] Es kommt innerhalb der Gesetzlichen Krankenversicherung zu einer Gesamt- oder Gruppenäquivalenz.[726] Die Zahlung aus der Versicherung ist nicht von einer individuellen Bedürftigkeit abhängig.[727] Ausschlaggebend ist, wie bei jeder privatrechtlichen Versicherung, allein das Vorliegen des Versicherungsfalles, also eines Bedarfs.[728]

Aus steuerrechtlicher Sicht sind die Beiträge zur Krankenversicherung im Einklang mit einer bedarfsorientierten Interpretation des Leistungsfähigkeitsprinzips als Sonderausgaben abziehbar, soweit sie eine Versorgung auf Sozialhilfeniveau vorsehen, § 10 Abs. 1 Nr. 3, Abs. 4 EStG.[729] Das hier angesprochene Sozialhilfeniveau unterscheidet sich in einem Sozialstaat jedoch nicht wesentlich von der Normalversorgung.[730] Vor dem Hintergrund der Menschenwürdegarantie aus Art. 1 Abs. 1 GG i. V. m. dem Sozialstaatsprinzip i. V. m. dem Recht auf körperliche Unversehrtheit aus Art. 2 Abs. 2 S. 1 GG[731] ist allenfalls in Randbereichen der medizinischen Versorgung eine Differenzierung in Normalversorgung und eine darunter liegende Minimalversorgung denkbar. Regelmäßig wird sich die Differenzierung nur auf die Normalversorgung und nicht unbedingt notwendige Wahlleistungen beziehen. Damit dürften in der Regel die gesamten Beiträge zur GKV abziehbar sein.

---

724 *Waltermann,* Sozialrecht, S. 58.
725 Zur Familienversicherung: *Axer*; DStJG 29 (2006), S. 198 ff.
726 *Rolfs*, Das Versicherungsprinzip im Sozialversicherungsrecht, S. 264 ff.
727 BVerfGE 11, 105 (112); 75, 108 (146); 88, 203 (313); *Bley/Kreikebohm/Marschner*, Sozialrecht, Rz. 279 ff.; *Eichenhofer*, Sozialrecht, Rz. 140; *Waltermann,* Sozialrecht, S. 35.
728 *Wenner*, DStJG 29 (2006), S. 78.
729 Neuregelung gültig ab VZ 2010 durch Bürgerentlastungsgesetz Krankenversicherung, BGBl. I 2009, S. 1959 ff. im Anschluss an BVerfGE 120, 125 ff. und BVerfGE 120, 169 ff. zu Einzelheiten vgl. *Wernsmann*, NJW 2009, 3681 (3683 ff.); *Kanzler*, FR 2008, 729 ff.; vgl. dazu: BMF Schreiben vom 26.04.2010 IV C 3 – S 2222/09/10041; zum Umfang des „medizinischen Existenzminimums": *Neumann*, NZS 2006, 393 (394 ff.).
730 *Neumann*, NZS 2006, 393 (397); aus ökonomischer Sicht: *Wesselbaum-Neugebauer*, FR 2007, 911 ff.
731 *Schulze-Fielitz*, Dreier GG, Band 1, 2. A., Art. 2 Abs. 2, Rz. 96; *Starck*, v. Mangoldt/Klein/Starck, GG I, 5. A., Art. 2 Abs. 2, Rz. 211.

II. Private Krankenversicherung als Antagonist

Grundsätzlich spielt die Private Krankenversicherung bei der Diskussion der Nahtstellen von Einkommensteuerrecht und Sozialrecht eine geringere Rolle als die
Gesetzliche Krankenversicherung. Im Sinne eines bedarfsorientiert interpretierten
Leistungsfähigkeitsprinzips sind die Kosten der Privaten Krankenversicherung im
Umfang des sozialhilferechtlich gewährleisteten Leistungsniveaus von der Einkommensteuer freizustellen,[732] § 10 Abs. 1 Nr. 3 lit. a) EStG. Darüber hinaus sind
aber auch Beiträge für über das Leistungsniveau der Gesetzlichen Krankenversicherung hinausgehende Versicherungsleistungen nach § 10 Abs. 1 Nr. 3a EStG als
Sonderausgaben abziehbar. Die Versicherungsprämien und die Versicherungsleistungen richten sich bei der Privaten Versicherung grundsätzlich nach zivilrechtlichen Vorschriften, insbesondere dem VVG. Es besteht grundsätzlich Vertragsfreiheit. Die Höhe der Versicherungsprämie richtet sich nach dem individuell abzusichernden Risiko (Äquivalenzprinzip). Im Gegensatz zu den Gesetzlichen Krankenversicherungen gilt nicht das Sachleistungsprinzip, sondern das Kostenerstat-
tungsprinzip.[733]
Allerdings nehmen die PKV in ihrer privaten Form auch staatliche Aufgaben
wahr.[734] Wegen des besonderen Stellenwertes, der dem Krankenversicherungs-
schutz eingeräumt wird, werden die privatrechtlichen Grundsätze teilweise durchbrochen. So müssen die Privaten Krankenversicherungen nach §§ 257 Abs. 2a, 315
Abs. 1 SGB V einen Standardtarif für jedermann anbieten.[735] Nach § 193 Abs. 5
VVG besteht ein Abschlusszwang für die Privaten Krankenversicherungen, soweit
keine anderweitige Absicherung gegen das Krankheitsrisiko besteht. Zur Gewährleistung eines flächendeckenden Krankenversicherungsschutzes wurde die Vertragsfreiheit durchbrochen und ein Kontrahierungszwang normiert.
Auch wenn die teilweise Indienstnahme der Privaten Versicherungen diese zunächst belasten mag, zeigt sich dadurch zu deren Vorteil, dass das aus dem sozialen
Staatsziel erwachsende Gebot der Absicherung einer möglichst großen Bevölke-
rungsgruppe gegen das Krankheitsrisiko nicht zwingend einen Widerspruch zum
Wettbewerb der Sicherungssysteme darstellt. Während das Sozialstaatsprinzip bestimmte auf sozialen Ausgleich angelegte Ziele formuliert, ist der Wettbewerb eine
Möglichkeit, diese Ziele effizient zu erreichen, also ein Funktionsprinzip.[736] Damit
liegen Sozialstaatlichkeit und Wettbewerb auf verschiedenen Ebenen, sodass sie
sich nicht ausschließen müssen, sondern möglicherweise sogar gegenseitig bedin-

---

732 BVerfGE 120, 125 ff.; *Kulosa*, H/H/R, Stand September 2009, § 10, Rz. 383.
733 Ausnahmsweise kann auch in der GKV die Kostenerstattung gewählt werden, § 13 Abs. 2
     SGB V.
734 *Kirchhof*, DStJG 29 (2006), S. 44.
735 BVerfGE 123, 186 ff.
736 *Musil*, Wettbewerb in der staatlichen Verwaltung, S. 403 f.

gen. Problematisch ist nur die Frage, inwieweit das soziale Staatsziel die Zügelung des freien Wettbewerbs erforderlich macht.[737]

III. Finanzierung der Krankenversicherung

Nach der Darstellung des Antagonisten soll der Blick nun wieder auf den Protagonisten gerichtet werden. Dabei sind die Schnittstellen zwischen der Gesetzlichen Krankenversicherung und dem Steuerrecht herauszuarbeiten, indem die Finanzierung der Gesetzlichen Krankenkassen untersucht wird.

Die Finanzierung der Gesetzlichen Krankenversicherung erfolgt über Beiträge und sonstige Einnahmen, § 220 Abs. 2 SGB V. Die Krankenkassenbeiträge sind Sonderlasten, folgen als besondere Form der Abgaben also nicht den Bestimmungen über die Finanzverfassung aus Art. 104a ff. GG.[738] Die Zulässigkeit dieser Form der Finanzierung wird aus Art. 74 Abs. 1 Nr. 12 GG gelesen.[739] Die Beiträge wurden bislang vom versicherungspflichtig Beschäftigten und seinem Arbeitgeber je zur Hälfte getragen, §§ 5 Abs. 1 Nr. 1, 249 Abs. 1 SGB V, und vom Arbeitgeber abgeführt, § 253 SGB V i. V. m. § 28d bis n SGB IV. Ab 2011 wird der Arbeitgeberbeitrag bei 7, 3 v. H. festgeschrieben, § 249 Abs. 1 S. 1 HS 2 SGB V. Im Falle von Kurzarbeitergeld oder Winterausfallgeld ist der Beitrag vom Arbeitgeber allein zu tragen, § 249 Abs. 2 SGB V. Innerhalb der Gleitzone[740] übernimmt der Arbeitgeber „seine" Hälfte des Beitrages, der Arbeitnehmer wird jedoch entlastet, § 249 Abs. 4 SGB V. Bei den Rentnern wird der Beitrag je zur Hälfte von den Rentnern und der Rentenversicherung aufgebracht, §§ 249a, 255 SGB V. In Ausnahmefällen müssen Pflichtversicherte ihren Beitrag allein tragen. Prominentes Beispiel hierfür sind die Studenten, §§ 250 Abs. 1 Nr. 3, 236 Abs. 1 SGB V.

Auch die freiwillig gesetzlich Versicherten tragen ihre Beiträge allein, § 250 Abs. 2 SGB V. Freiwillig versicherte Beschäftigte, deren Einkommen über der Beitragsbemessungsgrenze liegt und die folglich nach § 6 Abs. 1 Nr. 1 SGB V versicherungsfrei sind, haben jedoch einen Anspruch gegen den Arbeitgeber auf Zahlung des „Arbeitgeberanteils" als Zuschuss, § 257 Abs. 1 SGB V. Der allgemeine Beitragssatz beträgt gemäß §§ 241, 226 ff. SGB V 15,5 v. H. der beitragspflichtigen Einnahmen. Die Kassen können jedoch nach § 242 SGB V Zusatzbeiträge erheben.

---

737 Dazu unten unter Kap. 2 A. VIII. 4.).
738 Zu den Finanzierungsregeln im Binnensystem der Krankenkassen (Risikostrukturausgleich) BVerfGE 113, 167 (199 ff.).
739 BVerfGE 81, 156 (185).
740 Gemäß § 20 Abs. 2 SGB IV – In der beitragsrechtlichen Gleitzone befindet sich ein Arbeitnehmer, wenn das aus einem Beschäftigungsverhältnis erzielte Arbeitsentgelt zwischen 400,01 EUR und 800,00 EUR liegt, *Igl/Welti*, Sozialrecht, S. 62.

Nach Maßgabe des § 221 SGB V trägt der Bund einen Teil der Gesundheitsausgaben aus Steuermitteln.[741] Beiträge und Einnahmen fließen in den sogenannten Gesundheitsfonds, § 271 SGB V. Dabei handelt es sich um ein Sondervermögen, bei dem der Bund durch das Bundesversicherungsamt (BVA) als Verwaltungsträger und die Gesamtheit der Krankenkassen als Vermögensträger fungieren.[742] Aus diesem Fonds erhalten die Kassen gemäß § 266 SGB V Zuweisungen. Diese teilen sich in eine Grundpauschale, Zuschläge und Abschläge in Abhängigkeit von der Risikostruktur der einzelnen Krankenkasse (morbiditätsorientierter Risikostrukturausgleich).[743]

Wegen der Benachteiligung der in der GKV Versicherten gegenüber den Steuerzahlern, die nicht in der GKV versichert sind, wurde die Verfassungsmäßigkeit des Risikostrukturausgleichs in Zweifel gezogen. Hier zeigt sich einmal mehr das unklare Zusammenspiel von Steuerrecht und Sozialrecht. Ohne eine Leistung von den finanziell schwächeren Versicherungen erlangen zu können, werden die Beiträge der Versicherten finanziell besser gestellter, ausgleichspflichtiger Versicherungen dafür verwendet, die schwächeren Versicherungen zu unterstützen. Die Gruppe der Steuerzahler, die den schwächeren Versicherungen genauso wenig nahe steht wie die Mitglieder erfolgreicherer Versicherungen, wird verschont. Diese Art der Finanzierung wurde jedoch vom BVerfG unter Hinweis darauf akzeptiert, dass die Differenzierung nur an die Vorentscheidung der Versicherungspflicht aus §§ 5 ff. SGB V und damit an eine Grundentscheidung des Sozialgesetzgebers anknüpfe.[744] Statt diese Gemeinschaftsaufgabe der Gruppe der Steuerzahler insgesamt aufzubürden, wird eine Art interne Globaläquivalenz im gesamten System der GKV entwickelt[745] und auf den Solidargedanken abgestellt.[746]

IV. Finanzrechtliche Einordnung der Krankenkassenbeiträge

Für die Einordnung der Krankenkassenbeiträge kommen verschiedene finanzrechtliche Institute in Frage. Anders als in der Ökonomie[747] kann im Rahmen der juristischen Analyse trotz ähnlicher wirtschaftlicher Wirkungen der Unterschied von Steuern, Gebühren und Beiträgen nicht übergangen werden.

---

741 Eine Verfassungsbeschwerde eines privat Versicherten gegen diese Verwendung der Steuermittel wurde als unzulässig abgelehnt (Prinzip der Non-Affektation) BVerfG vom 07.04.2010, Az. 1 BvR 810/08.
742 *Pfohl/Sichert*, NZS 2009, 71 (73 ff., 79).
743 *Waltermann*, Sozialrecht, S. 81; krit. bereits zur Vorgängerregelung: *Ramsauer*, NZS 2006, 505 ff.
744 BVerfGE 113, 167 (216 f.).
745 BVerfGE 113, 167 (217 f., 222 ff.).
746 BVerfGE 113, 167 (225).
747 *Richter*, DStJG 29 (2006), S. 217 f.

Im staatstheoretischen Sinne könnte der Krankenkassenbeitrag, wie in vielen anderen Ländern auch (vgl. social security taxes), durchaus als Steuer angesehen werden.[748] In Deutschland gilt jedoch aus historischen Gründen eine Besonderheit.[749] Als Gegenleistung für den Beitrag erhält der Versicherte die Absicherung gegen das Krankheitsrisiko. Wegen der Gegenleistung können die Beiträge bereits keine Steuern i. S. v. § 3 Abs. 1 AO sein. Damit können sie auch nicht den Regeln der Finanzverfassung aus Art. 104a ff. GG unterliegen.

Der Krankenversicherungsbeitrag könnte aufgrund der Gegenleistung eine Gebühr sein. Dagegen spricht, dass erst ein ungewisses Ereignis den Versicherungsfall auslöst.[750] Stellt man jedoch nicht auf die ungewisse Versicherungsleistung, sondern auf das Gut der Absicherung gegen Krankheit ab, relativiert sich diese Einschätzung. Auch ohne Inanspruchnahme der Versicherung erhält der Versicherte bereits das Gut Versicherungsschutz. Dies muss jedoch nicht weiter erörtert werden, denn aufgrund der Beitragsbemessung vor dem Hintergrund des Prinzips der Solidarität ist nur in den seltensten Fällen von einer Äquivalenz zwischen Zahlung und Leistung auszugehen. Mangels Äquivalenz zwischen zu zahlendem Beitrag und der Inanspruchnahme der Versicherung, kann der Krankenkassenbeitrag auch keine Gebühr darstellen.

Sehr nahe kommt der Krankenkassenbeitrag dem Beitrag im technischen Sinn.[751] Immerhin wird durch die Zahlung die Möglichkeit der Inanspruchnahme der Leistung bewirkt, ohne jedoch genau zu wissen, ob und in welcher Höhe die Leistung benötigt wird. Auch eine Einordnung als Beitrag im technischen Sinne scheitert jedoch letztlich daran, dass durch die Umlage der Krankenkosten auf die Versicherten andere Menschen von der Zahlung profitieren. Auch die solidarische Ermittlung der Bemessungsgrundlage anhand des Einkommens und nicht anhand des versicherten Risikos spricht gegen die Einordnung als finanzrechtlicher Beitrag.

Der Krankenkassenbeitrag hat auch Ähnlichkeiten mit einer Verbandslast. Es wird eine Art öffentlich-rechtlicher Mitgliedsbeitrag für die Mitgliedschaft in der Versicherung[752] erhoben. Gegen diese Einordnung streitet, dass ein Krankenversicherter sich nicht in erster Linie als Mitglied einer Vereinigung, sondern als potentieller Anspruchsteller sieht. Auch die Absicherung von Nicht-Mitgliedern durch die Mitversicherung von Familienangehörigen schließt die Zuordnung zu den Verbandslasten aus.

Es handelt sich auch nicht um eine Sonderabgabe. Denn anders als es Sonderabgaben voraussetzen, dient der Krankenkassenbeitrag ausschließlich Finanzie-

---

748 *Vogel*, Isensee/Kirchhof, HStR II, § 30 Rz. 63.
749 *Vogel*, Isensee/Kirchhof, HStR II, § 30 Rz. 63.
750 *Behlert*, Staffelung von Leistungsentgelten, S. 137 f.
751 *Kirchhof*, DStJG 29 (2006), S. 45.
752 *Kirchhof*, DStJG 29 (2006), S. 45 f.

rungszwecken Er betrifft auch nicht nur atypische Fälle, sondern den sozialversicherungsrechtlichen Normalfall und unterliegt somit auch nicht ständiger Pflicht zur Nachprüfung.[753]

Aus diesen Gründen sind die Krankenkassenbeiträge als Sonderlasten eigener Art einzustufen. Diese Sonderlast besteht zu einem gewissen Teil aus der Gegenleistung für den Versicherungsschutz und im Übrigen aus einer steuerähnlichen sozialen Komponente.[754] Das Verhältnis der beiden Komponenten zueinander richtet sich nach dem jeweiligen Einkommen und dem persönlichen Krankheitsrisiko. Die Zulässigkeit dieser Form der Finanzierung wird aus Art. 74 Abs. 1 Nr. 12 GG gelesen.[755]

V. Beitragsbemessung

Für diese Untersuchung interessiert vor allem, auf welche Art und Weise das Sozialrecht die Bemessungsgrundlage bildet, auf die der Krankenversicherungsbeitragssatz anzuwenden ist. Die Höhe des Beitrags ist abhängig von den individuellen beitragspflichtigen Einnahmen, §§ 223 Abs. 2 S. 1, 226 ff. SGB V. Damit greift das Sozialrecht an dieser Stelle den aus dem Steuerrecht bekannten Ansatz der Belastung nach der individuellen Leistungsfähigkeit auf.[756] Dem ist auch im Grundsatz zuzustimmen, geht es doch im Sozialrecht bei der Frage der Beitragsbemessung, genauso wie im Steuerrecht, darum, eine bestimmte Last möglichst gerecht zu verteilen. Das heißt in der Folge, dass sich in gewisser Weise ein Kreis im Sozialrecht schließen könnte. Mit Hilfe sozialrechtlicher Maßgrößen würde eine realistische, bedarfsorientierte Interpretation des Leistungsfähigkeitsprinzips ermöglicht. Dies könnte wiederum nicht nur zur gerechten Verteilung der Steuerlasten beitragen, sondern auch zur gerechten Verteilung der Lasten des Sozialsystems genutzt werden.

Bei den beitragspflichtigen Einnahmen der Pflichtversicherten spielt vor allem das Arbeitsentgelt nach § 14 SGB IV, § 226 ff. SGB V eine Rolle. Wollte man die Beiträge zur GKV allerdings wirklich nach dem Leistungsfähigkeitsprinzip bemessen, dann müssten neben dem Arbeitsentgelt auch sonstige Einkünfte, wie etwa solche aus Vermietung und Verpachtung oder Zinseinkünfte, mit in die Bemessungsgrundlage einfließen. Derzeit wird der derjenige, der Nebeneinkünfte besitzt und damit leistungsfähiger ist, zum gleichen Beitragssatz versichert wie sein Kol-

---

753 *Kirchhof*, NZS 1999, 161 (164).
754 *Richter*, DStJG 29 (2006), S. 225.
755 BVerfGE 81, 156 (185).
756 *Waltermann*, Sozialrecht, S. 81; *Kube*, DStJG 29 (2006), S. 21; *Wenner*, DStJG 29 (2006), S. 78; *Richter/Köhler/Klatt*, DStR 2006, 2218 (2218); *Rolfs*, Das Versicherungsprinzip im Sozialversicherungsrecht, S. 264 ff.

lege ohne Nebeneinkünfte. Demnach wird das Leistungsfähigkeitsprinzip nicht als strenge Regel angewandt, sondern eher als Grundsatz angesehen, von dem Ausnahmen zulässig sind.[757] Diese Ungenauigkeit bei der Erfassung der wirtschaftlichen Leistungsfähigkeit des Bürgers kann jedoch dem Sozialrecht aus steuerlicher Warte solange nicht zum Vorwurf gemacht werden, wie das Steuerrecht selbst gesteigerte wirtschaftliche Leistungsfähigkeit nur selektiv wahrnimmt. Das klassische Beispiel hierfür ist die Steuerfreiheit von Gewinnen aus Spielen und Lotterien.[758]

Das Abstellen auf einen „Normalfall" des Arbeitnehmers ohne Nebeneinkünfte stellt jedoch kein unumstößliches Dogma dar.[759] Dies zeigte das BVerfG im Rahmen eines Urteils zum Zugang zur Krankenversicherung der Rentner aus dem Jahr 2000.[760] Damit die Leistungsfähigkeit der pflichtversicherten Rentner realitätsgerecht ermittelt werden kann, wird bei der Ermittlung der GKV-Bemessungsgrundlage nicht lediglich die Rente aus der gesetzlichen Rentenversicherung in den Blick genommen, sondern es werden auch auch sonstige Einnahmen, wie eine betriebliche Altersvorsorge oder ein eventuell vorhandenes Arbeitseinkommen, erfasst, § 237 SGB V. Bei den freiwillig Versicherten ist darüber hinaus die gesamte wirtschaftliche Leistungsfähigkeit zu erfassen, §§ 238a, 240 SGB V. Das BVerfG schlug vor, zu prüfen, ob die Typisierung, nach der die wirtschaftliche Leistungsfähigkeit der pflichtversicherten Rentner überwiegend aus der Sozialversicherungsrente und sonstigen beitragspflichtigen Altersbezügen stamme, noch gerechtfertigt ist.[761]

Die Beiträge der Studenten werden von den BAföG-Bedarfssätzen abgeleitet, § 236 SGB V. Damit wird die bedarfsgerechte Interpretation des Leistungsfähigkeitsprinzips im Sozialrecht bereits punktuell betrieben. Zur Ermittlung der gerechten, also der individuellen Leistungsfähigkeit entsprechenden Sozialversicherungsbeiträge wird der (möglichst) realitätsgerecht ermittelte Lebensbedarf zu Rate gezogen. Damit ist an dieser Stelle der Gedanke, unter Rückgriff auf Bedarfssätze eine gerechte Belastung zu erreichen, bereits verwirklicht. Soll in allen übrigen Fällen die realitätsgerechte Leistungsfähigkeit ermittelt werden, so ergeben sich Schwierigkeiten, diese zu ermitteln. Am ehesten könnte der Beitrag auf Grundlage des Steuerbescheids für das jeweilige Jahr ermittelt werden.[762]

---

757 Dazu *Werner*, Die wirtschaftliche Leistungsfähigkeit im Beitragsrecht der gesetzlichen Krankenversicherung, S. 25; *Wenner*, DStJG 29 (2006), S. 80.
758 *Ismer*, FR 2007, 235 ff.
759 *Wenner*, DStJG 29 (2006), S. 80 f.
760 Vgl. BVerfGE 102, 68.
761 BVerfGE 102, 68 ff.
762 *Wenner*, DStJG 29 (2006), S. 81.

VI. Familienversicherung

Ein weiterer erwähnenswerter Punkt an der Grenze von Steuerrecht und Sozialrecht ist die kostenlose Mitversicherung von Kindern. Konkret interessiert an dieser Stelle der Ausschluss der Familienversicherung aus § 10 Abs. 3 SGB V. Hier mischt sich der sozialrechtliche Solidargedanke mit dem aus dem Steuerrecht bekannten Leistungsfähigkeitsprinzip. Einerseits könnte die kostenlose Mitversicherung der Kinder aus § 10 Abs. 1 SGB V als Paradebeispiel für das Solidarprinzip fungieren. Auf der anderen Seite bestimmt Absatz 3 des § 10 SGB V eine nach Leistungsfähigkeitsgesichtspunkten ermittelte Grenze der Solidarität.

Sobald beispielsweise die Mutter in der Gesetzlichen Krankenversicherung versichert ist, der Vater aber privat versichert ist, mehr verdient als die Mutter und sein Verdienst die Jahresarbeitsentgeltgrenze[763] übersteigt, entfällt die kostenlose Mitversicherung. Das zeigt, dass bei der Bemessung von Sozialbeiträgen und der Steuerlast noch unterschiedliche Vorstellungen von Leistungsfähigkeit herrschen.[764] Während im Einkommensteuerrecht kindbezogene Lasten in jeder Einkommensstufe berücksichtigt werden,[765] findet die Berücksichtigung im Sozialrecht ihre Grenzen ab einem bestimmten Verdienst. Dass das Gleichheitsgebot aus Art. 3 GG zwischen der Solidargemeinschaft der gesetzlich Krankenversicherten und der „Solidargemeinschaft" der Steuerzahler unterscheidet, darf bezweifelt werden. Es handelt sich nicht um unüberwindliche Differenzen von Steuerrecht und Sozialrecht.[766] Vielmehr zeigt sich der Abstimmungsbedarf beider Teilrechtsgebiete. In beiden Fällen stellt sich die gleiche Frage, ob und wie kindbedingte Lasten auf eine größere Gruppe übertragen werden sollen.

VII. Kritische Würdigung

Bei der Frage der Bemessungsgrundlage setzt die Kritik am derzeitigen System der Gesetzlichen Krankenversicherung an, und es wird die enge Verknüpfung des Sozialrechts mit dem Steuerrecht deutlich. Ab einem bestimmten Jahresverdienst und bei bestimmten Personengruppen ergeben sich hinsichtlich der Erfassung der individuellen Leistungsfähigkeit zwei Unterschiede zum krankenversicherungsrechtlichen Normalfall. Diese betreffen die Versicherungspflicht und die Höhe der zu entrichtenden Beiträge.

---

763 Vgl. § 6 Abs. 6, 7 SGB V; vgl. dazu: *Klose*, NZS 2005, 576 (577 f.).
764 *Axer*, DStJG 29 (2006), S. 200 f.
765 Wegen der degressiven Wirkung von Abzügen von der Bemessungsgrundlage, besteht bei höheren Einkommen sogar eine stärkere Berücksichtigung.
766 In diese Richtung: *Axer*, DStJG 29 (2006), S. 200 f.

1.) Versicherungsfreiheit

In § 6 Abs. 1 SGB V sind Personengruppen bestimmt, die versicherungsfrei sind. Interessant für diese Untersuchung sind vor allem zwei Gruppen. Ab einem bestimmten Jahresverdienst sind Arbeiter und Angestellte versicherungsfrei, § 6 Abs. 1 Nr. 1 SGB V. Diese Jahresarbeitsentgeltgrenze aus § 6 Abs. 6, 7 SGB V muss in drei aufeinander folgenden Jahren überschritten werden. Die Grenze wird von der Bundesregierung per Rechtsverordnung bestimmt, § 6 Abs. 6 S. 2 SGB V, § 160 SGB VI.[767] Im Ergebnis werden also besonders Leistungsfähige aus dem System staatlicher Solidarität entlassen. Versicherungsfrei sind weiterhin Beamte, Richter und Soldaten, § 6 Abs. 1 Nr. 2 SGB V. Hier wird besonders auffällig, dass ohne Rücksicht auf vorhandene Leistungsfähigkeit eine bedeutende Gruppe privilegiert und von vorn herein aus der Finanzierung staatlicher Solidarität entlassen wird. Dies verwundert insofern, als gerade Staatsdiener nicht Mitglied der staatlich verordneten Solidarität innerhalb der Zwangsversicherung sein müssen. Ein hergebrachter Grundsatz des Berufsbeamtentums (Art. 33 Abs. 5 GG), nicht an der staatlichen Solidarität teilnehmen zu müssen, dürfte nicht begründbar sein.[768]

Die Problematik der Grenze der Versicherungspflicht wächst mit der zunehmenden Bedeutung des Leistungsfähigkeitsprinzips in der Sozialversicherung. Sollten nämlich tatsächlich im Sinne der realitätsgerechten Ermittlung der Leistungsfähigkeit auch bei den Pflichtversicherten alle sonstigen Einkünfte erfasst werden,[769] könnte die Basis der Jahresentgeltgrenze aus § 6 Abs. 1, 6, 7 SGB V gefährdet werden. Dies geschähe in zwei Richtungen. Zum einen könnte abstrakt die Begründung der Zwangsversicherung ins Wanken geraten. Der Versicherungszwang wird nämlich mit der grundsätzlichen Unfähigkeit der Arbeitnehmer, sich selbst zu versorgen, begründet.[770] Sollte sich durch die Erfassung aller Nebeneinkünfte herausstellen, dass diese Einschätzung auf eine Reihe von Arbeitnehmern nicht zutrifft, könnten Argumentationsnöte auftreten.

Zum anderen bestünde die Gefahr, dass durch die Erfassung der Nebeneinkünfte eine Reihe von Arbeitnehmern aus der Versicherungspflicht entlassen werden müssten, soweit sie dadurch die Jahresentgeltgrenze des § 6 Abs. 1 SGB V überschreiten.[771] Als Annex zum zweiten Problem entsteht ein drittes Problem. Durch die Erfassung aller Einkünfte könnte ein gewisses Gestaltungspotential entstehen,

---

767 Die Jahresarbeitsentgeltgrenze liegt für das Jahr 2009 bei 48.600 EUR; § 4 Abs. 1 SVBez-GrV 2009 (Verordnung über die maßgebenden Rechengrößen in der Sozialversicherung für 2009).
768 So aber andeutungsweise unter Hinweis auf die sog. „Vorsorgefreiheit" bei: *Kirchhof*, NZS 2004, 1 (3), *Isensee*, NZS 2004, 393 (400).
769 In diese Richtung: *Penske*, Finanzierung der GKV, S. 26.
770 *Hase*, Versicherungsprinzip und sozialer Ausgleich, S. 46 f.
771 *Wenner*, DStJG 29 (2006), S. 82.

sodass es möglich würde, sich je nach dem, was günstiger erscheint, in die Versicherungspflicht oder aus der Versicherungspflicht heraus zu gestalten.

Wird der Gedanke, zur Verbreiterung der Bemessungsgrundlage der GKV die realitätsgerechte Leistungsfähigkeit der Pflichtversicherten zu erfassen, konsequent weiter verfolgt, so wird sich eine Anhebung der Versicherungspflichtgrenze des § 6 SGB V nicht vermeiden lassen. Damit wird sich vor dem Hintergrund ständig steigender Kosten im Gesundheitssystem die Frage stellen, ob ein solches Konzept, das es besser verdienenden Arbeitnehmern und Selbständigen ermöglicht, aus der Solidarität auszuscheiden und welches außer in der Bundesrepublik wohl nur noch in Chile Anwendung findet,[772] noch zu halten ist. Es muss die Frage gestellt werden, ob ernsthaft argumentiert werden kann, eine Person mit einem monatlichen Einkommen ab 4.050 EUR könne sich selbst versorgen und benötige keinen Versicherungsschutz. Der erste aus eigener Tasche zu bestreitende Krankenhausaufenthalt würde viele dieser Personen eines besseren belehren.

Das hierdurch verschleierte Dilemma ist die Abgrenzung des Marktes zu den Privaten Krankenversicherungen. Noch allgemeiner umschreibt es das Spannungsverhältnis von grundgesetzlichem Freiheitsschutz und sozialer Sicherheit.[773] Der Gesetzgeber ist in der Zwickmühle, eine „Pflichtvernunft" durch den Versicherungszwang mit den Anforderungen einer Marktwirtschaft verbinden zu müssen. Überließe er die Krankenversicherung dem freien Spiel der Kräfte am Markt, drohte eine große Anzahl nicht Krankenversicherter, die wiederum Folgelasten für das Sozialsystem darstellten. Würde ein allgemeiner Versicherungszwang in der GKV eingeführt, so entstünden Probleme hinsichtlich der Berufsfreiheit der Privaten Krankenversicherer. Zwar führen die bisherigen Reformschritte[774] (Basistarif, Portabilität von Altersrückstellungen und die Dreijahresfrist vor dem Wechsel von GKV zu PKV) noch nicht zum Verdikt der Verfassungswidrigkeit.[775] Allerdings ist dies für intensivere Eingriffe in die Berufsfreiheit der privaten Versicherer nicht auszuschließen.[776]

Die derzeit geltende Regelung ignoriert jedoch nicht nur vorhandene Leistungsfähigkeit oberhalb der Jahresentgeltgrenze. Entgegen dem steuerlichen Verständnis einer realitätsgerecht ermittelten Leistungsfähigkeit werden Einkommen, die unterhalb des Existenzminimums liegen und keine Steuerzahlung nach sich ziehen,

---

772 *Wenner*, DStJG 29 (2006), S. 85.
773 *Musil*, Strukturfragen des Sozialverfassungsrechts, S. 21 (28, 32).
774 GKV – Wettbewerbsstärkungsgesetz, BGBl. I 2007, S. 378 ff.
775 BVerfGE 123, 186 ff.; *Musil*, NZS 2008, 113 (114, 116, 118); a. A. unter Hinweis auf die „Vorsorgefreiheit": *Isensee*, NZS 2004, 393 (398, 400); *Sodan*, Private Krankenversicherung und Gesundheitsreform, S. 36 ff.; *ders.*, NJW 2007, 1313 (1320); krit. gegenüber GKV – WSG: *ders.*, NJW 2006, 3617 ff.; *ders.*, Staat im Wort (Depenheuer u.a. Hrsg.), S. 983 ff.; *Thüsing/Kämmerer*, Vertragsfreiheit und Wettbewerb in der privaten Krankenversicherung, S. 60, 86; *Boetius*, VersR 2005, 297 ff.; differenzierend: *Richter*, DStR 2007, 810 ff.
776 *Hufen*, NZS 2009, 649 (650 ff.); *Musil*, NZS 2008, 113 (118).

zu Beiträgen herangezogen. So legt § 8 Abs. 1 SGB IV fest, dass bereits ab einem monatlichen Verdienst von 400 EUR die Versicherungspflicht eintritt. Auch wenn in der Gleitzone nach § 20 Abs. 2 SGB IV (zwischen 400 EUR und 800 EUR) Anpassungen hinsichtlich Entgelt (§ 226 Abs. 4 SGB V) und Beitragslast (§ 249 Abs. 4 SGB V) bestehen, bleibt es bei der grundsätzlichen Versicherungspflicht.

Im Ergebnis führt die Versicherungspflicht also zu Schieflagen, die sich in Zukunft noch verschärfen werden.

2.) Höhe der Beiträge

Entschließen sich Angehörige der versicherungsfreien Gruppen dazu, sich freiwillig in der Gesetzlichen Krankenversicherung zu versichern (§ 9 Abs. 1 SGB V), besteht eine weitere Verzerrung hinsichtlich der Erfassung der Leistungsfähigkeit.[777] Bei diesen Personen richtet sich der Beitrag nicht ausschließlich nach dem Einkommen. Der Beitrag wird per Satzung beschlossen, §§ 240, 223 Abs. 3 SGB V, und ist durch die Beitragsbemessungsgrenze des § 6 Abs. 7 SGB V gedeckelt. Damit wird nicht mehr die individuelle Leistungsfähigkeit erfasst. Grund hierfür ist, dass die Krankenversicherung ein bestimmtes bezifferbares Risiko abdeckt. Ab einem bestimmten monatlichen Beitrag müsste mehr gezahlt werden, als äquivalent als Versicherungsleistung gegenübersteht. An dieser Stelle kommt die soziale Komponente der Krankenversicherung ins Spiel. Demnach kann auch ein gewisser, über das eigene Risiko hinausgehender Beitrag zugemutet werden. Ab einem bestimmten Beitragssatz wird der freiwillig Versicherte aber teilweise aus der Solidarität entlassen und nicht ein seiner Leistungsfähigkeit entsprechender Beitrag verlangt. Das ursprünglich zugrundeliegende Versicherungsprinzip mit seinem Äquivalenzgedanken wird also nicht gänzlich übergangen.[778] Die insofern degressive Struktur des Beitrags zur Krankenversicherung einerseits und der progressive Tarif der Einkommensteuer andererseits stellen keinen Widerspruch dar.[779] Vielmehr ist der sinkende Anteil des Beitrages am Einkommen jenseits der Beitragsbemessungsgrenze Ausdruck der begrenzten Verpflichtung zur Gruppensolidarität im Hinblick auf die soziale Sicherheit.[780]

Zu dieser für die freiwillig Versicherten positiven Durchbrechung des Leistungsfähigkeitsprinzips kommen auch nachteilige Durchbrechungen. Die sozialrechtliche realitätsgerechte Erfassung der Leistungsfähigkeit sieht weder einen

---

777 Genau genommen besteht das Problem auch bei einer Gruppe von Pflichtversicherten, die die Beitragsbemessungsgrenze (2009: 44.100 EUR) erreichen, aber nicht die Jahresentgeltgrenze (2009: 48.600 EUR), § 4 Abs. 1, 2 SVBezGrV 2009.
778 *Wenner*, DStJG 29 (2006), S. 86.
779 *Jachmann*, NZS 2003, 281 (282).
780 *Ost/Mohr/Estelmann*, Grundzüge des Sozialrechts, 2.A. 1998, S. 97 zur GKV.

Verlustausgleich zwischen verschiedenen Einkunftsarten noch zwischen verschiedenen Jahren vor.[781] Damit wird eine der Grundlagen der Erfassung der steuerlichen Leistungsfähigkeit[782] ausgeschlossen.

Zudem bestimmt § 240 Abs. 4 S. 1, 2 SGB V für freiwillig Versicherte eine bestimmte Mindest-Soll-Leistungsfähigkeit, die insbesondere für Unternehmensgründer nicht realitätsgerecht ist. Diese Regelung hatte unter Hinweis auf die Berechnungsweise selbständiger Einkünfte (Nettoprinzip statt Bruttoprinzip bei unselbständigen Arbeitnehmern), die Vermeidung des Überwälzens des Unternehmerrisikos auf die Solidargemeinschaft und die Verwaltungspraktikabilität vor dem BVerfG bestand.[783] Insbesondere stehe der sozialrechtliche Gedanke im Raum, dass nicht die Pflichtversicherten den Existenzgründer vollständig subventionieren, während dieser bei florierendem Geschäft sogleich in der Lage ist, in die PKV zu wechseln.[784]

Dieser Ansatz lässt jedoch die Übertragung der Idee der steuerlichen Leistungsfähigkeit in das Sozialrecht zur Verbreiterung der Bemessungsgrundlage in weite Ferne rücken, soweit nicht eine grundlegende Reform des Beitragssystems erfolgt. Es widerspricht dem Leistungsfähigkeitsprinzip, einerseits teilweise auf eine Soll-Leistungsfähigkeit abzustellen und andererseits nicht alle Einkünfte zu erfassen. Eine nur partiell realitätsgerechte Erfassung der Leistungsfähigkeit ist begrifflich ausgeschlossen. An dieser Stelle gelangt die Harmonisierung von Einkommensteuerrecht und Sozialrecht an ihre Grenzen.

VIII. Reformvorschläge

Wegen ihrer teilweisen Annäherung an steuerrechtliche Institute, insbesondere an das Leistungsfähigkeitsprinzip, sollen einige Vorschläge zur Reform[785] der Gesetzlichen Krankenversicherung beleuchtet werden.

---

781 *Wenner*, DStJG 29 (2006), S. 87.
782 Siehe oben unter. Kap. 1 B. III. 1.) a) bb) (1).
783 BVerfGE 103, 392.
784 *Wenner*, DStJG 29 (2006), S. 90.
785 Hierzu gab es bereits eine Reihe von Anläufen, die jedoch am politischen Willen gescheitert sind, vgl. zum Gesetz zur Modernisierung der gesetzlichen Krankenversicherung (GMG) – BT Drs. 15/1525, *Richter*, DStR 2004, 320 ff.; zum Gesundheitsfonds: *Giesen*, NZS 2006, 449 ff.; *Weber*, Die Organisation der gesetzlichen Krankenversicherung, S. 101 ff.

1.) Vorschlag einer Gesundheitssteuer

Derzeit wird nicht die gesamte Bevölkerung in die zwangsweise Solidarität der Pflichtversicherung eingebunden. Obwohl der soziale Ausgleich im Interesse aller Staatsbürger liegt, haben Besserverdienende die Möglichkeit, aus der Sozialversicherung auszuscheiden.[786] Soweit diese Personengruppen freiwillig in das staatliche Gesundheitssystem einzahlen, erhalten sie eine Sonderbehandlung hinsichtlich der Beitragshöhe. Dies könnte dafür sprechen, nach dem Vorbild Großbritanniens oder Dänemarks das Krankenversicherungssystem aus Steuermitteln zu finanzieren, damit alle Steuerzahler gemeinsam nach Maßgabe ihrer Leistungsfähigkeit die Absicherung im Krankheitsfall tragen.[787] Ob eine solche Forderung vor dem Hintergrund eines bedarfsgerecht interpretierten Leistungsfähigkeitsprinzips Bestand hat, soll im Folgenden geprüft werden.

Noch etwas allgemeiner ausgedrückt, stellt sich die Grundsatzfrage, ob eine bestimmte Sozialmaßnahme als Staatsaufgabe oder als Aufgabe einer bestimmten Solidargemeinschaft zu verstehen ist.[788] Im ersten Fall müsste eine Finanzierung durch Steuern, im zweiten Fall durch Beiträge erfolgen. Hierbei ist stets zu berücksichtigen, dass die Bundesrepublik als Steuerstaat konzipiert ist und nicht etwa als Gebührenstaat.[789] Der Gedanke einer Gesundheitssteuer mag zunächst befremdlich erscheinen. Bislang wurde jedoch mit nur mäßigem Erfolg mittels einer Reihe von Reformansätzen versucht, die Kosten des Gesundheitssystems beherrschbar zu halten.[790] Aufgrund des steigenden Kostendrucks im Gesundheitswesen, sei es aufgrund neuerer und vor allem teurerer Heilverfahren oder aufgrund von Wirtschaftlichkeitsreserven, werden jedoch heute Reformmaßnahmen ernsthaft diskutiert, die vor einigen Jahren wohl kaum in Erwägung gezogen worden wären.

Zu bedenken ist, dass das Steuerrecht eine Umverteilung auf gesamtstaatlicher Ebene vornimmt, indem es versucht, die Lasten des Staates gleichmäßig zu verteilen. Soweit aber die Finanzierung der Krankenversicherung mit dem Instrument der Steuer erfolgt, fragt sich, ob dadurch die Steuer ein verändertes umverteilendes Moment erhält. Die Umverteilung, die ursprünglich auf das Innenverhältnis einer

---

786 *Waltermann,* Sozialrecht, S. 59.
787 *Penske,* Finanzierung der GKV, S. 159.
788 *Raupach,* DStJG 29 (2006), S. 7.
789 *Raupach,* DStJG 29 (2006), S. 7.
790 Gesundheitsreformgesetz (GRG) vom 20.12.1988, BGBl. I 1988, S. 2477, Gesundheitsstrukturgesetz (GSG) vom 21.12.1992, BGBl. I 1992, S. 2266; Beitragssatzsicherungsgesetz vom 01.01.2003, BGBl. I 2002, S. 4637; Gesetz zur Modernisierung der gesetzlichen Krankenversicherung (GMG) vom 04.11.2003, BGBl. I 2003, S. 2190; Arzneimittelversorgungs-Wirtschaftlichkeitsgesetz (AVWG) vom 26.04.2006 BGBl. I 2006, S. 984; Vertragsarztrechtsänderungsgesetz (VÄndG) vom 01.01.2007, BGBl. I 2006, S. 3439; Gesetz zur Stärkung des Wettbewerbs in der gesetzlichen Krankenversicherung (GKV-WSG) vom 26.03.2007, BGBl. I 2007, S. 378.

bestimmten Gruppe (Versicherungsnehmer) hin konzipiert war, wird nun auf die Ebene der Steuerpflichtigen übertragen.[791] Inwiefern dies problematisch ist, dürfte von der konkreten Ausgestaltung einer Gesundheitssteuer abhängen. Jedenfalls läge darin die endgültige Abkehr vom Äquivalenzprinzip zugunsten des Leistungsfähigkeitsprinzips.[792] Ein solcher Vorschlag erfordert das Bekenntnis, dass die Absicherung gegen Krankheit eine allgemeine Staatsaufgabe ist. Hierfür müsste dann der Tarif der Einkommensteuer entsprechend nach oben angepasst werden. Dies wäre systematisch vertretbar und eine folgerichtige Umsetzung einer geänderten Auffassung zum Status der Krankenversicherung. Das Bundesverfassungsgericht ließ stets, unter Hinweis auf die Gestaltungsfreiheit des Sozialgesetzgebers, deren Finanzierung im Wege der Zwangsversicherung zu. Indes schließt es ausdrücklich auch eine andere Art der Finanzierung nicht aus. Insbesondere die (teilweise) Steuerfinanzierung wird für zulässig gehalten.[793]

2.) Bürgerversicherung

Als Reform des Systems der Krankenversicherung wurde von Seiten der SPD eine allgemeine Bürgerversicherung vorgeschlagen.[794] Ein solches Modell sieht vor, alle Bürger in die verpflichtende Solidarität einer gesetzlichen Krankenversicherung aufzunehmen. Der Beitrag würde nach dem steuerlichen Leistungsfähigkeitsprinzip bemessen,[795] also die Summe aller Einkünfte und nicht lediglich das Arbeitseinkommen erfassen.[796] Dies erfordert die Harmonisierung mit dem Einkommensteuerrecht. Denn ein Auseinanderfallen von steuerlicher und sozialer Leistungsfähigkeit wäre in diesem Fall nicht erklärbar.[797] Dies führt zu einer Reihe von Folgeproblemen. Beispielsweise müssten aufgrund der Abgeltungssteuer die Finanzinstitute zu partiellen Sozialbehörden werden und entweder Mitteilungen über Kapitaleinkünfte erstellen oder gar selbst einen Bürgerversicherungsbeitrag auf die Kapitaleinkünfte abführen.[798] Dies würde den Vereinfachungseffekt der Abgeltungssteuer weiter konterkarieren.

Der Vorschlag nimmt aber insofern für sich ein, als er mit dem berühmten Federstrich des Gesetzgebers in der Lage sein könnte, die seit vielen Jahren disku-

---

791 Krit. *Isensee*, NZS 2004, 393 (397 f.).
792 *Penske*, Finanzierung der GKV, S. 159.
793 BVerfGE 113, 167 (219); *Isensee*, NZS 2004, 393 (399).
794 „Modell einer solidarischen Bürgerversicherung", Bericht der Projektgruppe Bürgerversicherung des SPD-Parteivorstandes am 26.08.2004.
795 *Isensee*, NZS 2004, 393 (397).
796 *Kirchhof*, NZS 2004, 1 (1).
797 *Kirchhof*, NZS 2004, 1 (5).
798 *Penske*, Finanzierung der GKV, S. 176.

tierten Ungleichheiten im Krankenversicherungssystem zu beseitigen.[799] Ob dies wirklich der Fall ist, lässt sich verlässlich erst an einem konkreten Gesetzentwurf überprüfen.[800] So würde es einen entscheidenden Unterschied darstellen, ob weiterhin an einer sog. Friedensgrenze für den Ausstieg aus der solidarischen Absicherung des Krankheitsrisikos festgehalten würde, oder ob der Vorschlag die gänzliche Beschränkung der Privaten Versicherungen auf Zusatzleistungen vorsähe oder nur eine andere Form der Auswahl zwischen Pflichtversicherung und Privater Versicherung entwickelte. Die einheitliche Versicherung veranlasst Kritiker, den Namen „Bürger"versicherung abzulehnen, da es nichts mit Bürgerlichkeit zu tun habe, alle Bürger in ein Krankenversicherungssystem zu zwingen.[801]

Auch ohne dass ein fertiger Gesetzentwurf für eine Bürgerversicherung existiert, wird dieser Vorschlag aus grundsätzlichen Gründen zum Teil heftig kritisiert. Ein neues, neben die Steuer tretendes gesellschaftsweites Umverteilungssystem würde geschaffen. Es käme zu einer Verdoppelung der finanziellen Einstandspflichten für allgemeine Staatsaufgaben.[802] Dies relativiere die Stellung des Steuerstaates. Zudem würden die Privaten Krankenversicherungen in nicht zu rechtfertigender Art und Weise in ihrer Berufsfreiheit aus Art. 12 GG verletzt.[803] Es handele sich insgesamt um eine verfassungswidrige Verschmelzung des Sozialversicherungssystems mit der Solidargemeinschaft des Steuerstaates.[804] Eine die gesamte Bevölkerung umfassende Bürgerversicherung wird für nicht realisierbar erklärt.[805] Per Definition sei ein solches Institut eine Steuer und kein Sozialversicherungsbeitrag. Damit könne eine Bürgerversicherung nicht mehr auf Art. 74 Abs. 1 Nr. 12 GG gestützt werden, sondern müsse die Voraussetzungen der Art. 104a ff. GG erfüllen.[806] Auf der anderen Seite ließ das BVerfG eine solche Konstruktion expressis verbis in seiner Entscheidung vom 18.07.2005[807] zu. Die Zusammenfassung aller Träger der GKV zu einem Bundesamt für Krankenversicherung sei demnach denkbar.[808] Der Sozialgesetzgeber habe einen größtmöglichen Gestaltungsspielraum. Dies relativiert die Vorwürfe der Verfassungswidrigkeit. Die geäußerten Kritiken dürften wohl weniger energisch ausfallen, wenn sie bedächten, dass auch im System einer Bürgerversicherung die Entkoppelung der steigenden Gesundheitskosten

---

799 Auch von finanzwissenschaftlicher Seite wird die „künstliche Trennung" in GKV und PKV kritisiert: *Penske*, Finanzierung der GKV, S. 200.
800 *Musil*, NZS 2008, 113 (118); die rechtspolitischen Vorstellungen sind im Fluss: *Isensee*, NZS 2004, 393 (393).
801 *Isensee*, NZS 2004, 393 (393).
802 *Kube*, DStJG 29 (2006), S. 35.
803 *Kirchhof*, NZS 2004, 1 (3 ff.); *Sodan*, Private Krankenversicherung und Gesundheitsreform, S. 36 ff.; *ders.*, NJW 2007, 1313 (1320); *ders.*, NJW 2006, 3617 ff.
804 *Kube*, DStJG 29 (2006), S. 36.
805 *Axer*, DStJG 29 (2006), S. 187.
806 *Isensee*, NZS 2004, 393 (395 f.); *Kirchhof*, NZS 2004, 1 (5 f.).
807 BVerfGE 113, 167 ff.
808 BVerfGE 113, 167 (223, 258 f.); a. A. *Kirchhof*, NZS 2004, 1 (2).

von den Lohnnebenkosten gestaltbar wäre,[809] was das Hauptziel des Gesundheits-
prämien-/Kopfpauschalenmodells ist.

3.) Gesundheitsprämie

Bei der „Gesundheitsprämie", auch als „Kopfpauschale" bezeichnet, handelt es
sich um ein ursprünglich von der CDU/CSU entwickeltes, heute hauptsächlich von
Seiten der FDP verfolgtes Modell. Es hat als eines seiner Hauptziele, die steigenden
Kosten des Gesundheitssystems von den Lohnkosten zu entkoppeln.[810] Die Begriffe „Gesundheitsprämie" und „Kopfpauschale" sind juristisch unbrauchbar. Anders, als es der Begriff „Prämie" suggeriert, wird nichts ausbezahlt. Der Begriff
„Kopf"pauschale verwässert den Umstand, dass, soweit ersichtlich, nicht alle Bürger gleichartig versichert werden sollen, sondern der Unterschied zwischen PKV
und GKV bestehen bleiben soll. Im Übrigen sieht der Vorschlag schlicht vor, dass
jeder Bürger einen gleich hohen Beitrag zur Absicherung des Krankheitsrisikos
leisten soll (pauschaler Krankenkassenbeitrag). Ein realistischer, für die Ausfinan-
zierung des Gesundheitssystems hinreichender Betrag ist jedoch für eine große
Zahl von Bürgern nicht finanzierbar, sodass eine verstärkte Steuerfinanzierung des
Gesundheitssystems zur Gewährleistung des Sozialausgleichs notwendig wäre.
Diese Gegenfinanzierung müsste nach vorläufigen Berechnungen des BMF derart
hoch sein, dass der Spitzensteuersatz, je nach Finanzbedarf, auf 75 v. H. ab
120.664 EUR, bis 100 v. H. ab 179.664 EUR steigen müsste.[811]

Ein weiteres – eher politisches – Problem des Vorschlags ist, dass er auch ohne
weitere Verteuerung des Gesundheitssystems nicht ohne ständige (negativ medi-
enwirksame) Erhöhung des Pauschalbeitrags auskommt. Während sich lohnabhängige Beiträge (unbemerkt) durch die Ankoppelung an den Lohn mittels Vom-
hundertsatz an die Inflation anpassen, muss ein starrer Betrag öfter angepasst werden.

Aus juristischer Sicht ist ein solches System nur schwer zu beurteilen, da es
mangels abgeschlossenen Konzepts zu viele Unwägbarkeiten bereithält. Fest steht
jedoch, dass bei isolierter Betrachtung der Kopfpauschale diese den Abschied vom
solidarischen Element der Finanzierung des Gesundheitssystems darstellt. Soweit
jede Einkommensebene den gleichen Betrag zu entrichten hat, bleibt kein Gestaltungsspielraum für soziale Umverteilung, also die Zahlung eines Beitrags, der für

---

809 *Penske*, Finanzierung der GKV, S. 175.
810 *Richter*, DStJG 29 (2006), S. 215 f.
811 *Handelsblatt* vom 11.02.2010; zu Einzelheiten der Finanzierungsprobleme aus finanzwis-
     senschaftlicher Sicht: *Penske*, Finanzierung der GKV, S. 188.

die einen oberhalb und für die anderen unterhalb des versicherten persönlichen Risikos liegt.

Zwar läge auch eine Kopfpauschale tatsächlich bei dem einen unterhalb und bei dem anderen oberhalb des persönlichen Risikos. Allerdings richtet sich dies im System der Kopfpauschale nicht nach sozialen Gesichtspunkten, sondern nur nach dem (zufälligen) persönlichen Krankheitsrisiko. Auch der Gedanke der Leistungsfähigkeit würde ausscheiden, da keine Orientierung an der Wirtschaftskraft mehr erfolgte. Es bliebe noch das Versicherungsprinzip. Allerdings würde auch dieses nicht vollständig zur Geltung gelangen, da sich die für alle gleiche Kopfpauschale im Gegensatz zum Beitrag für eine Private Versicherung gerade nicht am versicherten Risiko orientiert. Soweit eine Kopfpauschale mit Hilfe eines zweiten (steuerlichen) Standbeins ein soziales Antlitz erhalten soll, besteht das Problem, dass die zu entlastenden unteren Einkommensebenen ihren eigenen Sozialausgleich per Steuern mitfinanzieren müssten.[812] Der Beitrag verlöre jedenfalls seine Eigenschaft als Risikoprämie mit sozialem Ausgleich, die er vom BVerfG verliehen bekam.[813]

Mangels politischer Durchsetzbarkeit einer reinen Gesundheitsprämie könnte unter Durchbrechung jeglicher Systematik auch an ein Hinzutreten eines pauschalen Krankenkassenbeitrags zum bisherigen Beitrag gedacht werden.[814] Dies würde keine Verbesserung der Finanzierung des Gesundheitssystems darstellen.[815] Es stünde einer Beitragserhöhung im bisherigen System gleich, mit dem Unterschied, dass nur die Arbeitnehmer belastet werden. Die Lohnnebenkosten erhöhten sich nicht.

Ob ein solches System finanzierbar und sinnvoll ist, sei dahingestellt. Aus juristischer Sicht wäre ein für alle gleicher Beitrag am Maßstab der Belastungsgerechtigkeit des Art. 3 Abs. 1 GG zu prüfen. Gerade vor dem Hintergrund, dass der bisherige Krankenkassenbeitrag als Belastung sui generis ohnehin in gewisser Weise zwischen den Stühlen der Belastungsgründe steht, dürften die verfassungsrechtlichen Hürden für einen Systemwechsel nicht hoch sein. Abhängig vom steuerlichen Sozialausgleich erscheinen die Anforderungen des Art. 3 Abs. 1 GG erfüllbar. Ein Pauschalbeitrag zur Krankenversicherung unter Beibehaltung des bisherigen Systems von Gesetzlicher Krankenkasse und Privater Krankenversicherung und steuerfinanziertem Sozialausgleich ist damit zumindest nicht verfassungsrechtlich unzulässig.

---

812 Zum Problem der steuerlichen Kofinanzierung bereits: BVerfGE 113, 167 ff. (Risikostrukturausgleich).
813 So bezeichnet BVerfGE 76, 256 (300 f.).
814 Vgl. FAZ vom 02.06.2010.
815 In diese Richtung geht aber nun: §§ 242 ff. SGB V.

4.) Private oder Gesetzliche Krankenversicherung

Unabhängig von den derzeit diskutierten Reformvorschlägen könnte isoliert überlegt werden, ob die Abschaffung der Privaten Krankenversicherung eine sinnvolle Gestaltungsoption ist. Die Privaten können sich die Rosinen des Gesundheitsmarktes herauspicken. Das führt zu dem aktuellen Zustand, dass die Gesetzliche Krankenversicherung strukturell eine ungünstigere Risikostruktur aufweist als die PKV. Wegen der günstigeren Risikostruktur und der Möglichkeit, aus dem Kapitaldeckungsverfahren Zinsen zu erwirtschaften, können die PKV höhere Entgelte zahlen, was Versicherte der GKV zu Patienten zweiter Klasse degradiert.[816] Insbesondere das Privileg der verbeamteten Staatsdiener, nicht am staatlichen Solidarsystem teilnehmen zu müssen, wirkt als Fremdkörper im derzeitigen System. Hinzu tritt die durch die Privaten Versicherungen hervorgerufene Begründungsnot der Pflichtversicherung. Grundsätzlich erklärt sich die Pflichtversicherung aus dem Schutzbedürfnis Geringverdienender. Besser Verdienende (unterhalb der Versicherungspflichtgrenze), die nicht mehr schutzbedürftig in diesem Sinne sind, müssen sich jedoch den Solidarausgleich entgegenhalten lassen, es sei denn, sie verdienen genug (oberhalb der Versicherungspflichtgrenze), um sich günstiger privat zu versichern.

Für alle diese Probleme wäre zwar die Abschaffung der Privaten Krankenversicherung eine Lösung. Weniger eingriffsintensiv im Hinblick auf die Berufsfreiheit (Art. 12 GG) und aus diesem Grund zu präferieren wäre statt eines Verbots die stärkere Einbindung der Privaten Versicherung in den Solidarausgleich. In Frage käme bspw. die Einbindung der PKV in den Gesundheitsfonds[817] oder eine PKV-Versicherungssteuer.[818] Die größere Lastengleichheit könnte auch den Wettbewerb der Systeme beflügeln. Insofern sind der verpflichtende Basistarif[819] und die Anforderungen an die Privaten Versicherungen zur Erlangung des Beitragszuschusses §§ 257 Abs. 2a, 315 Abs. 1 SGB V ein erster Schritt in die richtige Richtung.[820]

Im Übrigen werden auch von Seiten der Privatversicherungen Ausstiegsszenarien aus der Krankenvollversicherung zugunsten von ergänzenden Zusatzversicherungen erwogen.[821] Dieser Gedanke liegt darin begründet, dass verschiedene Versicherungskonzerne zu dem Schluss gekommen sind, eine Vollversicherung sei wegen der steigenden Gesundheitskosten auf Dauer immer weniger rentabel. Es solle nur noch eine Grundversicherung, die die Gesetzlichen Krankenkassen und

---

816   Zum Vergleich beider Versicherungssysteme: *Giesen*, NZS 2006, 449 (450 f.).
817   Zur möglichen Beteiligung der PKV am Gesundheitsfonds: *Giesen*, NZS 2006, 449 (451).
818   *Giesen*, NZS 2006, 449 (453 f.).
819   Von den privaten Versicherungen erfolglos angefochten: BVerfGE 123, 186 ff.
820   Zum Vorschlag der stärkeren Verzahnung der Versicherungssysteme (Privat und Gesetzlich): *Leube*, NZS 2003, 449 (454 ff.).
821   FAZ vom 11.06.2008.

die privaten Konkurrenten zu den gleichen Konditionen anbieten, für alle ver-
pflichtend sein. Darüber hinaus würden private Zusatzangebote unterbreitet. Ein
solches allgemein formuliertes Modell lässt sich nicht ohne konkreten Gesetzentwurf einer verlässlichen juristischen Prüfung unterziehen. Realistisch, da politisch
durchsetzbar, erscheinen derzeit aber nur solche hybride Modelle, die beispielsweise aus der Bürgerversicherung den Verzicht auf die Trennung von GKV und
PKV bei Verbreiterung der Bemessungsgrundlage übernehmen und aus der Kopfpauschale die Entlastung der Lohnnebenkosten mittels pauschaler (Teil-)Beitrags-
sätze entlehnen.[822]

IX. Zusammenfassung

Als Zwischenbefund kann festgestellt werden, dass die (sozialrechtliche) Gesetzliche Krankenversicherung eine größere Nähe zum Steuerrecht aufweist, als zunächst vermutet. Die offensichtliche Verknüpfung besteht in der Steuerfreistellung
der Krankenversicherungsbeiträge. Die Steuerfreistellung liegt (wegen des anerkannten Vorsorgebedarfs) auf der Linie eines bedarfsgerecht interpretierten Leistungsfähigkeitsprinzips.

Die für diese Untersuchung noch bedeutsamere Verbindung der Rechtsgebiete
entstand auf der Belastungsseite der Sozialversicherung. Der Krankenkassenbeitrag, als Sonderlast sui generis, weist eine partielle Nähe zur Steuer auf. Diese Nähe
würde durch das verstärkte Anknüpfen an das Element der Leistungsfähigkeit im
Rahmen der Beitragsbemessung, zur Verbreiterung der Bemessungsgrundlage,
noch unterstrichen. Daher steht die Frage im Raum, inwieweit Wertungswidersprüche zwischen dem Anknüpfen an die Leistungsfähigkeit im Steuerrecht und
dem Anknüpfen an die Leistungsfähigkeit im Sozialrecht vorliegen und ob diese
Wertungswidersprüche zu rechtfertigen sind. Der scheinbare Widerspruch zwischen der progressiven Struktur des Einkommensteuertarifs und der degressiven
Struktur des Krankenkassenbeitrags lässt sich mit der begrenzten Pflicht zur Gruppensolidarität in der Krankenversicherung auflösen. Soll die Leistungsfähigkeit
realitätsgerecht ermittelt werden, so lässt sich die unterschiedliche Erfassung der
Einkünfte im Bereich der Beitragsbemessung und im Bereich der Einkommensteuer nicht rechtfertigen. Hier besteht ein Harmonisierungsbedarf.

Die diskutierten Vorschläge zur Reform der Krankenversicherung haben, mit
Blick auf die Verbreiterung der Bemessungsgrundlage, auf jeweils unterschiedliche Art eine Annäherung der Krankenversicherung an steuerliche Grundsätze gemein. Soweit eine Bewertung zum jetzigen Zeitpunkt bereits möglich ist, kann

---

822 *Penske*, Finanzierung der GKV, S. 201.

festgestellt werden, dass, auch vor dem Hintergrund eines bedarfsgerecht interpretierten Leistungsfähigkeitsprinzips, keiner der Reformvorschläge per se verfassungswidrig ist. Da wohl kein Reformvorschlag in seiner Reinform politisch durchsetzbar ist, erscheint die Realisierung eines hybriden Reformmodells am wahrscheinlichsten.

B. Das Existenzminimum des Einzelnen im staatlichen Nehmen des Einkommensteuerrechts und im staatlichen Geben der sozialen Grundsicherung

Der nachfolgende Abschnitt ist den Folgen der Verbindung von Steuerrecht und Sozialrecht mittels bedarfsorientierter Interpretation des Leistungsfähigkeitsprinzips im Bereich des steuerlichen Existenzminimums gewidmet. Beim Thema Sicherung des Existenzminimums zeigt sich sehr deutlich, wie beide Teilrechtsgebiete ineinander greifen. Beide beschäftigen sich grundsätzlich mit demselben Existenzminimum. Allerdings ist der Gedanke der sozialrechtlichen Unterstützung, dieses Existenzminimum nur vorübergehend als Hilfe zur Selbsthilfe zu gewähren, bis der Hilfesuchende wieder eigenverantwortlich seinen Lebensunterhalt verdienen kann. Dagegen ist es die Aufgabe des Einkommensteuerrechts, beim Zugriff auf das Einkommen des Steuerpflichtigen stets und dauerhaft das existenznotwendige Einkommen zu verschonen, um ihn nicht schlimmstenfalls in die Abhängigkeit von staatlichen Transferleistungen zu drängen. Die Untersuchung erfolgt in diesem Abschnitt unterteilt nach dem staatlichen Geben des Sozialrechts (I.) und dem staatlichen Nehmen des Einkommensteuerrechts (II.).

I. Das staatliche Geben im Bereich der Grundsicherung

Bei der Sicherung des Existenzminimums spielt die sozialrechtliche Grundsicherung eine zentrale Rolle. Bevor das Zusammenwirken beider Teilrechtsordnungen in diesem Bereich näher betrachtet werden kann, ist die Regelung der Grundsicherung (1.) und vor allem die Ermittlung der Höhe der Regelleistung (2.) kurz zu umreißen, ohne jedoch auf originär sozialrechtliche Einzelfragen einzugehen.

1.) Regelung

Seit dem 01.01.2005 ist die Grundsicherung für Arbeitsuchende im SGB II geregelt.[823] Dieses Gesetz gilt für hilfsbedürftige[824] Personen, die arbeitsfähig sind, § 7 Abs. 1 SGB II. Insbesondere bestehen für diese Personengruppe noch stärkere Mitwirkungspflichten als im Steuerrecht.[825] Für nicht erwerbsfähige Menschen gilt das im SGB XII geregelte Sozialhilferecht. Während nach § 20 Abs. 2 SGB II ein fester Betrag (Regelleistung)[826] erbracht wird, kann der Unterstützungsbetrag nach § 28 Abs. 1 S. 2 SGB XII bei Bedarf auch erhöht werden.[827]

2.) Ermittlung der Höhe der Regelleistung

Schwierigkeiten entstehen bei der Ermittlung des sozialrechtlichen Existenzminimums.[828] Nur vordergründig hilft hier der Verweis auf das Sozialstaatsprinzip in Verbindung mit der Menschenwürdegarantie aus Art. 1 Abs. 1 GG weiter. Will man aus der Auftragstellung des Staates, allen Staatsbürgern ein menschenwürdiges Dasein zu ermöglichen, selbst ermitteln, was das menschenwürdige Dasein ist, welche genauen Bedarfsgrößen zu veranschlagen sind, so muss dieser Versuch eines Zirkelschlusses fehlschlagen.[829] Die Verfassung ist weder im Steuerrecht noch im Sozialrecht das juristische Weltenei, in dem die mathematischen Methoden und die genauen Bedarfsgrößen enthalten sind.

Die Gerichte müssen sich, wie auch das BVerfG erst kürzlich zeigte,[830] darauf zurückziehen, die Berechnungsmethoden zur Ermittlung der Bedarfssätze auf ihre Nachvollziehbarkeit und Transparenz hin zu überprüfen. Aus diesem Grund konnte das sog. Hartz IV-Urteil des BVerfG auch in der Folge nicht unmittelbar für eine

---

823 Übersicht bei: *Hebeler*, KWI – Vortrag vom 16.04.2010, 1 ff.; *ders.*, DÖD 2005, 241 ff.; *Däubler*, NJW 2005, 1545 (1545 ff.) *Bauer*, DÖV 2004, 1017 (1019 ff.).
824 Für „leistungsberechtigte" Personen: gemäß dem Gesetz zur Ermittlung von Regelbedarfen und zur Änderung des Zweiten und Zwölften Sozialgesetzbuches, BR Drs. 109/11; BT Drs. 17/3404.
825 Zur Mitwirkungspflicht im Steuerrecht: *Musil*, DÖV 2006, 505 (506).
826 „Regelbedarfsstufen (6)" nach dem Gesetz zur Ermittlung von Regelbedarfen und zur Änderung des Zweiten und Zwölften Sozialgesetzbuches, BR Drs. 109/11; BT Drs. 17/3404.
827 Durch Bundesgesetz „Regelbedarfs-Ermittlungsgesetz-RBEG", nach dem Gesetz zur Ermittlung von Regelbedarfen und zur Änderung des Zweiten und Zwölften Sozialgesetzbuches, BR Drs. 109/11; BT Drs. 17/3404.
828 Dazu: *Däubler*, NZS 2005, 225 ff.; *Bieback*, NZS 2005, 337 (338 ff.); *Lingemann*, Familienbesteuerung, S. 112 ff.
829 *Neumann*, NVwZ 1995, 426 (428); herauszulesen sei lediglich ein Anspruch auf Minimalteilhabe: *Leisner W.G.*, Existenzsicherung, S. 98 ff.
830 BVerfG vom 09.02.2010 Az. 1 BvL 1/09, 3/09, 4/09; zuvor bereits BVerfGE 91, 93 (111 f.); dazu: *Hebeler*, KWI – Vortrag vom 16.04.2010, 1 (10 f.); *Schnath*, NZS 2010, 297 ff.

Besserstellung der Bedürftigen sorgen.[831] Als Datengrundlage für die Anpassung der Regelsätze werden die alle fünf Jahre erhobenen Einkommens- und Verbrauchsstichproben herangezogen.[832] Als einzige mehr oder minder genaue Aussage kann aus dem Sozialstaatsprinzip i. V. m. Art. 1 Abs. 1 GG nur die Information gewonnen werden, dass das Existenzminimum mehr gewährleisten muss, als das reine Überleben, nämlich ein Mindestmaß an Teilhabe am gesellschaftlichen, kulturellen und politischen Leben.[833] So wurde es beispielsweise als unzumutbare Ausgrenzung gewertet, wenn ein Kind zur Einschulung aus finanziellen Gründen keine Schultüte erhält.[834]

Über die besagte Funktionsgrenze der Rechtsprechung hinausgehende Erwägungen gehören in das Spielfeld der politischen Wertung. Wollte man weitere genaue Aussagen aus dem Sozialstaatsprinzip und insbesondere aus der Menschenwürde ziehen, so schwächte dieser Versuch die Prinzipien, indem er zu ihrer Banalisierung führt. Es müsste sonst beispielsweise vertieft diskutiert werden, ob die Menschenwürde aus Art. 1 Abs. 1 GG das Vorhandensein einer Bratpfanne oder einer Kaffeemaschine verlangt.[835] Diesen originär sozialrechtlichen Fragen[836] kann an dieser Stelle nicht erschöpfend nachgegangen werden. Es genügt für das Einkommensteuerrecht, wenn im Sinne der aktuellen Entscheidung des BVerfG[837] die sozialrechtlichen Bedarfssätze realitätsgerecht ermittelt werden, sodass diese Werte für eine bedarfsgerechte Interpretation des Leistungsfähigkeitsprinzips nutzbar werden.

II. Das staatliche Nehmen im Einkommensteuerrecht

Es fand und findet auch heute noch ein schrittweises Annähern an die realitätsgerechte Ermittlung des Existenzminimums statt.[838] Im Zusammenhang damit steht die Gestaltung des richtigen Grundverhältnisses zwischen Einkommensteuerrecht und Sozialrecht. Einen bedeutenden Schritt für die Ausgestaltung des Verhältnisses beider Rechtsgebiete ging das BVerfG,[839] indem es bestimmte, dass sich die Höhe des steuerlichen Grundfreibetrags am sozialhilferechtlichen Regelsatz zu orientie-

---

831 Vgl. dazu: BSG Urteil vom 23.03.2010, Az. B 14 AS 81/08 R.
832 BVerfG vom 09.02.2010 Az. 1 BvL 1/09, 3/09, 4/09.
833 BVerfG vom 09.02.2010 Az. 1 BvL 1/09, 3/09, 4/09; *Däubler*, NZS 2005, 225 (226).
834 BVerwGE 92, 6 ff.
835 Beispiele bei: *Neumann*, NVwZ 1995, 426 (429).
836 Vgl. dazu die Rechtsprechungsübersichten bei: *Groth/Hohm*, NJW 2009, 2419 ff.; *Berlit*, NZS 2009, 537 ff.; zu kompetenziellen Problemen des SGB II: *Huber*, DÖV 2008, 844 ff.; *Henneke*, DÖV 2006, 726 ff.; *ders.*, DÖV 2005, 177 ff.; *Lühmann*, DÖV 2004, 677 ff.; zum Problem der Eingliederungsvereinbarung: *Kretschmer*, DÖV 2006, 893 ff.
837 BVerfG vom 09.02.2010 Az. 1 BvL 1/09, 3/09, 4/09.
838 Vgl. *Leisner W.G.*, Existenzsicherung, S. 353 ff.
839 BVerfGE 66, 214 (224).

ren habe. Dies war insofern problematisch, als dass der Regelsatz nicht alle lebensnotwendigen Kosten, wie etwa für das Wohnen, mit umfasste. Daher ging das Gericht später einen Schritt weiter und fasste auch bestimmte zusätzliche Bedarfe (insbesondere Unterkunftsbedarf) in den von der Besteuerung freizustellenden Grundbedarf.[840] Im Bereich des Einkommensteuerrechts sind zwei Themenkreise zu unterscheiden. Zum einen stellt sich die Frage, auf welche Art und Weise dem Existenzminimum des Einzelnen im Einkommensteuerrecht Rechnung zu tragen ist. Zum anderen ist fraglich, wie die realitätsgerechte Höhe der Verschonung zu ermitteln ist.

1.) Sicherung des Existenzminimums im Einkommensteuerrecht

Das Existenzminimum des Einzelnen wird im Rahmen des subjektiven Nettoprinzips berücksichtigt. Bestimmte private Aufwendungen des Steuerpflichtigen müssen also berücksichtigt werden. Als nicht disponibel (i. S. d. herkömmlichen Auffassung) wird in diesem Zusammenhang das angesehen, was benötigt wird, um die Existenz des Steuerpflichtigen und seiner Familie zu sichern. Somit kommen das Existenzminimum und Kosten für Unterhaltsverpflichtungen zum Abzug. Dabei ist das Existenzminimum realitätsgerecht mit dem Sozialhilferecht abzustimmen (allgemeines privates Nettoprinzip).[841] Die realitätsgerechte Berücksichtigung der Unterhaltsverpflichtungen ergibt sich aus dem speziellen Familien-Nettoprinzip.[842] Prinzipiell sind unvermeidbare Privatausgaben abziehbar.[843]

Diese Berücksichtigung erfolgt im Wesentlichen durch den Grundfreibetrag des § 32a Abs. 1 S. 2 Nr. 1 EStG, Abzüge von der Bemessungsgrundlage und die Steuerfreistellung von Sozialleistungen nach § 3 EStG.

Die Abzüge weisen eine Paralle zum Sozialrecht auf. So erfassen die Sonderausgaben, § 10 EStG, in Verbindung mit dem Grundfreibetrag gewöhnliche Bedarfe des Menschen, während die Abzüge für außergewöhnliche Belastungen und die Steuerfreistellung von Sozialleistungen nach § 3 EStG[844] insofern mit der Sozialhilfe in besonderen Lebenslagen korrespondiert (§ 21 SGB II, §§ 28 Abs. 1 S. 2, 30 SGB XII), als Bedarfe erfasst werden, die infolge außergewöhnlicher Umstände auftreten.[845]

---

840 BVerfGE 82, 60 ff.; *Arnauld v.*, Strukturfragen des Sozialverfassungsrechts, S. 251 (293 ff.).
841 *Schöberle*, K/S/M, Stand Juni 2008, § 32a Rz. 42 ff.
842 *Lang,* Tipke/Lang, Steuerrecht, § 4 Rz. 113.
843 *Lang,* Tipke/Lang, Steuerrecht, § 9 Rz. 42.
844 *Lehner*, DStR 1992, 1641 (1643).
845 *Lang,* Tipke/Lang, Steuerrecht, § 9 Rz. 83.

2.) Ort der Berücksichtigung

Anders, als man es erwarten würde, ist seit 1958[846] der Grundfreibetrag nicht Teil der Größe „zu versteuerndes Einkommen" aus § 2 Abs. 5 S. 1 EStG. Das heißt, nach der Systematik des EStG erfolgt die Berücksichtigung des Existenzminimums des Einzelnen nicht auf der für das subjektive Nettoprinzip typischen Ebene der Bemessungsgrundlage, sondern im § 32a Abs. 1 S. 2 Nr. 1 EStG, also im Tarif.[847] Als Annex dazu dürften auch die §§ 33 – 33b EStG in den Abschnitt über den Tarif gelangt sein. Die Abzüge für außergewöhnliche Belastungen setzen dort an, wo der Grundfreibetrag für einen besonderen Lebensbedarf nicht ausreicht.[848] Auch diese Abzüge werden mit dem subjektiven Nettoprinzip erklärt,[849] sind jedoch nicht im Tarif berücksichtigt, sondern als Abzugsposten bei der Ermittlung der Bemessungsgrundlage.

Allein die Verortung im Gesetz scheint also bereits geeignet, Hintergrund und Bedeutung dieser Abzugsposten zu verdunkeln. Aus diesem Grund wird verlangt, auch den Grundfreibetrag in der Bemessungsgrundlage zu regeln, wie alle übrigen privaten Abzüge auch.[850] Nur so sei eine wirksame Orientierung am Sozialhilferecht möglich.

Dagegen wird vorgebracht, das BVerfG verlange nur, dass im Ergebnis das realistisch bemessene Existenzminimum von der Besteuerung freigestellt ist.[851] Entscheidend könne demnach nur die Belastung im Ergebnis und nicht die mathematische Kalkulationsmethode sein.[852] Ob also der Tarif erst später beginnt, oder ob ein Abzug von der Bemessungsgrundlage gewährt wird, könne für die Betrachtung keine Rolle spielen.

Auch wenn Systematik und Ordnung im Gesetz wünschenswert sind, ist dem zu folgen. Eine bestimmte mathematische Berechnungsmethode kann nicht aus dem Grundgesetz mit Hilfe des Leistungsfähigkeitsprinzips abgeleitet werden, solange der gewählte Weg nachvollziehbar und nicht willkürlich ist.[853] Dies gilt unabhängig davon, ob das Leistungsfähigkeitsprinzip gleichheitsrechtlich oder freiheitsrechtlich begründet wird.[854] Bei unverändertem progressivem Tarifverlauf bleibt ohnehin die degressive Wirkung erhalten, egal ob ein Abzug von der Bemessungsgrundlage gewährt wird, ein Freibetrag zum Zuge kommt oder eine Horizontal-

---

846 Zur Entwicklung: *Schöberle*, K/S/M, Stand Juni 2008, § 32a Rz. A 55.

847 Dazu *Brandis*, DStJG 29 (2006), S. 108.

848 *Tipke*, StRO Bd. 2, 2. A., S. 830 ff.; *Lang*, Tipke/Lang, Steuerrecht, § 9 Rz. 718 ff.

849 *Lang*, Tipke/Lang, Steuerrecht, § 9 Rz. 718 ff.

850 *Lang*, Tipke/Lang, Steuerrecht, § 9 Rz. 87; *Dziadkowski*, DStR 1991, 8 (9); *ders*, FR 1986, 504 (508 f.) krit. *Giloy*, FR 1986, 56 ff.

851 BVerfGE 87, 153 ff.

852 *Bareis*, DStR 2010, 565 (568 f.); *Liesenfeld*, Existenzminimum, S. 98.

853 *Sacksofsky*, FR 2010, 119 (122); *Moes*, Die Steuerfreiheit des Existenzminimums, S. 177.

854 *Liesenfeld*, Existenzminimum, S. 101.

verschiebung der Kurve um einen Grundfreibetrag (tarifliche Nullzone) erfolgt.[855] Wie das Beispiel von Frankreich zeigt, ist auch ein Abzug von der Steuerschuld nicht prinzipiell ausgeschlossen.[856]

3.) Umfang der Verschonung

Soweit ersichtlich, besteht Einigkeit in Literatur und Rechtsprechung, dass der existenznotwendige Bedarf des Steuerpflichtigen selbst und seiner Familie steuerfrei bleiben muss.[857] Uneinigkeit besteht nur bei der Frage, welche Umstände als leistungsfähigkeitsmindernd anzuerkennen sind, in welcher Höhe diese anzuerkennen sind und auf welche Art und Weise dem existenznotwendigen Bedarf im Steuerrecht Rechnung zu tragen ist.

a) Stand der Gesetzgebung

Nicht zuletzt durch korrigierende Eingriffe des BVerfG stieg der Grundfreibetrag des § 32a EStG seit dem VZ 1958 (1.680 DM)[858] bis heute (8.004 EUR), §§ 32a i. V. m. 52 Abs. 41 EStG, kontinuierlich an. Was die Höhe des von der Einkommensteuer freizustellenden Betrags angeht, bestand bis zum Urteil des Zweiten Senats des BVerfG vom 25.09.1992[859] eine Schieflage. Das Sozialrecht gewährte dem Hilfsbedürftigen mehr, als das Steuerrecht von der Besteuerung freistellte. Dies wurde im Schrifttum berechtigterweise kritisiert.[860] Das Gericht stellte im oben genannten Urteil klar, dass der Steuergesetzgeber dem Einkommensbezieher von seinen Erwerbsbezügen zumindest das belassen müsse, was er dem Bedürftigen zur Befriedigung seines existenznotwendigen Bedarfs aus öffentlichen Mitteln zur Verfügung stellt. Dabei schloss sich der Zweite Senat dem Urteil des Ersten

---

855 *Seidl*, StuW 1997, 142 (144); *Siegel*, H/H/R, Stand Januar 2002, § 32a, Rz. 28 stellt dies graphisch dar, i. Ü. ist dies aus der Berechnung der Steuerschuld in § 32a EStG ersichtlich. Die Ermittlung des „y" in der unteren Progressionszone nach § 32a Abs. 1 S. 3 EStG ist unabhängig davon, ob nach dem den Grundfreibetrag übersteigenden Teil des zu versteuernden Einkommens gefragt wird, oder, ob hypothetisch ein Betrag i. H. des Grundfreibetrags vorher von der Bemessungsgrundlage abgezogen wird und dafür keine tarifliche Nullzone besteht.

856 *Ruppe*, H/H/R, Stand Februar 1990, Einf. ESt, Rz. 198; *Liesenfeld*, Existenzminimum, S. 121.

857 BVerfGE 82, 60 ff.; *Däubler*, NZS 2005, 225 ff.; *Liesenfeld*, Existenzminimum, S. 86.

858 Entwicklung bis 2005 bei: *Kaiser-Plessow*, FPR 2005, 479 (480); *Schemmel*, StuW 1993, 70 (73 ff.).

859 BVerfGE 87, 153 ff.

860 Statt Vieler: *Lehner*, Einkommensteuerrecht und Sozialhilferecht, S. 175 ff.

Senats vom 29.05.1990[861] an, bei dem das BVerfG auf das Sozialhilferecht rekurrierte, um den existenznotwendigen Mindestbedarf zu bestimmen.

Wie bereits dargestellt,[862] liegt das Gericht mit der Anknüpfung an das Sozialrecht direkt auf der Linie der Idee einer bedarfsgerechten Interpretation des Leistungsfähigkeitsprinzips, ohne diese jedoch in der letzten Konsequenz einzufordern. Eine Hilfe bei der Ermittlung des realitätsgerechten steuerlichen Existenzminimums bietet hier, dass die Rechtsprechung des BVerfG den Deutschen Bundestag dazu veranlasste, am 02.06.1995 zu beschließen, die Bundesregierung möge alle zwei Jahre einen Existenzminimumbericht vorlegen.[863] Dieser soll verlässliche, nachvollziehbare Daten liefern und war maßgebend für die Höhe des aktuellen Grundfreibetrags im Einkommensteuerrecht. Dieser Ansatz ist grundsätzlich zu begrüßen, wenn auch hinsichtlich der Umsetzung der Vorwurf besteht, dass bis zur Veröffentlichung des Berichts die Daten bereits wieder veraltet seien.[864] Zudem ist verwunderlich, dass das steuerliche Existenzminimum augenscheinlich nach einem anderen Verfahren ermittelt wird als das sozialrechtliche Existenzminimum,[865] obwohl sich doch das erste am zweiten orientieren soll.

b) Bewertung

Der Staat darf den Bürger nicht durch die Besteuerung in eine Situation der Bedürftigkeit bringen.[866] In diesem Fall müsste durch Sozialleistungen das zurückgewährt werden, was vorher durch die Steuer genommen wurde.[867] Dies würde dem Prinzip der Eigenverantwortlichkeit und Selbstbestimmtheit des Bürgers im System der sozialen Marktwirtschaft widersprechen. Daraus ist zu schließen, dass ein verfassungswidriger Wertungswiderspruch vorläge, wenn der sozialrechtliche Mindestbedarf den steuerrechtlichen überstiege.[868] Es kann demnach vorausgesetzt werden, dass es freiheitsrechtlich höherwertig ist, steuerlich entlastet zu werden, als auf eine (antragsgebundene) soziale Leistung verwiesen zu werden.[869]

Daraus folgt ein gedankliches Rangverhältnis von Steuerrecht und Sozialrecht bei der Herstellung gerechter Zustände.[870] Zunächst ist demnach im Steuerrecht

---

861 BVerfGE 82, 60 (94 ff.).
862 Vgl. Kap. 1 B. III. 3.) e) aa) (11).
863 BT Drs. 13/1558, dazu: *Kaiser-Plessow*, FPR 2005, 479 (480).
864 *Kaiser-Plessow*, FPR 2005, 479 (482).
865 Vgl. oben zum Thema „Einkommens- und Verbrauchsstichproben" Kap. 2 B. I. 2.).
866 BVerfGE 82, 60 (85).
867 *Neumann*, NVwZ 1995, 426 ff.
868 BVerfGE 87, 153 (170 f.); 82, 60 (91); 99, 216 (233).
869 *Seiler*, NZS 2007, 617 (620).
870 *Seiler*, NZS 2007, 617 (620); vgl. zur Subsidiarität: *Moes*, Die Steuerfreiheit des Existenzminimums, S. 171 ff.

eine gerechte Lastenverteilung zu bewerkstelligen. Im Anschluss daran ist das Sozialrecht in der Weise anzupassen, dass verbleibende Gerechtigkeitslücken geschlossen werden. Sozialrecht und Einkommensteuerrecht stehen also keinesfalls in einem Verhältnis der Alternativität. Das gefundene Verhältnis wird aber sogleich bei der Betrachtung des Existenzminimums wieder erschüttert. In diesem Bereich kann gerade nicht das Steuerrecht einen Gerechtigkeitsmaßstab vorzeichnen. Die sozialstaatliche Sicherung einer menschenwürdigen Existenz ist ein für den Gesetzgeber indisponibles Gut. An dieser Stelle zeichnet das Sozialrecht vor, was mindestens zu verschonen ist.[871] Nach hier vertretener Auffassung zeichnet das Sozialrecht sogar exakt vor, was aus Gründen einer Zusammenschau von Bedürftigkeitsprinzip und Leistungsfähigkeitsprinzip in einer bedarfsgerechten Interpretation des Leistungsfähigkeitsprinzips im Steuerrecht zu verschonen ist, was weitere Verschonungen aus sozialen Förderungszwecken oder Lenkungszwecken nicht ausschließt.

aa) Grundfreibetrag für höhere Einkommensgruppen

Dass der Grundfreibetrag für alle Einkommenschichten gewährt wird, gilt als Selbstverständlichkeit und wird kaum hinterfragt. Indes ist es keineswegs zwingend, dass auch Reiche einen Grundfeibetrag erhalten müssen.[872]

(1) Gleichheitsrechtlicher Ansatz

Rein gleichheitsrechtlich ließe sich ein Grundfreibetrag nicht begründen.[873] Stünde niemandem ein Grundfreibetrag zu, so wäre nach der relativen Gleichheit des Art. 3 GG grundsätzlich niemand benachteiligt.[874] Höchstens bei Einkommen in der Nähe des Existenzminimums ließe sich ein Grundfreibetrag auch gleichheitsrechtlich begründen. Für diese Einkommensgruppe ließe sich argumentieren, sie könnten nur dann ihren Lebensunterhalt durch eigene abhängige oder selbständige Arbeit erwirtschaften, wenn sie steuerlich bevorteilt werden. Nur wenn eine Wegbesteuerung diese Personengruppe nicht in staatliche Abhängigkeit drängt, haben sie die gleichen Chancen am Markt. Darüber hinaus muss jedoch nach dieser Argumentation aus gleichheitsrechtlicher Sicht nicht zwingend ein Grundfreibetrag gewährt werden. Wer nämlich ohne dessen Gewährung nicht Gefahr liefe, von

---

871 BVerfGE 82, 60 (85 ff.); 87, 153, (169); *Seiler*, DStR 2006, 1631 (1631).
872 *Tipke*, FR 1990, 349 f.
873 Mit ähnlichem Ansatz: *Liesenfeld*, Existenzminimum, S. 125.
874 Siehe oben unter: Kap. 1 B. III. 3.) b) ee) (1).

staatlicher Hilfe abhängig zu sein, der ist mit der oben genannten Gruppe nicht wesensgleich, kann also durchaus anders behandelt werden.[875] So sei durchaus die Konstruktion einer Existenzminimum-Freigrenze denkbar, die einen gleitenden Übergang zur vollen Besteuerung vorsieht.[876]

(2) Freiheitsrechtlicher Ansatz

Möglicherweise könnte unter Zuhilfenahme freiheitsrechtlicher Erwägungen ein Grundfreibetrag für alle Einkommensschichten ohne gekünstelt wirkende Vergleichsgruppen konstruiert werden. Unter Zuhilfenahme der Menschenwürdegarantie aus Art. 1 GG und dem daraus resultierenden Schutz davor, ohne eigentliche Not durch eine Wegbesteuerung in staatliche Abhängigkeit gedrängt zu werden, lässt sich der Grundfreibetrag für die untersten Einkommensschichten überzeugend rechtfertigen. Für höhere Einkommensschichten könnte die Wettbewerbsfreiheit aus Art. 12 GG und das damit verbundene Verbot unnötiger Wettbewerbsverzerrungen durch einseitige Gewährung von Steuervorteilen in Verbindung mit einem Vergleich in der Ebene der vertikalen Steuergerechtigkeit (Art. 3 GG)[877] in Stellung gebracht werden. Endgültig überzeugend gelingt die verfassungsrechtliche Begründung des Existenzminimums für höhere Einkommensschichten allerdings nicht. Es wurde lediglich in der Vergangenheit die politische Entscheidung getroffen, dass steuerliche Leistungsfähigkeit, verstanden als Fähigkeit zur Zahlung von Steuern, erst oberhalb eines Existenzminimums beginnen soll.[878] In diesem Sinne sei auf die Äußerung *Kleins* hingewiesen, ihm habe „[...] bis heute noch keiner erklärt, warum der Präsident des Bundesfinanzhofs einen Grundfreibetrag hat".[879]

Aus ökonomischer Sicht ist die mathematische Anknüpfung der Bemessungsgrundlage erst jenseits des Grundfreibetrags ohnehin für den Steuerpflichtigen kaum von Relevanz, da diese den Gesetzgeber nicht daran hindert, im Rahmen seiner Gestaltungsfreiheit seinen Finanzbedarf mittels erhöhter Steuersätze oder Verbreiterung der Bemessungsgrundlage auszugleichen. Umgekehrt könnte der Gesetzgeber auch Einsparungen beim Grundfreibetrag Besserverdienender in eine Absenkung der Steuersätze verwandeln.

---

875 *Schmidt-Liebig*, BB 1992, 107 (109) „Reiche benötigen kein Existenzminimum, sie haben es.".
876 *Arndt/Schumacher*, NJW 1994, 961 (964); *dies.*, AöR 1993, 513 (534 f.); *Siegel*, H/H/R, Stand Januar 2002, § 32a, Rz. 28.
877 Zu den Schwierigkeiten des Vergleichs in der vertikalen Ebene: *Arndt/Schumacher*, NJW 1994, 961 (964).
878 *Birk*, Das Leistungsfähigkeitsprinzip, S. 55.
879 *Klein*, Verhandlungen des 57. Deutschen Juristentages, Bd. II, 1988, S. N 171; vgl. dazu *Tipke*, StRO Bd. 2, 2. A., S. 799.

(3) Bedarfsorientierter Ansatz

Aus Sicht der bedarfsgerechten Interpretation des Leistungsfähigkeitsprinzips könnte argumentiert werden, dass jeder Mensch einen sozialrechtlich bestimmten Mindestbedarf hat. Um die Anerkennung des Existenzminimums auch für höhere Einkommensklassen zu ermöglichen, hilft der Hinweis auf die mögliche Wegbesteuerung des existenznotwendigen Bedarfs aber nicht weiter, da dieser nominell erhalten bleibt.

Diese Überlegung offenbart eines der grundlegenden Probleme bei der Abstimmung von Sozialrecht und Steuerrecht. Sie setzt sich dem Vorwurf aus, zwei Ebenen miteinander zu vermengen. Dies ist zum einen die Ebene des real zur Verfügung stehenden (Steuerrecht) oder zur Verfügung gestellten (Sozialrecht) Geldbetrags. Zum anderen ist es die Ebene der Bemessungsgrundlagen, also die hypothetisch anzusetzenden Rechengrößen zur Bestimmung der Steuerlast oder zur Bestimmung des zu gewährenden Hilfsbetrags im Sozialrecht. Das Sozialrecht interessiert sich meist für den Betrag, der tatsächlich zur Verfügung steht. Das Steuerrecht hingegen interessiert sich nie für den Betrag, der nach Steuern tatsächlich zur Verfügung steht. Das Steuerrecht interessiert sich ausschließlich für eine mathematische Messgröße, auf die der Tarif angewandt wird, die Bemessungsgrundlage.

Wenn nun das sozialhilferechtlich zu gewährende Existenzminimum ohne Weiteres als Maßstab für einen Grundfreibetrag im Einkommensteuerrecht genutzt wird, so kommt dies eigentlich dem Vergleich von Äpfeln mit Birnen nah. Nach sozialrechtlichem Maßstab müsste das Finanzamt eigentlich prüfen, ob dem Steuerpflichtigen nach Abzug der Steuern noch ein hinreichend großer Betrag verbleibt, um seinen Lebensunterhalt zu bestreiten. Da dies bereits bei durchschnittlich Verdienenden stets der Fall ist, wären sie nie bedürftig und bedürften keines Abzugs eines Grundfreibetrags von der Bemessungsgrundlage. Hier wird deutlich, dass Steuerrecht und Sozialrecht trotz vorhandener Berührungspunkte nicht beliebig gegeneinander austauschbar sind. Die bedarfsgerechte Interpretation des Leistungsfähigkeitsprinzips ist nicht als Überlagerung des steuerlichen Leistungsfähigkeitsprinzips durch das sozialrechtliche Bedürftigkeitsprinzip zu verstehen. Dennoch öffnet die bedarfsgerechte Interpretation durch ihre Anknüpfung an realitätsgerecht bestimmte Bedarfe das Steuerrecht für den Blick auf das, was tatsächlich zur Verfügung stehen muss. Somit kann durchaus das nominell Vorhandene in die Betrachtung einbezogen werden, was, wie oben dargelegt, einen Grundfreibetrag für höhere Einkommensklassen als nicht verfassungsrechtlich zwingend erscheinen lässt.

Möglicherweise ist es aber sowohl der Steuermoral als auch der Besteuerungsmoral zuträglich, wenn der Staat von sich behaupten kann, das Existenzminimum jedes Steuerpflichtigen zu berücksichtigen. Insofern spielt auch der Schutz der

Menschenwürdegarantie des Art. 1 Abs. 1 GG in die Überlegungen hinein. Auch wenn der Schutz des Existenzminimums bei Besserverdienenden nominell nicht notwendig ist, um ihr Auskommen zu sichern, so könnten Aspekte der Steuermoral und der Besteuerungsmoral für die Einbindung dieser Einkommensgruppen in eine insofern homogene Gruppe der Steuerpflichtigen sprechen. Anderenfalls könnte zumindest unterschwellig der Eindruck entstehen, der (besser verdienende) Steuerbürger werde nur noch auf seine Zahlungspflichten reduziert und sei im Übrigen von jedwedem staatlichen Schutz ausgeschlossen. Eine Preisgabe des Existenzminimums für bestimmte Einkommensklassen erscheint zumindest abstrakt geeignet, die Subjekteigenschaft des Steuerpflichtigen zugunsten seiner Nützlichkeit für das Gemeinwesen zu relativieren. Jedenfalls dürfte ein solches Klima der ideale Nährboden für verstärkte Steuervermeidungsstrategien sein. Ein Existenzminimum erscheint somit auch für höhere Einkommensgruppen vertretbar.

bb) Regional unterschiedliches Existenzminimum

Wird das Leistungsfähigkeitsprinzip bedarfsgerecht interpretiert, so liegt der Gedanke nahe, das Existenzminimum regional unterschiedlich zu bemessen. Nur dadurch könne die realitätsgerechte Erfassung der regional unterschiedlichen Lebenshaltungskosten gewährleistet werden.[880] Das BVerfG schließt den Vorschlag einer genaueren, regionalen Typisierung nicht generell aus, gesteht jedoch dem Gesetzgeber aus praktischen Gründen zu, bundesweite Durchschnittssätze zu bilden.[881] Möglicherweise lässt der Blick in das Sozialrecht und die dort ermittelten regional unterschiedlichen Bedarfe eine dynamische Berechnung als möglich erscheinen. Soweit lediglich auf sozialrechtliche Daten zurückgegriffen werden müsste, wäre ein Verbergen hinter dem Zwang zur Pauschalierung und Typisierung im Steuerrecht nicht zulässig. Mit einem solchen Verfahren könnten Überkompensationen in günstigen Gebieten ausgeschlossen und die realitätsgerechte Berücksichtigung des Existenzminimums auch in teureren Gebieten gewährleistet werden.

cc) Abstandsgebot steuerlicher Verschonung zur Sozialhilfe

Häufig wird gefordert, im einkommensteuerrechtlichen Grundfreibetrag eine größere Summe von der Besteuerung freizustellen, als im Sozialrecht gewährt wür-

---

880 *Lang,* Tipke/Lang, Steuerrecht, § 9 Rz. 87; *Dziadkowski,* FR 2008, 124 ff.; *ders.,* BB 1999, 1409 (1410); *Schöberle,* K/S/M, Stand Juni 2008, § 32a Rz.43 a.
881 BVerfGE 91, 93 (111 f.); 82, 60 (91).

de.[882] Nur so werde der Anreiz, eine niedrig entlohnte Arbeit aufzunehmen und selber für den Unterhalt zu sorgen, nicht durch Wegbesteuerung konterkariert. Anderenfalls stehe ein Arbeitssuchender vor der Frage, ob sich die Arbeitsaufnahme vor dem steuerlichen Hintergrund überhaupt für ihn lohne. Insofern seien Steuerrecht und Sozialrecht nicht etwa direkt austauschbar. Beide bedienten sich lediglich des Fixpunktes des Existenzminimums. Das Steuerrecht solle jedoch mehr verschonen als diesen Fixpunkt. Bei dem Sozialrecht reiche das Sichern des Existenzminimums aus. Insofern seien Steuerrecht und Sozialrecht durchaus zwei Seiten einer Medaille.[883]

Einerseits ist es vernünftig, einen Anreiz zum eigenen Erwerb setzen zu wollen. Dies gilt insbesondere, wenn man bedenkt, dass derzeit häufig nicht nur das Arbeitsentgelt aus dem Steueraufkommen aufgestockt wird, sondern die steuerfinanzierte Grundsicherung durch eine geringfügige Hinzuverdienstbeschäftigung aufgebessert wird.[884] Problematisch am Vorschlag eines Abstandsgebotes zum Sozialrecht ist jedoch andererseits die Verortung im Bereich der Steuerfreistellung des Existenzminimums. Wie dargestellt,[885] führt eine bedarfsgerechte Interpretation des Leistungsfähigkeitsprinzips nach hier vertretenem Verständnis dazu, dass im Einkommensteuerrecht exakt das sozialrechtliche Existenzminimum verschont werden muss – nicht mehr und nicht weniger.

Ein arbeitsmarktpolitischer Lenkungszweck ist folglich bei der Freistellung des Existenzminimums deplatziert.[886] Ein solcher Lenkungszweck kann hingegen, soweit er als solcher ausgewiesen ist und den Anforderungen an die Lenkung mit dem Mittel des Steuerrechts genügt, trotzdem verfolgt werden. Lenkungszwecke sollten jedoch nicht die Ermittlung und Freistellung des Existenzminimums verzerren. Anderenfalls entstünde der Eindruck, die Höhe des steuerfrei zu stellenden Existenzminimums stünde zur Disposition der gerade vorherrschenden politischen Meinung.

---

882 *Jachmann*, K/S/M, Stand März 2004, § 31 Rz. A 7, A 47; *Friauf*, DStJG 12 (1989), S. 3 (31 f.); *Wendt*, DÖV 1988, 710 (720); *Kirchhof*, Gutachten für den 57. DJT 1988, S. F 51; *ders.*, JZ 1982, 305 (308); *Isensee*, FS für Broermann, 1982, S. 365 (389).
883 *Pezzer*, StuW 1989, 219 (225); *Lehner*, Einkommensteuerrecht und Sozialhilferecht, S. 401.
884 *Waltermann*, NJW 2010, 801 (802).
885 Siehe Kap. 1 B. III. 3.) b) dd).
886 Vgl. BVerfG (Nichtannahmeverschluss) vom 03.05.1995, Az. 1 BvR 1176/88, BStBl. II 1995, 758 ff; BFH vom 09.03.2001, Az. III R 50/00, BStBl. II 2001, 778 ff.; andeutungsweise bei: *Moes*, Die Steuerfreiheit des Existenzminimums, S. 77 ff, 113 f., 181 ff.

dd) Bedarfsunabhängige Grundsicherung

Immer wieder wird die Idee eines bedarfsunabhängigen steuerfinanzierten Grundgehaltes diskutiert.[887] Im Bereich der Berührungspunkte von Einkommensteuerrecht und Sozialrecht, insbesondere im Bereich der Sicherung des Existenzminimums, lohnt sich ein kurzer Exkurs zur Idee des bedarfsunabhängigen Grundgehaltes. Grund dafür ist, dass bei der hypothetischen Installation eines solchen Instituts das Verhältnis von Sozialrecht und Steuerrecht auf eine grundlegend neue Basis gestellt würde. Das Sozialrecht würde nicht mehr nur subsidiär im Bedarfsfall eingreifen, sondern stets das Existenzminimum gewähren. Demzufolge müsste auch im Einkommensteuerrecht neu über die Notwendigkeit der Steuerfreistellung des Existenzminimums nachgedacht werden. Die Finanzierung des Grundgehalts würde beide Teilrechtsordnungen noch enger aneinander binden, entfiele doch zulasten der Gruppe der Steuerpflichtigen das althergebrachte Prinzip der Sozialversicherung.

Überhaupt ist die Frage interessant, wie ein solches Grundgehalt ausgestaltet werden könnte. Denkbar wäre die Ausgestaltung als sozialrechtlicher Leistungstatbestand. Aber ebenso ist in der Steuerrechtswissenschaft unter dem Begriff „Negativsteuer" überlegt worden, ob das Steuerrecht auch Zahlungen an den Bürger regeln kann.[888]

Modelle für ein Grundeinkommen werden mit sehr verschiedenen Spielarten vorgeschlagen. Deshalb sind Grundeinkommensvorschläge aus recht unterschiedlichen politischen Lagern bekannt. Hingewiesen sei nur auf das Modell eines solidarischen Bürgergeldes des ehemaligen Thüringer Ministerpräsidenten *Althaus*, des Ökonomen *Straubhaar*, des Unternehmers *Götz Werner* auf der einen Seite und Modellvorschläge von Bündnis90/Die Grünen und Die Linke auf der anderen Seite.[889]

Derzeit werden die Modelle einer bedarfsunabhängigen Grundsicherung über alle Parteigrenzen hinweg mit unterschiedlicher Begründung abgelehnt. Der sozialrechtliche Nachranggrundsatz würde durchbrochen. Anders, als oben vorausgesetzt,[890] wäre der Bürger nicht mehr grundsätzlich darauf verwiesen, zunächst seinen Unterhalt selbst zu bestreiten, bevor er Leistungen erhält. Er würde sogleich ein Grundgehalt erhalten, das er durch zusätzliche Arbeit aufstocken könnte. Dies dürfte auch viele soziale Sicherungssysteme überflüssig machen. Es muss in die-

---

887 *Waltermann*, NJW 2010, 801 (801 ff.); *ders.*, NZA-Beil. 2009, 110 (117 ff.); *Rhein*, NZA-Beil. 2009, 91 (95 ff.); *Moes*, Die Steuerfreiheit des Existenzminimums, S. 85 ff.; *Zacher*, Isensee/Kirchhof, HStR II, § 28, Rz. 132 m. w. N.
888 *Mitschke*, StuW 1994, 153 ff.
889 *Rhein*, NZA-Beil. 2009, 91 (95).
890 Siehe Kap. 1 B. III. 3.) a) cc).

sem Fall kein Bedarf mehr ermittelt werden, der im Fall eines Defizits auszugleichen wäre. Jeder bekäme das Gleiche.

Für das Steuerrecht bedeutete es tiefe Einschnitte im Bereich dessen, was aufgrund des Leistungsfähigkeitsprinzips bislang steuerfrei zu stellen war. Wozu sollte ein Grundfreibetrag gewährt werden, wenn ohnehin das Existenzminimum durch ein Grundgehalt ausbezahlt würde. Fraglich wäre, ob auch die Abzüge für Sonderausgaben und außergewöhnliche Belastungen wegen einer möglichen abgeltenden Wirkung des Grundgehaltes entfallen könnten. Dies wäre jedoch vor dem Hintergrund des Leistungsfähigkeitsprinzips, insbesondere seiner Funktion der Interpretation des Art. 3 GG, nicht haltbar. Dies führte beispielsweise dazu, dass trotz besonders hoher Krankheitskosten ein Steuerpflichtiger als ebenso leistungsfähig wie ein Gesunder angesehen würde. Damit zeigt sich sogleich das grundlegende Problem eines bedarfsunabhängig ermittelten Grundgehaltes.

Es entstünde ein grundlegendes Gerechtigkeitsproblem, also eine Ungleichbehandlung i. S. d. Art. 3 GG. Soweit jedem ein gleiches Gehalt zuerkannt würde, müssten Sachverhalte weit über das bisher bekannte Maß der Pauschalierung und Typisierung hinaus einheitlich behandelt werden. Es würden alle gleich behandelt werden. Aus diesem Grund dürfte das BVerfG der grundsätzlich so elegant und einfach wirkenden Idee des Grundgehaltes schnell einen Riegel vorschieben. Eine unüberschaubare Anzahl von Gründen, von Krankheiten über Behinderung bis zu Unglücksfällen, ließen sich finden, warum zwischen Beziehern des Grundgehaltes von Verfassungs wegen zu differenzieren ist. Es hätte nicht jeder Bürger die Möglichkeit, sich mit einem hypothetischen Grundgehalt einen vergleichbaren Lebensstandard zu sichern. Ein behinderter Mensch müsste möglicherweise ein niedrig bemessenes Grundgehalt vollständig zum Ausgleich seiner Nachteile verwenden, sodass er im Vergleich zu Nichtbehinderten ein Gehalt von gleich Null bezöge. Würde ein großzügiges Grundgehalt gezahlt, sodass, um bei dem Beispiel zu bleiben, der Behinderte seine Nachteile ausgleichen und trotzdem noch sein übriges Existenzminimum bestreiten kann, so wäre die Diskriminierung behinderter Menschen trotzdem nicht zu rechtfertigen. Menschen ohne Behinderung könnten nämlich einen deutlich größeren Teil des Grundgehaltes zur Befriedigung ihrer persönlichen Bedarfe nutzen.

Wegen der Notwendigkeit der Differenzierung bei einem möglichen Grundgehalt aufgrund von Art. 3 GG, welche mit der bedarfsgerechten Interpretation des Leistungsfähigkeitsprinzips im Einkommensteuerrecht korrespondiert, wäre der Hauptvorteil des Grundgehaltes, seine Einfachheit, schnell verspielt. Eine Norm des Sozialrechts oder des Einkommensteuerrechts darf sich nicht vor dem Bedarf verschließen und kann diesen nur in gewissen Grenzen realitätsgerecht pauschalieren.

Sowie man sich mit den unterschiedlichen Vorschlägen für ein Grundgehalt auseinandersetzt, fällt die Frage der Finanzierbarkeit ins Auge. Reizvoll an dem System ist zunächst die Einfachheit. Jeder erhält das Gleiche und ein großer bürokratischer Aufwand entfiele. Unabhängig von den Finanzierungsmodellen muss aber die Wirkung eines solchen Grundgehaltes beachtet werden. Es dürfte eine nicht zu verachtende Lenkungswirkung entfalten. Vielen Menschen würde es den Anreiz geben, ohne über ihr Existenzminimum nachdenken zu müssen, einer Zusatzarbeit nachzugehen. Allerdings würde ein nicht zu vernachlässigender Teil der Bevölkerung seine Erwerbsbestrebungen wohl einschränken. Damit fügt sich die Diskussion des bedarfsunabhängigen Gehalts nahtlos in die Diskussion der Alternativität von Erwerbseinkommen und Sozialeinkommen unter der derzeitigen Regelung ein.[891]

Genauso wie jemand, der derzeit nur ein Einkommen in der Nähe des Existenzminimums bezieht, bereits jetzt über den ökonomischen Sinn seiner Erwerbstätigkeit gegenüber der Versorgung durch die Sozialsysteme nachdenken kann, würden womöglich breite Bevölkerungsschichten abwägen, wie viel Arbeitskraft und Lebenszeit sie noch investieren möchten, um mehr als das Grundgehalt zu verdienen. Viele würden eher halbtags arbeiten und sich die Lohneinbuße (teilweise) durch das Grundeinkommen ausgleichen lassen. Dies ermöglicht zwar theoretisch das Teilen der Arbeitsplätze mit ansonsten arbeitslosen Menschen. Soweit der Verlust an Arbeitskraft jedoch nicht ausgeglichen werden kann, sinkt die Produktivität. Damit sinken die Steuereinnahmen auf breiter Fläche. Dies stellt wiederum die Finanzierbarkeit eines bedarfsunabhängigen Grundgehaltes in Frage.

Die europarechtliche Dimension eines Grundgehaltes wäre hoch brisant. Im Wettbewerb der Sozialsysteme wäre die Bundesrepublik aus Sicht der Unionsbürger hochattraktiv. Aus Gründen der Niederlassungsfreiheit aus Art. 49 AEUV könnte praktisch keinem Unionsbürger versagt werden, an diesem Grundgehalt teilzuhaben. Dies zeigt, dass solch ein weitreichender Systemwechsel nicht abgeschottet nach Nationalstaaten geplant werden kann. Von Anfang an müsste mindestens die europarechtliche Tragweite, wenn nicht sogar darüber hinausgehende Wirkungen, im Blick behalten werden. Ohne einen konkreten Gesetzentwurf wäre eine vertiefende Diskussion des bedarfsunabhängigen Grundgehalts an dieser Stelle nur rein spekulativ. Zudem müssten originär arbeitsrechtliche und sozialrechtliche Überlegungen angestellt werden (Mindesteinkommen oder besser Mindestlohn),[892] was den gesetzten Rahmen dieser Untersuchung überstrapazierte.

---

891 Dazu: *Waltermann*, NJW 2010, 801 (801 ff.).
892 *Waltermann*, NJW 2010, 801 (804 ff.).

III. Zusammenfassung

Im Bereich des Existenzminimums des Einzelnen ist der Zusammenhang von Sozialrecht und Einkommensteuerrecht wohl am offenkundigsten. Nach den Urteilen das BVerfG zur einfachgesetzlichen Anbindung der Höhe der Verschonung im Einkommensteuerrecht an die sozialrechtlichen Bedarfssätze sind in diesem Bereich die gröbsten Verwerfungen zwischen den Rechtsgebieten eingedämmt worden.

Im Einzelnen besteht noch weiterer Raum zur Harmonisierung. So könnte beispielsweise das steuerliche Existenzminimum realitätsgerecht nach teuren und günstigen Wohngegenden differenzieren. Nach hier vertretener Auffassung kommt dem Steuergesetzgeber ein weiter Gestaltungsspielraum hinsichtlich Art und Höhe der Berücksichtigung des Existenzminimums im Einkommensteuerrecht zu. Die zentrale Einschränkung besteht nur darin, dass jedenfalls Einkommen in der Nähe des Existenzminimums derart entlastet werden müssen, dass nominell ein Betrag in Höhe des realitätsgerecht ermittelten Existenzminimums beim Steuerpflichtigen verbleibt.

C. Die Absicherung der Familie

Im Anschluss an die Analyse des „allgemeinen" Existenzminimums des Einzelnen zwischen Steuerrecht und Sozialrecht folgt nun die Untersuchung des „besonderen" Existenzminimums der Familie zwischen den Rechtsgebieten. Als rechtlicher Rahmen wird zunächst die generelle Berücksichtigung von Kindern im Einkommensteuerrecht umrissen (I.). Wegen seiner sozialrechtlichen Verknüpfungen liegt das Hauptaugenmerk im weiteren Verlauf auf dem Familienleistungsausgleich (II.) und möglichen Alternativen (III.). Im Anschluss an ein Zwischenergebnis (IV.) wird das sozialrechtliche Elterngeld in den Blick genommen (V.).

I. Die Berücksichtigung von Kindern im Einkommensteuerrecht

„Kinder sind etwas Schönes... Was schön ist, muss man schützen. Außerdem sind Kinder schwach. Auch das Schwache muss man schützen. Schließlich sind Kinder nützlich. Wenn sie erwachsen sind, zahlen sie die Renten der Eltern. Was nützlich ist, muss man pflegen. Überhaupt: Kinder sind unsere Zukunft."[893] Denn alle Be-

---

893 *Roelleke*, NJW 1994, 1263.

reiche von Staat und Gesellschaft sind auf eine heranwachsende neue Generation angewiesen.[894]

1.) Kinderbezogene Normen des EStG im Überblick

Im Folgenden soll kurz dargestellt werden, auf welche Weise die wirtschaftliche Belastung durch Aufwendungen für den Kindesunterhalt im EStG gemindert wird. Kindbedingte Aufwendungen sind im EStG in einer Vielzahl von Einzelvorschriften berücksichtigt. Zu unterscheiden sind dabei Abzüge von der Bemessungsgrundlage durch Freibeträge unabhängig von der tatsächlichen Höhe der entstandenen Aufwendungen und die Geltendmachung getätigter Aufwendungen im Rahmen festgelegter Höchstgrenzen.[895]

Zunächst werden kindbezogene Sozialleistungen von der Besteuerung freigestellt, § 3 Nr. 1 lit. b EStG. Der existenznotwendige Grundbedarf des Kindes soll durch den Familienleistungsausgleich in § 31 EStG ausgeglichen werden. Daneben existiert noch eine Vielzahl unterschiedlicher kindbedingter Erleichterungen. Anknüpfungspunkt ist dabei der Anspruch auf Kindergeld/Kinderfreibetrag. Kinderbetreuungskosten können nach den §§ 9 c; 9 Abs. 5; 9a S. 1 Nr. 1 lit. a EStG abgezogen werden.[896] Hierbei handelt es sich um einen ersten Versuch, kindbedingte Minderungen der Leistungsfähigkeit in einer Norm zu konzentrieren.[897] Der § 10 Abs. 1 Nr. 9 EStG sieht einen Sonderausgabenabzug für Schulgeld[898] vor. In § 24b EStG ist der Entlastungsbetrag für Alleinerziehende geregelt. Er soll nach der verfassungsrechtlichen Beanstandung des ehemaligen Haushaltsfreibetrags[899] die auftretende Mehrbelastung Alleinerziehender typisierend berücksichtigen.[900]

Kommen außergewöhnliche Belastungen zum Abzug, so sinkt nach § 33 Abs. 3 EStG bei Steuerpflichtigen mit Kindern die zumutbare Belastung. Der § 33a Abs. 1 EStG gewährt einen Sonderausgabenabzug für den Fall, dass für ein unterhaltsberechtigtes Kind kein Anspruch auf den Kinderleistungsausgleich besteht. Der § 33a Abs. 2 EStG gewährt einen Ausbildungsfreibetrag für auswärtig unter-

---

894 *Hebeler*, Generationengerechtigkeit, S. 80; *Ruland*, FamRZ 2004, 493 (497).
895 *Birk*, Steuerrecht, S. 321 ff.
896 Derzeit wird diskutiert, den § 9c EStG wieder entfallen zu lassen und den Abzug unter erleichterten Voraussetzugen in § 10 Abs. 1 Nr. 5 EStG zu normieren.
897 *Krömker*, H/H/R, Stand Mai 2009, § 9c, Rz. J 08-5; *Loschelder*, Schmidt EStG, § 9c, Rz. 1; *Hechtner/Hundsdoerfer/Sielaff*, FR 2009, 55 (61).
898 Deckelung des Abzugsbetrags durch JStG 2009 auf 3.000 EUR.
899 BVerfGE 99, 216 (218).
900 BT Drs. 15/3339 S. 11; zur verfassungsrechtlichen Diskussion: BVerfG vom 22.05.2009, Az. 2 BvR 310/07 (Nichtannahmebeschluss); daraufhin Beschwerde anhängig beim EGMR vom 27.11.2009, Az. 45624/09; *Seiler,* Kirchhof, EStG, § 24b Rz. 1.

gebrachte Kinder. Die §§ 33b Abs. 5, 6 EStG berücksichtigen den Mehrbedarf infolge Krankheit oder Körperbehinderung eines Kindes.

Bei Altersvorsorgeverträgen gewähren die §§ 83, 85 EStG einen Anspruch auf eine Kinderzulage. Kinder mindern die Bemessungsgrundlage von Zuschlagsteuern (Kirchensteuer, Solidaritätszuschlag) gemäß § 51a Abs. 2, 2a EStG und wirken sich auf die auslaufende Eigenheimzulage aus, § 9 Abs. 1, 5 EigZulG (Kinderzulage).[901] Für Altfälle sei das „Baukindergeld" des § 34f EStG erwähnt.[902] Schließlich nimmt § 32 Abs. 1 bis 5 EStG im öffentlichen Dienst Einfluss auf die Gewährung des Orts- bzw. Familienzuschlags und mittelbar über diese Zuschläge auch auf die Beihilfegewährung für Kinder[903] (vgl. §§ 39, 40 BBesG, §§ 4 Abs. 2, 5 Abs. 4 BBhV).[904]

2.) Kritik

Auffällig ist die normative Zersplitterung der kindbedingten Entlastungen im Einkommensteuerrecht. Der Rechtsanwender kann nicht auf einen Blick erfassen, welche steuerlichen Folgen das Gesetz an die Elternschaft knüpft. Dabei soll auch nicht unerwähnt bleiben, dass der Abzug von Betreuungskosten ursprünglich in den §§ 4f; 9 Abs. 5; 9a S. 1 Nr. 1 lit. a; 10 Abs. 1 S. 1 Nr. 5 und 8 EStG geregelt war.[905] Ab dem Veranlagungszeitraum 2009 ist der § 4f EStG gestrichen und dessen Inhalt in den § 9c Abs. 1 EStG integriert geworden. Für Werbungskosten verweist § 9 Abs. 5 EStG nunmehr auf § 9c Abs. 1 und 3 EStG. Im Bereich der Sonderausgaben wurden § 10 Abs. 1 S. 1 Nr. 5 und 8 EStG gestrichen und deren Inhalt in § 9c Abs. 2 EStG eingesetzt. Dies verdeutlicht eine Tendenz, kindbezogene Vergünstigungen an einer Stelle zusammenzufassen. Fraglich ist indes, warum der Abzug von Schulgeld trotzdem im § 10 Abs. 1 Nr. 9 EStG verblieben ist.

Wegen der Verteilung der kindbedingten Vorschriften über das EStG drängt sich auch der Eindruck auf, es bestehe eine gewisse Beliebigkeit, kindbedingten Aufwand „wie" Betriebsausgaben/Werbungskosten oder als Sonderausgaben oder außergewöhnliche Belastung einzuordnen.[906] So können Betreuungskosten in § 9c Abs. 1 EStG „wie" Betriebsausgaben abgezogen werden. Als „Auffangvorschrift"

901 Nur noch anwendbar bei Herstellung vor dem 01.01.2006. Die Zulage ist zwar abhängig vom Anspruch auf Kindergeld oder –freibetrag, jedoch wird die Absenkung des Anspruchs auf Kindergeld von bis zu 27 Jahren auf 25 Jahre nicht auf das EigZulG übertragen, vgl. Änderung § 19 EigZulG durch JStG 2009, BGBl. I 2008, S. 2794.
902 *Lang*, Tipke/Lang, Steuerrecht, § 9 Rz. 820.
903 *Jachmann*, K/S/M, Stand März 2004, § 32 Rz. A 18.
904 Verordnung über Beihilfe in Krankheits-, Pflege- und Geburtsfällen (Bundesbeihilfeverordnung).
905 Dazu: *Hey*, NJW 2006, 2001 ff.; *Hölzer*, NJW 2008, 2145 (2149).
906 Dazu: *Jachmann*, FR 2010, 123 (125 f.).

zu § 9c Abs. 1 EStG kommt § 9c Abs. 2 EStG in Frage, der einen Sonderausgabenabzug regelt. Dieser Abzug ist gemäß § 9c Abs. 1 S. 1 EStG dann einschlägig,
wenn sich der Steuerpflichtige selbst in Ausbildung befindet oder behindert oder
krank ist. Interessanter ist der Satz 4 des § 9c Abs. 2 EStG, der bei Betreuungsaufwand für Kinder zwischen 3 und 6 Jahren auf die Erfordernisse „Ausbildung, Behinderung oder Krankheit" bei den Eltern verzichtet.

Dies verdeutlicht die Wirkung der Regeln über den Sonderausgabenabzug als
Auffangvorschriften gegenüber dem Betriebsausgabenabzug. Unklar bleibt dann,
ob Kinderbetreuungskosten nun dem objektiven Nettoprinzip oder dem subjektiven
Nettoprinzip zuzuordnen sind.[907] Eine Alternativität von objektivem Nettoprinzip
und subjektivem Nettoprinzip kann grundsätzlich nur im Bereich des Existenzminimums bestehen.[908] Dort kann ein fehlender Abzug erwerbsbedingter Kosten ausnahmsweise gleichzeitig zur Nichtbeachtung des Existenznotwendigen führen. In
allen anderen Fällen muss zwischen beiden Varianten differenziert werden.

Ob Betreuungskosten dem objektiven Nettoprinzip oder dem subjektiven Nettoprinzip unterfallen, hängt mit der Frage zusammen, ob man den Betreuungsbedarf als durch die Erwerbstätigkeit der Eltern entstanden oder als durch das Kinderhaben schlechthin entstanden ansieht.[909] Unternimmt man den Versuch, Kinderbetreuungskosten grundsätzlich in objektives oder subjektives Nettoprinzip einzuordnen, so muss die grundsätzlich strenge Haltung des Gesetzgebers gegenüber
abziehbaren Betriebsausgaben/Werbungskosten beachtet werden.[910] Es bedarf eines engen Veranlassungszusammenhangs[911] zwischen Kinderbetreuung und Erwerbstätigkeit. Die Kinderbetreuung verschafft dem Erwerbstätigen die Zeit, um
arbeiten zu gehen. Allerdings dient der Vorgang der Betreuung streng genommen
nicht der jeweiligen Tätigkeit des Erwerbs.[912] Mit der gleichen Berechtigung könnte das morgendliche Frühstück absetzbar sein, da es ja erst die nötige Kraft zum
Erwerb verleiht. So vernünftig die Unterstützung der Kinderbetreuung auch im
Hinblick auf den Erwerb der Eltern ist, so ist sie dennoch nicht durch die Berufstätigkeit veranlasst. Für eine private Veranlassung spricht weiterhin, dass auch gerade bei nicht erwerbstätigen Eltern ein pädagogisches Interesse an der Betreuung
des Kindes in einem Kindergarten besteht.[913] Genauso, wie die Eltern auch ohne

---

907 Noch zur alten Rechtslage: *Seiler*, DStR 2006, 1631 (1633).
908 Vgl. am Beispiel der Entfernungspauschale *Lehner*, DStR 2009, 185 (187, 191).
909 Für die erste Lösung statt Vieler: *Sacksofsky*, FR 2010, 119 (122 f.); *Jachmann*, FR 2010,
     123 (126); für die zweite Lösung: FG Nds. vom 10.04.2003, Az. 10 K 338/01, EFG 2003,
     1231 f.
910 Siehe beispielsweise die strenge Regelung zum häuslichen Arbeitszimmer als „Mittelpunkt
     der der beruflichen Betätigung" in § 4 Abs. 5 S. 1 Nr. 6b EStG.
911 *Lang,* Tipke/Lang, Steuerrecht, § 9 Rz. 229.
912 *Seiler*, DStR 2006, 1631 (1634).
913 Zum Kindergarten als pädagogische Institution, *Merkens*, Pädagogische Institutionen,
     S. 35 ff.

die Erwerbstätigkeit das Frühstück zu sich nähmen, bestünde in diesem Fall ein Interesse, das Kind in einem Kindergarten betreuen zu lassen. Es handelt sich also um privat veranlasste Kosten, die dem subjektiven Nettoprinzip zuzuordnen sind. Dass der Gesetzgeber von der (teilweisen) Zuordnung der Kinderbetreuung zum objektiven Nettoprinzip selbst nicht vollständig überzeugt war, zeigt die Umschreibung „wie" Betriebsausgaben statt „als" Betriebsausgaben in § 9c Abs. 1 S. 1 a. E. EStG.

Die Frage der Einteilung der Kinderbetreuungskosten in typische erwerbsbedingte Betriebsausgaben/Werbungskosten oder private Sonderausgaben wirft alsbald die Frage nach der „richtigen" Familienform auf. Je nach gesetzlicher Ausgestaltung könnten sich aus dem Gesetz (zumindest faktisch) Präferenzen für ein bestimmtes Familienbild ergeben. Es stellt sich zum einen die Frage, ob sich der Gesetzgeber als Leitbild die Zweiverdienerehe, die Einverdienerehe oder andere Formen des familiären Zusammenlebens vorzustellen habe. Weiterhin muss die Frage aufgeworfen werden, ob der Staat die „zu präferierende" Familienform dann auch lenkend begünstigen darf. Solche rechtspolitischen Fragen sollen an dieser Stelle nicht weiter vertieft werden. Es sei nur der Hinweis auf § 9c Abs. 1 S. 2 EStG erlaubt, der den Abzug von Kinderbetreuungskosten bei zusammen lebenden Elternteilen nur dann erlaubt, wenn beide Elternteile erwerbstätig sind. Wird also ein Elternteil erwerbslos, so hat dieser nach dem Willen (oder zumindest der Wirkung) des Einkommensteuergesetzes die Kinder zu betreuen. Der Kindergartenbesuch wird nicht mehr unterstützt. Hierin kann eine Beeinflussung der innerfamiliären Organisation gesehen werden. Zudem ist der teilweise[914] Abzug von tatsächlichen Betreuungskosten des § 9c EStG nicht mit dem Betreuungsfreibetrag des § 32 Abs. 6 EStG abgestimmt.

Einmal mehr zeigt sich, dass Förderzwecke oft leichter und sinnvoller im Sozialrecht verfolgt werden können, als im Einkommensteuerrecht. Würde der Staat, statt Abzugsbeträge im Steuerrecht zu gewähren, die Betreuungsinstitutionen auf sozialrechtlicher Ebene finanziell unterstützen, käme dem Gesetzgeber ein deutlich größerer Gestaltungsspielraum zu.[915] Er könnte ohne Gefahr, das Neutralitätsgebot gegenüber der familiären Planung aus Art. 6 GG[916] zu verletzen, das Fördergebot aus Art. 6 GG verwirklichen.[917] Der Sozialgesetzgeber wäre nicht an die erwerbsbezogene Denkstruktur des Einkommensteuerrechts gebunden. Auf den Punkt gebracht, bringt die Indienstnahme des Steuerrechts für die soziale Familienpolitik die Gefahr mit sich, die Familie zweckrational als Faktor volkswirtschaftlichen Wachstums und Hindernis individuellen Erwerbs fehlzuinterpretieren, statt den

---

914 I. H. v. 2/3 der Aufwendungen, gedeckt auf 4.000 EUR.
915 Vgl. oben unter: Kap. 1 A. V.
916 Zur Bedeutung der Familie und ihrer Schutzwürdigkeit aufgrund ihrer Bedeutung für den Sozialstaat vgl. *Shirvani*, NZS 2009, 242 (245 ff.).
917 *Seiler*, DStR 2006, 1631 (1634).

Fokus auf die Familie als Ort individueller Entfaltung der Persönlichkeit und sozialer Einbindung in eine Verantwortungsgemeinschaft zu richten.[918]

II. Der Familienleistungsausgleich

Die umfangreichste Inanspruchnahme des Einkommensteuerrechts für die Unterstützung der Familie und zugleich die weitreichendste Inanspruchnahme für soziale Zwecke überhaupt erfolgt im Rahmen des Familienleistungsausgleichs. Zunächst ist zu klären, was unter dem Begriff zu verstehen ist (1.), sodann sind die Regelungen zu erläutern (2.) und einer kritischen Würdigung zu unterziehen (3.).

1.) Begriff des Familienlastenausgleichs und des Familienleistungsausgleichs

Fraglich ist, ob ein inhaltlicher Unterschied zwischen den Begriffen „Familienlastenausgleich" und „Familienleistungsausgleich" besteht. Der Begriff der Last suggeriert eine unfreiwillige, negative Bürde. Der Begriff der Leistung steht einer freiwilligen Anstrengung nahe. Eine Differenzierung danach, dass Kinder in bestimmten Fällen eine Last darstellten und nur in bestimmten Fällen das Großziehen von Kindern als Leistung angesehen wird, ist nicht zielführend. Vielmehr ist der Begriff des Kinderlastenausgleichs der ältere. Es liegt demnach auf der Hand, dass an dieser Stelle lediglich modernisierend und euphemisierend ein neuer Begriff gefunden werden sollte, der nicht mehr an „Lasten" erinnert, sondern an „Leistung".[919] Beide Begriffe bezeichnen die Gesamtheit entlastender staatlicher Maßnahmen für die Aufwendungen der Familien für ihre Kinder. Somit sind beide Begriffe synonym zu verwenden. Speziell auf Kinder bezogen, wird auch von Kinderleistungsausgleich gesprochen. Eine weitere begriffliche Unsicherheit entsteht dadurch, dass das Sozialrecht in § 6 SGB I von der „Minderung des Familienaufwands"[920] spricht. Dieser Begriff dürfte als weiteres Synonym für den steuerlich-sozialen Familienleistungsausgleich zu verstehen sein.

---

918 *Seiler*, DStR 2006, 1631 (1635 f.).
919 Begriffsänderung durch JStG 1996, G. v. 11. 10. 1995, BStBl I 1995, S. 438 (447 ff.); *Fuchs*, JZ 2002, 785 (793); *Selder*, Blümich EStG, Stand Mai 2009, § 31 Rz. 75; *Igl/Welti*, Sozialrecht, S. 302; Vertiefende etymologische Deutungsversuche seien nicht zielführend, *Kanzler*, H/H/R, Stand Januar 2002, § 31 Rz. 3.
920 Dazu auch *Felix*, DStJG 29 (2006), S. 152 f.

2.) Die Regelungen des Familienleistungsausgleichs

Der einkommensteuerliche Familienleistungsausgleich setzt sich heute zusammen aus dem Kinderfreibetrag und dem Kindergeld. Nach § 31 EStG sollen damit zugleich das Existenzminimum des Kindes, der Betreuungsbedarf und der Erziehungs- und Ausbildungsbedarf[921] erfasst sein. Nach Satz 2 der Vorschrift dient das Kindergeld, soweit es für die oben genannten Zwecke nicht erforderlich ist, der Familienförderung.

a) Entwicklung der Vorschriften

Zum besseren Verständnis der Vorschriften soll kurz die Entwicklung des steuerlichen Familienleistungsausgleichs dargestellt werden.[922] Dabei wird deutlich, dass von Beginn an eine Unsicherheit darüber herrschte, wie der Familienleistungsausgleich ausgestaltet werden soll und wie Steuerrecht und Sozialrecht in ein verträgliches Miteinander gebracht werden können.

Ursprünglich waren lediglich Kinderfreibeträge vorgesehen (1949).[923] Im Jahr 1955 wurde ein Kindergeld i. H. v. 25 DM ab dem dritten Kind eingeführt. Dieses wurde seit 1961 bereits ab dem zweiten Kind gezahlt. Ab 1975 wurde der Betrag erhöht auf 50 DM und ab dem ersten Kind gewährt (zweites Kind 70 DM, jedes weitere 120 DM).[924] Allerdings wurde der Kinderfreibetrag abgeschafft. Seit 1983 sind das Kindergeld und der Kinderfreibetrag wieder in einem dualen System miteinander verbunden.[925] Dabei wurde Kindergeld nach dem Bundeskindergeldgesetz (BKGG) gezahlt und kumulativ der Freibetrag im Einkommensteuergesetz (EStG) vorgesehen. Das BVerfG billigte dem Grundsatz nach das Konzept des dualen Systems.[926] Das Kindergeld habe in diesem System sowohl „steuerliche Entlastungsfunktion" als auch die Funktion einer „allgemeinen Sozialleistung". Im Zuge dessen stimmte das Gericht der Umrechnung des Kindergeldes in einen fiktiven Kinderfreibetrag zu.[927]

---

921 Dazu: *Felix*, NJW 2001, 3073 ff.
922 Dabei kann nicht detailliert auf alle der rund 50 Gesetzesänderungen eingegangen werden, *Felix*, K/S/M, Stand August 2005, § 62 Rz. A 12.
923 Zur Geschichte seit dem Preußischen Einkommensteuergesetz vom 21.06.1891 vgl. *Jachmann*, K/S/M, Stand März 2004, § 31 Rz. A 20 bis A 33 c; *Kanzler*, Beihefter zu DStR 11 2002, 1 ff.
924 *Jachmann*, K/S/M, Stand März 2004, § 31 Rz. A 26.
925 *Lang*, Tipke/Lang, Steuerrecht, § 9 Rz. 92 f.
926 BVerfGE 82, 60 (78 ff.).
927 BVerfGE 82, 60 (92 ff.); gegen die Einordnung als partielle Sozialleistung: *Pust*, L/B/P, Stand Mai 2008, § 31, Rz. 54 f.

Im JStG 1996[928] wurde der Familienlastenausgleich gänzlich im Einkommensteuergesetz (§ 31 EStG) konzentriert. Zunächst wird monatlich Kindergeld gezahlt, § 31 S. 3 EStG. Dieses Kindergeld ist als Steuervergütung zu behandeln, soweit die Steuerbelastung des für das Existenzminimum des Kindes benötigten Einkommens zurückgenommen wird. Soweit die Jahressumme des Kindergeldes die Steuerbelastung des existenznotwendigen Einkommens überschreitet, hat das Kindergeld die Funktion einer Subvention. Reicht die Jahressumme des Kindergeldes für die Rückgewähr der verfassungswidrigen Steuerbelastung nicht aus, was bei hohen Einkommen der Fall ist, so kommen die Freibeträge des § 32 Abs. 6 EStG zur Anwendung. Seit der Weiterentwicklung des „Kinderlastenausgleichs" zum „Kinderleistungsausgleich"[929] ist die Entlastung durch Kindergeld und Kinderfreibeträge also nur noch alternativ möglich.[930]

Auch weiterhin ist der Familienleistungsausgleich entscheidend geprägt durch die Rechtsprechung des Bundesverfassungsgerichts.[931] Zunächst definiert das Gericht den Kinderfreibetrag genau. Hierbei erkennt das Gericht den Betreuungsbedarf der Eltern als notwendigen Bestandteil des familiären Existenzminimums an, ohne Unterscheidung auf welche Art und Weise der Bedarf gedeckt wird.[932] Der existenzielle Sachbedarf werde durch den Kinderfreibetrag abgedeckt. Des Weiteren entstünden erwerbsbedingter Betreuungsbedarf und ein „nicht monetärer" Betreuungsbedarf.[933] Dieser ergebe sich daraus, dass es keinen Unterschied machen dürfe, ob die Eltern das Kind in einen Kindergarten oder zu einer Tagesmutter (Kosten) geben und arbeiten, oder ob die Eltern das Kind selber versorgen (es entstehen dann keine unmittelbaren Kosten, außer eventuell entgangenem Gewinn mangels Arbeit).

Im Anschluss an dieses Urteil wurde durch das Gesetz zur Familienförderung[934] ein Betreuungsfreibetrag hinzugefügt, den der Gesetzgeber später dann noch um eine Erziehungskomponente ergänzte (Zweites Gesetz zur Familienförderung).[935] Damit dienen das erste und das zweite Gesetz zur Familienförderung der Umsetzung der Anforderungen des BVerfG.[936] Der Familienleistungsausgleich aus §§ 31, 32 Abs. 6 EStG wurde reformiert. Die Kinderfreibeträge wurden nachträglich für offene Fälle von 1983 bis 1995 erhöht. Der Haushaltsfreibetrag wurde

---

928 BGBl. I 1995, S. 1250 ff., geändert durch das Jahressteuerergänzungsgesetz 1996, BGBl. I 1995, S. 1959 ff.; *Tischler*, FPR 2002, 36 ff.; *Kaiser-Plessow*, FPR 2003, 39 (40 f.); vgl. Thesen der Einkommensteuerkommission 1996, BB 1994, Beilage 24 zu Heft 34, 2 ff.
929 Vgl. Kap. 2 C. II. 2.) a).
930 *Jachmann*, K/S/M, Stand März 2004, § 31 Rz. A 32.
931 BVerfGE 82, 60; 99, 216; 99, 246; 99, 268; 99, 273.
932 BVerfGE 99, 216 (217); *Lang*, Tipke/Lang, Steuerrecht, § 9 Rz. 93.
933 BVerfGE 99, 216 (217).
934 Gesetz vom 22.12.1999, BGBl. I 1999, S. 2552.
935 Gesetz vom 16.08.2001, BGBl. I 2001, S. 2074; dazu: *Schneider*, DStR 2002, 64 ff.
936 BVerfGE 99, 216; 99, 268; 99, 273.

mit einer Übergangsregelung bis 2004 abgeschafft. Nachdem § 33c EStG durch Gesetz vom 22.12.1999[937] gestrichen wurde, führte ihn das Gesetz vom 16.08.2001 wieder ein.[938] Durch Gesetz vom 26.04.2006[939] wurde er wieder gestrichen und ersetzt durch die Regelung des § 24b EStG.

b) Die Regelung im Einzelnen

Laut § 31 S. 1 EStG wird das Existenzminimum eines Kindes, einschließlich der Bedarfe für Betreuung, Erziehung und Ausbildung, durch die Freibeträge des § 32 Abs. 6 EStG oder durch Kindergeld nach §§ 62 bis 78 EStG steuerfrei gestellt.[940] Der Anspruch auf Kindergeld und das Kindergeldverfahren sind jedoch nur für unbeschränkt Steuerpflichtige in den §§ 62-78 EStG geregelt. Das Bundeskinder-geldgesetz in der Fassung vom 02.01.2002[941] regelt die Kindergeldansprüche der nicht unbeschränkt Steuerpflichtigen, die mit dem deutschen Sozialrechtssystem als Versicherungspflichtiger, Entwicklungshelfer, Auslandsbeamter oder Ehegatte eines NATO-Angehörigen (§ 1 Abs. 1 BKGG) verbunden sind, sowie für Personen wie etwa Vollwaisen, die Kindergeld für sich selbst erhalten.[942]

Zudem regelt § 6a BKGG den Kinderzuschlag, der für eng umschriebene Fälle von Kindergeldempfängern einen Zuschlag von bis zu 140 EUR vorsieht.[943] Berechtigt sind Kindergeldempfänger, die zwar als Paar mindestens 900 EUR monatlich (Alleinerziehende 600 EUR) verdienen, deren Einkommen jedoch nicht ausreicht, den sozialrechtlich anerkannten Mindestbedarf der Familie (Höchsteinkommensgrenze) zu decken. Diese Regelung soll ärmere Familien mit Kindern besser stellen und Erwerbsanreize setzen. Sie hat jedoch in der Realität kaum eine andere Wirkung, als dass die fragliche Gruppe aus der Statistik der sog. „Hartz-IV" Empfänger entfällt. Das Ziel des Kinderzuschlags ließe sich leichter und effizienter durch eine Modifikation der Einkommensanrechnung in § 11 SGB II erreichen.[944]

---

937 BGBl. I 1999, S. 2552 (2554).
938 *Lang,* Tipke/Lang, Steuerrecht, § 9 Rz. 743; BGBl. I 2001, S. 2074.
939 BGBl. I 2006, S. 1091.
940 *Felix,* in K/S/M, Stand August 2005, § 62, Rz. A 6 ff; zu Einzelproblemen des Familien-leistungsausgleichs: *Czisz,* DStR 1998, 996 (996 ff.).
941 BGBl. I 2002, S. 6.
942 *Lang,* Tipke/Lang, Steuerrecht, § 9 Rz. 748.
943 BSG vom 28.10.2009, Az. B 14 KG 1/09 B; vom 18.06.2008, Az. B 14/11b AS 11/07 R; zum Reformbedarf des Kinderzuschlags: BT Drs. 17/968.
944 *Seiler,* NZS 2008, 505 (508); dazu auch noch später unter: Kap. 2 C. III. 4.).

Im weiteren Verlauf soll der Fokus auf den Familienleistungsausgleich des EStG gerichtet werden. Dort sieht § 31 S. 3 EStG vor, dass zunächst einem Berechtigten[945] das Kindergeld monatlich in Form einer Steuervergütung[946] ausgezahlt wird. Das Kindergeld betrug bis zum VZ 2008 für die ersten drei Kinder jeweils 154 EUR und für jedes weitere Kind 179 EUR, § 66 Abs. 1 EStG. Nach dem Fam-LeistG[947] ergab sich ab dem VZ 2009 für das erste und das zweite Kind eine Erhöhung um 10 EUR auf dann 164 EUR; für das dritte Kind eine Erhöhung um 16 EUR auf 170 EUR; und für das vierte und weitere Kinder um 16 EUR auf 195 EUR. Hinzu trat eine Einmalzahlung für den VZ 2009 i. H. v. 100 EUR, § 66 Abs. 1 S. 2 EStG. Kurz darauf erfolgte eine weitere Erhöhung durch das Wachstumsbeschleunigungsgesetz[948] um 20 EUR auf 184 EUR für das erste und zweite Kind, um 14 EUR auf 190 EUR für das dritte Kind und um 20 EUR auf 215 EUR für alle weiteren Kinder.

Stellt sich heraus, dass während eines Veranlagungszeitraums durch den Anspruch auf Kindergeld nicht die nach § 31 S. 1 EStG gebotene Steuerentlastung erreicht wird, werden die Freibeträge nach § 32 Abs. 6 EStG vom Einkommen abgezogen.[949] Hierbei kommt bis zum VZ 2008 für jedes Kind ein Kinderfreibetrag i. H. v. 1.824 EUR für das sächliche Existenzminimum und ein Betrag von 1.080 EUR für den Betreuungs-, Erziehungs- oder Ausbildungsbedarf zum Ansatz. In den Fällen des § 32 Abs. 6 S. 2 und 3 EStG, also u. a. bei Zusammenveranlagung von Ehegatten nach den §§ 26, 26b EStG, verdoppeln sich die Freibeträge.

Das für den Freibetrag maßgebliche Existenzminimum richtet sich nach dem im Zweijahres-Rhythmus zu erstellenden Bericht der Bundesregierung über die Höhe des Existenzminimums.[950] Nach Bekanntwerden des Existenzminimumberichts für 2010[951] kam es zu Nachbesserungen am ursprünglichen Regierungsentwurf zum FamLeistG.[952] Eine weitere Erhöhung erfolgte durch das Wachstumsbeschleunigungsgesetz,[953] sodass sich derzeit (ab VZ 2010) eine Gesamtentlastung i. H. v. 7.008 EUR ergibt. Dabei entfallen 2.184 EUR auf das sächliche Existenzminimum und 1.320 EUR auf den Betreuungs- Erziehungs- oder Ausbildungsbedarf. Um eine doppelte Berücksichtigung kindbedingter Aufwendungen aufgrund des bereits gezahlten Kindergeldes zu vermeiden, wird das gezahlte Kindergeld auf

---

945 Wird durch verwirrende Angaben die Zahlung zugleich an zwei Berechtigte erreicht, so handelt es sich um Steuerhinterziehung, FG Rheinland-Pfalz vom 21.01.2010, Az. 4 K 1507/09.
946 I.S.d. §§ 155 Abs. 4, 169 ff. AO.
947 BGBl. I 2008, S. 2955; *Scholz*, FPR 2006, 329 (333).
948 BGBl. I 2009, S. 3950.
949 Vgl. §§ 31 S. 4, § 2 Abs. 5 EStG.
950 BT Drs. 15/2462.
951 Vg. 7. Existenzminimumbericht vom 21.11.2008, BT Drs. 16/11065, S. 6.
952 BR Drs. 753/08.
953 BT Drs. 17/15, S. 5.

die unter Abzug der Freibeträge ermittelte tarifliche Einkommensteuer aufgeschlagen und verrechnet, §§ 31 S. 4, 2 Abs. 6 S. 3 EStG.[954] Diese Günstigkeitsrechnung wird von der zuständigen Familienkasse vorgenommen. Die Beträge gelten unabhängig vom tatsächlichen Aufwand, sind also grundsätzlich am Bedarf der Familie orientiert.[955] Berücksichtigt werden grundsätzlich nur solche Kinder i. S. d. § 32 Abs. 1, 2 EStG, die die Altersgrenze des § 32 Abs. 3 EStG (18 Jahre) noch nicht überschritten haben. In bestimmten Ausnahmefällen verlängert sich der Zeitraum. So können beispielsweise Kinder, deren Berufsausbildung noch nicht abgeschlossen ist, nach § 32 Abs. 4 S. 1 Nr. 2a EStG bis zur Vollendung des 25. Lebensjahrs[956] berücksichtigt werden. Weiterhin wirken sich Wehr- und Zivildienstzeiten anspruchsverlängernd aus. Bei Kindern, die wegen einer Behinderung außerstande sind, sich selbst zu versorgen, gilt keine Altersgrenze, § 32 Abs. 4 S. 1 Nr. 3 EStG. Ein über 18-jähriges Kind wird indes nur solange berücksichtigt, wie seine eigenen Einkünfte und Bezüge nicht 8.004 EUR im Kalenderjahr überschreiten, § 32 Abs. 4 S. 2 EStG.

3.) Kritische Würdigung des Familienleistungsausgleichs

Das derzeitige System des Familienleistungsausgleichs leidet an zwei Gruppen von Problemen, die sich an der Nahtstelle von Einkommensteuerrecht und Sozialrecht befinden. Diese werden im Folgenden analysiert. In einem ersten Teil sollen strukturelle Probleme aufgezeigt werden (a). Dem folgen ausgewählte Einzelprobleme im zweiten Teil (b).

a) Strukturelle Probleme

aa) Subvention oder Gebot des Leistungsfähigkeitsprinzips

Der Abzug des Kinderfreibetrags und der Freibeträge für Betreuungs-, Erziehungs- und Ausbildungsaufwand von der Bemessungsgrundlage sind nicht als Steuervergünstigung oder Steuersubvention missszuverstehen. Er ist zwingende Folge der Besteuerung nach der wirtschaftlichen Leistungsfähigkeit.[957] Grund dafür ist, dass der Bürger nach der Wertung des Art. 6 Abs. 2 S. 1 GG sein am Markt erwirtschaftetes Einkommen mindestens bis zur Höhe des Kindesexistenzminimums zur

---

954 Verfassungsgemäß laut BVerfG vom 13.10.2009, Az. 2 BvL 3/05, DStRE 2010, 98 ff.; *Hechtner/Sielaff*, FR 2009, 573 ff.
955 *Jachmann*, K/S/M, Stand März 2004, § 31 Rz. A 46 b.
956 Zur Übergangsregelung § 52 Abs. 40 S. 4 ff.
957 *Jachmann*, K/S/M, Stand März 2004, § 31 Rz. A 7, A 45.

Wahrnehmung seines Erziehungsauftrags einsetzen muss. Dementsprechend kann ihn zumindest in Höhe des Kindesexistenzminimums keine Gemeinwohlverantwortung treffen, allgemeine Staatsaufgaben per Steuer zu finanzieren.[958]

So einfach und klar ist der Befund jedoch nicht beim Kindergeld. Bei diesem kann nur der Steuervergütungsanteil aus § 31 S. 3 EStG als Folge des Leistungsfähigkeitsprinzips angesehen werden. Soweit das Kindergeld den Charakter einer Fördermaßnahme hat, § 31 S. 2 EStG, verwandelt es sich in eine sozial intendierte Subvention der Familie i. S. v. Art. 6 GG.[959]

Damit ergeben sich nicht nur drei,[960] sondern fünf systematische Einordnungsmöglichkeiten für das Kindergeld. Die erste Gruppe bilden Familien, denen nur ein geringes Einkommen zur Verfügung steht. Bei diesen können sich mangels einer Belastung mit Einkommensteuer auch keine Kinderfreibeträge entlastend auswirken. Hier hat das Kindergeld vollständig die Wirkung einer sozialen Subvention. Als zweite Gruppe können Familien ausgemacht werden, die ein durchschnittliches Einkommen erzielen und Einkommensteuer bezahlen. Da sie noch nicht genug verdienen, um durch die Kinderfreibeträge entlastet zu werden, hat das Kindergeld eine Doppelfunktion. Es stellt, soweit möglich, das Kindesexistenzminimum von der Besteuerung frei. Im Übrigen handelt es sich um eine Subvention. Dies könnte man sich wie einen Freibetrag[961] vorstellen, der sich mangels ausreichend großer Bemessungsgrundlage nicht mehr auswirken kann. Im Unterschied zu sonstigen Abzügen verfällt der überschüssige Teil des Freibetrages jedoch nicht. Die Entlastung wird in Form einer Subvention realisiert.[962]

Insofern ist der § 31 S. 2 EStG missverständlich. Es sollte nicht heißen: „Soweit das Kindergeld dafür nicht erforderlich ist, dient es der Förderung der Familie." Der Satz müsste genau genommen lauten: „Soweit das Kindergeld, umgerechnet in einen fiktiven Kinderfreibetrag, mangels ausreichend großer Bemessungsgrundlage nicht vollständig für eine steuerliche Entlastung genutzt werden kann, dient es der Förderung der Familie und darf behalten werden." Zwar erleichtert eine solche Formulierung nicht unbedingt die Lektüre des Gesetzes. Doch spricht dies nicht gegen die „Übersetzung", sondern für den Bedarf nach einer Reform der Regelung.

Mit steigendem Einkommen wandelt sich die Funktion des Kindergeldes in der mittleren Einkommensgruppe von der Subvention hin zur reinen Steuerfreistellung

---

958 *Jachmann*, K/S/M, Stand März 2004, § 31 Rz. A 7, A 45.

959 *Kanzler*, H/H/R, Stand Januar 2002, § 31 Rz. 30.

960 *Heuermann*, FR 2000, 248 (250 ff.); andeutungsweise: *Jachmann*, K/S/M, Stand März 2004, § 31 Rz. A 8.

961 Zur Umrechnung des Kindergeldes in einen fiktiven Freibetrag: BVerfGE 82, 60 (92).

962 Der Förderanteil des Kindergeldes wird auf 15 Mrd. EUR von gesamten 33,5 Mrd. EUR geschätzt; also auf 44,8 v. H. Anmerkung von *Loos*, zit. nach *Richter/Welling*, FR 2010, 127 (129).

des Existenzminimums. Demnach ergibt sich eine dritte Gruppe, bei der das Kindergeld genau die Steuerfreistellung des Kindesexistenzminimums bewirkt.

Bei überdurchschnittlichen Einkommen (vierte Gruppe), bei denen die Kinderfreibeträge nutzbar werden, ändert sich das Bild abermals. Auch dieser Einkommensgruppe wird zunächst Kindergeld gezahlt. Am Ende des Jahres wird das ausgezahlte Kindergeld dann mit den Freibeträgen verrechnet. Das bedeutet, dass das Kindergeld eine Art partielle Vorauszahlung auf die Freibeträge ist und damit vollkommen der Freistellung des Kindesexistenzminimums von der Besteuerung dient, diese aber nach derzeit vorherrschender Ansicht nicht vollständig bewirken kann.[963]

Das nicht ganz leicht zu durchschauende Zusammenspiel von Steuerrecht und Sozialrecht erzeugt genau genommen noch eine fünfte Gruppe. Bei Familien, denen nur ein so geringes Einkommen zu Verfügung steht, dass sie Anspruch auf Leistungen nach dem SGB II haben, verliert das Kindergeld nach § 11 Abs. 1 S. 3 SGB II[964] seinen sozialen Fördercharakter. Als anrechenbares Einkommen des Kindes schmälert es die Regelleistungen nach dem SGB II, sodass das Kindergeld im Ergebnis den ärmsten Familien überhaupt nicht zugute kommt.[965] Nach der derzeitigen Aufgabenverteilung von Steuerrecht und Sozialrecht ist diese auf den ersten Blick widersprüchlich anmutende Regelung folgerichtig und gesetzessystematisch nicht zu beanstanden. Wie bereits dargestellt, kann das Sozialrecht in bestimmten Bereichen Vorgaben für das Steuerrecht enthalten. Umgekehrt kann jedoch nicht verlangt werden, dass Steuervergünstigungen (wie das betreffende Kindergeld) im Sozialrecht nachgezeichnet werden. Die zwar wohl nicht verfassungswidrige,[966] aber jedenfalls höchst undurchsichtige[967] Verbindung von Steuerrecht und Sozialrecht beim Kinderleistungsausgleich hat einige Missverständnisse zur Folge. Insbesondere das Kindergeld, welches ursprünglich dem Sozialrecht entstammt, wirkt noch immer nach außen wie eine disponible Subvention der Familie. Die Freibeträge des § 32 Abs. 6 EStG und das Kindergeld sind aber zum größten Teil kein Mittel der sozialen Familienförderung. Vielmehr sind sie Ausdruck des verfassungsrechtlichen Gebots der Besteuerung nach der finanziellen Leistungs-

---

963 *Heuermann*, FR 2000, 248 (251) betont hingegen den sozialrechtlichen Fördergedanken des Kindergeldes.
964 § 11 Abs. 1 S. 4 SGB II nach dem Gesetz zur Ermittlung von Regelbedarfen und zur Änderung des Zweiten und Zwölften Sozialgesetzbuches, BR Drs. 109/11; BT Drs. 17/3404.
965 Bestätigt durch: BVerfG vom 11.03.2010, Az. 1 BvR 3163/09 (Nichtannahmebeschluss); vom 24.10.1991, Az. 1 BvR 1159/91 (Nichtannahmebeschluss); BSG vom 13.05.2009, Az. B 4 AS 39/08 R; vom 27.01.2009, Az. B 14/7b AS 14/07 R; dazu *Breithaupt*, FPR 2009, 141 (142 ff.).; *Scholz*, FPR 2006, 329 (332); BVerwG vom 25.11.1993, BVerwGE 94, 326 ff.; zum ähnlich gelagerten aktuellen Fall der Umweltprämie: *Labrenz*, NJW 2009, 2245 ff.
966 BVerfGE 110, 412 (431 ff.).
967 *Seiler*, NZS 2007, 617 (620); BVerfGE 108, 52 (75); 112, 164 (174 ff.); a. A. *Pust*, L/B/P, Stand Mai 2008, § 31, Rz. 144 f.; *Selder*, Blümich EStG, Stand Mai 2009, § 31 Rz. 26.

fähigkeit. Sie sind vorwiegend das Mittel, um horizontale Steuergerechtigkeit bei gleichem Einkommen zwischen Steuerpflichtigen mit Kindern und solchen ohne Kinder zu schaffen.[968]

Die Gleichsetzung des Kindergeldes mit den Kinderfreibeträgen hat zur Folge, dass die gebotene Steuerverschonung des Existenzminimums der Familie[969] mit der einkommensersetzenden Sozialleistung vermischt[970] wird. Vielmehr müsste das Einkommen in Höhe des eigenen Existenzminimums zuzüglich des Existenzminimums der Kinder von der Steuer freigestellt werden. Der Staat darf nicht zunächst das Kindesexistenzminimum wegbesteuern und später als Sozialleistung zurück gewähren. Genau dies passiert aber im derzeitigen System des Kinderleistungsausgleichs. Die zu Unrecht erhobenen Steuern müssen mittels sozialrechtlicher Antragstruktur (der sogenannten Komm-Struktur) zurückerbeten werden.

Dies widerspricht dem Gedanken der freiheitlichen Selbstbestimmung (Art. 1 Abs. 1 GG) in einer sozialen Marktwirtschaft.[971] Es droht nämlich durch die Wegbesteuerung in bestimmten Fällen[972] eine Bedürftigkeit künstlich erzeugt zu werden, die vom Staat durch Sozialtransfers ausgeglichen werden müsste. Der mündige Bürger würde ohne ursprüngliche wirtschaftliche Not erst durch das Steuersystem in die Rolle eines Bittstellers gepresst. Auch kann ein übermäßiger Steuerzugriff grundsätzlich nicht durch eine nachträgliche antragsgebundene Sozialleistung geheilt werden.[973] Dagegen spricht bereits die Erschwernis des Antragsverfahrens und der Umstand, dass eine bloße finanzielle Kompensation den Verstoß gegen den Vorrang der Selbstverantwortlichkeit nicht aus der Welt schaffen kann.[974] Für den Teil des Kindergeldes, welcher nicht Sozialleistung ist, sondern gebotene Steuerfreistellung des Kindesexistenzminimums, ist das Antragsverfahren auf den ersten Blick so befremdlich, als müsse der Steuerpflichtige die Berücksichtigung seines eigenen Grundfreibetrags per sozialrechtlichem Antrag erbitten.[975] Die Elemente Kinderfreibetrag und Kindergeld sind demnach grundsätzlich keine beliebig untereinander austauschbaren Werkzeuge der Steuerrechtsordnung.

968   *Jachmann*, NZS 2003, 281 (283); *dies.*, Kirchhof/Söhn/Mellinghoff, EStG, § 32 Rz. A 86.
969   BVerfGE 82, 60.
970   Anmerkung von *Seiler*, zit. nach *Richter/Welling*, FR 2010, 127 (130); *Jachmann*, NZS 2003, 281 (283).
971   *Jachmann*, NZS 2003, 281 (283), *Hinz*, Einkommensteuerrecht und Sozialrecht, S. 75, *Kanzler*, FR 1999, 1133 (1134) *ders.*, H/H/R, Stand Januar 2002, § 31 Rz. 10, 34; a. A. *Pust*, L/B/P, Stand Mai 2008, § 31, Rz. 165 f.
972   Vgl. Kap. 1 B. III. 3.) a) cc).
973   *Birk/Inhester*, StuW 1996, 227 (232 f.), *Hinz*, Einkommensteuerrecht und Sozialrecht, S. 74.
974   *Söhn*, FS für Klein, 1994, S. 421 (429 f.) m. w. N.
975   *Hinz*, Einkommensteuerrecht und Sozialrecht, S. 76, *Kanzler*, FR 1999, 1133 (1134).

Dies wird jedoch dadurch relativiert, dass im Falle des unterlassenen Kindergeldantrags jedenfalls die Freibeträge zum Abzug kommen.[976] Folgerichtig geht *Jachmann* nicht von der Verfassungswidrigkeit des geltenden dualen Systems aus.[977] Allein durch die verbleibenden Freibeträge sei die gebotene steuerliche Freistellung des Existenzminimums des Kindes gewährleistet.[978] Die Belassung des Kindergeldes als soziale Transferleistung vermeide quasi als Verkürzung des Zahlungswegs, dass Freibeträge abgezogen und die Differenz zwischen der sich dadurch ergebenden steuerlichen Begünstigung und dem Kindergeld als sozialstaatliche Familienförderung ausbezahlt werden müsste.

(1) Auswirkungen der verschiedenen „Arten" des Kindergeldes

Die Einordnung des Kinderleistungsausgleichs, insbesondere des Kindergeldes, ist nicht nur rein akademisch dogmatischer Natur, sondern hat auch Einfluss auf die Anwendbarkeit weiterer Regelungen. So spielt die Eingruppierung des Kindergeldes als Sozialleistung oder gebotene Steuerentlastung im Europarecht eine Rolle.[979] Die Verordnung (EWG) Nr. 1408/71 des Rates über die Anwendung der Systeme der sozialen Sicherheit auf Arbeitnehmer und Selbständige sowie deren Familienangehörige, die innerhalb der Gemeinschaft zu- und abwandern,[980] gilt für Familienleistungen. Hier stellt sich die Frage, ob das Kindergeld eine solche Familienleistung darstellt.[981] Unproblematisch war dies für das Kindergeld nach dem BKGG der Fall. Derzeit wird es jedoch als Steuervergütung bezeichnet, § 31 S. 3 EStG. Die formale Bezeichnung ist für das Europarecht allerdings irrelevant. Die Einordnung richtet sich vielmehr allein nach den grundlegenden Merkmalen und der Zielsetzung der betreffenden Leistung.[982] Wie bereits dargestellt, ist das Kindergeld materiellrechtlich gesehen jedoch keine reine Transferleistung.[983] Es handelt sich nur insofern um eine Transferleistung, als die Steuerentlastung durch fiktive Freibeträge hinter dem Kindergeld zurück bleibt. Dies ist bei Familien der Fall, die nicht (genug) verdienen, um (genug) Steuern zu zahlen, von denen sie entlastet werden könnten.

---

976 *Jachmann*, K/S/M, Stand März 2004, § 31 Rz. A 1, *Hinz*, Einkommensteuerrecht und Sozialrecht, S. 76.
977 *Jachmann*, NZS 2003, 281 (283).
978 *Jachmann*, K/S/M, Stand März 2004, § 31 Rz. A 7, A 49.
979 *Eichenhofer*, StuW 1997, 341 (342 ff.); *Pust*, L/B/P, Stand Mai 2008, § 31, Rz. 30 ff.
980 VO vom 14.06.1971 (Abl./EG Nr. L 149 vom 05.07.1971) zuletzt geändert durch VO (EG) Nr. 1992/2006 vom 18.12.2006.
981 *Jachmann*, K/S/M, Stand März 2004, § 31 Rz. A 42.
982 EuGH v. 15.12.1976 (Mouthaan), EuGHE 1976, 1901 (1911 Rz. 12); EuGH v. 18.09.1980 (AOK-Mittelfranken ./. LVA Ober- und Mittelfranken), EuGHE 1980, 2729 (2737 Tz. 9); EuGH v. 27.03.1985 (Hoeckx), EuGHE 1985, 973 (986 Tz. 11).
983 *Jachmann*, K/S/M, § 31 Rz. A 42.

Auch im (inländischen) Einkommensteuerrecht ergeben sich Unterschiede je nach Einordnung des Kinderleistungsausgleichs. Zwar unterliegt das Kindergeld, auch soweit es als Sozialleistung fungiert, steuerlichen Maßstäben.[984] Indes dient das subventionierende Kindergeld nicht der gleichmäßigen Besteuerung nach der wirtschaftlichen Leistungsfähigkeit. Daher bedarf die Abweichung von der Regelbesteuerung durch die Sozialzwecknorm einer anderen, eigenen Rechtfertigung.[985] Das besondere Legitimationserfordernis der Sozialzwecknorm[986] kann in diesem Fall durch die Wertentscheidung des Art. 6 Abs. 1 GG erfüllt werden.[987] Dieser statuiert das Gebot der staatlichen Familienförderung.

(2) Zwischenergebnis

Insgesamt wirken die Regelungen des X. Abschnitts des EStG (Kindergeld) im System des Einkommensteuerrechts wie Fremdkörper.[988] Vernünftigerweise sollte das Steuersystem auf seinen Fiskalzweck zurück geführt werden.[989] Dem Rechtsunterworfenen dürfte es kaum einleuchten, dass jemand, der rechtswidrig für ein Kind zweifach Kindergeld beantragt, sich nicht etwa wegen Sozialbetruges nach § 263 StGB i. V. m. §§ 60, 65 SGB I[990] strafbar macht, sondern wegen Steuerhinterziehung nach § 370 AO.[991]

Dass der Familienleistungsausgleich in der derzeitigen Form problematisch ist, scheint der Gesetzgeber auch selbst gesehen zu haben. So bestimmt er in § 2 Abs. 5 S. 2 EStG, dass, wenn andere Gesetze (wie sozialrechtliche Normen) an den Begriff des zu versteuernden Einkommens anknüpfen, in allen Fällen des § 32 EStG die Freibeträge des § 32 Abs. 6 EStG abzuziehen sind. Das bedeutet also, unabhängig davon, wie die Günstigerprüfung[992] ausgehen würde, sind die Freibeträge abzuziehen.[993] Andere Teilrechtsordnungen sollen demnach von der Überlegung, welche Beträge Ausdruck des Kindesexistenzminimums sein sollen und welche Beträge Subvention sind, verschont bleiben. Das Ergebnis des Abzugs der Freibe-

---

984 *Jachmann,* K/S/M, § 31 Rz. A 8 a.
985 *Jachmann,* K/S/M, § 31 Rz. A 8 a.
986 *Birk,* Das Leistungsfähigkeitsprinzip, S. 239.
987 *Jachmann,* K/S/M, § 31 Rz. A 8 a.
988 *Felix,* K/S/M, Stand: August 2005, § 62 Rz. A 30.
989 *Jachmann,* K/S/M, Stand März 2004, § 31 Rz. A 81.
990 Vgl. *Hefendehl,* MüKo StGB, § 263, Rz. 149 ff.
991 Dazu: FG Rheinland-Pfalz vom 21.01.2010, Az. 4 K 1507/09; die Problematik relativiert sich jedoch angesichts des gleichen Strafrahmens.
992 Begriff wird kritisiert, da es sich nicht um ein Wahlrecht des Steuerpflichtigen handelt, sondern um eine Richtigstellung der Bemessungsgrundlage nach einer Übermaßbesteuerung – besser „Vergleichsrechnung", *Kanzler,* FR 2001, 921 (926), *ders.,* H/H/R, Stand Januar 2002, § 31 Rz. 35.
993 *Ross,* DStZ 1997, 140 (145).

träge gemäß § 2 Abs. 5 S. 2 EStG ist eine weitere Verzerrung des Bildes der Leistungsfähigkeit. Nur die Leistungsfähigkeit derjenigen Steuerpflichtigen, bei denen die Günstigerprüfung zum Abzug der Kinderfreibeträge führen würde, wird richtig dargestellt. Bei den übrigen Steuerpflichtigen, die allein das Kindergeld erhalten, kommt es zusätzlich zum Kindergeld zu einem fiktiven Abzug der Kinderfreibeträge.

Dieser Kunstgriff oder besser diese „Notoperation" hat einen einfachen Hintergrund. Durch die Vermengung sozialer Leistung und steuerlicher Entlastung im geltenden Kinderleistungsausgleich kommt der Umstand des „Kinderhabens" bei solchen Eltern, die allein das Kindergeld erhalten, nicht (mehr) in der Bemessungsgrundlage zum Ausdruck.[994] Das heißt, sie stünden ohne § 2 Abs. 5 S. 2 EStG für andere Teilrechtsordnungen, die an das zu versteuernde Einkommen anknüpfen, ebenso da wie kinderlose Steuerpflichtige. Ein Verstoß gegen die horizontale Steuergerechtigkeit läge vor.[995] Dies wurde versucht, durch den fiktiven Abzug des Kindesexistenzminimums auszugleichen.

Das problematische an dieser punktuellen Korrektur ist vor allem, dass nicht alle Normen außerhalb des Einkommensteuergesetzes, die Maßgrößen aus diesem entlehnen, an den Begriff des zu versteuernden Einkommens anknüpfen.[996] Für solche Normen gilt § 2 Abs. 5 S. 2 EStG daher nicht. Damit würden Steuerpflichtige mit Kindern und solche ohne Kinder außerhalb des EStG als gleich leistungsfähig angesehen, wenn nicht die außersteuerliche Norm selbst eine Korrektur vornimmt. Vor dem Hintergrund des Gleichheitsrechts aus Art. 3 GG und des Anspruchs auf Familienförderung aus Art. 6 GG ist diese nur punktuelle Korrektur nicht zu erklären. Wenn andere Teilrechtsordnungen im Vertrauen auf eine möglichst realistische Darstellung der Leistungsfähigkeit auf einkommensteuerrechtliche Maßgrößen zurückgreifen, muss sich die kindbedingte Minderung der Leistungsfähigkeit widerspiegeln.

bb) Familienleistungsausgleich in zwei Klassen

Nach dem Bundesverfassungsgericht soll unabhängig vom jeweiligen Grenzsteuersatz das Existenzminimum des Steuerpflichtigen und seiner Familie von der Einkommensteuer freigestellt werden.[997] Dabei solle der Familienleistungsausgleich ausdrücklich in der Weise gestaltet werden, dass bestehende Ungleichheiten der

---

994 Zur Kritik an der Vermengung von Fiskalzweck, Lenkungszweck und Sozialzweck zuletzt, *Bareis*, DStR 2010, 565 (566).
995 Vgl. BVerfG vom 29.05.1990, 10.06.1990, BStBl I 1990, 653 und 664; *Ross*, DStZ 1997, 140 (145).
996 Vgl. § 5 EigZulG.
997 BVerfGE 99, 246.

Startchancen von Kindern mit verschiedenen Einkommensverhältnissen der Eltern nicht noch weiter verschärft werden.[998]

Nach der derzeitigen Konzeption erhält jedoch derjenige, der genug verdient, am Ende eines Veranlagungszeitraums zu dem erhaltenen Kindergeld noch die Kinderfreibeträge (unter Anrechung des ausbezahlten Kindergeldes). Dies geschieht mit der Begründung, das Kindergeld reiche nicht aus, um den existenznotwendigen Bedarf *dieser* Kinder auszugleichen. Es erscheint unverständlich, warum höhere Einkommen begünstigt werden müssen. Es muss grundsätzlich, geht man von einer realitätsgerechten und bedarfsgerechten Auslegung des Leistungsfähigkeitsprinzips aus, nur das berücksichtigt werden, was ein Kind sonst von der Sozialhilfe erhielte – das Existenzminimum.[999] Es kann aber kein geringeres oder höheres Existenzminimum je nach Verdienst der Eltern geben. Sonst würde man Luxuskinder subventionieren.[1000] Das Existenzminimum kann sich allenfalls nach Gegenden mit hohen oder solchen mit moderaten Lebenshaltungskosten unterscheiden. Hinzu tritt, dass das Kindergeld immer nur einem Berechtigten gewährt wird (§ 64 Abs. 1, 2 EStG), die Freibeträge aber im Grundsatz beiden Elternteilen zustehen (§ 32 Abs. 6 EStG).[1001]

(1) Das Bundesverfassungsgericht

Die maßgebliche Entscheidung des BVerfG zu dieser Frage ist der Beschluss des Zweiten Senats vom 10.11.1998.[1002] Im Leitsatz wird unter lit. b) festgehalten, dass das einkommensteuerliche Existenzminimum für alle Steuerpflichtigen – unabhängig von ihrem individuellen Grenzsteuersatz – in voller Höhe von der Einkommensteuer freizustellen ist.

Genau genommen verlangt das BVerfG damit zunächst nicht zwingend die stärkere Berücksichtigung von Besserverdienenden. Es verlangt nur, dass sich das Kinderhaben auch bei höheren Einkommensgruppen sachgerecht auswirkt.[1003] Fraglich ist, ob „sachgerecht berücksichtigen" einen grundgesetzlichen Anspruch auf Progressionsvorteile statuieren soll. Hier wird die Entscheidung im weiteren

---

998   BVerfGE 43, 108.
999   BVerfGE 99, 246 (260).
1000 Gegen die Berücksichtigung des Erziehungsbedarfs in Form eines Abzugs von der Bemessungsgrundlage: *Siegel/Seel/Bareis*, BB 2000, 1860 (1863); krit. unter Hinweis auf ein fiktives „progressives Kindergeld": *Moes*, Die Steuerfreiheit des Existenzminimums, S. 188 f.
1001 *Seiler*, Kirchhof EStG, § 31, Rz. 6; § 32, Rz. 33.
1002 BVerfGE 99, 246 ff.; Besprechung: *Sangmeister*, StuW 2001, 168 ff.; *Gröpl*, StuW 2001, 150 ff.; *Frenz*, DStZ 1999, 465 ff.; *Brockmeyer*, DStZ 1999, 666 ff.; *Drüen*, FR 1999, 289 (291 ff.).; *Lehner*, JZ 1999, 726 ff.; *Schneider*, NJW 1999, 1303 ff.
1003 BVerfGE 99, 246 (260).

Verlauf deutlicher, indem sie dem Gesetzgeber ohne Not ein enges Korsett aufzwingt und verlangt, dass die kindbedingte Minderung der Leistungsfähigkeit so berücksichtigt werden soll, als wenn diese Minderung der Leistungsfähigkeit allein durch einen steuerlichen Freibetrag Berücksichtigung fände.[1004]

Diese Aussagen scheinen unabhängig von der Ausgestaltung des Familienleistungsausgleichs einen grundgesetzlichen Anspruch auf Progressionsvorteile perpetuieren zu wollen.[1005] Dabei wird ein inhaltlich fehlgehender Verweis auf den Beschluss des Ersten Senats vom 29.05.1990[1006] vorgenommen. Dort ging es unter anderem darum, dass Eltern mit höheren Einkommen nicht das Kindergeld gekürzt werden darf, ohne einen entsprechenden Ausgleich in Form eines Abzugs von der Bemessungsgrundlage zu gewähren.[1007] Würde man das Kindergeld mit zunehmendem Einkommen kürzen und keinen Freibetrag gewähren, dann würde in der Tat nicht das Kindesexistenzminimum von der Besteuerung freigestellt.

So liegt es aber nicht im Fall der aktuellen Regelung. Jede Einkommensstufe erhält derzeit das gleiche Kindergeld. Was dies betrifft, kam es im Beschluss des Ersten Senats vom 29.05.1990[1008] zu einer folgenschweren, schwer nachzuvollziehenden Wertung, die im Beschluss vom 10.11.1998[1009] übernommen wurde. Es wird eine relative Entlastung mit der absoluten Steuerlast vermengt.[1010] So wird ausgeführt, dass bei einem gleich hohen Kindergeld für alle Einkommensgruppen oder bei einem Abzug von der Steuerschuld sich der relative Belastungsunterschied von Eltern mit Kindern und Eltern ohne Kinder mit steigendem Einkommen nivelliert. Rechnet man nämlich das immer gleich bleibende Kindergeld in fiktive Freibeträge um,[1011] so führt dies bei steigendem Einkommen zu einem Absinken des fiktiven Kinderfreibetrags.

Vereinfachend und überspitzt ausgedrückt vergleiche man folgende relative Belastungsunterschiede. Es seien eine Familie ohne Kinder und eine Familie mit Kindern mit jeweils einem Einkommen von 1.000 gegeben. Wird nun 500 Kindergeld gezahlt, so ergibt sich ein relativer Belastungsunterschied von 50 v. H. Nun seien eine Familie mit Kindern und eine solche ohne Kinder gegeben und jeweils ein Einkommen von 100.000. Jetzt besteht bei einem gleich hohen Kindergeld von 500 nur noch ein relativer Belastungsunterschied von 0,5 v. H. Die 500 stellen also bei höheren Einkommen eine relativ geringere Entlastung dar.

1004 BVerfGE 99, 246 (264 f.).
1005 So auch: *Kanzler*, FR 1999, 147 (150).
1006 BVerfGE 82, 60 ff.; Besprechung: *Kanzler*, FR 1990, 457 ff.; *Bareis*, DStR 1991, 1164.; *Wendt*, FS Tipke 1995, S. 47.; *Trzaskalik*, DB 1991, 2255 ff.; *Lang*, StuW 1990, 331 ff.
1007 BVerfGE 82, 60 (83 ff.).
1008 BVerfGE 82, 60 ff.
1009 BVerfGE 99, 246 ff.
1010 BVerfGE 82, 60 (90).
1011 Zur Kritik an der Umrechnung: *Seewald/Felix*, VSSR 1991, S. 157 ff.

Handelte es sich bei den Bestimmungen zum Kindergeld um Lenkungsnormen, so würden sie ihre Anreizfunktion wohl verlieren. Es handelt sich jedoch um Normen, die das Existenzminimum gleichmäßig von der Besteuerung freistellen sollen. Bei solchen ist, auch vor dem Hintergrund des Art. 3 GG, der relative Belastungsunterschied irrelevant. Sie stellen nur ein bedarfsgerecht ermitteltes Existenzminimum, das nicht von relativen Belastungsunterschieden in verschiedenen Einkommensgruppen abhängt, von der Besteuerung frei. Der Beschluss vom 29.05.1990 und ihm folgend der Beschluss vom 10.11.1998 legen jedoch nahe, durch den sich nivellierenden relativen Belastungsunterschied in höheren Einkommensgruppen würden Bezieher höherer Einkommen mit unterhaltsbedürftigen Kindern stärker *besteuert* als Einkommensbezieher gleicher Stufe ohne Kinder. *„Er [der Gesetzgeber] darf aber nicht Bezieher höherer Einkommen mit unterhaltsbedürftigen Kindern stärker besteuern als Einkommensbezieher gleicher Stufe ohne Kinder.“*[1012]

Dieser Schluss ist mathematisch ungenau. Er vermengt den relativen Belastungsvergleich mit der immer gleich bleibenden absoluten Entlastung in jeder Einkommensstufe. In jeder Einkommensstufe stehen Eltern mit Kindern sowohl bei ausschließlicher Zahlung von Kindergeld als auch bei einem Abzug von der Steuerschuld besser als Paare ohne Kinder. Lediglich die „gefühlte“ Entlastung sinkt, wegen des höheren Einkommens verbunden mit einem höheren Lebensstandard. Es wäre gerade widersprüchlich, den höheren Lebensstandard als verfassungsrechtlich subventionspflichtig anzusehen, da der Beschluss vom 10.11.1998 selbst ausführt, ein für alle gleicher Bedarf sei in die einkommensteuerlichen Bedarfstatbestände aufzunehmen.[1013]

Das inhaltlich fehlgehende Bemühen um eine vermeintlich notwendige Stärkung der horizontalen Steuergerechtigkeit führt im Ergebnis also zu untragbaren Folgen für die vertikale Steuergerechtigkeit.[1014] Der Versuch, mathematische Zusammenhänge aus der Verfassung herleiten zu wollen, ist wohl von vorn herein zum Scheitern verurteilt.[1015] Stets besteht die Gefahr, dem Gesetzgeber zu enge Vorgaben zu machen und damit Reformen zu erschweren.[1016]

(2) Literatur

Im Schrifttum wird das Problem meist mehr oder weniger übergangen, indem die Begründung des BVerfG aufgenommen wird, es bestehe eine Schieflage hinsicht-

---

1012 BVerfGE 82, 60 (90).
1013 BVerfGE 99, 246 (264).
1014 *Prinz*, FR 2010, 105 (106); a. A. *Seiler*, FR 2010, 113 (119).
1015 In diese Richtung weisend: *Sacksofsky*, FR 2010, 119 (122).
1016 *Bareis*, DStR 2010, 565 (567 ff.).

lich der horizontalen Steuergerechtigkeit, wenn sich mangels Progressionsvorteils der Familienlastenausgleich bei höheren Einkommensgruppen nicht stärker auswirkt als am unteren Ende der Einkommensskala.[1017] Die Diskussion dieser Frage scheint seit längerem festgefahren und nicht immer von Sachlichkeit gekennzeichnet.[1018] Die Begünstigung der Wohlhabenderen durch die derzeitige Regelung wird als bloßer „böser Schein" angesehen.[1019] Die Günstigerprüfung zu hinterfragen, wird teilweise als „verquere Sicht"[1020] bezeichnet. Überlegungen zur Entlastungswirkung scheinen einem Denkverbot zu unterliegen,[1021] obwohl der vermeintliche Anspruch auf Progressionsvorteile gerade mit der behaupteten fehlenden Entlastungswirkung in höheren Einkommensklassen begründet wird. Es wird versucht, zu argumentieren, der kostenlose Schulbesuch löse progressive Entlastungswirkungen aus, also müsse auch bei Steuervergünstigungen eine progressive Wirkung bestehen,[1022] obwohl dieser Schluss keinesfalls zwingend ist.

Die genannte Auffassung lässt sich nur dann halten, wenn man den Gesetzgeber nicht beim Wort nimmt und die Kindergeldauszahlung und die spätere Günstigerprüfung für die möglichen Freibeträge als bloße verwaltungstechnische Raffinesse (besondere Form des Abzugs von der Bemessungsgrundlage) darstellt, ohne dass damit eine materielle Änderung der Rechtslage verbunden wäre.[1023] Das heißt e contrario, wenn im Kinderleistungsausgleich eine Art Abzug sui generis begründet wurde, dann ist auch bei einem hypothetischen Wegfall der Günstigerprüfung die Sorge wegen der Durchbrechung der Dogmatik zum Abzug von der Bemessungsgrundlage (und zur degressiven Abzugswirkung als reflexive Antwort auf den progressiven Steuertarif) unbegründet.

1017 Beispielsweise: *Prinz*, FR 2010, 105 (107); *Seiler*, FR 2010, 113 (114 Fn. 7, 117); *Selder*, Blümich EStG, Stand Mai 2009, § 32 Rz. 21; *Pust*, L/B/P, Stand November 2008, § 32, Rz. 101; *Kirchhof*, K/S/M, Stand: ohne Angabe, § 2 Rz. A 604 ff.; *ders.*, NJW 2000, 2792 (2794); *ders.*, ZRP 2003, 73 (76); *Söhn*, K/S/M, Stand September 2008, § 10 Rz. A 136 ff.; *Grönke-Reimann*, H/H/R, Stand Oktober 2008, § 32 Rz. 166, 169; *Englisch*, NJW 2006, 1025 (1026); *Lang*, Die Bemessungsgrundlage der Einkommensteuer, S. 549 ff.; *ders.*, StuW 1974, 293 (298 f.); *ders.*, StuW 1983, 103 (109); differenzierend hinsichtlich des Betreuungs- und Erziehungsbedarfs *Lange*, ZRP 2000, 415 (417); *Lehner*, DStR 1992, 1641 (1644); *ders.*, noch anderer Auffassung, StuW 1986, 59 ff. (62); *Dziadkowski*, DStR 1991, 8 ff.; *Heuermann*, BB 1999, 660 (663); a. A. unter Ablehnung einer „Reflextheorie" derzufolge ein progressiver Tarif immer eine degressive Wirkung der Abzüge vorsehen müsse, *Siegel*, H/H/R, Stand Januar 2002, § 32a, Rz. 28; andeutungsweise *Wernsmann*, H/H/Sp AO, Stand: Juni 2009, § 4 AO, Rz. 450, differenzierend bezüglich des Abzugs von Vorsorgebeiträgen, Rz. 506.
1018 So *Siegel/Schneider*, DStR 1994, 597 (601) vgl. auch *Bareis*, DStR 2010, 565 ff.
1019 *Seer/Wendt*, NJW 2000, 1404 (1406).
1020 *Nolde*, FR 1999, 1166.
1021 *Dziadkowski*, DStR 1991, 8 (11).
1022 *Dziadkowski*, DStR 1991, 8 (11).
1023 In diese Richtung aber gegen die derzeitige Ausgestaltung: *Seer/Wendt*, NJW 2000, 1404 (1405 f.); in diese Richtung und auch die derzeitige Ausgestaltung begrüßend: *Vial*, DStR 1999, 2104 (2105 ff.).

(3) Günstigerprüfung auf Kosten vertikaler Steuergerechtigkeit

Im Folgenden wird untersucht, wie die scheinbar offenkundige Ungleichbehandlung bzw. Bevorzugung von Besserverdienenden, die so klar gegen sozialstaatliche Logik zu verstoßen scheint, entstanden ist. Der Kinderleistungsausgleich bewegte sich in seiner Geschichte zwischen der Auszahlung eines Geldbetrags und der Gewährung eines Abzugsbetrags. Beide Ansatzpunkte waren in vielen unterschiedlichen Varianten und Spielarten der Varianten zu beobachten.

Zur Verdeutlichung sei als erstes ein System gegeben, in dem lediglich ein bestimmter Geldbetrag (z. B. bezeichnet als Kindergeld) gewährt wird. Geht man nun davon aus, dass auch bei wohlhabenden Schichten das Kinderbekommen honoriert werden soll, so würde kein Gleichheitsproblem i. S. d. Art. 3 GG auftreten. Denn alle Einkommensklassen bekommen, eventuell gestaffelt nach ihrer Kinderzahl, die gleiche Unterstützung.

Als zweites soll ein System bestehen, in dem nur der Abzug eines Kinderfreibetrages vorgesehen ist – ohne Kindergeld. Auch sei gegeben, dass auch Reiche an der Unterstützung teilhaben sollen. In diesem Fall ist es die Folge eines progressiven Einkommensteuertarifs, dass in absoluten Zahlen die wohlhabenderen Familien eine höhere Entlastung erhalten. Genauso, wie sich der progressive Tarif zu ihren Lasten auswirkt, indem sie bei mehr Einkommen nicht nur mehr Steuern, sondern auch mehr und höhere Steuern bezahlen, folgt bei dem Abzug ein Degressionseffekt. Dies wird jedoch wegen der genannten Gegenüberstellung von Progression auf der einen Seite und Degression auf der anderen Seite wohl hingenommen, sodass kein grundsätzliches verfassungsrechtliches Problem besteht.

Kaum problematisch ist auch die dritte Spielart, in der Kindergeld kumulativ zum Freibetrag gewährt wird. Hier erhalten besser und weniger gut Verdienende den gleichen Subventionsbetrag ausbezahlt und die Wohlhabenderen erreichen eine etwas höhere Entlastung bei gleichen Abzugsbeträgen.

Ein Problem entstand daraus, dass das JStG 1996 das Kindergeld mit dem Freibetrag vermengte.[1024] Seitdem erhält zunächst jeder unabhängig von seinen Einkünften und Ausgaben das gleiche Kindergeld, was aus Gleichheitsgründen gut vertretbar ist. Rechnen sich aber ab einem bestimmten (überdurchschnittlichen) Einkommen die Freibeträge (nicht zuletzt aufgrund der Degressionseffekte) mehr als das Kindergeld, werden die Freibeträge unter Verrechnung des Kindergeldes gewährt. Viele Autoren sehen keinen Unterschied zum vorangehenden Beispiel (der Kumulierung von Kindergeld und Kinderfreibetrag), sodass der Degressions-

---

[1024] Kritisch gegenüber der Verrechnung: *Lang*, StuW 1990, 331 (340 ff.); *ders.*, Tipke/Lang, Steuerrecht, § 9 Rz. 92 ff.; *Lehner*, Einkommensteuerrecht und Sozialhilferecht, S. 266 ff.; *Söhn* FS für Klein, 1994, S. 434 ff.; *Dostmann*, DStR 1999, 884.

effekt als unproblematisch anzusehen sei.[1025] Bei den Abzugsbeträgen handele es sich demnach um Einkommensbestandteile, die von vorn herein dem Steuerzugriff entzogen gewesen seien.[1026] Es verbiete sich sogar, voreilig über Entlastungsgerechtigkeit zu diskutieren und dabei die Belastungsgerechtigkeit auszublenden.[1027]

Hier soll dieser Effekt dennoch näher beleuchtet werden. Die Besserverdienenden erhalten aufgrund des Degressionseffektes mehr Entlastung. Dies kann zunächst noch hingenommen werden. Die grundsätzliche degressive Wirkung von Abzügen von der Bemessungsgrundlage als Antwort auf den progressiven Tarif soll zunächst nicht in Frage gestellt werden. Jetzt wird der Unterschied in der Berücksichtigung der Kinder verschiedener Gehaltsklassen aber aufgrund der „Günstigerprüfung"[1028] am Ende des Veranlagungszeitraums offenkundiger. Es wird geprüft, ob Wohlhabende noch mehr subventioniert werden können oder müssen. Hinzu tritt, dass die stärkere Entlastung besser Verdienender nicht mehr nur als unvermeidlicher Effekt eines progressiven Einkommensteuersystems hingenommen werden soll, sondern als gleichheitsrechtlich geboten dargestellt wird. Dies geschieht mit der Begründung, bei höheren Einkommen sei die gebotene Steuerentlastung des Kindesexistenzminimums nicht mehr durch das Kindergeld gewährleistet. Aus einem schwer zu vermeidenden rechnerischen Effekt wurde so eine Forderung der Besserstellung von höheren Gehaltsklassen konstruiert.

Dies ist jedoch mit dem Gedanken der bedarfsorientierten Interpretation des Leistungsfähigkeitsprinzips nicht zu vereinbaren. Jedes Kind, habe es nun reiche Eltern oder bedürftige, hat das gleiche Existenzminimum.[1029] Es kann kein Grundrecht auf mathematische Effekte wie den Progressionsvorteil geben.[1030] Im Fall des Kinderleistungsausgleichs bedeutete dies einen absurden Anspruch Besserverdienender mit Kindern gegen die Gemeinschaft der Steuerzahler auf Besserstellung *in bestimmter Höhe* im Vergleich zu gleich Verdienenden ohne Kinder. Es stünde also nicht die Steuerfreistellung des Kindesexistenzminimums im Vordergrund, sondern bloß der Vergleich mit anderen Angehörigen der gleichen Verdienstgruppe.

Dass auch höhere Verdienstgruppen mit Kindern überhaupt besser gestellt werden als gleich Verdienende ohne Kinder, ist von Art. 3 GG geboten. Dieser verlangt jedoch keinesfalls eine Besserstellungswirkung in bestimmter Höhe, die zudem oberhalb des sozialrechtlichen Kindesexistenzminimums liegt, und die sich darüber hinaus rein zufällig aus dem Verlauf der Tarifkurve ergibt. Verlangte man eine

---

1025 Statt Vieler: *Seiler*, DStR 2006, 1631 (1632); *Kirchhof*, NJW 2000, 2792 (2794).
1026 *Heuermann*, BB 1999, 660 (662).
1027 *Kirchhof*, K/S/M, Stand: ohne Angabe, § 2, Rz. A 604 ff.; *ders*, NJW 2000, 2792 (2794 f.).
1028 Vgl. *Jachmann*, K/S/M, Stand März 2004, § 31 Rz. B 27 ff.
1029 In diese Richtung: *Matthäus-Maier*, ZRP 1988, 252 (254); S*acksofsky*, NJW 2000, 1896 (1901).
1030 Vgl. *Bareis*, DStR 2010, 565 (565 f.).

bestimmte Freistellungs*wirkung*, müsste konsequenterweise auch geprüft werden, ob beispielsweise bei einer Vergleichsfamilie (mit einem Kind und ohne Kinder) und einem Jahreseinkommen im Bereich von 100.000 EUR der entstehende Steuervorteil von etwa 2.800 EUR überhaupt angemessen ist, den „Nachteil des Kinderhabens" auszugleichen. Möglicherweise genügt dieser Entlastungsbetrag, der das Kindergeld gerade einmal um 600 EUR übersteigt, auch gar nicht, um einen angemessenen Belastungsunterschied auf dieser Verdienstebene zu erzeugen.[1031]

Der Vorwurf, diese Sichtweise erörtere verfrüht eine Entlastungsgerechtigkeit vor der Erörterung der Belastungsgerechtigkeit,[1032] klingt zunächst geschickt formuliert, kann jedoch im Ergebnis nicht durchgreifen. Rein begrifflich hängen beide Formen der Gerechtigkeit untrennbar zusammen. Die Entlastungsgerechtigkeit ist nur eine andere Darstellung der Belastungsgerechtigkeit. Soweit bestimmte Einkommensschichten ungerecht zu hoch entlastet werden, zieht dies im Umkehrschluss eine ungerecht zu hohe Belastung der übrigen Einkommensschichten nach sich. Die steuerliche Entlastung des einen ist die steuerliche Belastung des anderen.

Weiterhin wird angeführt, dass sich hier auch nur ein Recheneffekt der progressiven Einkommensteuer auswirke, der bei jedem Abzug von der Bemessungsgrundlage zum Tragen komme. Demnach dürfe vor dem Hintergrund des Art. 3 GG bei dem Kindergeld keine Ausnahme gemacht werden, und der Effekt der Degression müsse auch an dieser Stelle hingenommen werden. Zum einen hängt diese Sicht eng mit der hier abgelehnten Dogmatik zum „disponiblen" Einkommen zusammen.[1033] Wird nur einseitig auf den „nicht-disponiblen" Teil des Einkommens geschaut und nicht auf die Entlastungswirkung, so erscheint der Degressionseffekt unvermeidbar.

Zum anderen hängt die Frage, ob diese Begründung Bestand hat, unmittelbar mit der dogmatischen Einordnung der Kindergeldzahlung zusammen. Wäre es eine reine Sozialleistung, bestünde kein Anspruch auf einen Progressionsvorteil. Würde das Kindergeld nicht ausgezahlt, sondern nur ein Freibetrag gewährt, würde der Progressionsvorteil wohl hingenommen. Um eine reine Sozialleistung handelt es sich nicht, da es in den höheren Einkommensgruppen ausschließlich der Freistellung des Kindesexistenzminimums dient. Es kann sich aber auch nicht um eine reine Verschonungsnorm handeln, da der Steuerpflichtige, statt verschont zu werden, zunächst belastet wird und diese Belastung auf sozialrechtstypische Weise durch Kindergeldbeantragung (bei späterer Günstigerprüfung) erst wieder beseitigt werden muss. Die Kindergeldzahlung ist keines von beidem. Man könnte sie als

---

1031 *Greite*, Korn EStG, Stand Mai 2004, § 31, Rz. 15 dreht insofern den Spieß um und deutet an, die relative Entlastungswirkung sinke bei höheren Einkommen, trotz ansteigender steuerlicher Berücksichtigung.

1032 *Kirchhof*, NJW 2000, 2792 (2794).

1033 Siehe oben: Kap. 1 B. III. 3.) b) ee) (2).

steuerrechtlich bedingte (Sozial-) Transferleistung[1034] oder auch als eine Art Negativsteuer[1035] sui generis bezeichnen, die rechtsgebietübergreifend je nach Einkommen unterschiedliche Zielsetzungen verfolgt. Damit ist die Kindergeldzahlung nicht eindeutig als vorweg genommener partieller Abzug von der Bemessungsgrundlage zu verstehen. Folglich muss der Progressionsvorteil nicht hingenommen, geschweige denn extra durch eine Günstigerprüfung erst ermöglicht werden.[1036]

Nach der hier vertretenen Sichtweise ist der derzeitige Familienleistungsausgleich zwar nicht aus Gleichheitsgründen verfassungswidrig, aber jedenfalls als bei näherem Hinsehen verunglückt zu betrachten. Verantwortlich dafür mögen die Vorgaben des BVerfG, finanzielle Zwänge, der Wunsch der Verwaltungsvereinfachung, aber vor allem das Interesse, aus politisch- psychologischen Gründen die Auszahlung eines Geldbetrages für alle Eltern erreichen zu können, gewesen sein. Der für das Gerechtigkeitsgefühl fade Beigeschmack könnte durch die Umwandlung des Kindergeldes in einen für alle Einkommensgruppen gleich hohen vorweggenommenen Abzug von der Steuerschuld beseitigt werden.[1037] Es könnte dann sogar bei der Vermischung von Einkommensteuerrecht und Sozialrecht bleiben. Für alle Einkommensgruppen könnte es bei den gleichen Auszahlungsbeträgen bleiben. Bei fehlender Steuerschuld könnte analog zu der derzeitigen Regelung im Falle fehlender Bemessungsgrundlage der Auszahlungsbetrag in eine Sozialleistung umgedeutet werden. Bei ausreichender Steuerschuld erhielten Eltern jeder Einkommensklasse einen gleich hohen Abzugsbetrag, der nach sozialrechtlichen Grundsätzen ermittelt würde. Eine fragwürdige Günstigerprüfung entfiele.

Hierfür bedarf es jedoch eines Umdenkens. Weder aufgrund eines „Reflexes zur Progression", noch aus „Gründen verminderter Leistungsfähigkeit" muss sich die steuerliche Berücksichtigung des Existenzminimums degressiv auswirken. Die Begründung des progressiven (umverteilenden) Tarifs[1038] und der Freistellung des realitätsgerecht ermittelten Existenzminimums sind zwei völlig verschiedene Dinge. Die Reflextheorie stellt nicht mehr als eine Leerformel dar, die den Widerspruch der Besserstellung von höheren Einkommensklassen und der bedarfsgerechten Berücksichtigung des Existenzminimums verdecken soll.[1039]

Der darin zum Ausdruck kommende grundsätzliche Vorrang der horizontalen Steuergerechtigkeit vor der vertikalen Steuergerechtigkeit[1040] überzeugt nicht. Schon gar nicht kann ein Rückschluss in der Art erfolgen, dass beim Existenzmi-

---

1034 *Heuermann,* BB 1999, 660 (662).
1035 *Dostmann,* DStR 1999, 884 (884); dazu: Kap. 2 C. II. 3.) b) aa).
1036 *Siegel/Schneider,* DStR 1994, 597 (601).
1037 In diese Richtung auch: *Hey,* NJW 2006, 2001 (2006).
1038 Vgl. Kap. 1 B. III. 1.) a) aa).
1039 *Bareis,* DStR 2010, 565 (567, 570 f.) spricht von „Worthülse"; *Siegel,* H/H/R, Stand Januar 2002, § 32a, Rz. 28; *Esser,* DStZ 1994, 517 (524); *Franke,* StuW 1986, 392.
1040 Vgl. *Lehner,* Einkommensteuerrecht und Sozialhilferecht, S. 333 ff.

nimum die Degression zu verlangen ist und bei steuerlichen Subventionen der degressive Effekt systemwidrig verboten sei.[1041] Umgekehrt bedarf es beim Existenzminimum keiner degressiven Wirkung. Hingegen muss gerade bei lenkenden Subventionen der Degressionseffekt vorhanden sein, da anderenfalls die gewünschte Lenkungswirkung mit steigendem Einkommen (umgekehrt proportional zum bloßen Mitnahmeeffekt) abnähme. Im Bereich des Familienleistungsausgleichs bliebe im Übrigen nur noch ein generelles Überdenken der Stellung des Kindergeldes im Einkommensteuergesetz als Reformoption.

cc) Generelle Stellung im Einkommensteuergesetz

Systematisch schwer nachzuvollziehen ist generell die Stellung der Regelungen zum Kindergeld im Einkommensteuerrecht.[1042] Das Gesetz, das sich den Anforderungen an das staatliche Nehmen widmen sollte, enthält, für den Bürger unerwartet, Vorschriften des staatlichen Gebens.

(1) Grundsätzliche systematische Friktionen

Das zunächst bloß befremdliche Gefühl der unsystematischen Verortung des Kindergeldes im EStG wird durch konkrete juristische Probleme bestätigt, die sich daraus ergeben. Wenn bei einem Steuerpflichtigen die Freibeträge des § 32 Abs. 6 EStG zur Anwendung kommen, dann wird das Kindergeld als monatliche Vorausleistung auf diese Entlastung gezahlt.[1043] Dies widerspricht der eigentlichen Ausgestaltung der Einkommensteuer als Jahressteuer.[1044]

Es werden die Elemente der positiven Leistungsfähigkeit und der negativen Leistungsfähigkeit (Bedürftigkeit) miteinander vermengt. Dies geschieht auf eine Art und Weise, dass für den Bürger nicht mehr erkennbar ist, wo nach sozialrechtlichen Maßstäben eine Bedürftigkeitslage ausgeglichen werden soll, und inwieweit es um die gebotene Steuerfreistellung des Kindesexistenzminimums geht. Es werden, je nach Funktion des Kindergeldes, im Einzelfall vollkommen oder zumindest teilweise materiell dem Sozialrecht zugehörige Regelungen im EStG getroffen. Insoweit bietet das Kindergeld keinen bloßen Ausgleich für die unterschiedliche

---

1041 So aber: *Kirchhof*, Isensee/Kirchhof, HStR V, § 118 Rz. 188; *Söhn*, K/S/M, Stand September 2008, § 10 Rz. A 137 f.; *Tipke*, StRO Bd. 1, 2.A., S. 530; *Waldhoff*, Isensee/Kirchhof HStR V, § 116, Rz. 111.
1042 *Felix*, FS Selmer, S. 621 (626 ff., 638 f.).
1043 Vgl. Kap. 2 C. II. 2.) b).
1044 Dazu: *Heuermann*, FR 2000, 248 (249 ff.); *Jachmann*, K/S/M, Stand März 2004, § 31 Rz. A 9.

Wirkung steuerlicher Belastungen.[1045] Das Kindergeld wäre als Sozialleistung im Interesse sowohl sozialrechtlicher als auch steuerlicher Gerechtigkeit und im Interesse der Normenklarheit[1046] besser im Sozialrecht, also im Bundeskindergeldgesetz, aufgehoben. Dadurch stünde dem Sozialgesetzgeber auch ein deutlich weiterer Gestaltungsspielraum zur Verfügung. So könnte ein sozialrechtliches Kindergeld einkommensabhängig gestaffelt werden[1047] und somit helfen, vorhandene Mangellagen sachgerecht auszugleichen. Auch die divergierenden Rechtsauffassungen von BSG und BFH, etwa zum Thema Berufsausbildung,[1048] verdeutlichen, dass ein beliebiger Austausch zwischen Sozialrecht und Steuerrecht, wie am Beispiel des Kindergeldes, nicht ohne Brüche möglich ist.[1049]

(2) Gesetzgebungskompetenz

Soweit das Kindergeld im EStG (zumindest teilweise) die Funktion einer staatlichen sozialen Subvention hat, könnte die Steuergesetzgebungskompetenz bezweifelt werden.[1050] Möglicherweise bedarf es wegen der thematischen Entfernung von der Finanzverfassung einer separaten Gesetzgebungskompetenz nach Art. 70 ff. GG. Dieser Überlegung steht jedoch zweierlei entgegen. Zum einen ermächtigen die Sachkompetenztitel aus Art. 70 ff. GG nicht zur Steuergesetzgebung.[1051] Zum anderen ist die Verfolgung von außersteuerlichen Zwecken noch solange von der Steuergesetzgebungskompetenz gedeckt, wie ein sachlicher Zusammenhang zwischen Vergünstigung und Steueranspruch besteht, der über die bloße Verrechnung mit der Steuerschuld hinausgeht.[1052] Für das Kindergeld ergibt sich die Konnexität zum Steueranspruch dadurch, dass es in den überwiegenden Fällen der (zumindest teilweisen) Steuerfreistellung des Existenzminimums des Kindes dient. Damit hängt es unmittelbar mit der Besteuerung nach der finanziellen Leistungsfähigkeit zusammen.[1053]

Darüber hinaus könnte man in dieser Konstellation noch über eine doppelte Kompetenz sowohl aus der Finanzverfassung als auch nach der jeweils entsprechenden Sachkompetenz nachdenken. Für steuerliche Vorschriften ist es jedoch

---

1045 *Jachmann,* K/S/M, Stand März 2004, § 31 Rz. A 9; *Hinz,* Einkommensteuerrecht und Sozialrecht, S. 73.
1046 *Felix,* DStJG 29 (2006), S. 156.
1047 *Seiler,* NZS 2007, 617 (622).
1048 BFH BStBl. II 1999, 710; BFH BStBl. II 1999, 708; BFH BStBl. 1999, 705; BFH BStBl. 1999, 706; BFH BStBl. 1999, 713; BFH BStBl. 2000, 398; BFH BStBl. 2000, 199.
1049 *Hinz,* Einkommensteuerrecht und Sozialrecht, S. 71 ff.
1050 *Jachmann,* K/S/M, Stand März 2004, § 31 Rz. A 44.
1051 *Jachmann,* K/S/M, Stand März 2004, § 31 Rz. A 44.
1052 *Selmer,* Steuerinterventionismus und Verfasssungsrecht.
1053 *Jachmann,* K/S/M, Stand März 2004, § 31 Rz. A 44.

gerade typisch, dass sie mehr oder weniger stark verschiedene Sachgebiete tangieren. Eine Doppelkompetenz würde die Zuständigkeiten nicht vereinfachen oder klarer herausarbeiten. Sie ließe vielmehr in bestimmten Bereichen eine Lähmung des Gesetzgebers befürchten.[1054]

Im Ergebnis ist durch die Stellung des Kindergeldes im EStG kein verfassungsrechtliches Kompetenzproblem zu konstatieren. Allerdings unterliegt das Kindergeld nach seiner Herauslösung aus dem Sozialrecht den Rechtfertigungsanforderungen des Steuerrechts, mithin der verfassungsrechtlich gebotenen Besteuerungsgleichheit. Damit begibt sich der Gesetzgeber des Gestaltungsspielraums, der ihm im Sozialrecht offen stand. Regelungen, die der teilweisen transferrechtlichen Natur des Kindergeldes entsprächen, sind im Einkommensteuerrecht nicht ohne weiteres mit der Besteuerungsgleichheit zu vereinbaren.[1055]

(3) Verfahrensrechtliche Diskrepanzen

Die Auszahlung des Kindergeldes als Steuervergütung im Einkommensteuergesetz erzeugt auch verfahrenstechnische Brüche. Die Abgabenordnung ist auf staatliches Eingriffsrecht zugeschnitten und nicht auf die Gewährung von Leistungen.[1056] So wird das Kindergeld als Dauerverwaltungsakt festgesetzt, also mittels einer Verfahrensart, für die die Abgabenordnung nicht konzipiert ist.[1057] Dem Antragsteller gehen im Steuerrecht die zum Teil vorteilhafteren Regelungen des Sozialrechts verloren.[1058] So sieht § 16 Abs. 1 S. 2 SGB I eine bürgerfreundlichere Zuständigkeitsregelung für die Antragstellung vor als § 67 S. 1 EStG.

In § 45 Abs. 2 SGB X ist hinsichtlich des Vertrauensschutzes eine großzügigere Regelung bei der Rückforderung von sozialrechtlichem Kindergeld vorgesehen als in § 173 Abs. 1 Nr. 1 AO für das steuerrechtliche Kindergeld.[1059] Das sozialgerichtliche Verfahren ist nach § 183 SGG im Gegensatz zum finanzgerichtlichen Verfahren (§ 135 FGO) kostenfrei. Andere vorteilhafte Regelungen des Sozialrechts (wie § 63 SGB X) sind, als steuerrechtliche Fremdkörper[1060] (§ 77 EStG), wenn auch rechtspolitisch nachvollziehbar, in das EStG kopiert worden.

Im Übrigen fällt auf, dass nicht einmal der Kindbegriff des Kindergeldrechts (§ 63 Abs. 1 EStG), der auch Enkel und Stiefkinder erfasst, mit dem des Freibetragsrechts (§ 32 Abs. 1 EStG) übereinstimmt, sodass die Günstigerprüfung bei

---

1054 Befürwortend aber: *Kirchhof*, HStR IV, § 88 Rz. 60; *Stern*, Staatsrecht, Bd. 2, § 46 I 5 a. E.
1055 *Hinz*, Einkommensteuerrecht und Sozialrecht, S. 77.
1056 *Dostmann*, DStR 1999, 884 (884).
1057 *Felix*, NJW 2001, 3073 (3077); *Dostmann*, DStR 1999, 884 (884).
1058 *Felix*, K/S/M, Stand August 2005, § 67, Rz. A 29.
1059 Verfassungsbeschwerde anhängig: BVerfG vom 21.04.2009, Az. 1 BvR 292/09.
1060 *Felix*, K/S/M, Stand August 2005, § 77, Rz. A 18.

bestimmten besser Verdienenden nicht zu einem Anspruch auf die Freibeträge führt.[1061] In § 32 Abs. 6 S. 7 EStG ist für diese Fälle lediglich die Übertragbarkeit der Freibeträge geregelt, statt Enkel- und Stiefkinder gleich in § 32 Abs. 1 EStG aufzunehmen.[1062]

(4) Haushaltsrechtliche Intransparenz

Das Kindergeld als Sozialleistung im Einkommensteuergesetz hat darüber hinaus die Verletzung von haushaltsrechtlichen Vorschriften zur Folge.[1063] Dadurch, dass eine Norm des „staatlichen Gebens" in ein Gesetz über das „staatliche Nehmen" getreten ist, muss auch die soziale Leistung an den Bürger auf der Einnahmenseite des Staates verbucht werden.[1064] Das hat zur Folge, dass die Kosten des Kindergeldes zu Lasten der Transparenz als verrechneter Posten bei den Steuereinnahmen eingehen. Damit steht eine Verletzung des haushaltsrechtlichen Grundsatzes der Bruttoveranschlagung im Raum.[1065] Letzterer verpflichtet nach §§ 11 Abs. 2, 15 Abs. 1 S. 1 BHO zur getrennten Aufführung von Einnahmen und Ausgaben. Dadurch, dass Ausgaben auf der Einnahmenseite eingestellt werden, verfälscht sich auch die Gegenüberstellung von Einnahmen und Ausgaben. Hier droht ein Unterlaufen des Prinzips der Gesamtdeckung aus § 7 HGrG, § 8 BHO, nach dem alle Einnahmen zur Deckung aller Ausgaben dienen.[1066] Gesteht man den haushaltsrechtlichen Vorschriften Verfassungsrang[1067] zu, so führt deren Verletzung zu einem Verstoß gegen das Grundgesetz.

b) Einzelprobleme

Nach den strukturellen Problemen werden im Folgenden die vordringlichsten Einzelprobleme des steuerlichen Familienleistungsausgleichs besprochen.

1061 *Felix*, K/S/M, Stand August 2005, § 63, Rz. A 25.
1062 *Grönke-Reimann*, H/H/R, Stand Oktober 2008, § 32, Rz. 192.
1063 *Kulmsee*, Berücksichtigung von Kindern, S. 86.
1064 *Jachmann*, K/S/M, Stand März 2004, § 31 Rz. A 44 a.
1065 *Heintzen*, Isensee/Kirchhof, HStR V, § 120 Rz. 31; *Brockmeyer*, Schmidt-Bleibtreu/ Klein, Art. 110 Rz. 112 c.
1066 *Jachmann*, K/S/M, Stand März 2004, § 31 Rz. A 44a.
1067 *Musil*, DVBl. 2007, 1526 (1530); *Heintzen*, Isensee/Kirchhof, HStR V, § 120 Rz. 47; noch ablehnend BVerfGE 7, 244 (254); 9, 291 (300); *Vogel/Waldhoff*, BK GG, Stand: November 1997, Vorb. z. Art. 104a-115 Rz. 383; *Fischer-Menshausen*, v. Münch, GG, Art. 105 Rz. 11.; *Jachmann,* K/S/M, Stand März 2004, § 31 Rz. A 44 a; missverständlich: BVerfG, Beschluss vom 18. 12. 2002, Az. 2 BvR 591/95, NVwZ 2003, 467 (470); dahin stehen gelassen: BVerfGE 93, 319 (348); 110, 274 (294); BVerfG vom 20.04.2004, Az. 1 BvR 1748/99, 1 BvR 905/00.

aa) Kindergeld als „Steuervergütung"

Die Einordnung des Kindergeldes als „Steuervergütung" ist problematisch.[1068] Eine Steuervergütung wird vom Gesetzgeber gewährt, wenn er eine bestimmte Steuerbelastung beseitigen will. Anders als bei einer Steuererstattung entsteht der Steuervergütungsanspruch nicht infolge einer rechtsgrundlosen Zahlung. Der Steuervergütungsanspruch ist Teil der jeweiligen tatbestandlichen Belastungsregelung.[1069]

Bei dem Familienleistungsausgleich wird eine verfassungswidrig erhobene Steuer zurückgezahlt.[1070] Denn eigentlich sollte das Familienexistenzminimum nicht angetastet werden.[1071] Damit handelt es sich insofern nicht um eine Vergütung, sondern um eine Erstattung.[1072] Soweit das Kindergeld der sozialen Familienförderung dient, § 31 S. 2 EStG, wird seine Einordnung als „Steuervergütung" noch ungewöhnlicher. Auch wer aufgrund geringen (oder gänzlich mangels) Einkommen nie Einkommensteuer gezahlt hat, erhält eine „Steuervergütung".[1073] Hier kann auch eine Umwidmung in eine Steuererstattung nicht weiter helfen.

Denkbar ist höchstens die Bezeichnung als „Negativsteuer"[1074] (sui generis) mit Sozialzweck.[1075] Allerdings ist auch der Begriff der Negativsteuer missverständlich, da er den Verlauf der Tarifkurve im negativen Quadranten und einen damit einhergehenden Zahlungsanspruch des Steuerpflichtigen bezeichnet.[1076] So liegt es jedoch im Fall des derzeitigen Kinderleistungsausgleichs gerade nicht. Es handelt sich um eine Zahlung sui generis, die sich auf der Grenze von sozialer Förderung und Steuererstattung bewegt.

1068 *Dostmann,* DStR 1999, 884 (884); a. A. *Pust,* L/B/P, Stand Mai 2008, § 31, Rz. 49 ff.
1069 *Lang,* Tipke/Lang, Steuerrecht, § 7 Rz. 68 f.
1070 *Lang,* Tipke/Lang, Steuerrecht, § 9 Rz. 95.
1071 BVerfGE 82, 60 ff.
1072 *Lang,* Tipke/Lang, Steuerrecht, § 9 Rz. 95; § 7 Rz. 72.
1073 *Dostmann,* DStR 1999, 884 (884).
1074 *Tipke,* StRO Bd. 2, 2. A., S. 656; *Pust,* L/B/P, Stand Mai 2008, § 31, Rz. 56; *Greite,* Korn EStG, Stand Mai 2004, § 31, Rz. 15, 16, 17; *Sarrazin,* FS Haas 1996, S. 305; *Dostmann,* DStR 1999, 884 (884) a. A. „Mischung aus Sozialleistung und Erstattung" *Jachmann,* in K/S/M, Stand März 2004, § 31, Rz. A 8, A 8 a; *Kanzler,* H/H/R, Stand Januar 2002, § 31 Rz. 5, 10; *Loschelder,* Schmidt EStG, § 31, Rz. 1, 3, 9.
1075 BFH vom 23.11.2000, Az. VI R 165/99, BStBl. II 2001, 279 ff.
1076 *Siegel,* H/H/R, Stand Januar 2002, § 32a, Rz. 29; *Petersen,* Pros and Cons of a Negative Income Tax, S. 1 ff. (19); *Mitschke,* StuW 1994, 153 ff.

bb) Höhe der Entlastung

Das Familiennettoprinzip[1077] setzt voraus, dass ein Steuerpflichtiger nicht nur sich selbst, sondern noch andere Menschen zu versorgen hat. Diese Pflicht ist in vielen Fällen auch gesetzlich (zivilrechtlich §§ 1601 ff. BGB)[1078] statuiert. Eine solche Pflicht auf der einen Seite aufzuerlegen und auf der anderen Seite die Leistungs-fähigkeitsminderung, die durch die Pflicht entsteht, nicht im Steuerrecht abzubil-den, wäre widersprüchlich. Der Gesetzgeber ist gerade gehalten, das Existenzmi-nimum auch der Familie realitätsgerecht zu berücksichtigen.[1079] Eine genaue Höhe der nach Art. 6 Abs. 1 GG zu gewährenden Entlastung ergibt sich aus dem Grund-gesetz nicht. Vielmehr kommt dem Gesetzgeber ein weiter Gestaltungsspielraum zu.[1080] Insbesondere ist der Verfassungsauftrag nicht etwa so weit gefasst, dass der Staat die Pflicht hätte, jegliche die Familie betreffende Belastung auszuglei-chen.[1081] Lediglich das Familienexistenzminimum muss von der Besteuerung ver-schont bleiben.

(1) In vielen Fällen zu niedrig

Teilweise wird kindbedingtem Bedarf im Steuerrecht nicht in ausreichendem Maß Rechnung getragen. Es besteht eine Schieflage zwischen der Anerkennung von Abzügen für wirtschaftliche und sogar sonstige private Tätigkeiten (Tier-/Pflan-zenzucht, Karneval, Amateurfunken, Modellflug, Hundesport, § 52 Abs. 2 Nr. 4 AO) und der verfassungsrechtlich gebotenen realitätsgerechten Berücksichtigung des Existenzminimums von Kindern.[1082] Der § 52 Abs. 2 Nr. 4 AO stellt den Hob-by-Tierzüchter besser als § 32 Abs. 6 EStG die Eltern. Es scheint ein vorsozial-staatlicher Privatheitsgrundsatz zu herrschen.[1083] Als Beispiel hierfür sei ein El-ternteil angeführt, der ein Kind hat, welches entfernt vom Elternhaus eine Ausbil-dung absolviert oder studiert. Hier soll der Freibetrag für den Betreuungs-, Erzie-hungs- und Ausbildungsbedarf des § 32 Abs. 6 S. 1 EStG i. H. v. 1.320 EUR und der Abzug außergewöhnlicher Belastungen durch auswärts untergebrachte Kinder des § 33a Abs. 2 S. 1 EStG i. H. v. 924 EUR die Mehrbelastung realitätsgerecht erfassen.

1077 *Lang,* Tipke/Lang, Steuerrecht, § 9 Rz. 74 ff.
1078 Vgl. *Palandt/Diederichsen,* § 1601, Rz. 1 ff.
1079 BVerfGE 61, 319; 66, 214; 67, 290; 68, 143 (152 ff.); 89, 346, 352 f.
1080 BVerfGE 82, 60.
1081 BVerfGE 43, 108 (121); 75, 348 (360); 82, 60 (81).
1082 *Lang,* Tipke/Lang, Steuerrecht, § 9 Rz. 78.
1083 *Friedrich List* (Nationalökonom) 1841 „über die geistige Armut der Schulökonomie";
      Lang, Tipke/Lang, Steuerrecht, § 9 Rz. 78.

Es ergibt sich eine jährliche Entlastung von 2.244 EUR. Damit geht der Gesetzgeber von einem Mehrbedarf, etwa für Lehrbücher, Semesterbeiträge/Semesterticket, Studiengebühren, Fahrten zwischen elterlicher Wohnung und Studienort sowie Unterbringung außerhalb der elterlichen Wohnung von lediglich 187 EUR im Monat aus. Geht man unrealistischerweise davon aus, dass ab der auswärtigen Unterbringung keine Leistungen mehr zu Hause für das Kind erbracht werden, so könnte man entgegen der Gesetzessystematik den Freibetrag für das sächliche Existenzminimum mit in die Betrachtung einbeziehen. Um ein Bild der maximal möglichen Unterstützung zu erhalten, soll von zusammen veranlagten Eltern ausgegangen werden, sodass sich die Freibeträge nach § 32 Abs. 6 S. 2 EStG verdoppeln. Damit ergibt sich eine jährliche steuerliche Entlastung für das auswärts untergebrachte Kind von 2 x (2.184 EUR + 1.320 EUR) + 924 EUR = 7.932 EUR. Im Monat müssen dann sämtliche Ausgaben von Verpflegung, Wohnkosten über Arbeitsmaterialien, Studienkosten, Versicherungen bis hin zu Fahrten von 661 EUR bestritten werden. Dem steht aktuell ein Förderhöchstsatz von 648 EUR nach den §§ 13, 13a BAföG gegenüber.[1084]

Dies zeigt einmal mehr, dass das Einkommensteuerrecht nicht mit dem Sozialrecht abgestimmt ist, wo dies angezeigt wäre. Der Sozialgesetzgeber gewährt entweder einen höheren Betrag zur Ausbildungsförderung (bis 2010), oder (aufgrund gestiegener Kinderfreibeträge) einen geringeren Betrag (ab 2010), als der Steuergesetzgeber bereit ist, von der Besteuerung auszunehmen. Geht man davon aus, der Gesetzgeber sei sich grundsätzlich bewusst, wie hoch der Bedarf von in Ausbildung befindlichen Kindern ist, so nimmt er abwechselnd in Kauf, das Kindesexistenzminimum zu besteuern oder es Bedürftigen nicht zu gewähren. Zur bedarfsgerechten Ermittlung der Leistungsfähigkeit sollte sich der Gesetzgeber an den Erkenntnissen des BAföG orientieren und zumindest das von der Besteuerung freistellen, was sozialrechtlich als Förderung gewährt wird. Hierfür ist jedoch zunächst die realitätsgerechte Ermittlung der Bedarfe im BAföG Voraussetzung.[1085]

Teilweise wird verlangt, das freizustellende Kindesexistenzminimum für alle Einkommensklassen am zivilrechtlichen Unterhaltsanspruch zu bemessen und nicht am sozialrechtlichen Bedarf.[1086] Dieser Vorschlag ist wohl familienfreund-

---

1084 §§ 13, 13a BAföG: 366 EUR (monatlicher Bedarf), 146 EUR (Unterkunft), 72 (erhöhter Unterkunftsbedarf, soweit 146 EUR für Miete und Nebenkosten nicht ausreichen), 54 EUR (Krankenversicherung), 10 EUR (Pflegeversicherung).
1085 Aktuell wird eine Erhöhung der Bedarfssätze für Ende 2010 diskutiert.
1086 *Felix*, DStJG 29 (2006), S. 156; für plausibel gehalten von *Kirchhof*, NJW 2000, 2792 (2795); *Kanzler*, FamRZ 2004, 70 (72); *Axer*, DStJG 29 (2006), S. 183; dazu auch: *Jachmann* K/S/M, EStG § 32 Rz. A 81; *Pechstein*, Familiengerechtigkeit als Gestaltungsgebot für die staatliche Ordnung, 1994, S. 287; *Tünnemann*, Der verfassungsrechtliche Schutz der Familie und die Förderung der Kindererziehung im Rahmen des staatlichen Kinderleistungsausgleichs, 2002, S. 45; *Schön*, StuW 2005, 247 (249 f.).

lich gemeint, kann jedoch im Ergebnis nicht überzeugen.[1087] Bereits begrifflich besteht ein Unterschied zwischen der Frage nach dem zu berücksichtigenden Existenzminimum und der Frage nach dem Unterhalt.[1088] Der Unterhalt soll einen bestimmten Lebensbedarf absichern und ist abhängig von Einkommen, Lebensstellung[1089] und individuellen Lebensverhältnissen[1090] der Eltern. Wollte man diesen steuerlich absetzbar machen, widerspräche es dem Grundsatz, dass private Aufwendungen nur in Ausnahmefällen absetzbar sein sollten. Wäre dies möglich, müsste auch bei dem persönlichen Existenzminimum, also im Grundfreibetrag, ein durchschnittlicher Lebensbedarf absetzbar sein, und zwar in Abhängigkeit vom Einkommen. Abgesehen davon, dass dies nicht finanzierbar wäre, bestünden Zweifel an der Gerechtigkeit einer solchen Regelung. Die vom BVerfG geforderte realitätsgerechte Ermittlung des Kindesexistenzminimums würde gerade nicht erfolgen. Es käme insbesondere in höheren Einkommensgruppen zu Überkompensationen.[1091] Soll die Familie unterstützt und gefördert werden, so kann dies im Rahmen von Lenkungsnormen oder Sozialzwecknormen geschehen. Dies ist jedoch von einem bedarfsgerecht interpretierten Leistungsfähigkeitsprinzip zu trennen.[1092]

(2) In manchen Fällen zu hoch

Teilweise wird eine ungerechtfertigt hohe Entlastung gewährt. So wird beispielsweise kritisiert,[1093] der Kindergrundbedarf i. H. v. 7.008 EUR (verdoppelte Freibeträge nach § 32 Abs. 6 EStG) rücke in die Nähe des Erwachsenenexistenzminimums mit einem Grundfreibetrag von 8.004 EUR.[1094] Wenn Eltern Kapitalvermögen auf ein Kind übertragen, so steht ihm zusätzlich ein Grundfreibetrag i. H. v. 8.004 EUR (§ 32a Abs. 1 Nr. 1 EStG), ein Sparer-Pauschbetrag i. H. v. 801 EUR (§ 20 Abs. 9 EStG) und ein Sonderausgaben-Pauschbetrag i. H. v. 36 EUR (§ 10c Abs. 1 EStG) zu. Dadurch können zusätzlich innerhalb einer Familie steuerfreie Kapitaleinnahmen i. H. v. 8.841 EUR erzielt werden, wenn die Eltern Mittel auf ihr Kind übertragen. Addiert man die Kinderfreibeträge, bliebe für jedes Kind bereits ab dem Säuglingsalter insgesamt ein Betrag von 15.849 EUR

1087   *Pust*, L/B/P, Stand Mai 2008, § 31, Rz. 150; Soweit das BGB selbst in § 1612a Abs. 1 BGB auf das EStG zurückgreift, ist der Verweis sogar ein Zirkelschluss, dazu: *Born*, MüKo § 1612a Rz. 1 ff.
1088   Vgl. *Seiler*, FR 2010, 113 (115); *Flinke*, FPR 2005, 477 ff.
1089   *Palandt/Diederichsen*, § 1601, Rz. 6.
1090   *Palandt/Diederichsen*, § 1610, Rz. 1.
1091   In diese Richtung auch *Sacksofsky*, FPR 2003, 395 (398).
1092   So auch bereits: BVerfGE 82, 60 (91).
1093   *Lang,* Tipke/Lang, Steuerrecht, § 9 Rz. 94 f.
1094   Derzeit noch §§ 32a i. V. m. 52 Abs. 41 EStG.

steuerfrei. Die Eltern müssen lediglich ab dem 18. Lebensjahr des Kindes darauf achten, dass eine Vermögensanlage gewählt wird, die die Erträge erst nach Beendigung der Ausbildung in voller Höhe zufließen lässt. Sonst bestünde die Gefahr, die Schädlichkeitsgrenze des § 32 Abs. 4 S. 2 EStG (8.004 EUR) zu überschreiten.

Der zu hohe Abzugsbetrag (i. H. v. 15.849 EUR) sei wohl kaum durch den „nicht monetären" Anteil der Erziehungs- und Versorgungsleistung zu erklären.[1095] Sollte ein solcher „weicher" Ansatz berücksichtigt werden, müsse dieser vielmehr zu einem völlig neuen Begriff der Leistungsfähigkeit führen. Einen solchen Begriff könnte eine bedarfsorientierte Interpretation des Leistungsfähigkeitsprinzips bieten. Nicht nur, dass diese keinen Widerspruch zu „nicht monetären" Bedarfen darstellt, sie verlangt solche realitätsgerecht ermittelten Bedarfe sogar.

In der Folge stellt sich die Frage, ob es eine sozialrechtliche Notwendigkeit für die Berücksichtigung von nicht monetär bestimmbaren Bedarfen gibt. Hier steht der Verdacht im Raum, einmal mehr würde Lenkungspolitik (Honorierung des Kinderbekommens) mit der Steuerfreistellung des Existenzminimums verwechselt oder absichtlich vermischt, um eine überobligatorische Leistung zu suggerieren. Eine Überprüfung der Freibeträge vor dem Hintergrund eines bedarfsgerecht interpretierten Leistungsfähigkeitsprinzips dürfte dazu führen, dass, unabhängig von der Bezeichnung, mindestens der gesamte Kinderfreibetrag notwendig ist, um in jedem Fall das sächliche Existenzminimum zu gewähren, sodass eine Diskussion nicht-monetärer Bedarfe überflüssig ist. Eine überzogene Berücksichtigung des Kinderhabens durch die Eröffnung einfacher Gestaltungsmöglichkeiten kann durch eine Reform des Kinderleistungsausgleichs (etwa durch Abzüge von der Steuerschuld) verhindert werden.

Ein nicht ganz so gravierendes Beispiel unterschiedlicher Auswirkungen kindbedingter Entlastungen lieferte § 33a Abs. 3 S. 1 Nr. 1b EStG i. d. F. bis VZ 2008. Nach diesem war es nicht ausgeschlossen, dass bei einem kranken Kind und gemeinsamer Haushaltsführung von Eltern und Großeltern beide den Höchstbetrag für eine Hilfe im Haushalt geltend machten.[1096] Für die Eltern war dies unter dem Aspekt der Kindergeldberechtigung möglich. In Bezug auf die Großeltern musste das Kind in den Personenkreis des § 33a Abs. 1 EStG fallen. Alternativ konnte der Kinderfreibetragsanspruch nach § 32 Abs. 6 S. 7 EStG von den Eltern auf die Großeltern übertragen werden, sodass sie aus diesem Grund den Abzug des § 33a Abs. 3 EStG erhielten. Im Verhältnis zu den Eltern fiel das Kind dann unproblematisch unter § 33a Abs. 1 EStG, sodass der zweifache Abzug nach § 33a Abs. 3 S. 1 Nr. 1b EStG möglich war. Gleichheitsrechtlich problematisch war dies insofern, als diese Verdoppelung des Abzugsbetrags bei getrennten Haushalten von Eltern und Großeltern nicht möglich war.

1095 *Lang,* Tipke/Lang, Steuerrecht, § 9 Rz. 94 m. w. N.
1096 *Ross,* DStZ 1997, 140 (142).

Wie bereits angedeutet, ist dieses Beispiel möglicher Gestaltung, um kindbedingte Abzüge zu realisieren, aus mehreren Gründen nicht gravierend. Zum einen ist wohl regelmäßig davon auszugehen, dass die Großeltern einen Beitrag zur Versorgung des kranken Kindes leisten. Insofern wirkt der verdoppelte Abzug für Haushaltshilfen nicht ungerechtfertigt. Zum anderen ist selbst der verdoppelte Abzug volkswirtschaftlich unschädlich, da eine häusliche Pflege stets preisgünstiger gewährleistet werden kann als eine stationäre Versorgung in medizinischen Einrichtungen.

Trotzdem bleibt festzuhalten, dass die Möglichkeit, gemäß § 32 Abs. 6 S. 7 EStG die Kinderfreibeträge auf Großeltern zu übertragen, Raum für Gestaltungen lässt.[1097] Die Übertragung der Freibeträge erfordert nämlich nicht, auch den unterjährigen Bezug des Kindergeldes zu übertragen. Damit können also während des laufenden Jahres die Eltern Kindergeld erhalten und nach Ablauf des Jahres die Großeltern (unter Gegenrechnung des Kindergeldes) die Freibeträge nutzen. Dies hat zur Folge, dass sowohl Eltern als auch Großeltern die Tatbestandsvoraussetzungen aller anderen Normen des EStG erfüllen, die an den Empfang von Kindergeld oder alternativ die Berechtigung zur Geltendmachung von Kinderfreibeträgen anknüpfen.

(3) Vereinbarkeit von Familie und Beruf

Nicht die Höhe der Entlastung ist die wesentliche Schwachstelle des Familienleistungsausgleichs, sondern der Umstand, dass die Entlastungen nicht vollständig zielgerichtet wirken.[1098] Besser wäre es, die Vereinbarkeit von Familie und Beruf in den Fokus zu nehmen, als ständig neue kleine Geldgeschenke zu verteilen.[1099] Hierdurch vermiede man von vornherein die kindbedingten Nachteile im Erwerbsleben, was dem sozialrechtlichen Vorrang der Prävention vor der Kompensation entspräche,[1100] der im sozialrechtsimportierten Bereich des Familienleistungsausgleichs auch auf das Einkommensteuerrecht ausstrahlt.

Hierfür ist jedoch erforderlich, dass das BVerfG zukünftig im Sinne einer wirklichen Neutralität gegenüber der Familie urteilt. Indem es beispielsweise versucht, den Grundsatz zu prägen, Berufsfreiheit und Familienfreiheit dürften sich nicht verdrängen und müssten in einen schonenden Ausgleich gebracht werden,[1101] ent-

---

1097 Beispiele bei *Ross*, DStZ 1997, 140 (144).
1098 *Felix*, DStJG 29 (2006), S. 170 ff.; *Hey*, NJW 2006, 2001 ff.; Anmerkung von *Seiler,* zit. nach *Richter/Welling*, FR 2010, 127 (129).
1099 *Wallrabenstein*, NJW 2005, 2426; *Birk/Fuchs*, Verhandlungen des 60. DJT, 1994, S. E 1 ff. / F 1 ff.
1100 *Ebsen*, VSSR 2004, 3, 18; *Ekardt*, KJ 2004, 116 (126).
1101 *Kirchhof*, NJW 2000, 2792 (2795).

larvt es selbst, wie sehr es überkommenen Familienbildern anhängt.[1102] Ein schonender Ausgleich ist nämlich nur zwischen sich widersprechenden Grundrechtspositionen notwendig.[1103] Sieht der Lebensentwurf die Doppelverdienerehe vor, die nur durch Betreuung der Kinder im Kindergarten möglich ist, so zielen sowohl die Freiheit des Art. 12 GG als auch die Freiheit des Art. 6 GG in die gleiche Richtung. Es muss nichts in Ausgleich gebracht, sondern nur ein ausreichendes Schutzniveau geschaffen werden. Die Familienfreiheit aus Art. 6 GG verstärkt in diesem Fall den aus der Berufsfreiheit (Art. 12 GG) gewonnenen Anspruch auf eine Betreuungssituation, die es ermöglicht, auch mit Kindern einem Beruf nachzugehen.[1104] Nur soweit das BVerfG den Vorrang der überkommenen Hausfrauenehe vor Augen hat und glaubt, durch staatliche Kinderbetreuungsinfrastruktur und die Anerkennung von beruflichem Kinderbetreuungsbedarf würden Eltern gedrängt, dieses Familienbild aufzugeben, stellen die Familienfreiheit des Art. 6 GG und die Berufsfreiheit des Art. 12 GG auszugleichende Gegensätze dar.

Der Ansatz des BVerfG ist mangels Zwangs zum althergebrachten Familienbild und mangels Einflusses staatlicher Regelungen auf höchstpersönliche Lebensentwürfe in zweifacher Hinsicht fragwürdig. Dies erkennend scheint auch der Beschluss vom 16.03.2005[1105] einen Paradigmenwechsel einzuleiten, indem ausgeführt wird, erwerbsbedingte Kinderbetreuungskosten seien als zwangsläufige Minderung der Leistungsfähigkeit zu berücksichtigen.[1106] Abschließend bleibt aber festzuhalten, dass sich aufgrund des Gestaltungsspielraums des Gesetzgebers konkrete Forderungen zur Vereinbarkeit von Familie und Beruf nicht zwingend verfassungsrechtlich untermauern lassen.

cc) Aufladen der Kinderfreibeträge mit immer neuen Zwecken

Bedenklich ist, dass der Kinderfreibetrag zu einer unsystematischen Sammlung von Zwecken wird. Scheinbar grenzenlos kann der Freibetrag mit den verschiedensten Zielen „aufgeladen" werden, um sich womöglich der Verpflichtungen zu entziehen, die hinter den Zielen stehen. Damit geht einmal mehr die völlige Durchmischung von Fiskalzweck-, Sozialzweck- und Lenkungsnorm einher.

1102 *Hey*, NJW 2006, 2001 (2002).
1103 *Alexy*, Theorie der Grundrechte, S. 152, 498 ff.
1104 *Hey*, NJW 2006, 2001 (2002).
1105 BVerfGE 112, 268 ff.
1106 BVerfGE 112, 268 (281); zur Entwicklung der Rechtsprechung des BVerfG und des BFH: *Hölzer*, NJW 2008, 2145 ff.

(1) Berücksichtigung des Betreuungsbedarfs

Aus Art. 1 Abs. 1 GG und dem Sozialstaatsprinzip folgt, dass das Existenzminimum des Steuerpflichtigen von der Besteuerung zu verschonen ist. Dies gilt wegen Art. 6 Abs. 1, 2 S. 1 GG für das Existenzminimum sämtlicher Familienmitglieder.[1107] Aus dem Rechtsgedanken des Art. 6 Abs. 2 S. 1 GG folgt, dass der Bürger seine am Markt erwirtschafteten Erträge bis zur Höhe des Kindesexistenzminimums zur Wahrnehmung seines Erziehungsauftrags einzusetzen hat. Insofern trifft ihn keine Gemeinwohlverantwortung, die Erfüllung allgemeiner Staatsaufgaben zu finanzieren.[1108] Dem trägt der Kinderfreibetrag für das sächliche Existenzminimum Rechnung.

Nach der Rechtsprechung des BVerfG[1109] muss zudem noch der Betreuungs- und Erziehungsbedarf eines Kindes berücksichtigt werden. Dies wurde durch den zweiten Freibetrag im § 32 Abs. 6 S. 1 EStG berücksichtigt. Fraglich ist, ob dies verfassungsrechtlich geboten ist. Zur Rechtfertigung wird ausgeführt, Art. 6 Abs. 2 GG fordere von den Eltern nicht lediglich Sachleistungen, die wirtschaftlich messbar sind. Vielmehr werde von den Eltern auch erwartet, dass diese sich mit dem Kind beschäftigen, es erziehen und betreuen.[1110] Dieser zwangsläufig entstehende Betreuungsbedarf müsse unabhängig davon berücksichtigt werden, ob die Eltern das Kind selbst betreuen oder dies Dritten überantworten.[1111] Steuerpflichtige mit Kindern seien wegen ihrer Betreuungspflicht im Vergleich zu Steuerpflichtigen ohne Kinder steuerlich weniger leistungsfähig.[1112] In diesem Zusammenhang sei die Leistungsfähigkeit nicht als Zahlungsfähigkeit zu verstehen, sondern als Maß für die finanzielle Gemeinwohlverantwortung, die staatliche Aufgabenerfüllung mitzutragen.[1113] Das bedeutet, es soll nicht lediglich danach gefragt werden, wie zahlungskräftig der Bürger durch sein Nettoeinkommen ist. Vielmehr soll bestimmt werden, wann der Staat auf dieses Nettoeinkommen zugreifen darf.

Gegen die Anerkennung des Betreuungsbedarfs wird vorgebracht, dass er nicht dem gängigen Begriff der Leistungsfähigkeit entspreche. Es werde ein *Bedarf* steuerlich berücksichtigt, obwohl bisher nur tatsächlich entstandene *Aufwendungen* abzugsfähig gewesen seien.[1114] Die Annahme, der Einkommensverzicht des

---

1107 BVerfGE 82, 60 (81).
1108 *Jachmann*, K/S/M, Stand März 2004, § 31, Rz. A 45.
1109 BVerfGE 99, 216 (233).
1110 Dazu *Jachmann*, K/S/M, Stand März 2004, § 32, Rz. A 81.
1111 BVerfGE 99, 216 (231).
1112 BVerfGE 99, 216 (234).
1113 *Jachmann*, K/S/M, Stand März 2004, § 32, Rz. A 81.
1114 *Arndt/Schumacher*, NJW 1999, 745 (747); *Heun*, Expertise für das BMFSFJ, 2000, S. 14; *Kirchhof*, StuW 2002, 185 (190); *Paus*, INF 1999, 257 (260, 261); *Sacksofsky*, NJW 2000, 1896 (1902); *Seer/Wendt*, NJW 2000, 1904 (1906 f.); *Kulmsee*, Berücksichtigung von Kindern, S. 127.

betreuenden und erziehenden Elternteils mindere die einkommensteuerliche Leistungsfähigkeit, sei steuersystematisch und verfassungsrechtlich nicht haltbar.[1115] In Höhe des Einkommensverzichts fehle es von vorn herein an der steuerlichen Leistungsfähigkeit.

Grundsätzlich ist *Jachmann* darin zuzustimmen, dass die verfassungsrechtliche Fundierung des Leistungsfähigkeitsprinzips in der Rechtfertigung der Steuererhebung aus der jeweiligen Finanzierungsverantwortung des Einzelnen stammt.[1116] Auch muss stets diskutiert werden, welche Umstände die Gemeinwohlverantwortung des Einzelnen einschränken könnten. Soweit Schieflagen bei der Berücksichtigung des Existenzminimums bestehen, liegt dies jedoch nicht an der grundsätzlichen Betrachtung der Zahlungsfähigkeit als Indikator der Leistungsfähigkeit, sondern an der unzureichenden, nicht realistischen Erfassung der Zahlungsfähigkeit. Jemand, der ein Kind groß zieht, ist ceteris paribus aus verschiedenen Gründen nicht so zahlungsfähig wie jemand, der kein Kind groß zieht. Diese Bedarfe sind realitätsgerecht in das Kindesexistenzminimum einzubeziehen. Es kann jedoch kein allgemeiner, nicht messbarer, nicht monetärer[1117] „Auffang-/Ausgleichsbedarf" für die finanziellen Nachteile des Kinderhabens erfunden werden. Ein solcher Bedarf kann auch nicht damit begründet werden, dass das BVerfG[1118] zur Ermittlung des Existenzminimums bereits auf sozialrechtliche Bedarfe zurückgriff und nicht von einem bestimmten Aufwand ausging.[1119] Insofern lagen sozialrechtlich ermittelte messbare Bedarfe (etwa für Nahrung, Kleidung, Wohnung) zugrunde, die typisiert wurden. Der nicht monetäre Betreuungsbedarf lässt sich nicht auf diese Weise erklären.

(2) Bewertung aus der Sicht der bedarfsgerecht interpretierten Leistungsfähigkeit

Grundsätzlich stützt die Begründung des Betreuungsbedarfs die hier vertretene Idee des bedarfsgerecht interpretierten Leistungsfähigkeitsprinzips. Problematisch ist jedoch die Ermittlung der Höhe dieses Freibetrags. Möglicherweise soll er die real entstehenden Kosten für Kindergarten oder eine Tagesmutter von der Besteuerung frei stellen. In diesem Fall würde ein messbarer Bedarf in die Ermittlung der Leistungsfähigkeit eingehen. Fraglich ist dann, warum auch zu Hause betreuende Eltern diesen Abzug geltend machen können sollten. Ihnen entstehen diese Kosten nicht. Zu vermuten ist, dass politisch nicht gewollt wurde, ein Signal in

---

1115 *Birk*, JZ 2001, 218 (221 f.); *ders.*, Gutachten für das BMFSFJ, 2000, S. 29; *Birk/Wernsmann*, JZ 2001, 218 (221).

1116 *Jachmann*, K/S/M, Stand März 2004, § 32, Rz. A 81 a; *Kirchhof*, NJW 2000, 2792 (2795).

1117 *Lang*, Tipke/Lang, Steuerrecht, § 9 Rz. 94 f.

1118 BVerfGE 82, 60 (91); 87, 153 (170).

1119 *Jachmann*, K/S/M, Stand März 2004, § 32, Rz. A 82.

Richtung der Unterstützung der Zweiverdiener-Ehe zu setzen. Aus diesem Grund wurde ein neuer „nicht finanziell messbarer" Bedarf erfunden, den auch ein zu Hause betreuender Elternteil haben soll. Dieser Bedarf müsste aus dem kindbedingten Einkommensverzicht resultieren. Genau genommen müsste bei realitätsgerechter Messung der Leistungsfähigkeit das hypothetische „Einkommen ohne Kind" des betreuenden Elternteils ermittelt werden. Daraus müsste der kindbedingte Einkommensverzicht ermittelt werden, um in dieser Höhe einen Betrag zum Abzug zuzulassen.

Allerdings kann aus kindbedingt nicht nutzbarer Freizeit keine Art „Soll-Leistungsfähigkeit" gefolgert werden.[1120] Damit entspricht die konkrete Ausgestaltung der Regelung, die den Eindruck erweckt, beliebige Ziele könnten in das Kindesexistenzminimum hinein interpretiert werden, nicht der hier vertretenen Auffassung der bedarfsgerechten Interpretierung des Leistungsfähigkeitsprinzips. Ein realistisch ermittelter Betreuungsbedarf könnte höchstens aus Gründen der Vereinfachung und Typisierung allen Eltern gleichmäßig zugestanden werden. Eine weitere Unterstützung von Familien kann durch als solche kenntlich gemachte Sozialzweck- Subventionsnormen geschehen oder besser im Sozialrecht erfolgen.

(3) Berücksichtigung des Erziehungs- und Ausbildungsbedarfs

Das BVerfG fordert neben der Anerkennung eines Betreuungsbedarfs unter Hinweis auf den Erziehungsauftrag der Eltern aus Art. 6 Abs. 2 GG die Berücksichtigung des Erziehungsbedarfs der Eltern.[1121] Dabei sollen Aufwendungen der Eltern berücksichtigt werden, die dem Kind die persönliche Entfaltung, seine Entwicklung zur Eigenständigkeit und Eigenverantwortlichkeit ermöglichen.[1122] *Jachmann* spricht von „allgemeinen Kosten", die den Eltern entstünden, damit sie dem Kind eine Entwicklung ermöglichen können, die es zu einem eigenverantwortlichen Mitglied in einer von Internationalität und dem Einsatz moderner Medien geprägten Gesellschaft werden lassen.[1123] Es handelt sich analog zu dem Betreuungsbedarf um einen Bedarf, der im Gegensatz zu Wohnkosten oder Heizkosten nicht mathematisch nachweisbar ist.

Es drängt sich wiederum der Verdacht auf, es gehe nicht um die realitätsgerechte Erfassung des Existenzminimums, sondern um eine soziale Subvention. Dafür spricht bereits die pathetisch anmutende Begründung dieses Teils des Freibetrags, die seine Fundierung im Leistungsfähigkeitsprinzip und seine realitätsgerechte

---

1120 *Lehner*, Einkommensteuerrecht und Sozialhilferecht, S. 252 f.
1121 Dazu *Siegel/Seel/Bareis*, BB 2000, 1860 ff.
1122 BVerfGE 99, 216 (241).
1123 *Jachmann*, K/S/M, Stand März 2004, § 32, Rz. A 83.

Höhe verdunkelt. Unklar bleibt nämlich, ab welcher Entlastungshöhe es Eltern möglich sein soll, ein Kind erfolgreich „in eine pluralistische Gesellschaft zu integrieren".[1124] Damit bleiben die Erläuterungen des Erziehungsbedarfs die Begründung schuldig, warum dieser Bedarf im Existenzminimum zu berücksichtigen ist.[1125]

(4) Bewertung aus der Sicht der bedarfsgerecht interpretierten Leistungsfähigkeit

Aus den genannten Gründen ist die Berücksichtigung des Erziehungs- und Ausbildungsbedarfs nicht Ausdruck eines bedarfsgerecht interpretierten Leistungsfähigkeitsprinzips. Dies mag dann anders sein, wenn der zunächst nur behauptete Bedarf in Abstimmung mit dem Sozialrecht begründet wird. Dieses erkennt in Grenzen Bedarfe für die Beziehung zur Umwelt und die Teilnahme am kulturellen Leben neben der bloßen Unterkunft und Ernährung an, § 20 Abs. 1 SGB II. Mit diesem Gedanken könnte begründet werden, dass insbesondere bei Jugendlichen beispielsweise der Bedarf für einen internetfähigen Computer oder für Sprachaufenthalte im Ausland o. ä. besteht. Damit ließen sich konkrete Argumente für oder wider die Anerkennung dieses Bedarfs und auch bezüglich seiner Höhe entwickeln. Daraus ließe sich typisierend und pauschalierend ein Betrag festlegen, der von der Besteuerung freigestellt werden soll. Es soll noch einmal betont werden, dass auch nach der hier vertretenen Auffassung jede Unterstützung von Familien befürwortet wird. Diese sollte allerdings systemverträglich erfolgen und nicht die Erfassung des Existenzminimums verzerren.

(5) Ausblick

Mit den genannten Nachbesserungen, also der realitätsgerechten nachvollziehbaren Erfassung der freizustellenden Bedarfe, ist die gewählte Konstruktion zu halten. Sie hat den positiven Effekt, dass kindbedingte Abzüge etwas mehr im Gesetz konzentriert wurden, also praktikabler wurden. Außerdem macht ein Freibetrag für Betreuungs- und Erziehungs- oder Ausbildungsbedarf altersbedingte Staffelungen der Bedarfe des Kindes überflüssig.[1126] Typisierend kann davon ausgegangen werden, dass nach der Geburt der Betreuungsbedarf am größten ist. Später wächst der Erziehungsbedarf und sinkt der Betreuungsbedarf. Am Ende der schulischen Aus-

---

1124 *Jachmann*, K/S/M, Stand März 2004, § 32, Rz. A 83.
1125 *Heun*, Expertise für das BMFSFJ, 2000, S. 15 f.; *Sacksofsky*, Expertise für das BMFSFJ, 2000, S. 26; *Seer/Wendt*, NJW 2000, 1904 (1909); *Birk*, Gutachten für das BMFSFJ, 2000, S. 40.
1126 *Jachmann*, K/S/M, Stand März 2004, § 32, Rz. A 91.

bildung des Kindes besteht kaum Betreuungsbedarf oder Erziehungsbedarf. Nun liegt hauptsächlich der Ausbildungsbedarf vor.

dd) Schädlichkeitsgrenze

Die Vermengung von Steuerrecht und Sozialrecht bei dem Kindergeld/Kinderfreibetrag zieht beträchtliche verfassungsrechtliche, rechtssystematische und sozialpolitische Mängel nach sich.[1127] Dieser Umstand wird stets dann besonders virulent, wenn das Kind kurz davor steht, die Ausbildung zu beenden oder wenn das Kind eigene Einkünfte hat.

Unter den in § 32 Abs. 4 S. 1 EStG genannten Umständen können für ein Kind auch dann noch Freibeträge/Kindergeld gewährt werden, wenn es das 18. Lebensjahr bereits vollendet hat. Nach § 32 Abs. 4 S. 2 EStG wird ein Kind jedoch dann nicht mehr berücksichtigt, wenn es eigene Einkünfte und Bezüge[1128] von mehr als 8.004 Euro zur Verfügung hat, die zur Bestreitung des Unterhalts oder der Berufsausbildung bestimmt oder geeignet sind.

Dies kann aus dem Zivilrecht und dem Verfassungsrecht begründet werden. Zivilrechtlich führen eigenes Einkommen und Bezüge des Kindes zum Wegfall der Bedürftigkeit i. S. d. § 1602 BGB.[1129] Somit kann der Unterhaltspflichtige die Herabsetzung der Unterhaltsbezüge verlangen. Darüber hinaus entspricht die grundsätzliche Deckelung des für die Freibeträge unschädlichen Verdienstes des Kindes auch dem Art. 3 Abs. 1 i. V. m. Art. 6 Abs. 1, 2 S. 1 GG.[1130] Hintergrund der Steuerbefreiung des Kindesexistenzminimums bei den Eltern ist deren Wahrnehmung des Erziehungsauftrags aus Art. 6 Abs. 2 S. 1 GG.[1131] Dieser Auftrag tritt im Regelfall zurück oder ist gänzlich aufgehoben, wenn das Kind das 18. Lebensjahr vollendet hat und selbständig in der Lage ist, für seinen Lebensunterhalt zu sorgen.

Problematisch wird die Grenze, ab der das Kindeseinkommen schädlich für den Familienleistungsausgleich ist, bei dem Vergleich eines Kindes mit Einkünften knapp unter der Grenze mit einem Kind, dessen Einkünfte knapp oberhalb der Grenze liegen. Verdient das Kind bis zu 8.004 EUR, bleiben die Kinderfreibeträge/Kindergeld für den gesamten betreffenden VZ erhalten. Ab dem ersten Euro über der Grenze entfallen die Freibeträge/Kindergeld für den gesamten VZ. Damit führt die Schädlichkeitsgrenze des § 32 Abs. 4 S. 2 EStG dazu, dass entweder alles oder

---

1127 Das Thema wird vom Dauerbrenner zur unendlichen Geschichte, *Kaiser-Plessow*, FPR 2003, 39 (43).
1128 Zum Begriff: *Hillmoth*, DStR 2007, 2140 (2141).
1129 Zu Einzelheiten siehe *Palandt/Diederichsen*, § 1602, Rz. 1, 4 ff.
1130 BFH vom 21.07.2000, Az.: VI R 153/99, BStBl II 2000, S. 566.
1131 *Jachmann*, K/S/M, Stand März 2004, § 32, Rz. A 71.

nichts gewährt wird. Dies brachte der Freigrenze den Beinamen „Fallbeilgrenze" ein.

An drei Stellen setzt die Kritik an der Regelung an. Zum einen ist fraglich, ob eine solche starre Regelung gerechtfertigt ist, oder ob es eines „sanfteren" Übergangs von der vollständigen Gewährung der Freibeträge bis zu deren vollständiger Aberkennung bedarf (1). Zum zweiten wird die starre Altersgrenze kritisiert.[1132] Nicht erklärlich sei demnach, warum erst ab dem 18. Lebensjahr Einkünfte und Bezüge jenseits der Freigrenze schädlich für den Familienlastenausgleich seien. Einem Kind könnten auch vor dem 18. Lebensjahr etwa Immobilien[1133] oder größere Mengen an Finanzmitteln zur Verfügung gestellt werden, aus denen Zinsen, Renditen o. ä. in einer Höhe jenseits der Freigrenze zufließen. Auch bereits vor Erreichen der Schädlichkeitsgrenze i. H. v. 8.004 EUR wurde dem minderjährigen Kind der Grundfreibetrag i. H. v. 8.004 EUR gewährt. Die Begründung der Schädlichkeitsgrenze allein damit, dass bei volljährigen Kindern, die ihren Lebensunterhalt selbst bestreiten können, das Existenzminimum durch den Grundfreibetrag des Kindes steuerfrei belassen sei,[1134] ist somit problematisch (2). Weiterhin ist bei der Frage, ob der Jahresgrenzbetrag überschritten wurde, fraglich, welche Beträge von den Einkünften des Kindes abgezogen werden dürfen (3). Nach einem derzeit diskutierten Gesetzentwurf könnte auf das Merkmal der Einkünfte zugunsten des Merkmals der aufgewendeten Arbeitszeit des Kindes verzichtet werden (4).

(1) Fallbeilregelung

In der Fallbeilregelung ist möglicherweise ein Progressionssprung zu erblicken, der dem Prinzip eines gleichmäßigen Belastungsanstiegs widerspricht.[1135] Autoren, die die starre Einkommensgrenze nicht für verfassungsrechtlich problematisch halten,[1136] weisen darauf hin, dass ein Kind, dessen Einkünfte, wenn auch nur knapp, die Schädlichkeitsgrenze überschreiten, selbst sein Existenzminimum bestreiten kann. Folglich bedürfe es keiner staatlichen Unterstützung mehr. Soweit Kindergeld oder Kinderfreibeträge bis zum Erreichen der Freigrenze gewährt werden, würde mehr Entlastung bewirkt, als verfassungsrechtlich vorgeschrieben.[1137] Demnach stellten Kinderfreibetrag und Kindergeld dann, wenn die Ein-

---

1132   *Kanzler*, FR 2001, 921 (938); *ders.*, H/H/R § 32 Rz. 130; *Kulmsee*, Berücksichtigung von
        Kindern, S. 163 f.; *Paus*, FR 1996, 337 (339).
1133   Wegen des Insichgeschäfts der Eltern vgl. *Palandt/Ellenberger*, § 181, Rz. 9. ff.
1134   *Jachmann*, K/S/M, Stand März 2004, § 32, Rz. A 71.
1135   *Grönke-Reimann*, H/H/R, Stand Oktober 2008, § 32, Rz. 130.
1136   *Felix*, K/S/M, Stand August 2005, § 63, Rz. A 27; *Jachmann*, K/S/M, Stand März 2004,
        § 31, Rz. A 71.
1137   *Ulmer*, DStZ 2000, 596 (597).

künfte des Kindes gerade noch unterhalb der Freigrenze liegen, in vollem Umfang eine Förderung der Familie dar.

Diese Erklärung unterstreicht, wie wichtig in manchen Bereichen zur Harmonisierung beider Rechtsgebiete gerade die normative Trennung von Sozialrecht und Steuerrecht ist. Nicht nur, dass im Rahmen des Kindergeldes nicht ohne weiteres erkennbar ist, was gebotene steuerliche Entlastung und was Sozialtransfer ist. Wollte man bei einem Hinzuverdienst des Kindes in der Nähe der Freigrenze von Förderung der Familie durch Kinderleistungsausgleich sprechen, dann würden auch die Freibeträge zu einer Sozialleistung. Die Verwirrung wäre komplett und man könnte Freibeträge und Kindergeld fast beliebig, je nach Argumentation, als gebotene Steuerfreistellung des Existenzminimums oder als zusätzlichen sozialen Transfer ansehen. In jedem Fall würde nicht realistisch das bedarfsgerecht ermittelte Existenzminimum abgebildet werden.

Wollte man keinen Progressionssprung erkennen, so stellt sich dennoch die Frage, ob eine gleichheitswidrige Benachteiligung der knapp über der Freigrenze liegenden Kinder gegenüber den nur knapp unterhalb der Freigrenze liegenden Kinder besteht.[1138] *Jachmann*, die im Bereich knapp unterhalb der Freigrenze von einer sozialen Förderung der Familie ausgeht, benötigt folgerichtig keinen erhöhten Begründungsaufwand, um darzulegen, dass Familien, deren Kinder den Grenzbetrag überschreiten, nicht mehr förderungswürdig seien.[1139] Sobald aus sozialen Gründen mehr gewährt wird, als für das Existenzminimum erforderlich, kommt dem Gesetzgeber ein größerer Spielraum zu.[1140] Demnach lasse sich die Grenze unter dem Hinweis auf die notwendige Typisierung und Vereinfachung der Regelung rechtfertigen.[1141] Aber auch ohne verfassungsrechtliche Implikation wäre ein gleitender Übergang, wonach der Betrag, der die Freigrenze überschreitet, vom vollen Kindergeldbetrag abzuziehen ist, auch für *Jachmann* vernünftig.[1142] Hierdurch ließen sich insbesondere Ausweichhandlungen verhindern, die den Eltern Kindergeld/Freibeträge erhalten sollen (z. B. freiwilliges Verzichten auf Lohn o. ä.).[1143] Ein weiterer positiver Effekt wäre, dass sich berufliches Engagement in Form von bezahlten Überstunden des Kindes nicht zu Lasten der Eltern (Verlust der Freibeträge/Kindergeld) auswirkt.[1144]

1138 *Ulmer*, DStZ 2000, 596 (597).
1139 *Jachmann*, K/S/M, Stand März 2004, § 31, Rz. A 71.
1140 Vgl. Kap. 1 A. V.
1141 *Jachmann*, K/S/M, Stand März 2004, § 31, Rz. A 71.
1142 *Jachmann*, K/S/M, Stand März 2004, § 32, Rz. A 71.
1143 *Mellinghoff*, FR 2000, 1148 ff.; *Ulmer*, DStZ 2000, 596 (598).
1144 *Ulmer*, DStZ 2000, 596 (598).

Der BFH hält die grundsätzliche Ausgestaltung des Jahresgrenzbetrags des § 32 Abs. 4 S. 2 EStG als Freigrenze für verfassungsrechtlich zulässig.[1145] Das BVerfG äußerte sich bislang noch nicht vertiefend zu einer möglichen Übergangs- oder Härtefallregelung.[1146] Jedenfalls ist diese Regelung äußerst streitanfällig, was die Vielzahl von Gerichtsverfahren zu diesem Thema bezeugt.[1147]

In den Berührungsbereichen von Einkommensteuerrecht und Sozialrecht bestehen demnach Unschärfen und Unsicherheiten hinsichtlich der Anwendbarkeit von Prinzipien beider Teilrechtsordnungen und der Verweisungstauglichkeit von Begriffen. Indem das eigentlich sozialrechtlich zu regelnde Kindergeld in das Einkommensteuergesetz verlagert wurde, bestehen vergleichbare Probleme nun auch in der Binnenstruktur des EStG. Um die eigene Leistungsfähigkeit des Kindes (§ 32 Abs. 4 S. 2 EStG) zu messen, muss auch eine sozialrechtsähnliche Liquiditätsbetrachtung erfolgen,[1148] die das Einkommensteuerrecht nicht leisten kann. Aus diesem Grund ist die Frage danach, was für das Kind abziehbar ist, ständig Gegenstand gerichtlicher Auseinandersetzung. Es überrascht also nicht, dass sich der BFH allein im Jahr 2009 mit über 200 neuen Verfahren im Kindergeldrecht zu befassen hatte.[1149] Hier käme eine Rückverweisung in das Sozialrecht in Frage, um einen realistischen und überzeugenden Wert zu ermitteln.[1150] Ob der aktuelle Nachbesserungsversuch des Gesetzgebers die Fallbeil-Problematik dauerhaft beseitigt, ist fraglich.[1151]

(2) Altersgrenze

Dass erst ab dem 18. Lebensjahr Bezüge oberhalb der Freigrenze schädlich für den Familienleistungsausgleich wirken, trage dem Umstand Rechnung, dass minderjährige Kinder typischerweise mehr als Volljährige auf Unterhalt seitens der Eltern

---

1145 BFH vom 10.08.2007, Az. III B 96/06, BFH/NV 2007, 2274-2275; BFH vom 21.07.2000, Az. VI R 153/99, BStBl II 2000, 566; BFH, Az. VIII R 66/99, BFH/NV 2005, 24; BFH vom 14.05.2002, Az. VIII R 57/00; BFH, Az. VIII R 20/02, BFH/NV 2005, 36; BFH, Az. VIII B 156/01, BFH/NV 2002, 788; BFH, Az. III B 10/05, BFH/NV 2005, 2005; BFH, Az. III B 28/05, BFH/NV 2006, 2273; BFH, Az. III B 164/07.
1146 Ausweichend BVerfGE 112, 164 (185); mit Beschluss vom 06.04.2009, Az. 2 BvR 1874/08, Entscheidung in der Sache, mangels Substantiierung ohne weitere Begründung, abgelehnt; mit Beschluss vom 27.07.2010, Az. 2 BvR 2122/09 Nichtannahme unter pauschalem Verweis auf Grundfreibetrag des Kindes.
1147 Zuletzt: FG Köln vom 12.03.2009, Az. 10 K 3830/08, EFG 2009, 1241 ff.; FG Rheinland-Pfalz vom 13.02.2008, Az. 2 K 1963/07; BFH vom 22.07.2009, Az. III B 19/08, NV.
1148 Dazu: *Hidien/Anzinger*, FR 2005, 1016 (1019 ff.); *Jochum/Lampert*, FR 2006, 677 (681 ff., 683).
1149 Allein im Jahr 2009 waren laut Jahresbericht des BFH insgesamt 187 Revisionen und 238 Nichtzulassungsbeschwerden anhängig.
1150 *Hidien/Anzinger*, FR 2005, 706, 1016, 1026.
1151 Vgl. Kap. 2 C. II. 3.) b) dd) (4).

angewiesen sind.[1152] Da auch minderjährigen Kindern bei entsprechender Gestaltung durch die Eltern beträchtliche Beträge zufließen können, könnte die Folgerichtigkeit der Regelung in Zweifel gezogen werden. Umgekehrt ist es keineswegs zwingend, dass ab dem 18. Lebensjahr bereits die volle finanzielle Selbständigkeit vorherrscht. Auch vor dem Hintergrund verlängerter Ausbildungszeiten erscheint es aber noch vertretbar, mit der Volljährigkeit pauschaliert von steigender Selbständigkeit auszugehen. Demgegenüber dürfte der Zufluss nennenswerter Einkünfte bei Minderjährigen nicht den Normalfall darstellen. Damit lässt sich die Regelung noch als zulässige Typisierung auffassen.[1153]

(3) Anrechenbare Beträge

Bei der Prüfung, ob ein Kind die Freigrenze des § 32 Abs. 4 S. 2 EStG überschreitet, kam es mehrfach zu der Frage, welche Beträge oder Kosten geeignet sind, die Einkünfte und Bezüge des Kindes zu mindern.[1154] Ähnlich der Rechtsprechung zum Abzug der Sonderausgaben in § 10 EStG[1155] tastet sich die Rechtsprechung an ein tragfähiges Ergebnis heran.[1156]

(a) Sozialversicherungsbeiträge

Der § 32 Abs. 4 S. 2 EStG spricht von Einkünften. Dieser Begriff wird in § 2 Abs. 2 EStG als Gewinn oder Überschuss der Einnahmen über die Werbungskosten definiert. Somit sei der Begriff der Einkünfte in § 32 Abs. 4 S. 2 EStG nicht als das zu versteuernde Einkommen zu verstehen.[1157] Nach der Systematik des EStG können demnach Sozialversicherungsbeiträge, die einkommensteuerrechtlich den Sonderausgaben zuzurechnen sind, nicht von den Einkünften und Bezügen abgezogen werden.

Das BVerfG[1158] sah darin einen Verstoß gegen den allgemeinen Gleichheitssatz des Art. 3 Abs. 1 GG. Eltern, deren Kind nur wegen der als Einkünfte zu berücksichtigenden Sozialversicherungsbeiträge die Freigrenze überschreitet, seien gegenüber Eltern, deren Kind bei gleichen Einkünften nicht sozialversicherungspflichtig ist, benachteiligt. Nicht als Einkünfte anzusetzen seien daher zumindest

---

1152 *Jachmann*, K/S/M, Stand März 2004, § 32, Rz. A 71.
1153 *Grönke-Reimann*, H/H/R, Stand Oktober 2008, § 32 Rz. 130.
1154 *Kaiser-Plessow*, FPR 2002, 428 ff.
1155 Zuletzt BVerfGE 120, 125 ff.
1156 *Seer/Wendt*, NJW 2006, 1 (3).
1157 BVerfGE 112, 164 ff.; *Seer/Wendt*, NJW 2006, 1 (2 ff.).
1158 BVerfGE 112, 164 ff.; *Kaiser-Plessow*, FPR 2005, 267 ff.

diejenigen Beträge, die von Gesetzes wegen dem Einkünfte erzielenden Kind oder dessen Eltern nicht zur Verfügung stünden und deshalb auch die Eltern finanziell nicht entlasten könnten.[1159] Dies trifft auf die gesetzlichen Sozialversicherungsbeiträge zu. Anders liegt der Sachverhalt laut BFH[1160] bei privaten zusätzlichen Krankenversicherungen, Beiträgen für die Kfz-Haftpflichtversicherung, Beiträgen zur privaten Rentenversicherung und für die vom Arbeitslohn einbehaltene Lohn- und Kirchensteuer.

(b) Private Krankenversicherung

Die Berücksichtigung der Beiträge zur privaten zusätzlichen Krankenversicherung begegnet hinsichtlich einer bedarfsgerechten Interpretation des Leistungsfähigkeitsprinzips keinen Bedenken. Es muss nur Sorge dafür getragen werden, dass sich solche Beiträge steuermindernd auswirken, die für eine Mindestversorgung notwendig sind. In diesem Umfang würde der Steuerpflichtige auch im Bedarfsfall sozialhilferechtlich unterstützt werden. Dies trifft jedoch nur auf die private und die gesetzliche Grundversicherung zu.[1161] Nicht erfasst ist eine freiwillige Versicherung darüber hinaus.

(c) Haftpflichtversicherung für KfZ

Der Halter eines Kfz ist nach § 1 PflVG verpflichtet, eine Haftpflichtversicherung abzuschließen. Allerdings gehört ein KfZ nicht zum lebensnotwendigen Grundbedarf.[1162] Damit können die Kosten für die Versicherung nicht als unvermeidlich angesehen werden. Sie können folglich nicht von den maßgeblichen Einkünften und Bezügen des Kindes abgezogen werden.

(d) Lohnsteuer

Im Ergebnis ist es vor dem Hintergrund notwendiger Pauschalierung und Typisierung auch hinnehmbar, dass die einbehaltene Lohnsteuer die Bemessungsgröße des

---

1159 BVerfGE 112, 164 ff.
1160 BFH BStBl II 2008, 738, Az.: III R 4/07; dazu: *Anzinger*, FR 2008, 484 f.
1161 BVerfGE 112, 164 ff.; BFH BStBl. II 2007, 527; BFH BStBl. II 2007, 530; BFH III R 72/05, BFH/NV 2007, 1458-1459; BFH III R 33/06, BFH/NV 2008, 1664-1666; BFH III R 54/06, BFH/NV 2008, 1821-1822.
1162 BFH BStBl II 2008, 738, Az.: III R 4/07.

§ 32 Abs. 4 S. 2 EStG erhöht.[1163] Grundsätzlich steht die gezahlte Steuer dem Kind zum Bestreiten des Lebensunterhalts nicht zur Verfügung, kann also auch die Eltern nicht entlasten. Allerdings wird die Lohnsteuer am Ende des Jahres erstattet, soweit das zu versteuernde Einkommen den Grundfreibetrag nicht übersteigt.

In diesen Fällen steht die Lohnsteuer für den Kindesunterhalt zur Verfügung. Übersteigt das Jahreseinkommen des Kindes den Grundfreibetrag, sodass die Lohnsteuer nicht mehr vollständig erstattet wird, so ist ab VZ 2010 zugleich auch die Freigrenze des § 32 Abs. 4 S. 2 EStG übertreten. Selbst der bis zum VZ 2010 möglicherweise problematische Bereich zwischen dem Grundfreibetrag und der Freigrenze, bei dem tatsächlich Lohnsteuer, die nicht erstattet wird, in die Bemessungsgröße des § 32 Abs. 4 S. 2 EStG eingeht, kann pauschalierend vernachlässigt werden. Der Liquiditätsnachteil, der im Lohnsteuerabzugsverfahren dadurch entsteht, dass die Steuer erst am Ende des Veranlagungszeitraums erstattet wird, ist ebenfalls als zulässige Typisierung im Rahmen des gesetzgeberischen Gestaltungsspielraums hinnehmbar.[1164] Für den Ansatz der Kirchensteuer als Einkünfte i. S. d. § 32 Abs. 4 S. 2 EStG gelten die gleichen Grundsätze wie für die Lohnsteuer.[1165]

(e) Waisenrente

Ungewöhnlich ist, dass der steuerpflichtige Teil einer Waisenrente als schädliche Einkünfte eingeordnet wird.[1166] Eigentlich sollte nämlich die Rente nur an die Stelle der wegfallenden Unterstützung der Eltern durch Unterhaltszahlungen treten.[1167]

(f) Beiträge zur privaten Rentenversicherung

Die Beiträge zur privaten Rentenversicherung mindern nicht die Einkünfte und Bezüge des Kindes. Hier verwundert, dass auf der einen Seite privat vorgesorgt werden soll, aber auf der anderen Seite die Vorsorge nicht im Rahmen des Familienleistungsausgleichs honoriert wird. Demgegenüber wird bei der sozialrechtlichen Bedürftigkeit der Beitrag zur privaten Rentenversicherung anerkannt, § 82 Abs. 2 Nr. 3 SGB XII. Soweit es um die Messung der Leistungsfähigkeit der Eltern

---

1163   BFH BStBl II 2008, 738, Az.: III R 4/07.
1164   BVerfGE 96, 1.
1165   BFH BStBl II 2008, 738, Az.: III R 4/07.
1166   BFH vom 14.11.2000, BStBl. II 2001, 489, DStR 2001, 210.
1167   *Hillmoth*, DStR 2007, 2140.

und des Kindes im Rahmen des Familienleistungsausgleichs geht, werden andere Maßstäbe angelegt.

Dies scheint nicht mit einer bedarfsgerechten Auslegung des Leistungsfähigkeitsprinzips vereinbar zu sein. Wenn im Sozialrecht anerkannt wird, dass ein Bedarf zur Altersvorsorge besteht, dann kann auf der anderen Seite ein Beitrag zur Altersvorsorge nicht u. U. nachteilige Wirkung haben. Die Anerkennung der Beiträge im Sozialrecht zeigt, dass diese als Teil des Minimums dessen, was einem Bürger zu belassen ist, zählen. Dies geschieht nicht zuletzt, da durch diese Beiträge der Sozialstaat später aufgrund der eigenen Rente des Bürgers (teilweise) entlastet wird. In das Steuerrecht übertragen bedeutet dies, dass den Steuerpflichtigen und sein Kind solange keine nachteiligen Folgen treffen dürfen, wie das Kind in angemessenem Maß vorsorgt. In dieser Höhe trifft die Familie keine Finanzierungsverantwortung für allgemeine Staatsaufgaben. Denn die Vorsorge verringert die Gefahr späterer Abhängigkeit von staatlichen Sozialausgaben.

Die Argumentation, angemessene Altersvorsorgeaufwendungen könnten nicht von der Bemessungsgröße des § 32 Abs. 4 S. 2 EStG abgezogen werden, da Eltern aus § 1610 BGB keine Verpflichtung träfe, für diese Kosten aufzukommen, ist problematisch.[1168] Nur weil es aus unterhaltsrechtlichen Erwägungen den Eltern nicht zwingend aufgebürdet wird, für diese Kosten einzustehen, heißt das noch nicht, dass diese Ausgaben für ein Kind vermeidbar sind. Auch ohne zwingende gesetzliche Verpflichtung ist eine Altersvorsorge notwendig. Jedenfalls folgt aus § 1610 BGB nicht, dass die für den Familienleistungsausgleich typische Unterhaltssituation als beendet betrachtet werden kann, wenn aufgrund der Nichtanrechnung von Altersvorsorgeaufwendungen die Schädlichkeitsgrenze überschritten wird. Damit spricht einiges dafür, auch private Altersvorsorge in angemessener Höhe als unschädlich für die Freigrenze des § 32 Abs. 4 S. 2 EStG zu behandeln.[1169]

(g) Verheiratetes Kind

Ist das Kind verheiratet, so entfällt grundsätzlich der Familienleistungsausgleich. Dies gilt auch dann, wenn das Kind im Hinblick auf seine Ausbildung weiterhin auf die Unterstützung seiner Eltern angewiesen ist. Grund hierfür ist, dass der Familienleistungsausgleich an die jeweilige Unterhaltssituation anknüpft. Ab dem Zeitpunkt der Heirat hat das Kind nach §§ 1608 S. 1 i. V. m. 1360, 1360a BGB einen vorrangigen Anspruch gegen den Ehepartner,[1170] sodass die kindbedingten

---

1168 So aber BFH BStBl II 2008, 738, Az.: III R 4/07.
1169 *Seer/Wendt*, NJW 2006, 1 (1).
1170 *Palandt/Diederichsen*, § 1608, Rz. 2.

Entlastungen für die Eltern entfallen.[1171] Eine Rückausnahme, also die Erhaltung des Familienleistungsausgleichs, kommt nur dann in Frage, wenn ein sogenannter Mangelfall[1172] besteht. Ein solcher liegt vor, wenn die Einkünfte des Ehepartners des Kindes und des Kindes selbst nicht für den Unterhalt ausreichen, sodass die Eltern weiterhin für das Kind aufkommen müssen. Diese Typisierung begegnet keinen durchgreifenden Bedenken im Hinblick auf die bedarfsgerechte Interpretation des Leistungsfähigkeitsprinzips. Durch die Heirat können die Eheleute vom Ehegattensplittingtarif, §§ 26, 26b EStG, profitieren. Anfallende Kosten für die Ausbildung des Kindes können nun vom Ehegatten als Sonderausgaben zum Abzug gebracht werden, § 10 Abs. 1 Nr. 7 EStG.

(4) Anknüpfung an die Arbeitszeit

Die Unsicherheiten bei der Frage nach den Einkünften und Bezügen des Kindes aus § 32 Abs. 4 S. 2 EStG stellen ein eindruckvolles Beispiel für den Harmonisierungsbedarf von Steuerrecht und Sozialrecht dar. Ohne systematische Brüche lassen sich sozialrechtliche Regelungsmaterien nicht in das Steuerrecht inkorporieren. Hieran dürfte auch der aktuelle Vorschlag, unter Anknüpfung an den zeitlichen Umfang der Erwerbstätigkeit des Kindes die Sätze 2 bis 10 des § 32 Abs. 4 EStG (sog. „Fallbeilgrenze") zu streichen,[1173] nichts ändern. Demnach sollen Freibeträge/Kindergeld nur noch dann gewährt werden, wenn das Kind nach einer erstmaligen Berufsausbildung keiner Erwerbstätigkeit nachgeht, wobei eine Tätigkeit von weniger als 20 Stunden in der Woche, die geringfügige Beschäftigung i. S. v. §§ 8, 8a SGB IV und Maßnahmen nach § 16d SGB II unschädlich sein sollen.

Dies würde jedoch keine der vorgetragenen Unstimmigkeiten im Zusammenhang mit der derzeitigen Freigrenze des § 32 Abs. 4 S. 2 bis 10 EStG beseitigen. Denn der Vorschlag verlagert die Probleme nur auf neue Streitfelder. Unklar bleibt, warum ein Kind, das ohne Ausbildung arbeitet, in jedem Fall unter den Familienleistungsausgleich fiele, während bei Kindern mit erster Berufsausbildung der Umfang der Tätigkeit nachgewiesen werden müsste. Fraglich ist überdies, wie die Nicht-Tätigkeit des Kindes nachgewiesen werden soll. Denn auf das Einkommen des Kindes käme es nicht mehr an. Des Weiteren würde die Anknüpfung an den Umfang der Tätigkeit statt an den Verdienst des Kindes den Anreiz, weniger zu arbeiten, um den Anspruch der Eltern auf Kinderfreibeträge/Kindergeld nicht zu gefährden, bestehen lassen. Es würde eine neue „Fallbeilgrenze" gezogen, die nicht

---

1171 BFH vom 19.04.2007, NJW 2007, 3231.
1172 *Hillmoth*, DStR 2007, 2140.
1173 Referentenentwurf für ein Steuervereinfachungsgesetz 2011, zu beziehen über den Internetauftritt des Bundesministeriums der Finanzen (BMF).

mehr an die Freigrenze von 8.004 EUR anknüpft, sondern an die Überschreitung der 20 Stunden Wochenarbeitszeit.

Es erschiene ungerecht, Eltern, deren Kind 19 Stunden arbeitet und gut verdient, die Kinderfreibeträge/Kindergeld zu gewähren, während diese solchen Eltern verwehrt blieben, deren Kinder 20 Stunden und mehr arbeiten und trotzdem mit ihrem Verdienst unter der bisherigen Freigrenze von 8.004 EUR liegen.

III. Alternativmodelle

Es werden verschiedene alternative Modelle der steuerlichen Berücksichtigung des Kindesexistenzminimums vorgeschlagen. In Frage kommen insbesondere die sozialrechtliche Lösung (1), Kindergrundfreibeträge (2), Splittingmodelle (3) oder ein bedarfsgerechtes duales System (4).

1.) Sozialrechtliche Lösung

Ein mögliches Modell wäre die rein sozialrechtliche Lösung. Diese sieht vor, dass nur eine bestimmte Summe (Kindergeld) zum gebotenen (Art. 6 Abs. 1 GG) Ausgleich der kindbedingten Mehrbelastung an die Eltern ausgezahlt wird.[1174] Es würde demnach keine Berücksichtigung im Steuerrecht stattfinden. Diese auf den ersten Blick gerechte und tragfähige Lösung leidet an einem entscheidenden Nachteil. Das Existenzminimum der Kinder würde nicht mehr im Steuerrecht berücksichtigt. Das bedeutet, der Mindestlebensbedarf des Nachwuchses würde besteuert. Es wäre also nicht ausgeschlossen, dass die Familie durch die Besteuerung in die Bedürftigkeit gedrängt wird, aus der sie der Staat wieder befreien müsste.[1175]

Diese pauschale Sicht der Dinge lässt jedoch außer Acht, dass nicht bei jeder Familie durch die Nichtberücksichtigung des Kindesexistenzminimums im Steuerrecht eine Bedürftigkeit hervorgerufen würde. Dies ist nur bei Eltern der Fall, deren Verdienst sich nahe am Existenzminimum bewegt oder, bei durchschnittlichem Verdienst der Eltern, auch bei kinderreichen Familien.[1176] Mangelnde steuerliche Berücksichtigung ist nicht gleichbedeutend mit einer sozialrechtlichen Bedürftigkeitslage.

Ein strukturelles Problem läge trotz allem vor. Bei einer rein sozialrechtlichen Lösung würde, im Gegensatz zum derzeitigen Modell, die normative Anknüpfung

---

1174 „Entweder Kindergeld oder Kindergeld und Freibeträge getrennt, aber nicht gemischt.", *Ross*, DStZ 1997, 140 (145); *Jachmann*, K/S/M, Stand März 2004, § 31, Rz. A 54.
1175 *Heuermann*, BB 1999, 660 (663).
1176 Missverständlich insofern: *Kanzler*, H/H/R, Stand Januar 2002, § 31 Rz. 10.

zum Steuerrecht fehlen.[1177] Das Problem kann auch nicht unter Hinweis auf die Umrechnung des bezahlten Kindergeldes in fiktive Steuerfreibeträge[1178] umgangen werden. Würde eine dem heutigen Modell ähnliche, systemfremde normative Brücke zwischen Steuerrecht und Sozialrecht überzeugend geschaffen, so könnte eine rein sozialrechtliche Lösung zumindest denkbar erscheinen.[1179]

2.) Kindergrundfreibeträge

Als ein weiteres Modell wären Kindergrundfreibeträge zu nennen.[1180] Hierbei wird das Kindesexistenzminimum nicht in Form eines Freibetrags, sondern als Erweiterung der tariflichen Nullzone[1181] gewährt. Wie alle Modelle weist es Vorteile und Nachteile auf. Ist sozialpolitisch eine gleiche Anerkennung des Kindergroßziehens in allen Einkommensschichten gewünscht, so bietet dieses Modell die Möglichkeit, für alle Gruppen einheitliche Beträge von der Besteuerung freizustellen. Ein ebenso eher politischer denn juristischer Vorteil wären die deutlich geringeren Kosten dieses Modells im Vergleich zum verwaltungstechnisch aufwendigeren Auszahlen von Kindergeld.[1182] Ein Hauptargument, welches für Kindergrundfreibeträge im Vergleich zum derzeitigen System des Familienleistungsausgleichs streitet, ist der Wegfall der sog. Günstigerprüfung, bei der stets die Wirkung der Freibeträge mit dem Kindergeld verglichen werden muss. Auch müsste nicht mehr, wie im Moment, das Kindergeld aus steuerlichen Gründen modifiziert werden.[1183]

Bei dem diskutierten Modell des Kindergrundfreibetrags wird nicht etwa die tarifliche Nullzone in der Form ausgeweitet, dass erst ab dem ersten Euro über dem persönlichen Existenzminimum zuzüglich Kindesexistenzminimum besteuert wird (Horizontalverschiebung der Steuerfunktion nach rechts). Denn dadurch würde die Progressionswirksamkeit im Vergleich zum Abzug von der Bemessungsgrundlage zwar verringert, bliebe aber erhalten.[1184] Vielmehr wird der Kindergrundfreibetrag

---

1177   Zum Streit: *Söhn*, FS für Franz Klein, 1994, S 421 (429) Fn. 47; *Seewald/ Felix*, VSSR 1991, 157 (170 ff.) a. A. *Meister,* DStZ 1991, 673 (676).
1178   BVerfGE 82, 60 (92 ff.).
1179   So im Vorschlag des Karlsruher Entwurfs zur Reform des EStG, vgl. *Kirchhof*, DStR 2001, 913 (916); vgl. auch *Jachmann*, K/S/M, Stand März 2004, § 31, Rz. 55a.
1180   *Söhn*, FS Bethge 2009, S. 439 ff.; *Kanzler*, FR 1999, 148 (150); *Lingemann*, Familienbesteuerung, S. 150 ff.; *Willeke/Onken*, StuW 1991, 3 (10 ff.).
1181   *Arndt/ Schumacher*, NJW 1999, 1689 (1690); *Nüssgens*, SozSich 1999, 185 (188); *Schöberle*, DStZ 1999, 693 (696).
1182   *Helmke, Helmke/Bauer*, Familienleistungsausgleich, A. I. Einführung Rz. 134.
1183   *Glanegger*, DStR 1999, 311 (313).
1184   Vgl. *Siegel*, H/H/R, Stand Januar 2002, § 32a, Rz. 28; *Henschler*, Kinder im Einkommensteuerrecht, S. 193; *Moes*, Die Steuerfreiheit des Existenzminimums, S. 65.

progressionsverschärfend berücksichtigt[1185] (Vertikalverschiebung der Steuerfunktion nach unten).[1186] Dies hat zweierlei zur Folge. Zum einen beginnt die Tarifkurve im Minusbereich, sodass bei fehlender Bemessungsgrundlage analog zum derzeitigen Familienleistungsausgleich eine Negativsteuer erstattet würde. Zum anderen würde der Kindergrundfreibetrag bei dieser Ausgestaltung keine Progressionswirksamkeit entfalten.[1187]

Betrachtet man den dadurch entstehenden Grenzsteuersatz isoliert, führt der Vorschlag zu einer Ungleichbehandlung und Benachteiligung von Steuerpflichtigen mit Kindern gegenüber solchen ohne Kinder. Bei Steuerpflichtigen mit Kindern wird auf den ersten Euro nicht der Grenzsteuersatz für den ersten Euro angewandt, wie dies ohne Kinder geschähe. Mit Kindern gilt der Grenzsteuersatz, der sich aus dem ersten Euro zuzüglich eines Betrages in Höhe des Kindesexistenzminimums ergibt.

Dies widerspricht aber nur auf den ersten Blick dem Prinzip der horizontalen Besteuerungsgleichheit.[1188] Zwar setzt die Steuerfunktion umso steiler ein, je mehr Kinder vorhanden sind. Es folgt jedoch im Ergebnis trotzdem eine deutlich niedrigere Steuerschuld, da die Kurve im Minusbereich beginnt. Die Steuerschuld wäre sogar so niedrig, dass ein gleichmäßiger Kindergrundfreibetrag für alle Geschwister wohl nicht finanzierbar wäre.[1189]

Es zeigt sich, dass das Modell eines Kindergrundfreibetrags nicht rein juristisch ohne mathematische Überlegungen diskutierbar ist. Es wäre rein formal betrachtet klar verfassungswidrig, da es Tarifsprünge und höhere Grenzsteuersätze für kinderreiche Familien vorsieht. Im Ergebnis sieht es jedoch eine umso niedrigere Belastung vor, je mehr Kinder vorhanden sind.

Es bleibt jedoch bei dem Problem, dass die nach Wertungsgesichtspunkten entwickelte Tarifkurve durch das Verschieben in den Minusbereich auf eine gänzlich andere, dynamische Art wirken würde, als sie ursprünglich konzipiert wurde. Somit kann das Modell eines Kindergrundfreibetrags vor dem Hintergrund der Entscheidungen des BVerfG zum Kinderleistungsausgleich[1190] nur dann diskutabel werden, wenn es in eine grundlegende Überarbeitung des Tarifverlaufs eingebettet würde.

1185 *Kulmsee*, Berücksichtigung von Kindern, S. 261 ff.; *Arndt/ Schumacher*, NJW 1999, 1689 (1690) a. A. *Dziadkowski*, BB 1999, 1406, (1408).
1186 *Siegel*, BB 1999, 1406 ff.
1187 *Siegel*, BB 1999, 1406 ff.
1188 *Jachmann*, K/S/M, Stand März 2004, § 31, Rz. 54 a.
1189 Erläuterung mit Rechenbeispielen und Grafiken bei: *Siegel*, BB 1999, 1406 ff.
1190 Insbesondere BVerfGE 82, 60 ff.; 99, 246 ff.

3.) Splitting

Das Vorbild für die Familiensplittingmodelle liefert das Ehegattensplitting. Um ein mögliches Familiensplitting zu untersuchen, müssen also zunächst die bestehenden Splitting-Regeln für Ehegatten beleuchtet und einer kritischen Würdigung unterzogen werden (a). Sodann können die verschiedenen Familiensplitting-Modelle dargestellt und bewertet werden (b).

a) Ehegattensplitting

Handelt es sich um unbeschränkt einkommensteuerpflichtige, zusammen lebende Ehegatten i. S. v. §§ 1 Abs. 1, 2, 1a EStG, so wird der Ehegattenunterhalt bei intakter Ehe durch ein tarifliches Splitting angerechnet, § 26 EStG.[1191] Dabei werden beide Ehegatten gemäß §§ 26, 26b EStG zusammen veranlagt und dem Zweifachen des Steuerbetrags unterworfen, der sich für die Hälfte ihres gemeinsamen zu versteuernden Einkommens ergibt, § 32a Abs. 5 EStG (Splitting-Tarif). Zu betonen ist, dass es sich bei dem Ehegattensplitting um den Versuch handelt, die Verteilung des Einkommens in einer intakten Durchschnittsehe abzubilden. Es handelt sich hingegen nicht um eine Steuervergünstigung.[1192] Systematisch richtiger wäre es jedoch, diese Regelung nicht in den Tarif, sondern in die Bemessungsgrundlage zu stellen.[1193]

Für den Unterhalt von unbeschränkt einkommensteuerpflichtigen, getrennt lebenden Steuerpflichtigen ergibt sich aus §§ 10 Abs. 1 Nr. 1, 22 Nr. 1a EStG ein begrenztes Realsplitting. Der Unterstützende kann einen Betrag von 13.805 Euro im Jahr als Sonderausgaben geltend machen. Vorraussetzung dafür ist jedoch, dass der Empfänger dem zustimmt und den erhaltenen Betrag selbst versteuert.[1194]

Mit dieser Form des Realsplittings wollte der Gesetzgeber dem Umstand Rechnung tragen, dass nach der gescheiterten Ehe trotz weiterhin bestehender Ansprüche kein Ehegattensplitting mehr möglich ist.[1195] Grundsätzlich ist gegen den Weg eines Realsplittings nichts einzuwenden. Es bietet die Möglichkeit, die Unterhaltsleistung realitätsgerecht abzubilden. Unverständlich ist jedoch die starre Grenze der 13.805 Euro. Wenn der Unterhalt empfangende Ehegatte einen Anspruch auf mehr als 13.805 Euro hat, kommt es zu einer Unterkompensation. Ist der Unterhaltsanspruch niedriger, dann können trotzdem bis zu 13.805 Euro abgezogen werden. In diesem Fall mangelt es tatsächlich an der für den Sonderausgabenabzug

---

1191 Darstellung bei: *Thiede*, Ehegattenbesteuerung, S. 54 ff.
1192 BVerfGE 61, 319, 345 f.
1193 *Lang,* Tipke/Lang, Steuerrecht, § 9 Rz. 97.
1194 Krit. *Söhn*, StuW 2005, 109 (112 ff.).
1195 *Lang,* Tipke/Lang, Steuerrecht, § 9 Rz. 98.

notwendigen Zwangsläufigkeit des finanziellen Opfers. Noch verwunderlicher, wenn nicht sogar sachfremd, ist es, den Sonderausgabenabzug von der Zustimmung des Empfängers der Unterhaltsleistung abhängig zu machen. Dies ist, als würde man den Betriebsausgabenabzug von der Zustimmung eines Geschäftspartners abhängig machen.[1196]

Weitere systematische Schwierigkeiten im Zusammenhang mit der Anrechnung von Unterhaltsleistungen werden am Beispiel von § 22 Nr. 1 S. 2 EStG deutlich.[1197] Demnach werden wiederkehrende Bezüge, also auch Unterhaltsleistungen, nicht dem Empfänger zugerechnet, wenn der Geber unbeschränkt einkommensteuerpflichtig ist. Diese Regelung ist zumindest stark missverständlich. Sie legt die Vermutung nahe, der Geber habe die zugewendete Summe zu versteuern. In Wirklichkeit soll lediglich vermieden werden, dass Unterhalt, der aus bereits versteuertem Einkommen gezahlt wurde, noch einmal versteuert wird. Die Norm soll also keine Zurechnungsnorm darstellen. Es sollte die Steuerbarkeit (bzw. Nicht-Steuerbarkeit von Unterhaltsaufwendungen) geregelt werden.[1198]

In § 26b EStG werden beide Eheleute „gemeinsam als Steuerpflichtiger" behandelt. Diese Formulierung ist insofern unglücklich, als sie nahelegt, die Steuersubjekteigenschaft der Eheleute würde aufgehoben.[1199] Es ist indes nicht möglich, die Steuersubjekteigenschaft vorübergehend zu verlieren. In diesem Sinn bleiben beide Ehegatten auch im Fall der Zusammenveranlagung Steuersubjekt. Jeder Ehegatte ist nach § 44 Abs. 1 AO Gesamtschuldner der Einkommensteuer, zu der die Ehegatten zusammen veranlagt werden.

Faktisch als ein Steuerpflichtiger wurden die Eheleute lediglich bis 1957 behandelt.[1200] Die Addition beider Einkünfte der Ehegatten bei der Besteuerung (Haushaltsbesteuerung) würde aber gerade die Ehe benachteiligen. Im Vergleich zu zwei alleinstehenden Erwerbstätigen, die jeweils für sich besteuert werden, würden die Eheleute durch den progressiven Einkommensteuertarif einer höheren Steuerlast unterworfen. Somit ist diese Form der Besteuerung als verfassungswidrig verworfen worden.[1201] Das BVerfG sah das Ehegattensplitting als eine mögliche Form der Berücksichtigung der Ehe an.[1202] Anknüpfend an den verfassungsrechtlichen Ehebegriff aus Art. 6 Abs. 1 GG berücksichtige das Ehegatten-Splitting die „Erwerbs- und Verbrauchsgemeinschaft" der intakten Durchschnittsehe.[1203] Es

---

1196 *Lang,* Tipke/Lang, Steuerrecht, § 9 Rz. 98.
1197 *Lang,* Tipke/Lang, Steuerrecht, § 9 Rz. 99.
1198 *Lang,* Tipke/Lang, Steuerrecht, § 9 Rz. 524.
1199 *Lang,* Tipke/Lang, Steuerrecht, § 9 Rz. 845.
1200 *Lang,* Tipke/Lang, Steuerrecht, § 9 Rz. 846.
1201 BVerfGE 6, 55 (67); 9 20 (34 f.).
1202 BVerfGE 6, 55 (80).
1203 BVerfGE 61, 319 (345 f.).

handele sich nicht um eine Steuervergünstigung.[1204] Im Anschluss an das Urteil wurde es 1958 eingeführt.[1205]

Bereits seit geraumer Zeit sieht sich das geltende System des Ehegattensplittings erheblicher Kritik ausgesetzt.[1206] Wurde die Regelung ursprünglich eingeführt, um die seinerzeit (1957) vom BVerfG[1207] als verfassungswidrig eingeschätzte progressionsverschärfende Zusammenveranlagung der Eheleute zu beenden, so hat sie sich nun zu einer Steuervergünstigung für die „Hausfrauenehe" entwickelt.[1208]

Ohne dass die Ehe heutzutage die typische Voraussetzung für Nachwuchs,[1209] also für die nächste Generation ist, wird das Institut um seiner selbst willen unterstützt. Dabei wirkt sich der Splittingvorteil zum einen umso stärker aus, je wohlhabender das Ehepaar ist. Zum anderen greift der volle Splittingvorteil nur dann, wenn ein Ehepartner (typischerweise die Ehefrau) keiner Erwerbstätigkeit nachgeht. Verdienen beide Ehepartner etwa gleich gut, so wirkt sich das Splitting überhaupt nicht aus. Diese auch als sog. Millionärsgattinneneffekt[1210] bezeichnete Wirkung hat also zur Folge, dass Wohlhabende besonders von der Entlastung profitieren und ein anachronistisches Frauenbild gefördert wird. Als Begründung für das Ehegattensplitting wurde nicht nur der Unterhalt des wirtschaftlich schwächeren Ehegatten angesehen, sondern der Ausgleich kindbedingter Betreuungslasten.[1211] Damit enthielt das Ehegattensplitting bereits den Ansatz, eine Entlastung für die Erziehung und Betreuung von Kindern zu liefern. Mit der Einführung des § 32 Abs. 6 EStG, der diesen Bedarf erfasst, entfällt somit auch ein wesentlicher Teil der Rechtfertigung des Splittings.[1212] Unter Beachtung der Historie des Ehegattensplittings wäre es konsequenter und überzeugender, wenn der Gesetzgeber das Splitting entweder ganz abschaffte oder jedenfalls auf Ehen begrenzte, die Kinder hervorgebracht haben und sich im Übrigen auf eine Abziehbarkeit des Existenzminimums des Ehegatten beschränkte.[1213]

1204 BVerfGE 61, 319 (347).
1205 *Lang,* Tipke/Lang, Steuerrecht, § 4 Rz. 241.
1206 *Sacksofsky,* FR 2010, 119 (120); *dies.,* FPR 2003, 395 ff.; *dies.,* NJW 2000, 1896 (1898 ff.); *Zuleeg,* DÖV 2005, 687 (689 ff.); *Thiede,* Ehegattenbesteuerung, S. 104; die Regelung verteidigend: *Seiler,* FR 2010, 113 (115 f.); *Merkt,* DStR 2009, 2221 (2223); *Kirchhof,* NJW 2000, 2792 (2793 ff.); *ders.,* ZRP 2003, 73 (74 f.); *Papier,* NJW 2002, 2129 (2131); zu erbrechtlichen Problemen: *Frye,* FR 2007, 1109 (1112 f.).
1207 BVerfGE 6, 55 ff.
1208 *Kanzler,* Beihefter zu DStR 11 2002, 1 (2); zu Reformvorschlägen: *Prinz,* FR 2010, 105 (109 ff., 113).
1209 *Zuck,* NJW 2009, 1449 (1453); *Schuler-Harms,* FamRZ 2000, 1406 ff.; *Söhn,* FS Oberhauser, S. 416 ff.; *Vorwold,* FR 1992, 789 (790); *Böckenförde,* StuW 1986, 335 (339).
1210 *Birk,* Steuerrecht, S. 196.
1211 BVerfGE 61, 319 ff.; Rspr. geändert durch BVerfGE 99, 216 ff. dazu *Seer/Wendt,* NJW 2000, 1904; *Schön,* DStR 1999, 1677 (1678).
1212 *Heuermann,* BB 1999, 660 (664); zu Alternativmodellen: *Thiede,* Ehegattenbesteuerung, S. 107 ff.
1213 *Birk/Wernsmann,* JZ 2001, 218 (222); *Heuermann,* BB 1999, 660 (663 f.).

b) Familiensplitting

Eine verfassungsrechtlich denkbare Alternative zum derzeitigen Familienleistungsausgleich könnte ein Familiensplitting sein.[1214] Dies würde auch nicht etwa die Ehe diskriminieren. Der Staat hat in beiden Bereichen, der Ehe wie der Familie, Förderaufträge. Wenn er den Förderauftrag für Familien stärker betonte, so läge diese Wertentscheidung innerhalb des politischen Entscheidungsspielraums.[1215] Dies wird noch dadurch unterstrichen, dass die Ehe nicht ausschließlich um ihrer selbst willen unterstützt wird, sondern auch im Hinblick auf den Nachwuchs in der Familie.[1216]
Modelle zum Familiensplitting müssen einen strukturellen Unterschied zwischen der Ehe (bei der bereits ein Splitting möglich ist) und der Familie überwinden. Ehe und Familie stehen einander sehr nah. In vielen Fällen sind das Institut der Ehe und die Familie wie zwei einander überschneidende Kreise zu verstehen. Dies gilt dann, wenn ein verheiratetes Paar Kinder hat. Das Ehegattensplitting gründet jedoch auf dem Gedanken der Erwerbsgemeinschaft.[1217] Eine solche Gemeinschaft des Erwerbs liegt aber in den meisten Familien gerade nicht vor.[1218] Vielmehr ist die Familie grundsätzlich eine reine Bedarfs- und Versorgungsgemeinschaft.[1219] Es ist wohl eher untypisch, dass der Nachwuchs (nach Art der historischen Großfamilie) wesentlich und dauerhaft zum Unterhalt der Familie beiträgt. Folglich beschränken sich die Ansprüche des Kindes auf Betreuung und Unterhalt durch die Eltern, ein Zugewinnausgleich oder Versorgungsausgleich wirkt lebensfremd.[1220] Nach geltender Vorstellung ist die Familie nur eine auf Auflösung gerichtete Unterhaltsgemeinschaft.[1221] Trotz der grundsätzlichen Nähe von Ehe von Familie können diese somit nicht ohne weiteres gleichgesetzt werden. Ein mögliches Familiensplitting unterliegt einem erhöhten Rechtfertigungsbedarf.
Ein solcher Rechtfertigungsansatz könnte möglicherweise in einer gewandelten, gelockerten Anschauung des Prinzips der Individualbesteuerung liegen.[1222] Nach der derzeitigen Ausgestaltung des Einkommensteuergesetzes ist fraglich, ob die Familie sachgerecht in den Normkomplex eingeordnet ist.[1223] Gedanklich erhebt das EStG zunächst den kinderlosen Junggesellen zum Maßstab und richtet in einem

1214 *Merkt*, DStR 2009, 2221 (2225 f.); *Seiler*, FR 2010, 113 (118 f.); *ders.*, NZS 2007, 617 (622).
1215 Vgl. *Jachmann*, K/S/M, Stand März 2004, § 31, Rz. 55.
1216 *Pfab*, ZRP 2006, 212.; *Vorwold*, FR 1992, 789 (790).
1217 *Siegel*, H/H/R, Stand Januar 2002, § 32a, Rz. 46.
1218 BVerfGE 61, 319 (348).
1219 *Kirchhof*, NJW 2000, 2792 (2793).
1220 Vgl. *Tipke/ Lang*, StuW 1984, 127 ff.
1221 *Uelner*, DStZ 1995, 321 (326).
1222 *Kirchhof*, Essener Gespräche zum Thema Staat und Kirche 1986, Bd. 21, S. 117 (123).
1223 Dazu *Seiler*, DStR 2006, 1631 (1636).

zweiten Schritt die Besteuerung der Familie an diesem Maßstab aus. Diese Herangehensweise benachteiligt dem Grunde nach die Familien.[1224] Demnach muss gefragt werden, ob nicht eine (alternative) Messung der Leistungsfähigkeit denkbar ist, die dem besonderen Gemeinschaftscharakter der heutigen Familie besser gerecht wird. Hierbei muss auch der heutigen Realität der Entkoppelung von Ehe und Familie[1225] besser Rechnung getragen werden. Die Ehe ist nicht mehr die typische Voraussetzung für Nachwuchs und damit für die Familie.[1226] Damit emanzipiert sich der Schutzauftrag des Staates gegenüber der Familie (Art. 6 Abs. 1 GG) vom Bestand der Ehe.

In diesem Licht betrachtet, müssen die oben genannten Bedenken gegen ein mögliches Familiensplitting nicht für immer durchgreifen. Dies käme der Petrifizierung der betreffenden Normen nahe. Es sind keine Gründe ersichtlich, hier den Gestaltungsspielraum des Gesetzgebers als eingeengt anzusehen. Zudem legt im Hinblick auf die harmonische Abstimmung von Einkommensteuerrecht und Sozialrecht die Bedarfsgemeinschaft nach § 7 Abs. 2, 3, 3a SGB II die grundsätzliche Möglichkeit eines Familiensplittings nahe. Im Sozialrecht ist bereits der Gedanke verankert, die Leistungsfähigkeit der einzelnen Familienmitglieder dem Verband zuzurechnen. Möglicherweise kann die für das Sozialrecht anerkannte familiäre Verbundenheit auf das Einkommensteuerrecht übertragen werden.[1227]

Das BVerfG lässt dem Gesetzgeber bei der Ausgestaltung des Familienleistungsausgleichs einen weiten Handlungsspielraum.[1228] Der BFH schließt ein Familiensplitting zwar nicht aus, sieht aber wie das BVerfG[1229] keinen verfassungsrechtlichen Zwang zu seiner Einführung.[1230] Es wird eine Vielzahl von unterschiedlichen Familiensplittingmodellen diskutiert, die sich auf zwei Hauptgruppen reduzieren lassen.

aa) Divisoren-Splitting

Das Divisoren-Splitting,[1231] welches auch als Vollsplitting bezeichnet wird, wird in verschiedenen Unterarten diskutiert. Die Kinder könnten im Extremfall genau so wie die Ehefrau im Rahmen des Splittings berücksichtigt werden. Haben also weder die Ehefrau noch die Kinder eigene Einkünfte, so würde bei zwei Kindern

---

1224 BVerfGE 99, 246 (259 f.).
1225 *Pfab*, ZRP 2006, 212 f.
1226 *Sacksofsky*, FPR 2003, 395 (397); *Heuermann*, BB 1999, 660 (661).
1227 *Seiler*, FR 2010, 113 (118).
1228 BVerfG Beschluss vom 29.05.1990, Az.: 1 BvL 20/84, 1 BvL 26/84, 1 BvL 4/86.
1229 BVerfGE 61, 319 ff.
1230 BFH Beschluss vom 26.08.2008, Az.: III B 153/07.
1231 Dazu *Wendt*, FS Tipke, 1995, S. 67; ablehnend *Winhard*, DStR 2006, 1729 (1732).

die Bemessungsgrundlage beim Ehemann geviertelt. Je nach Modell werden zur feineren Steuerung auch Faktoren um 0,3 bis 0,9 pro zu berücksichtigendem Kind vorgeschlagen.[1232] Ein Vorteil aller Splittingvorschläge ist, dass wie beim Kindergrundfreibetrag keine Günstigerprüfung und keine steuerinduzierte Anpassung des Kindergeldes nötig würden.[1233] Problematisch ist diese Form des Splittings insofern, als höhere Einkommensgruppen stärker als bislang vom Degressionseffekt profitierten.[1234] Dieses Argument ließe sich teilweise entkräften, indem, wie bei dem französischen Divisorensplitting (quotient familial),[1235] der Splittingvorteil mittels Kappungsgrenze auf einen maximalen Betrag begrenzt wird. Bei angepassten Divisoren käme man allerdings zu der Frage, wo im Ergebnis außer der Steuerrechtskomplizierung der wesentliche Unterschied zur bisherigen Freibetragsregelung sein soll.[1236] Zudem bliebe es, nach finanzwissenschaftlichen Simulationsrechnungen, auch mit vorhandener Kappungsgrenze bei einer Umverteilung zugunsten der obersten Einkommensdezilen.[1237]

bb) Realsplitting

Einen anderen Weg schlägt das Realsplitting ein. Hier sollen alle zwangsläufigen Unterhaltsleistungen in tatsächlicher Höhe zum Abzug zugelassen werden. Der Unterhaltsberechtigte, also das Kind, hat jedoch die Unterhaltsleistungen grundsätzlich selber zu versteuern.[1238] Alle Kinder würden dann von Anfang an von

---

1232 *Haller, H.* Besteuerung von Familieneinkommen und Familienlastenausgleich, 1981, S. 34; *Charlier*, StbJB 1979/80, S. 479 (500); *Klein*, FS für Zeidler, 1987, S. 773 (796); *ders.*, DStR 1987, 779 (783); *Sacksofsky*, FPR 2003, 395 (398); *Jachmann*, K/S/M, Stand März 2004, § 31, Rz. 55; *Ruppe*, H/H/R, Stand Februar 1990, Einf. ESt, Rz. 197; krit. *Oepen*, DStZ 1992, 685 (690 ff.).
1233 *Glanegger*, DStR 1999, 311 (313).
1234 *Bareis*, DStR 2010, 565 (572); *Sacksofsky*, FR 2010, 119 (121); *Horlemann*, DStR 1999, 397 (402).
1235 Gemäß Art. 193 CGI (code général des impôts) i. V. m. Art. 194 ff. CGI.
1236 *Horlemann*, DStR 1999, 397 (403).
1237 *Prinz*, FR 2010, 105 (112).
1238 *Winhard*, DStR 2006, 1729 (1732); *Lang/Herzig/Hey/Horlemann/Pelka/Pezzer/Seer/ Tipke*, Kölner Entwurf eines Einkommensteuergesetzes, 2005, Rz. 468; *Henschler*, Kinder im Einkommensteuerrecht, S. 181 führt das Realsplitting jedoch ad absurdum, indem sie es der Höhe nach auf das sozialrechtlich ermittelte Existenzminimum beschränken will; *Lang*, NJW 2006, 2209 (2213); *ders.*, Die Bemessungsgrundlage der Einkommensteuer, S. 80, 547 f., 627, 650 ff.; *ders.*, FS für Franz Klein, 1994, S. 437 (451); *ders.*, StuW 1990, 331 (343 f.); *ders.*, StuW 1983, 103 (110, 124 f.); *Tipke/ Lang*, StuW 1984, 127 (132); *Vogel*, FS für Offerhaus, 1999, S. 47 (63); *Seer/ Wendt*, NJW 2000, 1904 (1907); *Wendt*, FS Tipke, 1995, S. 47 (69); *Wosnitza*, StuW 1996, 123 (127 ff.); *Oepen*, DStZ 1992, 684 (692); *Lingemann*, Familienbesteuerung, S. 155 ff.; *Thiede*, Ehegattenbesteuerung, S. 188; ablehnend: Einkommensteuer-Kommission zur Steuerfreistellung des Existenzminimums ab 1996 zur Reform der Einkommensteuer, BB 1994, Beilage 24, S. 3; *Jachmann*, K/S/M, Stand März 2004, § 31, Rz. 55.

ihrem persönlichen Grundfreibetrag profitieren. Der Grundfreibetrag der Kinder wäre, anders als derzeit, kein Privileg mehr, das nur vermögende Eltern nutzen können, indem sie Teile ihres Vermögens auf das Kind übertragen.

Der Nachteil eines Realsplittings wäre jedoch, dass es gegen den Grundsatz der bedarfsorientierten Interpretation des Leistungsfähigkeitsprinzips verstieße. Jedes Kind hat in etwa den gleichen (ggf. nach teuren/günstigen Gegenden differenzierenden) Grundbedarf. Besser verdienende Eltern können ihre Kinder mit höheren Beträgen unterstützen. Damit könnten diese Eltern, unabhängig vom grundsätzlich gleichen Lebensbedarf aller Kinder, höhere Beträge geltend machen als Durchschnittsverdiener. Mehr noch als bei dem Degressionseffekt des derzeitigen Familienleistungsausgleichs ergibt sich damit für besser Verdienende ein erheblich größerer Entlastungseffekt als bei Normalverdienern.

Damit wäre die Entlastung auch größer als nach dem Leistungsfähigkeitsprinzip geboten.[1239] Dieser Effekt würde dadurch abgemildert, dass der Empfänger die Unterhaltsleistungen zu versteuern hätte.[1240] Nahe liegt, dass ein solches Modell nur realisierbar wäre, indem die absetzbaren und die zu versteuernden Unterhaltsbeträge pauschaliert würden.[1241] Letztlich wäre dieses Modell auch verwaltungstechnisch nur dann handhabbar, wenn der Unterhaltsverpflichtete auch die Steuern auf die Unterhaltsbezüge zu tragen hätte.[1242]

Das Realsplitting erscheint nur praktikabel mit den genannten Pauschalierungen und der Zahlungswegverkürzung über den Unterhaltsverpflichteten. Es stellt sich im Ergebnis die Frage, welcher Unterschied dann noch zu einem „normalen" Kinderfreibetrag besteht. Wenn bei den Eltern pauschal ein bestimmter Betrag für den Kindesunterhalt veranschlagt wird und dieser Betrag mit einer pauschalen Besteuerung des Kindes saldiert wird, ergibt sich wieder nichts weiter als ein pauschaler Kinderfreibetrag. Lediglich im Fall besonders hoher Ausgaben für das Kind (bei besser verdienenden Eltern) würden ein möglicher Pauschalbetrag übertreten und wohlhabendere Familien abermals stärker von der Gemeinschaft der Steuerzahler unterstützt.[1243] Bei unterdurchschnittlich Verdienenden drohen durch die notwendige Pauschalierung ein zu hoher Unterstützungsbetrag und damit eine zu hohe Steuerschuld veranschlagt zu werden. Dies führt dazu, dass gerade der schwächeren Gruppe der Eltern erhöhte Nachweispflichten ins Haus stünden. Wegen des beschriebenen Verstoßes gegen eine bedarfsorientierte Interpretation des Leistungsfähigkeitsprinzips ist auch diese Form des Familiensplittings abzulehnen.

1239 *Bareis*, DStR 2010, 565 (566); *Jachmann*, K/S/M, Stand März 2004, § 31, Rz. 55; *Sacksofsky*, FPR 2003, 395 (400).
1240 *Kanzler*, DStJG 24 (2001), S. 417 (459 ff.); *Lang*, FS für Klein 1994, S. 437 (451); *Oepen*, DStZ 1992, 684 (690); Horlemann, BB 1996, 186 (187).
1241 *Horlemann*, DStR 1999, 397 (403).
1242 *Tipke/Lang*, StuW 1984, 127 (132).
1243 *Sacksofsky*, FR 2010, 119 (121).

Damit bieten die Splittingmodelle nach hier vertretener Auffassung keine brauchbare Alternative zum derzeitigen Familienleistungsausgleich.

4.) Bedarfsgerechtes duales System

Ein weiteres Alternativmodell zum derzeitigen System des Familienleistungsausgleichs könnte ein bedarfsgerechtes duales System der Familienbesteuerung sein.[1244] Bei diesem Modell könnte zunächst den Eltern ein an sozialrechtlichen Bedürftigkeitsgesichtspunkten orientierter Abzugsbetrag von der Steuerschuld[1245] gewährt werden, der dem realistischen Kindesexistenzminimum Rechnung trägt. Daneben kann, getrennt vom Einkommensteuerrecht, ein sozialrechtliches Kindergeld geleistet werden.[1246] Insbesondere, wenn der Abzugsbetrag, mangels Einkommens, keine ausreichende Entlastung bringen kann, sollte diese Entlastung bedarfsgerecht durch ein sozialrechtliches Kindergeld erfolgen.[1247]

Ein Vorteil der Regelung wäre, dass sie weniger kompliziert in der Handhabung ist als die derzeitige Normierung und die Splittingmodelle.[1248] Sie stünde auch im Einklang mit einem bedarfsgerecht interpretierten Leistungsfähigkeitsprinzip. Es würde das realistische Existenzminimum des Kindes, unabhängig von Einkommen und Degressionseffekten, von der Besteuerung ausgenommen. Das nun rein sozialrechtliche Kindergeld könnte abhängig vom Einkommen der Eltern gewährt werden und sozialpolitisch gewünschte Anreize setzten.[1249] Damit entfiele der Grundvorwurf gegen den Abzug von der Steuerschuld, dass dieser sich ohne vorhandene Steuerschuld nicht auswirken könne.[1250] Der Gesetzgeber ist nur insofern gebunden, als es um die Frage der Mindestanforderungen an ein menschenwürdiges Dasein geht.[1251] In dem Bereich, der über die Mindestanforderungen hinausgeht, steht dem Gesetzgeber im Rahmen der finanziellen Möglichkeiten ein weiter Gestaltungsspielraum zu.[1252]

Diese klare Trennung zwischen Einkommensteuerrecht und Sozialrecht hätte zur Folge, dass die aus systematischer Sicht verfehlte Verbindung von steuerlichen

---

1244 *Felix*, FS Selmer, S. 621 (638 f.).
1245 *Hey*, NJW 2006, 2001 (2006).
1246 *Seiler*, Grundzüge, S. 118 f.; *Gröpl*, StuW 2001, 150 (166); Schöberle, DStZ 1999, 693 (697); *Lehner*, JZ 1999, 726 (729); *Leisner* ZBR 2000, 217 (226); *Felix*, Kindergeldrecht, Einführung Rz. 12 ff.; *Siegel/Seel/Bareis*, BB 2000, 1860 (1863); *Felix*, K/S/M, Stand August 2005, § 62, Rz. A 30.
1247 *Lang*, Tipke/Lang, Steuerrecht, § 9 Rz. 96.
1248 *Sacksofsky*, FPR 2003, 395 (398).
1249 *Seiler*, NZS 2007, 617 (622), *ders.*, Grundzüge, S. 118 f.
1250 *Moderegger*, Familienschutz, S. 168; *Pechstein*, Familiengerechtigkeit, S. 296 f.
1251 BVerfG vom 29.05.1990 – 1 BvL 20/84, 26/84, 4/86, BVerfGE 82, 60 (78).
1252 BVerfG vom 18.06.1975 – 1BvL 4/74, BVerfGE 40, 121 (123).

Freibeträgen und steuerlichem Kindergeld aufgelöst würde.[1253] Zugleich könnte das Annexproblem des Kinderzuschlags (derzeit geregelt in § 6a BKGG) gelöst werden. Diese überkomplizierte, kaum zur Anwendung gelangende Regelung könnte entfallen und sinnvoll und bedarfsgerecht in das sozialrechtliche Kindergeld eingearbeitet werden und damit das Ziel der Besserstellung von Familien mit Einkommen in der Nähe des Existenzminimums eher erreichen.[1254]

IV. Zwischenergebnis

Im Ergebnis bleibt festzuhalten, dass das Kindergeld nicht im Einkommensteuerrecht verortet werden sollte.[1255] Die derzeitige Regelung wirft Fragen der Steuergerechtigkeit auf und führt zu einer Reihe systematischer Brüche. Andere systematische und zielführende Gestaltungen sind denkbar. Nach hier vertretener Auffassung sprechen die besseren Gründe für ein bedarfsgerechtes duales System der Familienbesteuerung.

Zum hier interessierenden Leistungsfähigkeitsprinzip ist allgemein bemerkenswert, dass, anders als beim Grundfreibetrag, sich anhand der Regelungen zum Familienleistungsausgleich nicht zwingend auf die Herleitung des Leistungsfähigkeitsprinzips aus den Freiheitsrechten schließen lässt.[1256] Die leistungsfähigkeitsgerechte Forderung nach der Steuerfreiheit des familiären Existenzminimums kann im Gegensatz zum Existenzminimum des Einzelnen überzeugend bereits aus dem Gleichheitssatz des Art. 3 GG begründet werden. Aus Familien mit Kindern und solchen ohne Kinder lassen sich ohne Probleme Vergleichsgruppen bilden. Diese sind auch nicht wesensgleich, sodass Familien mit Kind vor dem Hintergrund des Art. 3 GG zu bevorzugen sind, um Chancengleichheit zu gewährleisten. Unbenommen und eleganter in der Herleitung ist die Herleitung des Familienexistenzminimums aus den Anforderungen des Art. 6 GG, die auch das BVerfG des Öfteren wiederholte. Zudem kann über die Vergleichsgruppen des Art. 3 GG nur begründet werden, dass Familien mit Kindern grundsätzlich besser gestellt werden müssen, als solche ohne Kinder. Was das konkret bedeutet, bleibt vage.

Erst die hier vorgeschlagene bedarfsgerechte Interpretation des Leistungsfähigkeitsprinzips, unter Berufung auch auf die Freiheitsrechte und das Sozialstaatsprinzip, die durch die Anknüpfung an Bedarfe in § 31 S. 1 EStG noch gestützt wird, hat zur Folge, dass über den Verweis zum Sozialrecht konkrete, messbare Forderungen gestellt werden können, die nicht ihre mehr oder weniger willkürliche Her-

---

1253 *Jachmann*, K/S/M, Stand März 2004, § 31, Rz. 55; *Dostmann*, DStR 1999, 884 (886).
1254 *Seiler*, NZS 2008, 505 (510).
1255 *Hinz*, Einkommensteuerrecht und Sozialrecht, S. 77; *Felix*, DStJG 29 (2006), S. 153 ff.
1256 A.A. *Liesenfeld*, Existenzminimum, S. 126.

leitung hinter dem Zwang zur Typisierung und Pauschalierung im Massenfallrecht verstecken müssen. Ohne dass dies eigentlich Ziel der Untersuchung in diesem Abschnitt war, ergab sich überdies, dass der Schluss, von einem progressiven Tarifverlauf auf einen Anspruch auf degressive Entlastungswirkung von Steuerentlastungen (Reflextheorie) keinesfalls zwingend ist.

V. Elterngeld

Mit Wirkung vom 1.1.2007 wurde das Erziehungsgeld zum Elterngeld weiterentwickelt. Um darzustellen, welche Bedeutung das Elterngeld bei der Frage nach der Harmonisierung von Sozialrecht und Steuerrecht hat, muss zunächst die Regelung erläutert (1.) und ihr Verhältnis zu anderen Normen beleuchtet werden (2.). Sodann kann eine Bewertung erfolgen (3.).

1.) Grundriss der Regelung

Das Elterngeld ist eine im „Bundeselterngeld- und Elternzeitgesetz (BEEG)" geregelte steuerfinanzierte Lohnersatzleistung.[1257] Nach § 1 Abs. 1, 6 BEEG haben Elternteile, die nach der Geburt ihres Kindes ihren Beruf unterbrechen oder auf höchstens 30 Stunden in der Woche beschränken, dem Grunde nach Anspruch auf Elterngeld.[1258] Der Höhe nach beträgt das Elterngeld nach § 2 Abs. 1 S. 1 BEEG im Regelfall monatlich 67 Prozent des durchschnittlichen Einkommens der letzten 12 Monate vor der Elternzeit, höchstens jedoch 1.800 Euro. Diese Transferleistung kann bis zu 14 Monate in Anspruch genommen werden, wenn zwei Monate von dem jeweils anderen Partner genutzt werden, § 4 BEEG. Haben die Eltern in den letzten 12 Monaten vor der Geburt nur ein geringes oder gar kein Einkommen erzielt, so erhalten sie gemäß § 2 Abs. 5 BEEG einen Mindestbetrag von 300 Euro im Monat.[1259] Dieser Betrag wird jedoch höchstens 12 Monate gewährt, § 4 Abs. 2 S. 2, 3 BEEG.
Die Regelung des § 2 Abs. 1 BEEG wird jedoch sogleich durch § 2 Abs. 2 BEEG ausgehöhlt. Für maßgebliche monatliche Einkommen vor der Geburt von unter 1.000 Euro erhöht sich der Prozentsatz von 67 Prozent (bei 1.000 Euro und mehr) auf bis zu 100 Prozent (bei 340 Euro und weniger), § 2 Abs. 2 S. 1 BEEG. Zwischen

1257 *Lenz,* HK-MuSchG/BEEG, BEEG Vorb. Zu § 1 Rz. 2.; *Schramm,* FPR 2007, 342 ff.
1258 Zum Problem des folgenden Kindes und der eventuellen Benachteilung von Mehrkindfamilien durch § 2 Abs. 7 S. 5, 6 BEEG: *Salaw-Hanslmaier,* ZRP 2008, 140 (142 f.); *dies.,* ZRP 2009, 179 (179 ff.); *Russel,* ZRP 2010, 96 (97).
1259 Empfänger der Grundsicherung nach dem SGB II (sog. Hartz IV) sollen ab 2011 kein Elterngeld mehr erhalten.

maßgeblichen Einkommen von 1.200 EUR und 1.240 EUR sinkt der Prozentsatz des Elterngeldes schrittweise von 67 Prozent auf 65 Prozent, § 2 Abs. 2 S. 2 BEEG. Nach § 1 Abs. 8 BEEG entfällt das Elterngeld ab einem zu versteuernden Einkommen von 250.000 EUR (500.000 EUR bei Verheirateten). De facto entfällt das Elterngeld auch für Empfänger von Leistungen nach dem SGB II und SGB XII, da es sich wegen § 10 Abs. 5 BEEG um anrechenbares Einkommen im Sinne der Leistungsgesetze handelt.[1260] Ähnlich dem Kindergeld ist damit auch das Elterngeld nicht leicht einzuordnen. Es ändert je nach Einkommen seine Eigenschaft und wird entweder Lohnersatzleistung oder reine (einkommensunabhängige) soziale Förderung.

2.) Verhältnis zu anderen Regelungen

Auf das Elterngeld wird Mutterschaftsgeld nach § 3 Abs. 1 BEEG angerechnet, sofern es die gleiche Funktion wie das Elterngeld hat.[1261] Im Allgemeinen werden Lohnersatzleistungen oder Transferleistungen wie etwa Arbeitslosengeld auf das Elterngeld angerechnet, sobald sie 300 Euro übersteigen, § 3 Abs. 2 BEEG. In gleicher Höhe (300 Euro) bleibt das Elterngeld wiederum für Sozialleistungen unberücksichtigt, schmälert also keine Ansprüche, § 10 Abs. 1, 2 BEEG. Zur Ermittlung der für das Elterngeld maßgeblichen Bemessungsgrundlage erfolgen in § 2 BEEG umfangreiche Verweise auf die Gewinnermittlungsvorschriften des EStG.[1262] Aus diesem Grund lässt sich die Höhe des Elterngeldes bei abhängig beschäftigten Ehepaaren durch die Lohnsteuerklassenwahl (§ 38b EStG) gestalten.[1263] Nach § 3 Nr. 67 EStG ist das Elterngeld von der Besteuerung freigestellt. Es unterliegt jedoch nach § 32b Abs. 1 Nr. 1 lit. j EStG dem Progressionsvorbehalt.

3.) Bewertung

Zu prüfen ist zum einen, ob dem Bund überhaupt die Gesetzgebungskompetenz für das BEEG zukommt (a). Zum anderen ist die Regelung inhaltlich auf ihre Vereinbarkeit mit höherrangigem Recht zu prüfen (b).

1260 Änderung durch Haushaltsbegleitgesetz, BGBl. I 2010, S. 1885 (1896).
1261 *Seiler*, NVwZ 2007, 129 (129).
1262 Zu einzelnen Problemen bei der Ermittlung der Höhe des Elterngelds vgl. *Oyda*, NZS 2010, 194 (196 ff.).
1263 Nicht rechtsmissbräuchlich: BSG vom 25.06.2009, Az. B 10 EG 3/08 R, DStR 2009, 2263 ff.; *Schramm*, FPR 2007, 342 (343 ff.).

a) Gesetzgebungskompetenz

Möglicherweise fehlte dem Bund die Gesetzgebungskompetenz für das BEEG in seiner derzeitigen Gestalt. Er stützte das Gesetz auf die Kompetenznorm des Art. 74 Abs. 1 Nr. 7 GG.[1264] Diese ermöglicht es dem Bund, auf dem Gebiet der „öffentlichen Fürsorge" tätig zu werden. Der Begriff der „Fürsorge" erfasst das gesamte Sozialrecht und ist nicht eng auszulegen.[1265] Er entstammt jedoch dem Armenwesen und zielt vornehmlich auf die Unterstützung von Hilfsbedürftigen in wirtschaftlicher Not ab.[1266] Die Fürsorge ist demnach am Bedarf des Hilfesuchenden orientiert.[1267] Neue Lebenssachverhalte können nur dann unter die Norm subsumiert werden, wenn sie in wesentlichen Strukturelementen dem Bild entsprechen, das durch die klassische Fürsorge geprägt ist.[1268] Entscheidend ist die Anknüpfung an Tatbestände der akuten oder zumindest drohenden Hilfsbedürftigkeit, also der zumindest potentiellen Notlage, aus der sich der Betroffene auf Grund seiner Hilflosigkeit nicht selbst befreien kann.[1269] Die Norm darf nicht als Grundlage jeglicher staatlicher Wohlfahrtspflege aufgefasst werden.[1270]

Das Elterngeld, soll es von Art. 74 Abs. 1 Nr. 7 GG gedeckt sein, müsste demnach eine Sozialleistung sein, die am Bedarf des Hilfesuchenden ausgerichtet, eine Notlage mildert oder beendet. Die vorliegende Fassung des Elterngeldes knüpft an die Höhe des Verdienstes in der Vergangenheit an, und die Höhe des Elterngeldes steigt mit höherem Einkommen. Es wird auf eine positive Leistungsfähigkeit und nicht auf eine negative Leistungsfähigkeit abgestellt. Damit wird kein aktueller Bedarf der Familie gemessen. Es werden auch nicht sozial Schwache besonders unterstützt, da diese eventuell lediglich den 12monatigen Sockelbetrag von 300 Euro erhalten. Es wird keiner persönlichen Hilfsbedürftigkeit abgeholfen.[1271] Damit widerspricht die Regelung den Strukturelementen der „klassischen Fürsorge". Unter diesem Gesichtspunkt unterfällt das Elterngeld in der derzeitigen Fassung, anders als das ehemalige Bundeserziehungsgeld,[1272] nicht mehr Art. 74 Abs. 1 Nr. 7 GG.

Der „klassische" Begriff der Fürsorge wurde indes durch häufige Ausdehnung über die unmittelbare Notlage hinaus hin zur Prävention dynamisiert.[1273] Dies lässt

---

1264 BT Drs. 16/1889, S. 35 f.
1265 *Seiler*, NVwZ 2007, 129 (129).
1266 *Oeter*, v. Mangoldt/Klein/Starck, GG II, 5. A 2005, Art. 74 Rz. 59 f.
1267 *Oeter*, v. Mangoldt/Klein/Starck, GG II, 5. A 2005, Art. 74 Rz. 61.
1268 BVerfGE 106, 62 (133).
1269 *Oeter*, v. Mangoldt/Klein/Starck, GG II, 5. A 2005, Art. 74 Rz. 64.
1270 *Stettner*, Dreier GG, Band 2, 2. A. 2006, Art. 74 Rz. 44.
1271 *Seiler*, NVwZ 2007, 129 (130).
1272 *Oeter*, v. Mangoldt/Klein/Starck, GG II, 5. A 2005, Art. 74 Rz. 62.
1273 *Oeter*, v. Mangoldt/Klein/Starck, GG II, 5. A 2005, Art. 74 Rz. 69.

sich bei der typisierten Erfassung von Notlagen beobachten,[1274] bei denen einkommensunabhängig über bestehende Notlagen hinaus Leistungen erbracht werden.[1275] Dennoch knüpfen diese Sozialleistungen, sei es im Bereich des Jugendschutzes, des Kindergeldes oder Wohngeldes, noch an typisierte Notlagen an.

Es soll einmal vorausgesetzt werden, die Geburt eines Kindes und die mit der Unterbrechung der Berufstätigkeit verbundenen Einkommenseinbußen könnten als typisierte Notlage begriffen werden. Selbst in diesem Fall müsste der Inhalt des BEEG zurückwirken auf die gewählte Kompetenznorm. Das BEEG hilft dann nämlich gerade den Notleidenden nicht. Es unterstützt besonders stark die Besserverdienenden.

Damit kann das BEEG nur insoweit von Art. 74 Abs. 1 Nr. 7 GG gedeckt sein, wie es seine Vorgängerregelung (das ehemalige Bundeserziehungsgeldgesetz) wiederholt, also für den Sockelbetrag, den auch Mittellose erhalten. Die effektive Halbierung des Betrages im Vergleich zur Vorgängerregelung, die sich aus der lediglich 12monatigen Zahlung ergibt, ist hierbei unschädlich. Insoweit ist dem Gesetzgeber ein Gestaltungsspielraum zuzugestehen.

Es besteht überdies auch keine sozialstaatliche Veranlassung, den Umfang der „Fürsorge" aus Art. 74 Abs. 1 Nr. 7 GG zu überdehnen.[1276] Entfiele nämlich die Kompetenz des Bundes, Regelungen auf diesem Gebiet zu treffen, so hieße dies lediglich, dass die Länder zuständig wären. Diese wiederum sind ebenso an die sozialstaatlichen Grundsätze gebunden wie der Bund. Die Länder könnten also ohne Bedenken Materien, die die Grenzen der Kompetenz aus Art. 74 Abs. 1 Nr. 7 GG überschreiten, ebenso gut regeln, wie dies auf Bundesebene möglich ist.

Der an das vorherige Einkommen anknüpfende Teil des BEEG ist nicht mehr von Art. 74 Abs. 1 Nr. 7 GG erfasst.[1277] Eine solche versicherungsähnliche Leistung könnte auf Bundesebene nur über die Kompetenznorm des Art. 74 Abs. 1 Nr. 12 GG in Form einer Sozialversicherung gestaltet werden.[1278] Anderenfalls ist der Landesgesetzgeber zuständig. Die derzeitige Form des BEEG ließe sich nur über eine Verfassungsänderung legalisieren.

Überdies nimmt der Kompetenztitel aus Art. 74 Abs. 1 Nr. 7 GG teil am Katalog des Art. 72 Abs. 2 GG. Das heißt, das BEEG muss die Erforderlichkeitsklausel des Art. 72 Abs. 2 GG erfüllen. Dies ist nur dann der Fall, wenn und soweit die Herstellung gleichwertiger Lebensverhältnisse im Bundesgebiet oder die Wahrung der Rechts- und Wirtschaftseinheit im gesamtstaatlichen Interesse eine bundesgesetzliche Regelung erforderlich macht. Hierbei kommt dem Gesetzgeber nur ein eng umrissener Prognosespielraum zu. Ein von verfassungsrechtlicher Kontrolle freier

---

1274 *Oeter*, v. Mangoldt/Klein/Starck, GG II, 5. A 2005, Art. 74 Rz. 64.
1275 So für das Kindergeld: *Oeter*, v. Mangoldt/Klein/Starck, GG II, 5. A 2005, Art. 74 Rz. 64.
1276 *Kunig*, von Münch/ Kunig, GGK III, 5. A. 2003, Art. 74 Rz. 32.
1277 A.A. *Degenhart*, Sachs, Grundgesetz, 4. A. 2007, Art. 74 Rz. 40, ohne nähere Begründung.
1278 *Seiler*, NVwZ 2007, 129 (130).

gesetzgeberischer Beurteilungsspielraum hinsichtlich der Voraussetzungen des Art. 72 Abs. 2 GG besteht nicht.[1279] Das Erfordernis der „Herstellung gleichwertiger Lebensverhältnisse" ist nicht bereits dann erfüllt, wenn eine Regelung bundeseinheitlich in Kraft gesetzt werden soll.[1280] Ein solches Verständnis der Norm würde die von Art. 72 Abs. 2 GG bestimmte Begrenzung der Bundeskompetenz de facto leer laufen lassen. Auch genügt es nicht, abstrakt die Lebensverhältnisse in der gesamten Republik verbessern zu wollen.[1281]

Damit die Erforderlichkeitsklausel erfüllt ist und dem Bund die Gesetzgebungskompetenz zukommt, müsste vielmehr eine Situation herrschen, in der sich ohne eine bundesgesetzliche Regelung des Elterngeldes die Lebensverhältnisse in den Ländern in erheblicher, das bundesstaatliche Sozialgefüge beeinträchtigender Weise auseinander entwickelt haben oder sich eine solche Entwicklung abzeichnet.[1282]

Auf die „Wahrung der Rechtseinheit" kann sich der Gesetzgeber auch nicht bereits dann berufen, wenn unterschiedliche Rechtslagen in den Ländern bestehen. Denn diese sind eine typische Ausprägung der föderalen Demokratie. Erst wenn eine Rechtszersplitterung mit problematischen Folgen droht, die im Interesse sowohl des Bundes als auch der Länder nicht hingenommen werden kann,[1283] ergibt sich eine Gesetzgebungskompetenz für den Bund.

Die „Wahrung der Wirtschaftseinheit" erfordert, dass eine bundeseinheitliche Regelung notwendig ist, um die Funktionsfähigkeit des Wirtschaftsraums zu gewährleisten.[1284] Im Kompetenzgefüge des Grundgesetzes gebührt im Übrigen bei gleicher Eignung den Ländern der Vorrang.[1285]

Diesen Anforderungen kann das BEEG nicht genügen. Fürsorgemaßnahmen haben die Herstellung gleichwertiger Lebensbedingungen als ein Hauptziel. Das BEEG knüpft an den wirschaftlichen Erfolg in der Vergangenheit an und erkennt wohlhabenderen Familien einen höheren Anspruch zu. Damit hat es die Tendenz, die strukturellen Unterschiede in der Bundesrepublik noch zu verfestigen. Besteht etwa in den neuen Bundesländern ohnehin ein niedrigeres Lohnniveau und eine höhere Arbeitslosigkeit, so fließt auch nur ein deutlich unterdurchschnittlicher Teil des Elterngeldes in diese Region.[1286] Die bestehenden Unterschiede werden demnach eher verfestigt als abgebaut.

Dem kann entgegengehalten werden, diese Sicht der Dinge überbewerte die möglichen negativen finanziellen Auswirkungen des BEEG. Gerade der ver-

1279 BVerfGE 106, 62 (135).
1280 BVerfGE 106, 62 (144).
1281 BVerfGE 106, 62 (144).
1282 BVerfGE 106, 62 (144).
1283 BVerfGE 106, 62 (145).
1284 BVerfGE 106, 62 (146).
1285 BVerfGE 106, 62 (149).
1286 *Seiler*, NVwZ 2007, 129 (130).

gleichsweise geringe finanzielle Rahmen des Gesetzes, der gesamtstaatliche negative Folgen als eher unwahrscheinlich erscheinen lässt, spricht jedoch nicht für die Regelung. Umgekehrt sind nämlich auch die Bedeutung und der finanzielle Rahmen des BEEG nicht von solchem Ausmaß, als dass eine etwa bestehende Fehlentwicklung in der Bundesrepublik damit korrigiert werden könnte.[1287] Das Gesetz kann nicht für sich in Anspruch nehmen, gleichwertige Lebensbedingungen herstellen zu wollen.

Des Weiteren deuten die bereits vor dem BEEG existierenden landesrechtlichen Regelungen mit ihren unterschiedlichen Voraussetzungen und Leistungshöhen darauf hin, dass von der Gefahr der Rechtszersplitterung mit problematischen Folgen keine Rede sein kann. So existierten bereits in Baden-Württemberg,[1288] Bayern,[1289] Sachsen,[1290] Thüringen[1291] und kurzzeitig in Mecklenburg-Vorpommern[1292] Regelungen über ein das ehemalige Bundeserziehungsgeld verlängerndes Landeserziehungsgeld. Ebenso wenig dürfte die Funktionsfähigkeit des Wirtschaftraumes der Bundsrepublik von den Regelungen des BEEG, sei es positiv oder negativ, tangiert werden. Also kann auch dieser Gesichtspunkt nicht für die Konstruktion einer Gesetzgebungskompetenz[1293] herangezogen werden.

Insgesamt fehlt die Nähe zu den Grundsätzen der Fürsorge aus Art. 74 Abs. 1 Nr. 7 GG, und es ist keine Gefahr für das gesamtstaatliche Sozialgefüge i. S. v. Art. 72 Abs. 2 GG dargetan.[1294] Dem Bund fehlte im Ergebnis die Kompetenz zur Gesetzgebung für das BEEG.

b) Die materielle Regelung

Nicht nur kompetentiell, sondern auch materiell sind Verstöße gegen höherrangiges Recht zu befürchten. Möglicherweise ist das BEEG nicht mit den fundamentalen Prinzipien des Sozialrechts und des Steuerrechts zu vereinbaren. Des Weiteren könnte die Regelung gegen Grundrechte verstoßen.

1287 *Seiler*, NVwZ 2007, 129 (130).
1288 BW RL-LErzG.
1289 BayLErzGG.
1290 SächsLErzGG.
1291 ThürErzGG.
1292 MVLErzGG.
1293 *Seiler*, NVwZ 2007, 129 (130).
1294 Vgl. BT-Drs. 16/1889.

aa) Verstoß gegen Prinzipien des Sozialrechts und des Einkommensteuerrechts

Die derzeitige Ausgestaltung des BEEG ist nicht mit dem Bedürftigkeitsprinzip zu vereinbaren.[1295] Es knüpft weder an einen aktuellen Bedarf der Eltern noch an den des Kindes an. Grundsätzlich ist dem Sozialrecht der Gedanke, dass ein besser Verdienender einen Anspruch auf eine höhere Leistung erwerben kann als ein weniger gut Verdienender, nicht fremd. Diese höhere Leistung, etwa im Bereich des Arbeitslosengeldes, ist jedoch an vorangegangene höhere Einzahlungen gebunden. Das heißt, der besser Verdienende konnte aufgrund seines höheren Einkommens eine größere Summe in eine Versicherung einzahlen und erhält damit im Versicherungsfall eine höhere Leistung aus der Versicherung.

Darin ist kein Gerechtigkeitsproblem zu sehen. Dieser Mechanismus ist Ausdruck des sozialrechtlichen Versicherungsprinzips. Es enthält den Gedanken, dass bis zu einem gewissen Grad äquivalent zur Einzahlung eine Sicherheit oder im Versicherungsfall eine Auszahlung erfolgt. Das BEEG wird jedoch nicht durch eine Versicherung finanziert, sondern durch Steuern. Das sozialrechtliche Versicherungsprinzip kann zur Rechtfertigung des BEEG also nicht herangezogen werden.

Damit ergibt sich die Verbindung des sozialrechtlichen Elterngeldes mit dem Einkommensteuerrecht. Systemfremd verhilft der Gesetzgeber nun im Einkommensteuerrecht via BEEG dem weitgehend überwunden geglaubten Äquivalenzprinzip zur Geltung. Derjenige, der vor dem kindbedingten Aussetzen mehr Steuern gezahlt hat und der mit hoher Wahrscheinlichkeit nach dem Aussetzen mehr Steuern zahlen wird, erhält eine höhere Leistung aus Steuermitteln als der Geringverdiener. Das heißt, das BEEG lässt sich grundsätzlich nur äquivalenztheoretisch erklären, obwohl es aus Steuermitteln finanziert wird und für seine Bemessungsgrundlage an das Einkommensteuerrecht anknüpft, welches sich nach dem Leistungsfähigkeitsprinzip richtet.

Diese Entwicklung wird umso problematischer, je häufiger und umfangreicher der Gesetzgeber den Anschein erweckt, gezahlten Steuern habe eine (zumindest teilweise) äquivalente Gegenleistung zu folgen; oder zu zahlende Steuern müssten durch bestimmte Verwendungszwecke gerechtfertigt werden (Zwecksteuern). Die Grundsätze, dass Steuern nicht im Hinblick auf eine bestimmte Gegenleistung (§ 3 Abs. 1 AO) oder gebunden an eine bestimmte Verwendung gezahlt werden, drohen ausgehöhlt zu werden. Damit wiederum begäbe sich der Gesetzgeber durch unnötige Selbstbindung seines eigenen Gestaltungsspielraums.

Grundsätzlich muss sich eine sozialrechtliche Regelung nicht an Prinzipien des Einkommensteuerrechts messen lassen. Zum einen erfolgt aber die Ermittlung des

---

1295 *Seiler*, NZS 2007, 617 (622).

nach § 2 BEEG zu bestimmenden Einkommens nach steuerrechtlichen Grundsätzen.[1296] Zum anderen ist dem Einkommensteuerrecht und dem Sozialrecht das Prinzip der bedarfsgerechten Interpretation des Leistungsfähigkeitsprinzips gemein. Somit darf auch das BEEG diesem Prinzip nicht zuwider laufen. Der Schutz Schwacher im sozialrechtlichen System der Fürsorge steht spiegelbildlich zur Inanspruchnahme Starker nach dem steuerlichen Leistungsfähigkeitsprinzip.[1297]

Der vorliegenden Regelung mangelt es an der Rückanbindung an die Gedanken des Bedarfs und der Leistungsfähigkeit. Nach sozialrechtlicher Logik müssen soziale Hilfen mit steigendem Einkommen abgeschmolzen werden[1298] und mit sinkendem Einkommen steigen und nicht umgekehrt.[1299] Ein höheres Einkommen deutet nicht auf einen höheren sozialrechtlich oder steuerrechtlich anzuerkennenden Bedarf hin. Auch die Rückanknüpfung an das Durchschnittseinkommen der letzten 12 Monate ist nicht aussagekräftig für den Bedarf und die Leistungsfähigkeit im darauffolgenden Jahr.

Diese prinzipienlose Konzeption führt dazu, dass gerade bedürftige Familien, die nur über ein geringes oder überhaupt kein Einkommen verfügen, benachteiligt werden.[1300] Zur Gegenfinanzierung des Elterngeldes entfiel das Erziehungsgeld. Unter Geltung des § 5 BErzGG konnten Geringverdiener wie etwa Studenten bis zu zwei Jahre mit einem Betrag von 300 Euro im Monat unterstützt werden. Nun erhalten sie diesen Betrag nur noch ein Jahr lang. Gerade die Benachteiligung von Studenten verwundert, da zur Rechtfertigung des Gesetzes oft auf die niedrige Geburtenrate bei Akademikerinnen verwiesen wurde. Wirtschaftlich betrachtet ist es für eine Studentin unter der geltenden Regelung sogar ratsam, die Familienplanung aufzuschieben. Denn erst bei einem hinreichend hohen Nettoeinkommen kann das Elterngeld ausgeschöpft werden.[1301] Dies erfordert jedoch regelmäßig einige Jahre der Berufstätigkeit nach dem Studium. Zudem werden gerade die Eltern besonders unterstützt, die vor der Geburt des Kindes eine mindestens hinreichende Leistungsfähigkeit hatten, und die auch für den Wiedereinstieg in den Beruf eine gute Prognose haben.

Die Vermutung liegt nahe, dass es sich (zumindest als Nebenzweck) um eine wirtschaftspolitische Regelung im Gewand einer Sozialleistung handelt. Es ist nicht damit zu rechnen, dass das Elterngeld sich positiv auf die demographische Lage in Deutschland auswirkt. Zum einen ist fraglich, ob höchstpersönliche Ent-

---

1296 *Zorn*, NZS 2007, 580 (581).
1297 *Seiler*, NVwZ 2007, 129 (131).
1298 Vgl. Reformvorschlag bei: *Vorwold*, StuW 1992, 264 (268 f.).
1299 So auch: *Seiler*, NVwZ 2007, 129 (131).
1300 *Seiler*, NVwZ 2007, 129 (129).
1301 Erst bei einem Nettoeinkommen von rund 2.687 EUR/Monat wird das Elterngeld voll ausgeschöpft. Dies entspricht in etwa einem monatlichen Bruttoeinkommen von 4.400 EUR.

scheidungen durch staatliche Anreize in nennenswertem Umfang beeinflusst werden können. Zum anderen dürften sich kaum Familien durch einen derart kurzfristigen finanziellen Ausgleich zu veränderter Familienplanung bewegen lassen. Eine Steigerung der Geburtenrate unterstellt die Gesetzesbegründung auch gar nicht.[1302] Vielmehr ging es dem Gesetzgeber um Erwerbstätige, die ohnehin Eltern werden. Diese sollen möglichst schnell wieder für den Arbeitsmarkt verfügbar werden[1303] und nicht zu lange kindbedingt aussetzen. Eine schnelle Rückkehr der Mütter in das Erwerbsleben verspricht Steuereinnahmen und Sozialversicherungsbeiträge, für die Wirtschaft stehen qualifizierte Arbeitnehmerinnen schnell wieder zur Verfügung, und die Kosten der Arbeitgeber im Zusammenhang mit der Elternzeit werden reduziert.[1304] Damit verstößt die Regelung gegen das bedarfsgerecht interpretierte Leistungsfähigkeitsprinzip in Steuerrecht und Sozialrecht.

Möglicherweise lässt sich der Verstoß ausnahmsweise durch den besonderen Lenkungszweck des Gesetzes rechtfertigen. Zwar kann der Zweck nicht die Mittel heiligen. Unter Umständen kann jedoch die Verfolgung eines wünschenswerten Ziels nicht ohne Brüche in ein bestehendes System integriert werden. In der folgenden Untersuchung soll davon ausgegangen werden, dass die genannten wirtschaftspolitischen Aspekte lediglich (gewünschter) Nebeneffekt sind und Hauptzweck der Regelung die Unterstützung und Ermutigung der (zukünftigen) Eltern ist.

Auch wenn das Argument zunächst ungewöhnlich oder gar zynisch anmuten mag, so werden die Lenkungsziele des BEEG bei weniger gut Verdienenden bereits mit geringerem finanziellen Aufwand erreicht als bei Besserverdienern.[1305] So wird bei einem Elternteil, welcher im Jahr vor der Geburt 1.000 EUR netto pro Monat verdiente, die Aussicht auf 670 EUR monatlich nach der Geburt die Entscheidung für ein Kind möglicherweise positiv beeinflussen. Spielt hingegen ein Elternteil, der vor der Geburt 3.000 EUR netto pro Monat verdient, mit dem Gedanken kindbedingt ein Jahr auszusetzen, so dürfte die Aussicht auf 670 EUR pro Monat einen deutlich geringeren Überzeugungseffekt haben. Hier würde nur ein Mitnahmeeffekt stattfinden, wenn der Entschluss für das Kind ohnehin bereits gefallen ist. Damit ist die vom BEEG getroffene Differenzierung nach dem Gehalt notwendig zum Erreichen des Lenkungsziels. Letztlich muss dem Gesetzgeber im Bereich der Leistungsverwaltung ein tendenziell weiter Entscheidungs- und Gestaltungsspielraum zugestanden werden.[1306]

1302 BT Drs. 16/1889 S. 37; a.A. *Brosius-Gersdorf*, FPR 2007, 334; *dies.*, NJW 2007, 177 (178).
1303 BT Drs. 16/1889 S. 36, 39.
1304 *Seiler*, NVwZ 2007, 129 (133).
1305 *Brosius-Gersdorf*, NJW 2007, 177 (180).
1306 *Brosius-Gersdorf*, NJW 2007, 177 (181).

Die Durchbrechung des Leistungsfähigkeitsprinzips ist im Ergebnis in dieser besonderen Konstellation gerechtfertigt. Es muss aber betont werden, dass diese Ausnahmesituation nur dadurch entstanden ist, dass eine versicherungsähnliche Regelung (aus größeren Einzahlungen folgen größere Auszahlungen) systemwidrig als Fördermaßnahme eingeordnet wurde.

bb) Art. 6 GG

(1) Außenbereich und Binnenbereich der Ehe

Das Verbot des Art. 6 Abs. 1 GG, Ehen schlechter zu stellen als andere Formen des Zusammenlebens,[1307] ist nicht verletzt.[1308] Denn das BEEG differenziert nicht nach unverheirateten Paaren und verheirateten Paaren. Der Art. 6 GG gebietet dem Staat darüber hinaus eine neutrale Haltung gegenüber den Interna der Familien.[1309] Diese Neutralität erscheint in mehrfacher Hinsicht durchbrochen. Pointiert kann man die Intention des BEEG folgendermaßen zusammenfassen: Nur Eltern mit einem hinreichenden Einkommen sollen Kinder bekommen, denn solche werden besonders unterstützt. Beide Elternteile sollen für die Betreuung des Kindes Abstriche bei der Karriere hinnehmen, denn nur in diesem Fall wird das Elterngeld die vollen 14 Monate gezahlt. Entgegen der Regelung zur Elternzeit (bis zu drei Jahre, § 15 Abs. 1, 2 BEEG) sollen die Eltern nach spätestens einem Jahr wieder in den Beruf zurückkehren, denn sonst wäre die Bezugsdauer im Vergleich zum bisherigen Erziehungsgeld nicht verkürzt worden.

Nach der objektiven Wertentscheidung des Art. 6 GG muss jedes Kind dem Staat gleichermaßen willkommen sein.[1310] Als Unterscheidungsmerkmal kann demnach weniger der Verdienst der Eltern, sondern der Bertreuungsaufwand dienen. Mangels handhabbarer Kriterien für den Betreuungsaufwand wäre eine Anknüpfung etwa an die Zahl der zu versorgenden Kinder denkbar. Sozialstaatlich begründbar wäre, wenn überhaupt, eine Besserstellung einkommensschwacher Familien. Nicht hinzunehmen wäre jedoch eine typisierte Anknüpfung an den Ausbildungsstand der Eltern.[1311] Es darf keine de facto Einteilung in „besonders wertvolle Kinder" wie etwa Akademikerkinder und alle übrigen Kinder geben.[1312]

1307 *Schmitt-Kammler*, Sachs Grundgesetz, 4.A., Art. 6 Rz. 32.
1308 *Brosius-Gersdorf*, NJW 2007, 177 (179).
1309 *Schmitt-Kammler,* Sachs Grundgesetz, 4.A., Art. 6 Rz. 17, 20; *Coester-Waltjen*, von Münch/ Kunig, GGK I, 5. A. 2000, Art. 6 Rz. 25.
1310 *Seiler*, NVwZ 2007, 129 (131).
1311 In diese Richtung ging die Diskussion bei der Begründung des Elterngeldes: „zu wenig Akademikerkinder".
1312 *Seiler*, NVwZ 2007, 129 (131).

Der Art. 6 GG verpflichtet den Gesetzgeber zur Neutralität gegenüber der innerfamiliären Aufteilung von Familien- und Erwerbsarbeit.[1313] Vor diesem Hintergrund sind die Lenkungswirkungen des BEEG, soweit sie über den Anreiz, überhaupt eine Familie zu gründen, hinausgehen, problematisch.[1314] Die Leistung des BEEG (maximal 14 Monate) bleibt deutlich hinter den Regelungen zur Elternzeit (3 Jahre) zurück. Damit wird ein längeres Fernbleiben von der Erwerbstätigkeit unattraktiver gemacht. Hierdurch entsteht ein deutlicher psychologischer Anreiz, früher arbeiten zu gehen. Dies birgt die Gefahr, sich auf die Entscheidungsfindung der Familien auszuwirken. Deutlicher tritt die staatliche Beeinflussung der Planung der Familienaufgabenverteilung bei den Partnermonaten zu Tage.[1315] Die Regelung des § 4 Abs. 2, 3 BEEG könnte als Mittel verstanden werden, den Bürger zu einer bestimmten Art des Familienlebens zu erziehen.[1316] Dies könnte als mangelnder Respekt vor der gewählten Aufgabenverteilung der Familien interpretiert werden. So, wie der staatliche Versuch der Rückführung der Ehefrau ins Haus unzulässig[1317] ist, werden auch auf das Gegenteil zielende Einwirkungen als unstatthaft erachtet.[1318]

Es steht jedoch jedem frei, zu wählen, in welcher Form er von dem Angebot des BEEG Gebrauch macht. Niemand ist gezwungen, dem Vorschlag familiärer Zusammenarbeit, den das BEEG unterbreitet, zu folgen. Insofern ist die Bedrängungswirkung für die Familien nicht von solcher Art und Intensität, dass von einem Eingriff in Freiheitsrechte die Rede sein könnte.

Auch kann im Binnenbereich der Ehe dem Art. 6 Abs. 1 GG kein Gebot der generellen Gleichbehandlung aller Eheleute entnommen werden.[1319] So wurden etwa Staffelgebühren, die besser verdienende Eheleute stärker belasten als weniger gut verdienende Eheleute, als zulässig erachtet.[1320]

Problematisch ist zwar, dass hier ausgerechnet die besser Verdienenden begünstigt werden. Dies hängt jedoch mit dem Lenkungszweck des BEEG zusammen. Insofern kann auf das zum Leistungsfähigkeitsprinzip Gesagte verwiesen werden. Geht man davon aus, dass neben der wirtschaftlichen Stoßrichtung des Gesetzes auch bestimmte Familien ermutigt werden, Kinder zu bekommen, so dient das Gesetz gerade den Interessen des Art. 6 Abs. 1 GG. Selbst wenn ein Eingriff bejaht würde, stünde als Rechtfertigungsargument die Gleichstellung der Geschlechter im Erwerbsleben zur Verfügung.[1321] Das BEEG verletzt nicht Art. 6 GG.

1313 *Schmitt-Kammler*, Sachs Grundgesetz, 4.A., Art. 6 Rz. 14; *Seiler*, NVwZ 2007, 129 (132).
1314 *Seiler*, NVwZ 2007, 129 (131).
1315 *Seiler*, NVwZ 2007, 129 (132).
1316 *Brosius-Gersdorf*, NJW 2007, 177 (179).
1317 BVerfGE 21, 329 (353).
1318 *Schmitt-Kammler*, Sachs Grundgesetz, 4.A., Art. 6 Rz. 26.
1319 *Schmitt-Kammler*, Sachs Grundgesetz, 4.A., Art. 6 Rz. 32.
1320 BVerfGE 97, 332.
1321 *Lenz*, HK-MuSchG/BEEG, BEEG Vorb. Zu § 1 Rz. 3.

Es sei jedoch noch einmal betont, dass die Regelung nicht mit dem Fürsorgegedanken zu erklären ist.

(2) Stichtagsregelung

Fraglich ist, ob es gegen Art. 6 Abs. 1 GG verstößt, dass der Gesetzgeber das Elterngeld ohne eine Übergangsregelung erst für solche Kinder vorsieht, die ab dem 01.01.2007 geboren sind. Dieser Umstand schließt die Eltern der Kinder, die vor dem 01.01.2007 geboren wurden, von der Anwendung des BEEG aus. Dies gilt auch dann, wenn das BEEG günstiger wäre als seine Vorgängerregelung.

Die Schutzrichtung des BEEG und des Art. 6 Abs. 1 GG sind grundsätzlich die gleichen. Beide sollen die Familie begünstigen. Auch die Anwendung einer Stichtagsregelung lässt nicht erkennen, dass das BEEG sich gegen das Institut der Familie oder bestimmte Formen der Familie richtet. Es handelt sich um eine logische Notwendigkeit, dass ein Gesetz erst ab einem bestimmten Datum gelten kann. Gerade bei Geldleistungsgesetzen ist zu überlegen, ob der Verwaltungsaufwand einer Übergangsregelung im richtigen Verhältnis zu den möglicherweise auftretenden Härten steht. Auch eine Übergangsregelung kommt im Übrigen nicht ohne einen Stichtag aus. Letztlich ist dem Gesetzgeber bei der Ausgestaltung des ihm aufgetragenen Schutzes der Familie ein weiter Gestaltungsspielraum zuzugestehen.[1322] Die Stichtagsregelung des BEEG stellt keinen Eingriff in Art. 6 Abs. 1 GG dar.

cc) Art. 3 GG

(1) Materielle Regelung

In gleichheitsrechtlicher Hinsicht (Art. 3 GG) sind zum einen Familien mit unterschiedlich hohem Einkommen (a) und zum anderen Doppelverdienerpaare und vorher berufstätige Alleinerziehende mit Einverdienerfamilien zu vergleichen[1323] (b).

(a) Unterschiedliche Einkommen

Nominell werden Familien mit unterschiedlich hohem Einkommen durch das BEEG unterschiedlich behandelt. Die Frage ist jedoch, ob unterschiedlich Verdie-

---

1322 BSG Urteil vom 23.01.2008 Az.: B 10 EG 5/07R.
1323 *Seiler*, NVwZ 2007, 129 (131).

nende in diesem Fall wesensgleich sind, sodass sich eine Differenzierung zwischen diesen Gruppen verböte. Dies ist keinesfalls selbstverständlich. Wäre das BEEG etwa wie seine Vorbildregelung (schwedische Elternversicherung)[1324] als Versicherung ausgestaltet, so spräche nichts gegen eine erhöhte Auszahlung nach höherer Einzahlung in die Versicherung. Auch das steuerliche Leistungsfähigkeitsprinzip kennt Differenzierungen nach dem Einkommen. Im Sozialrecht sind bei Kindergärten Staffelbeiträge erlaubt.

Gleichheitsrechtlich problematisch am BEEG ist im Ergebnis nicht die grundsätzliche Differenzierung nach dem Einkommen. Problematisch ist, dass an ein höheres Einkommen höhere Leistungen geknüpft werden. Auch im fürsorgerechtlichen Normalfall, wenn also an niedrigere Einkommen höhere Zuwendungen geknüpft würden, käme es letztlich zu einer formalen Ungleichbehandlung. In diesem Fall bestehen aber unterschiedliche Bedarfslagen. Damit sind die Vergleichspartner nicht wesensgleich. Eine relevante Ungleichbehandlung liegt in diesen Fällen also nicht vor.

Das BEEG gewährt bei höherem Bedarf eine geringere Leistung. Auch hier gibt es eine unterschiedliche Bedarfslage. Mit dieser Begründung aber eine relevante Ungleichbehandlung abzulehnen, würde gegen das Sozialstaatsprinzip und allgemeine Denkgesetze verstoßen. Das BEEG ist jedoch eher lenkungsorientiert, als dass es Bedürftigkeitslagen kompensiert. Wie bereits dargestellt, bedarf es bei Besserverdienern für eine erfolgreiche Lenkung und zur Vermeidung bloßer Mitnahmeeffekte eines stärkeren finanziellen Anreizes als bei wirtschaftlich Schwächeren. Würde der Staat allen Familien den gleichen Betrag gewähren, der hoch genug wäre, um auch Durchschnittsverdiener oder gar Besserverdiener zum Kind zu ermutigen, so wäre dies wohl nicht bezahlbar. Zum anderen würden gerade Erwerbslose einen überproportional starken Anreiz für ein Kind haben. Dies dürfte finanziell im Hinblick auf die Zeit nach der Elterngeldzahlung problematisch sein. Damit sind die Vergleichspaare unterschiedlich gut verdienender Paare im Hinblick auf das BEEG nicht wesensgleich. Nur bei höherer Zahlung kann auch bei Besserverdienenden ein Lenkungszweck erreicht werden. Es liegt insofern keine relevante Ungleichbehandlung wesentlich gleicher Gruppen vor.[1325]

(b) Verschiedene Familienmodelle

Bei Doppelverdienerpaaren und vorher berufstätigen Alleinerziehenden kann das Elterngeld an ein Einkommen anknüpfen. Sieht die gewählte Aufgabenverteilung jedoch die Einverdienerfamilie vor, in der auch nach der Schwangerschaft der nicht

---

1324 *Seiler*, NVwZ 2007, 129; BT Drs. 16/1360 S. XXXII.
1325 A.A. *Seiler*, NVwZ 2007, 129 (131).

erwerbende Elternteil zu Hause bleibt, kommt es zu einer Ungleichbehandlung mit den vorgenannten Gruppen.

Die Einverdienerfamilie wird faktisch wie erwerbslos behandelt und ist auf den Sockelbetrag verwiesen. Auch hier stellt sich die Frage, ob es sich hinsichtlich des BEEG um wesensgleiche Gruppen handelt. Wie auch das Arbeitslosengeld ist das Elterngeld eine Lohnersatzleistung. Dies gilt auch vor dem Hintergrund, dass das Arbeitslosengeld als Versicherung ausgestaltet ist und das Elterngeld nicht. Bei einer Lohnersatzleistung kann folgerichtig nur an vorheriges Einkommen angeknüpft werden. Demnach sind ein Elternteil, der vor dem Kind verdiente und ein solcher, der vorher nicht verdiente, nicht wesensgleich. Der nicht verdienende Elternteil kann somit ebenso kein höheres Elterngeld erhalten wie er kein Arbeitslosengeld erhalten kann.[1326]

Auch eine faktische Verschärfung der Ungleichbehandlung in kinderreichen Familien ist nicht zu konstatieren. Das Elterngeld trägt in § 2 Abs. 4 BEEG weiteren Kindern sogar explizit Rechnung. Auch dürfte sich ein Grundsatz, in kinderreichen Familien würde aus größerer Kinderfreundlichkeit häufiger ein Elternteil zu Hause bleiben, sodass die Familie regelmäßig zur Einverdienerfamilie würde, nicht empirisch belegen lassen.[1327]

(2) Stichtagsregelung

Möglicherweise ist Art. 3 GG wegen der in § 27 Abs. 1 BEEG vorgesehen Stichtagsregelung verletzt. Wie beschrieben,[1328] setzt ein Anspruch nach dem BEEG die Geburt des Kindes ab dem 01.01.2007 voraus. Damit ergibt sich eine Ungleichbehandlung der Eltern von Kindern, die vor dem 01.01.2007 und solchen, die nach dem 01.01.2007 geboren wurden. Nur Letztere haben einen Anspruch auf Leistungen nach dem BEEG.

Fraglich ist, ob diese Kinder wesensgleich in Bezug auf die Regelung sind, sodass zwischen ihnen nicht unterschieden werden darf. Dies ist dann abzulehnen, wenn der Stichtag ein taugliches Differenzierungskriterium darstellt. Dies wiederum ist dann der Fall, wenn der Stichtag notwendig war und die Wahl des Zeitpunktes vertretbar erscheint.[1329]

Die Notwendigkeit des Stichtages folgt aus verwaltungspraktischen und finanziellen Gründen. Auch die Wahl des Zeitpunktes ist nicht zu beanstanden. Die betroffenen Eltern konnten kein schutzwürdiges Vertrauen auf die Einschlägigkeit

---

1326 A.A. *Seiler*, NVwZ 2007, 129 (131).
1327 In diesem Sinne jedoch: *Seiler*, NVwZ 2007, 129 (131).
1328 Vgl. oben: Kap. 2 C. V. 3.) b) bb).
1329 *Osterloh*, Sachs, Grundgesetz, 4. A. 2007, Art. 3 Rz. 113; BSG Urteil v. 23.01.2008 Az.: B 10 EG 5/07 R.

des BEEG erwerben. Es treten bei den nicht mehr erfassten Eltern auch keine besonderen Härten auf. Dies hätte nur dann der Fall sein können, wenn das BEEG einen vorher verfassungswidrigen Zustand beendet hätte.[1330] Zu beachten ist auch, dass die Nichtgeltung des BEEG für Einkommensschwache sogar von Vorteil ist, da sie noch von einem doppelt so langen Leistungszeitraum profitieren können.[1331]

Auch die scheinbare Begünstigung von Adoptiveltern gegenüber den natürlichen Eltern verstößt nicht gegen Art. 3 GG.[1332] Bei den Adoptiveltern ist nach § 4 Abs. 1 BEEG nicht das Datum der Geburt des Kindes maßgebend, sondern das Datum der Aufnahme in die Familie, sodass sie auch für vor dem 01.01.2007 geborene Kinder Anspruch auf Elterngeld haben. Die fürsorgerechtlich relevante Situation liegt aber bei Adoptiveltern typischerweise erst mit der Aufnahme vor und nicht bereits ab der Geburt des Kindes, wie bei natürlichen Eltern. Insofern sind beide Vergleichsgruppen nicht wesensgleich, und es liegt kein Verstoß gegen Art. 3 GG vor. Damit führt die fehlende Übergangsregelung nicht zur Verfassungswidrigkeit des BEEG. Die mit dem Stichtag verbundenen Unterschiede sind hinzunehmen.[1333]

(3) Progressionsvorbehalt

Es könnte gegen Art. 3 GG verstoßen, dass das Elterngeld zwar steuerbefreit ist, trotzdem aber einem Progressionsvorbehalt nach § 32b Abs. 1 Nr. 1 lit. j, Abs. 2 EStG unterliegt. Zu vergleichen sind hier Steuerpflichtige, die eine Lohnersatzleistung erhalten, und Vollzeit arbeitende Arbeitnehmer.[1334] Im Rahmen des positiven Progressionsvorbehalts werden steuerfreie Einkünfte bei der Ermittlung des Steuersatzes mit in die Bemessungsgrundlage aufgenommen.[1335] Die nicht steuerfreien Einkünfte werden dadurch bei Leistungsempfängern stärker besteuert. Die bewirkte Erhöhung des Steuersatzes[1336] geschieht, um nicht zusätzlich zur Steuerfreiheit bestimmter Einkünfte noch einen Progressionsvorteil für andere, nicht begünstigte Einkünfte hervorzurufen. Sind Lohnersatzleistungen steuerbe-

---

1330 BSG Urteil vom 23.01.2008 Az.: B 10 EG 5/07 R.
1331 Sie erhalten Leistungen i. H. des Sockelbetrages 24 statt nur 12 Monate lang.
1332 BSG Urteil vom 23.01.2008 Az.: B 10 EG 5/07 R.
1333 BSG Urteil vom 23.01.2008 Az.: B 10 EG 5/07 R unter Hinweis auf: BVerfG Beschluss vom 10.12.1987 Az.: 1BvR 1233/87 (dort noch zur Stichtagsregelung des insofern vergleichbaren BErzGG).
1334 BVerfG, 1 BvR 1176/88 (Nichtannahmebeschluss), BStBl. II 1995, S. 758 (dort zu Arbeitslosengeld, Arbeitslosenhilfe, Kurzarbeiter- und Schlechtwettergeld).
1335 *Lang,* Tipke/Lang, Steuerrecht, § 9 Rz. 808.
1336 Also des Vomhundertsatzes/Tarifs, vgl. *Lang,* Tipke/Lang, Steuerrecht, § 7 Rz. 33.

freit, so erfordere das Gebot der Besteuerung nach der wirtschaftlichen Leistungsfähigkeit einen Progressionsvorbehalt.[1337]

Dieser Auffassung kann bei einer wirksamen Abstimmung zwischen Einkommensteuerrecht und Sozialrecht im Grundsatz nicht gefolgt werden. Lohnersatzleistungen sollen fehlende wirtschaftliche Leistungsfähigkeit ausgleichen. Das bedeutet, dass bei vorhandener Leistungsfähigkeit auch keine Lohnersatzleistungen gezahlt werden. Demnach muss auch grundsätzlich nicht zusätzlich zu den sozialrechtlichen Anforderungen an die Lohnersatzleistungen noch ein Progressionsvorbehalt geregelt werden. Dies stellt sonst einen Wertungswiderspruch dar. Entweder man ist nicht leistungsfähig (bedürftig), erhält Ersatzleistungen und zahlt auch keine Steuern, oder man ist (noch) nicht leistungsfähig (genug), aber nicht (mehr) bedürftig, erhält keine Ersatzleistungen, aber zahlt auch (noch) keine Steuern, oder man ist leistungsfähig, erhält keine Ersatzleistungen und zahlt Steuern. Die Kombination von fehlender Leistungsfähigkeit, dem Erhalt von Leistungen und dem Zahlen von Steuern wäre systemwidrig und kann nur auf systemimmanenten Fehlern beruhen.

Aus diesem Grund kann es grundsätzlich keinen sinnvollen Anwendungsbereich für einen Progressionsvorbehalt bei sozialrechtlichen Lohnersatzleistungen geben. Demnach dürfe jedenfalls das Mindestelterngeld als reine soziale Förderleistung nicht unter den Progressionsvorbehalt fallen.[1338]

Hinzu kommt, dass in bestimmten Fällen der Progressionsvorbehalt zu einer Benachteiligung verheirateter Alleinverdiener im Vergleich zu ledigen Steuerpflichtigen führt und damit gegen das Leistungsfähigkeitsprinzip verstößt.[1339] Denkbar sind auch Härten durch den Progressionsvorbehalt bei nur geringem Hinzuverdienst.[1340] Es ist auch fraglich, ob die befürchtete Verletzung des Leistungsfähigkeitsprinzips durch einen Progressionsvorteil bei steuerfreien Sozialleistungen den Verwaltungsaufwand des § 32b EStG rechtfertigt.[1341]

Die Bedenken können im vorliegenden Fall jedoch nicht durchgreifen. Es muss dem Gesetzgeber ein hinreichender Spielraum bei der Gestaltung des Zusammenspiels von Steuerrecht und Sozialrecht zugestanden werden. Durch § 32b EStG sollte verhindert werden, dass bei den sozialrechtlichen Lohnersatzleistungen die Steuerfreiheit in Verbindung mit einer progressionsmindernden Wirkung und der Möglichkeit, alle Freibeträge nun für eine Teilzeitbeschäftigung zu nutzen, dazu führt, dass ein Empfänger von Sozialleistungen durch das Steuerrecht im Ergebnis finanziell genauso steht wie ein Vollzeitbeschäftigter.[1342] Dies würde dem sozial-

---

1337 *Jachmann*, NZS 2003, 281 (282).
1338 *Winhard*, DStR 2008, 2144 (2145 f.).
1339 *Wotschofsky*, Der Progressionsvorbehalt, S. 113 f.; *Wotschofsky/Pasch*, StuB 2000, 932.
1340 *Mienert*, DB 1988, 24, ders., DB 1988, 987; a.A. *Kübler*, DB 1988, 986 f.
1341 *Frenz*, K/S/M, Stand Juli 2001, § 32b Rz. A 264.
1342 BT Drs. 9/ 842, S. 67; *Frenz*, K/S/M, EStG, Erg.Lfg. Juli 2001, § 32b Rz. D 7.

rechtlichen wie auch dem steuerrechtlichen Interesse an der Aufnahme einer Vollzeittätigkeit entgegenstehen.[1343] Die Bereitschaft zur Arbeitsaufnahme sollte nicht durch einen zu geringen Abstand zwischen Sozialleistung und erzielbarem Nettoeinkommen bei Vollzeitbeschäftigung beeinträchtigt werden.[1344]

Auch verstößt es nicht gegen Art. 3 GG, dass durch den Progressionsvorbehalt (bei höheren Lohnersatzleistungen) auch zu versteuernde Einkommen unterhalb des Grundfreibetrags besteuert werden.[1345] Dies kommt dadurch zustande, dass der Steuerpflichtige durch die Ersatzleistungen mehr zu Verfügung hat als den Grundfreibetrag. Zum anderen geht in die Berechnung des besonderen Steuersatzes aus § 32b EStG der Grundfreibetrag bereits mit ein.[1346]

Ohnehin greift der oben genannte Vergleich von vorhandener Leistungsfähigkeit und nicht vorhandener Leistungsfähigkeit im Fall des BEEG nicht durch. In diesem Fall wird gerade bei vorhandener Leistungsfähigkeit eine höhere Lohnersatzleistung gewährt. Daraus folgt eine erhöhte finanzielle Leistungsfähigkeit. Vor diesem Hintergrund erscheint eine Berücksichtigung des Elterngeldes im Rahmen des Progressionsvorbehalts des § 32b EStG angezeigt. Auch die isolierte Betrachtung des Mindestelterngeldes als reinen Sozialtransfer ändert nichts an diesem Befund.[1347] Dies dürfte im anhängigen Verfahren vor dem BVerfG auch bestätigt werden.[1348]

4.) Zwischenergebnis

Im Ergebnis bestehen in materieller Hinsicht keine durchgreifenden Bedenken gegen das BEEG. Allerdings ist das Gesetz aus formeller, kompetenzieller Sicht nicht ordnungsgemäß zustande gekommen. Dies gilt zumindest für den Teil der Regelung, der über seine Vorgängerregelung (und die faktische Halbierung des Anspruchs) hinausgeht.

1343 BVerfG, 1 BvR 1176/88 (Nichtannahmebeschluss), BStBl II 1995, S. 758.
1344 *Frenz*, K/S/M, Stand Juli 2001, § 32b Rz. D 8.
1345 BFH, Urteil vom 09.08.2001, III R 50/00, FR 2001, 1228, BStBl. II 2001. S. 778; *Kanzler*, FR 2001, 1230 f.
1346 BFH, Urteil vom 09.08.2001, III R 50/00, FR 2001, 1228 (1229).
1347 So auch. BFH vom 21.09.2009, Az. VI B 31/09, BB 2009, 2283; Verfassungsbeschwerde anhängig, BVerfG vom 27.11.2009, Az. 2 BvR 2604/09.
1348 BVerfG vom 27.11.2009, Az. 2 BvR 2604/09.

VI. Zusammenfassung

Am Beispiel der Absicherung der Familie konnte gezeigt werden, wie Harmonisierungsbedarf zwischen Einkommensteuerrecht und Sozialrecht dadurch entsteht, dass gesetzgeberische Ziele sachfremd verortet wurden. Dies geschieht beispielsweise durch die Regelung des an sich sozialrechtlichen Familienleistungsausgleichs im Einkommensteuerrecht. Hierbei begibt sich der Gesetzgeber durch die Erfindung einer Art sozialrechtlicher Steuerlenkungsnorm,[1349] die zugleich das Kindesexistenzminimum absichern soll, seines Gestaltungsspielraums. Die Verknüpfung einer ursprünglichen sozial intendierten Förderung bzw. Subvention mit der Steuerfreistellung des Kindesexistenzminimums zwingt das entstandene Konstrukt in verfassungsrechtlich eng umrissene Grenzen.

Mit umgekehrten Vorzeichen tritt das sozialrechtliche Elterngeld hinzu, welches aufgrund seiner wirtschaftspolitischen Lenkungsintention systematisch passgenauer als Abzugstatbestand im Einkommensteuergesetz stehen könnte. Während sich im Ergebnis bei dem Elterngeld in der Hauptsache ein Problem hinsichtlich der Gesetzgebungskompetenz ergab, führte die ungeprüfte Verbindung von Einkommensteuerrecht und Sozialrecht im steuerlichen Familienleistungsausgleich zu einer Vielzahl von materiellrechtlichen Friktionen, von sozialrechtstypischer Liquiditätsbetrachtung bei erwerbstätigen Kindern über eine unsystematische Verbindung der jeweiligen Verwaltungsverfahren bis hin zu grundlegenden Gerechtigkeitsproblemen. So führt die Günstigerprüfung zu einer Überbetonung der horizontalen Steuergerechtigkeit zu Lasten der vertikalen Steuergerechtigkeit. Außer dem Familienleistungsausgleich nimmt nur noch ein außersteuerlicher Regelungskomplex vergleichbar viel Raum im Einkommensteuergesetz ein – die Alterssicherung.

D. Alterssicherung im Zusammenspiel der Systeme

Zunächst soll die grundsätzliche Funktionsweise der Alterssicherung in der Bundesrepublik umrissen werden (I.). Wegen des hier interessierenden Zusammenwirkens von Steuerrecht und Sozialrecht liegt im weiteren Verlauf der Schwerpunkt der Untersuchung im Bereich der gesetzlichen Rentenversicherung (II.) und ihrer Verknüpfung mit dem Einkommensteuerrecht (III.).

1349 *Hinz*, Einkommensteuerrecht und Sozialrecht, S. 77.

I. Das System der Alterssicherung

Die Alterssicherung unterteilt sich in verschiedene Modelle (1.), von denen die Gesetzliche Rentenversicherung von besonderem Interesse ist (2.).

1.) Modelle

Anders als im Bereich der Krankenversicherung erfolgt die Alterssicherung nicht ausschließlich aus einer entweder öffentlich-rechtlichen oder privaten Kasse.[1350] Traditionell wird die Alterssicherung in drei Säulen unterteilt.[1351] Die erste Säule bilden die öffentlich-rechtlichen Altersvorsorgesysteme, zu denen neben der gesetzlichen Rentenversicherung auch noch die berufständische Versorgung gezählt werden kann.[1352] Die zweite Säule stellt die betriebliche Altersvorsorge dar, die auch die Zusatzversorgungssysteme der Angestellten im öffentlichen Dienst mit umfasst. Die dritte Säule stellt, ohne Unterscheidung nach deren konkreter Ausgestaltung, die private Altersvorsorge dar.

Da dieses System nur ungenügend den heutigen Realitäten der Alterssicherung entspricht, insbesondere kann die verstärkte Betonung der privaten Verantwortlichkeit nur unzureichend abgebildet werden, wird alternativ ein Drei-Schichten-Modell vorgeschlagen.[1353] Dieses unterscheidet nicht mehr statisch nach dem Träger der Alterssicherung, sondern nach der Art der Vermögensanlage. Die erste Schicht soll eine Basisversorgung bieten und besteht aus nicht kapitalisierbaren, nicht übertragbaren Anwartschaften (etwa Leibrenten).[1354] Die zweite Schicht stellen die etwas flexibleren Formen der Alterssicherung dar, die steuerlich gefördert werden und bereits teilweise kapitalisierbar sein können, die aber immer noch primär die lebenslange Auszahlung als Leitmotiv haben. Die letzte Schicht setzt sich aus der Vielzahl allgemeiner offener Vermögensanlagen zusammen, die nicht primär das Ziel der Altersvorsorge verfolgen, die aber gleichwohl der Alterssicherung dienen können.

Für die Untersuchung der Berührungspunkte des Systems der Alterssicherung mit dem Steuerrecht bietet sich das Schichtenmodell eher an. Es spiegelt die gewandelte Sicht auf die Alterssicherung besser wider. Unabhängig vom Träger richtet sich die Einteilung danach, ob eine bestimmte Form der Altersvorsorge primär

---

1350   Zu einem dahingehenden Reformvorschlag: *Kreikebohm*, NZS 2010, 184 (189).
1351   *Myßen*, DStJG 29 (2006), S. 251 ff.
1352   *Kirchhoff/Kilger*, NJW 2005, 101 ff.
1353   Dazu *Musil*, StuW 2005, 278 (280); *Myßen*, DStJG 29 (2006), S. 253 ff.
1354   Vgl. Abschlussbericht der Sachverständigenkommission zur Neuordnung der steuerlichen Behandlung von Altersvorsorgeaufwendungen und Altersbezügen, BMF-Schriftenreihe Band 74, S. 13 f.

die lebenslange Alterssicherung zum Ziel hat (eher erste Schicht), oder ob die allgemeine Geldanlage im Vordergrund steht (eher dritte Schicht).

2.) Die gesetzliche Rentenversicherung

Die Alterssicherung der abhängig Beschäftigten erfolgt überwiegend in der gesetzlichen Rentenversicherung. Die steuerfinanzierte Versorgung der Beamten richtet sich nach dem BeamtVG. Daneben bestehen berufständische Versorgungssysteme, wie etwa für Ärzte oder Rechtsanwälte.[1355] Die Mitglieder der gesetzlichen Rentenversicherung werden in organisatorischer Hinsicht von der Deutschen Rentenversicherung Bund, der Deutschen Rentenversicherung Knappschaft – Bahn – See und 16 Regionalträgern betreut.[1356]

Die Finanzierung der gesetzlichen Rentenversicherung erfolgt einerseits über Beiträge und andererseits über Bundeszuschüsse, §§ 153 bis 227 SGB VI. Die Beiträge werden bei abhängig Beschäftigten vom Versicherten und dem Arbeitgeber je zur Hälfte getragen (§ 168 Abs. 1 Nr. 1 SGB VI), Selbständige und freiwillig Versicherte müssen die Beiträge selbst aufbringen (§ 169 Nr. 1 SGB VI). Im Übrigen bestehen in den §§ 168 bis 172 SGB VI eine Reihe von Sondervorschriften über die Beitragstragung. Die Höhe der Beiträge richtet sich nach einem einheitlichen Beitragssatz, der durch Rechtsverordnung bestimmt wird, § 158 SGB VI. Dieser Beitragssatz wird bis zur Bemessungsgrenze des § 159 SGB VI auf die Beitragsbemessungsgrundlage angewendet, §§ 161 – 167 SGB VI. Für abhängig Beschäftigte stellt beispielsweise das Arbeitsentgelt die Bemessungsgrundlage dar, §§ 161 Abs. 1, 162 Nr. 1 SGB VI. Die Beiträge der Erwerbstätigen werden gemäß § 153 Abs. 1 SGB VI per Umlageverfahren auf die Rentner verteilt. Die Ausgaben eines Kalenderjahres sind demnach aus den Einnahmen des gleichen Kalenderjahres und durch Entnahmen aus der Nachhaltigkeitsrücklage nach § 216 ff. SGB VI zu bestreiten.

Die Bundeszuschüsse nach §§ 213 ff. SGB VI sollen pauschal die Belastungen der Rentenversicherung ausgleichen, die nicht primär aus der Alters-, Invaliditäts- oder Hinterbliebenenversorgung erwachsen. Dieser Ausgleich (beispielsweise für Leistungen zur Entlastung des Arbeitsmarktes oder für Lasten im Zusammenhang mit der Wiedervereinigung) entfachte im Steuerrecht die Diskussion um die Zulässigkeit von Zwecksteuern, da er nach § 213 Abs. 4 SGB VI aus den Einnahmen der so genannten Ökosteuer finanziert wird.

1355 *Waltermann*, Sozialrecht, S. 159.
1356 *Ruland/Dünn*, NZS 2005, 113 ff.

II. Bewertung des derzeitigen Systems

1.) Demographischer Wandel

Allgemein leidet das System der Rentenversicherung unter dem demographischen Wandel in der Bundesrepublik. Die durchschnittlich gestiegene Lebenserwartung, eine geringe Kinderanzahl, verlängerte Ausbildungszeiten, verbunden mit früherem Ruhestand, führten dazu, dass in der Tendenz immer weniger aktiv im Erwerbsleben stehende Personen immer mehr Rentnern im Wege des Umlageverfahrens die Alterssicherung finanzieren müssen.[1357] In der Folge kam es zu einer Reihe von Reformmaßnahmen, von denen in dieser Arbeit vor allem das Altersvermögensgesetz[1358] interessiert, welches zu einer stärkeren Betonung der privaten Altersvorsorge führte. Eine größere, umfassende Reform, wie etwa die vollständige Umstellung auf ein ausschließlich steuerfinanziertes Rentensystem, sei aufgrund der Schwierigkeiten in der Umstellungsphase so gut wie ausgeschlossen.[1359]

2.) Beiträge – Vergleich zur Gesetzlichen Krankenversicherung

Wie auch bei der GKV[1360] steht der degressive Beitrag zur Rentenversicherung nicht im logischen Widerspruch zur progressiven Besteuerung des Einkommens.[1361] Grund dafür ist die begrenzte Verpflichtung zur Gruppensolidarität. Die gesetzliche Rentenversicherung orientiert sich noch stärker als die GKV am Versicherungsprinzip.[1362] Höheren Beiträgen stehen später höhere Rentenzahlungen gegenüber, wobei die Rentenversicherungspflicht und damit auch der Anspruch durch Beitragsbemessungsgrenzen gedeckelt wird, §§ 159, 275a SGB VI i. V. m. Anlage 2 zum SGB VI.

Es besteht dennoch ein grundlegender Unterschied zur Krankenversicherung. Anders als bei der GKV besteht bei der Rentenversicherung nicht die Möglichkeit, sich bei Verdiensten oberhalb einer bestimmten Beitragsbemessungsgrenze aus der Pflichtsolidarität zu verabschieden. Allerdings konnten sich (historisch gewachsen) einige grundsätzlich gut verdienende Berufsschichten Spezialregelungen sichern. So konnten sich beispielsweise Ärzte und Rechtsanwälte eigene Versor-

---

1357 *Waltermann*, Sozialrecht, S. 162; zu aktuellen originär sozialrechtlichen Streitfragen in der Rentenversicherung: *Gutzler*, NZS 2009, 613 (613 ff.).
1358 BGBl. I 2001, S. 1310.
1359 *Waltermann*, Sozialrecht, S. 162; einen interessanten Ansatz einer denkbaren Orientierung am schweizerischen Grundrentenmodell mit privater kapitalgedeckter Aufstockung liefert: *Lenze*, Staatsbürgerversicherung, S. 177 ff.
1360 Siehe Kap. 2 A. V.
1361 *Jachmann*, NZS 2003, 281 (282).
1362 *Wenner*, DStJG 29 (2006), S. 76 f.

gungskammern sichern, § 6 Abs. 1 SGB VI, und Beamte fallen von vorn herein aus dem System staatlicher Solidarität heraus, § 4 ff. BeamtVG.

Für die hier vertretene Interpretation des Leistungsfähigkeitsprinzips ergibt die Bemessung der Beiträge zur Rentenversicherung keine besonderen Probleme. In besonderem Maße kommt in diesem Zweig der Sozialversicherung das Versicherungsprinzip zum Tragen.[1363] Höheren Beiträgen stehen höhere Leistungen gegenüber. Die Bemessung erfolgt also nicht nach Leistungsfähigkeitsgesichtspunkten. Der Gedanke der sozialen Umverteilung kommt lediglich im Rahmen der Anrechnungszeiten nach §§ 58 und 252-254a SGB VI zum Tragen.

III. Steuerliche Berücksichtigung der Altersvorsorge

Im Wesentlichen orientiert sich die einkommensteuerliche Berücksichtigung der Altersvorsorge an dem bereits erwähnten Drei-Schichten-Modell. Die Basisaltersvorsorgekosten, also die erste Schicht des sog. Drei-Schichten-Modells, sind nach § 10 Abs. 1 Nr. 2 EStG i. V. m. § 10 Abs. 2, 3 und 4a EStG als Sonderausgaben abziehbar. Hierbei ist zu beachten, dass Beiträge für eine private kapitalgedeckte Basisversorgung (sog. „Rürup-Rente")[1364] nur dann berücksichtigt werden, wenn ihre Leistungen der gesetzlichen Rentenversicherung vergleichbar sind.[1365] Eine Begünstigung der zusätzlichen Altersvorsorge, also der Zweiten Schicht, erfolgt in §§ 10a, 79 ff. EStG (sog. „Riester-Rente").[1366] Diese ist jedoch nicht einschlägig für Selbständige und in berufständischen Versorgungswerken Pflichtversicherte.[1367] Die dritte Schicht, also solche Kapitalanlageformen, die nicht vorwiegend der Alterssicherung dienen, unterfällt weiterhin der vorgelagerten Besteuerung, wird also nicht begünstigt.[1368] Nach § 3 Nr. 62 EStG ist der Arbeitgeberanteil des Beitrags steuerfrei.

1363 *Waltermann*, Sozialrecht, S. 168.

1364 *Kulosa*, H/H/R, Stand September 2009, § 10, Rz. 132; *Dommermut/Hauer*, FR 2005, 57 ff.; *dies.*, FR 2005, 297 ff.; *Risthaus*, FR 2005, 292 ff.

1365 Insofern bestehen Parallelen zum Altersvorsorge-Zertifizierunggesetz (AltZertG), das für die zusätzliche Altersvorsorge einschlägig ist, *Kulosa*, H/H/R, Stand September 2009, § 10, Rz. 130.

1366 Sehr ausführlich bei: *Myßen*, K/S/M, Stand April 2004, § 10a; *Dorenkamp*, StuW 2001, 253 ff.; *Fischer*, FR 2001, 613 ff.

1367 *Risthaus*, H/H/R, Stand April 2002, § 10a, Rz. 4.

1368 *Weber-Grellet*, DStR 2004, 1721 (1722).

1.) Altersvermögensgesetz und Alterseinkünftegesetz

Als Reaktion auf die strukturellen Probleme der gesetzlichen Rentenversicherung und unter dem Druck der Rechtsprechung des BVerfG kam es zu bemerkenswerten Reformen im System der staatlichen Alterssicherungssysteme. Das Altersvermögensgesetz vom 26.06.2001[1369] i. V. m. dem Altersvermögensergänzungsgesetz vom 21.03.2001[1370] hat neben der modifizierten Steuerung der Rentenanpassung[1371] den Aufbau einer zusätzlichen kapitalgedeckten, staatlich geförderten Altersvorsorge[1372] (sog. „Riester-Rente") zum Ziel.

Dies verdeutlicht die Tendenz, die Risikovorsorge angesichts knapper öffentlicher Kassen von den (rein) öffentlich-rechtlichen Leistungssystemen auf private Wohlfahrtsmärkte, auf das Steuerrecht und lediglich *ergänzende* staatliche Sozialleistungen zu verlagern.[1373] Widersprüchlich erscheint in diesem Zusammenhang, dass Kinder ungeachtet der Frage, ob sie ihrerseits eine Familie gegründet haben und dieser gegenüber unterhaltspflichtig sind, vom (privaten) Unterhalt der Eltern ausgeschlossen werden, wenn sie nicht mehr als 100.000 EUR im Jahr verdienen, §§ 43 Abs. 2 S. 1, 2 SGB XII, 16 SGB IV. *Felix*[1374] bildet in diesem Zusammenhang das überspitzt formulierte Beispiel des alleinstehenden Junganwalts in einer Großkanzlei, mit einem Einkommen knapp unter 100.000 EUR im Jahr. Dieser müsste nicht fürchten, im Falle drohender Altersarmut für den Unterhalt seiner Eltern aufkommen zu müssen.

Bemerkenswert ist die Umstellung des Rentensystems auf die nachgelagerte Besteuerung. Nach der Entscheidung des BVerfG aus dem Jahr 2002[1375] sollte die Besteuerung der Beamtenpensionen und der Renten gleich ausgestaltet werden.[1376] Denn ursprünglich wurden lediglich die Pensionen als Einkommen versteuert, § 19 Abs. 1 Nr. 2 EStG. Den Anforderungen des Urteils kam der Gesetzgeber mit dem Alterseinkünftegesetz vom 05.07.2004[1377] nach. Demnach werden im Anschluss an eine schrittweise Umstellung ab dem Jahr 2040 auch die Renten vollständig nachgelagert besteuert, § 22 Nr. 1 S. 3 a) aa) EStG.

Im Gegenzug steigt die Abzugsmöglichkeit für Altersvorsorgeaufwendungen, § 10 Abs. 1 Nr. 2 S. 1 a), b) EStG. Nach einer komplizierten Übergangsregelung nach § 10 Abs. 1 Nr. 2 S. 2 i. V. m Abs. 3 EStG erfolgt der volle Abzug ab dem

1369 BGBl. I 2001, S. 1310 ff.
1370 BGBl. I 2001, S. 403 ff.
1371 *Ruland*, SozSich 2001, 43 (44).
1372 *Eichenhofer*, SGB 2003, 1 ff.
1373 *Jachmann*, NZS 2003, 281 (283).
1374 *Felix*, DStJG 29 (2006), S. 163.
1375 BVerfGE 105, 73 ff.
1376 *Söhn*, K/S/M, Stand November 2006, § 10 Rz. E 261 f.
1377 BGBl. I 2004, S. 1427 ff.; dazu: *Paus*, FR 2006, 584 ff.; *Schnitker/Grau*, NJW 2005, 10 (10 ff.).

Jahr 2025 (§ 10 Abs. 3 S. 6 EStG). Zudem wird der Versorgungsfreibetrag der Beamten aus § 19 Abs. 2 EStG bis zum Jahr 2040 abgeschmolzen. Dieser wurde bislang als (teilweiser) Ausgleich für die steuerliche Ungleichbehandlung von Beamtenpensionen im Vergleich zu Renten gewährt.[1378] Der dahinter stehende Gedanke ist also, die eigenen Aufwendungen für die Alterssicherung zum Abzug zuzulassen, bzw. die vom Arbeitgeber gezahlten Rentenbeiträge steuerfrei zu belassen, § 3 Nr. 62, 63 EStG, im Gegenzug dazu jedoch die Rentenzahlungen (und nicht nur den Ertragsanteil) vollumfänglich der Steuer zu unterwerfen (nachgelagerte Besteuerung).[1379] Die gegen die nachgelagerte Besteuerung der Altersbezüge, insbesondere die Übergangsregelung, § 22 Nr. 1 EStG, geäußerten verfassungsrechtlichen Bedenken greifen im Ergebnis nicht durch.[1380]

2.) Bewertung der Verschonung

a) Notwendigkeit steuerlicher Verschonung der Vorsorge

Zunächst ist die allgemeine Frage zu klären, ob Aufwand im Zusammenhang mit der Altersvorsorge einer steuerlichen Verschonung bedarf und wie diese begründet werden kann. Die anhand der derzeit vorherrschenden aufwandzentrierten Auslegung des Leistungsfähigkeitsprinzips entwickelten Begründungen für einen verfassungsrechtlichen Zwang zur Verschonung von Altersvorsorgebeiträgen überzeugen nicht durchweg. Bei dem Gedanken an eine Mindestsicherung im Alter kommt sogleich das subjektive Nettoprinzip in den Sinn. Auch soll der Staat im Wege des Steuerrechts nicht das nehmen, was zur Schaffung der Mindestvoraussetzungen für ein menschenwürdiges Dasein im Alter gebraucht wird.[1381] Dies ist schon deshalb sinnvoll, da der Staat sonst im Wege der Sozialhilfe selbst im Alter Hilfe leisten müsste.

Problematisch ist jedoch die ungeprüfte Übertragung der Grundsätze über das Existenzminimum im aktuellen Veranlagungszeitraum auf die Sicherung eines zukünftigen Existenzminimums im Alter. Hier wird das Annuitätsprinzip (§ 2 Abs. 7 S. 1 EStG) durchbrochen. Für den Mindestbedarf im konkreten Veranlagungszeitraum wird kein Abzug für Altersvorsorgebeiträge benötigt. Diese werden erst bei einer Betrachtung über den konkreten Veranlagungszeitraum hinaus relevant.

1378 Krit. *Schröder*, DStZ 2003, 612 ff.; *Thürmer*, Blümich EStG, 103. A., § 19 Rz. 310 ff.
1379 *Weber-Grellet*, DStR 2004, 1721 (1722) dazu bereits: *Birk*, StuW 1999, 321 ff.
1380 BFH vom 19.01.2010, Az.: X R 53/08; vom 09.12.2009, Az.: X R 28/07, vom 18.11.2009, Az.: X R 9/07 (anhängig BVerfG, Az.: 2 BvR 290/10), X R 34/07, X R 45/07, X R 6/08; vom 26.11.2008, Az.: X R 15/07.
1381 *Eichborn*, DB 2000, 944 ff.

Die Existenzsicherung und die Vorsorge sind voneinander zu unterscheiden.[1382] Die alleinige Argumentation mit dem Jährlichkeitsprinzip würde jedoch nicht ausreichen, um den Abzug von Altersvorsorgebeiträgen in Frage zu stellen. Das Jährlichkeitsprinzip ist ein (nur) technisches Prinzip, das der Verwaltungsvereinfachung dient und nicht höher bewertet werden darf als verfassungsrechtliche Prinzipien wie das Leistungsfähigkeitsprinzip.[1383] Zudem könnte das Auseinanderfallen von Vorsorge (Erwerbsphase) und existenziellem Bedarf (Rentenphase) auch als besondere Ausprägung des Periodizitätsprinzips verstanden werden und nicht als Widerspruch.[1384]

Um aber nach der aufwandorientierten Betrachtung des Leistungsfähigkeitsprinzips den Abzug der Altersvorsorgebeiträge zu begründen, müsste überzeugend hergeleitet werden, dass dieser Aufwand indisponibel ist. Das ist der Altersvorsorgeaufwand jedoch nur im Rahmen der verpflichtenden sozialen Rentenversicherung. Nur insofern sind die Beiträge wirklich indisponibel, also nicht für den Steuerpflichtigen verfügbar. Was die angesichts notleidender Rentenkassen viel beworbene private Vorsorge angeht, so ergibt sich ein anderes Bild. Sobald kein rechtlicher Zwang besteht, Beiträge abzuführen, sind die Beiträge auch disponibel, also frei verfügbar.[1385] Es steht dann in der Entscheidung des Steuerpflichtigen, für seine Zukunft zu sorgen oder dies zu unterlassen. Damit sind diese Beträge disponibel und müssten eigentlich nicht nach Maßgabe des subjektiven Nettoprinzips verschont werden.

Eine Pflicht zur Verschonung von Altersvorsorgebeiträgen ergibt sich nur indirekt aus dem Verbot der Doppelbesteuerung.[1386] Soweit nämlich nicht nur der Ertragsanteil späterer Renten, sondern die gesamte Rente besteuert wird und diese aus bereits versteuertem Einkommen aufgebaut wurde, käme es zu einer Doppelbesteuerung. Unter diesem Gesichtspunkt besteht auch eine Pflicht, die Vorsorgebeiträge zum Abzug zuzulassen. Zudem könnte die Verschonung der Beiträge ohne grundgesetzlichen Zwang mit einem politischen Lenkungswunsch erklärt werden. Ziel ist es, die Menschen dazu zu bringen, eine Altersvorsorge aufzubauen, damit der Staat nicht später im Wege der Sozialhilfe Unterstützung leisten muss. Hierfür ist die Verschonung der Beiträge ein probates Mittel. Damit die gewünschte Lenkungswirkung eintritt, bietet es sich zudem an, die Altersvorsorgebeiträge in einer Höhe freizustellen, die eine spätere Rente über dem Sozialhilfeniveau verspricht.

1382 *Weber-Grellet*, DStR 2004, 1721 (1729).
1383 *Lang*, Tipke/Lang, Steuerrecht, § 4 Rz. 18, § 9 Rz. 44; als materielles Prinzip bezeichnet bei: *Wendt*, DStJG 28 (2005), S. 41, 47 f., 68 f.
1384 *Weber-Grellet*, DStR 2004, 1721 (1722).
1385 A.A. *Myßen*, DStJG 29 (2006), S. 261; krit.: *Söhn*, FR 2006, 905 (907 ff.); *Horlemann*, FR 2006, 1075 ff.
1386 BVerfGE 105, 73 ff.; zum Problem der Doppelbesteuerung/Nichtbesteuerung bei grenzüberschreitenden Sachverhalten: *Lang*, DStJG 29 (2006), S. 314 ff.

Anderenfalls entfaltet die Freistellung eine geringere Anreizwirkung. Eine grundgesetzliche Pflicht, Beiträge in einem bestimmten, das Sozialhilfeniveau übersteigenden Umfang zu verschonen, besteht nicht.[1387]

Etwas anders stellt sich der Befund bei einer bedarfsorientierten Interpretation des Leistungsfähigkeitsprinzips dar. Soweit sozialrechtlich ein Mindestbedarf für die Altersvorsorge als Teil des grundgesetzlichen Existenzminimums anerkannt wird, mag dieser Gedanke in das Steuerrecht übertragen und ein Altersvorsorgebedarf anerkannt werden. Der Höhe nach könnte sich jedoch nur eine Pflicht zur Verschonung von Beiträgen für eine Rente auf dem Niveau des Existenzminimums begründen lassen.[1388] Die weitere Verschonung ist als (vernünftige) politische Lenkung einzustufen. Auf diese Weise könnte, ohne zwingend ein anderes numerisches Ergebnis herbeizuführen, ein verfassungsrechtlicher Zwang eleganter und damit überzeugender hergeleitet werden als bei einer aufwandzentrierten Betrachtung.

Die Versuche, verfassungsrechtlich herzuleiten, welche Arten der Altersvorsorge förderungswürdig sind, überzeugen nicht.[1389] Nur ein bestimmter sozialrechtlich ermittelter Bedarf zur Mindestaltersvorsorge muss nach hier vertretener Meinung verfassungsrechtlich zwingend von der Besteuerung freigestellt werden. Ein höherer Betrag kann aus Lenkungsgründen freigestellt werden, ist jedoch nicht verfassungsrechtlich gefordert.[1390] Welche Art von Vermögensanlage mit den geförderten Mitteln gewählt wird, ist keine Frage der realitätsgerechten Erfassung finanzieller Leistungsfähigkeit. Nur bestimmte Anlageformen zu begünstigen, ist jedoch ein nachvollziehbarer Lenkungszweck, um wirklich nur die Altersvorsorge zu unterstützen und nicht etwa den aktuellen Konsum. Wollte man etwa, vergleichbar mit der zusätzlichen Altersvorsorge,[1391] nur die Begünstigung zertifizierter Altersvorsorgebeiträge als verfassungsrechtlich zwingend ansehen, hieße das im Umkehrschluss, die Auswahl der Geldanlageform habe Auswirkung auf die Geltung des subjektiven Nettoprinzips, indem die Begünstigung bei der falschen Anlage entfiele. Gäbe es eine allgemeine Pflicht, begünstigte Finanzmittel nur im Sinne der Verschonungsnorm zu verwenden, müssten die Steuerpflichtigen konsequenterweise auch nachweisen, existenznotwendige Güter im Umfang des Grundfreibetrags erworben zu haben. Eine Beschränkung der Anlageformen folgt somit nicht aus zwingenden Vorgaben des Leistungsfähigkeitsprinzips, sondern kann nur lenkungsrechtlich begründet werden.

1387 Wohl a.A. *Myßen*, DStJG 29 (2006), S. 262.
1388 *Musil*, StuW 2005, 278 (287).
1389 So aber bei: *Myßen*, DStJG 29 (2006), S. 262 ff.
1390 *Musil*, StuW 2005, 278 (287).
1391 Vgl. unten: Kap. 2 D. III. 2.).

b) Bewertung des Sonderausgabenabzugs

Es wird kritisiert, dass der Abzug von Altersvorsorgebeiträgen weiterhin der Tradition des Sonderausgabenabzugs[1392] folgt und einen Höchstbetrag[1393] vorsieht. Dies sei insofern unverständlich, als die später aus den Beiträgen erwachsenden Leistungen der vollen Besteuerung unterliegen. Der Systematik des EStG folgend seien solche Aufwendungen nicht der privaten Lebensführung zuzurechnen und folglich den Werbungskosten (§ 9 EStG) oder den Betriebsausgaben (§ 4 Abs. 4 EStG) zuzuordnen.

Die aktuelle Einordnung der Altersvorsorgebeiträge dürfte auf ein zu enges Verständnis des Zusammenwirkens von Sozialrecht und Steuerrecht zurückzuführen sein, nach dem eine Verbindung zum Sozialrecht ausschließlich im Rahmen des subjektiven Nettoprinzips zu verorten sei (also im Rahmen des Grundfreibetrags, beim Abzug von außergewöhnlichen Belastungen oder beim Abzug von Sonderausgaben). Wie auch die Diskussion um die erwerbsbedingten Abzüge von Kinderbetreuungskosten zeigt, können mit dem Sozialrecht verwandte Vorschriften des EStG durchaus ohne Widerspruch im System des objektiven Nettoprinzips (erwerbssichernder Aufwand) zu verorten sein.

Überdies ist der Abzug von Altersvorsorgebeiträgen progressionsabhängig.[1394] Es erschließt sich nicht, warum sich als Reflex auf den progressiven Steuertarif die Altersvorsorge besser Verdienender steuerlich stärker auswirken soll. Zur Lösung dieses Problems würde auch die Einordnung als Werbungskosten/Betriebsausgaben nicht helfen, sondern nur der Abzug von der Steuerschuld.[1395] Eine gleichmäßige Berücksichtigung des Altersvorsorgebedarfs wäre jedenfalls besser mit einer bedarfsorientierten Interpretation des Leistungsfähigkeitsprinzips zu vereinbaren. Von besonderem Interesse wird in diesem Zusammenhang die Reaktion des BVerfG auf vier anhängige Parallelverfahren sein.[1396]

1392 Krit. *Kulosa*, H/H/R, Stand September 2009, § 10, Rz. 120, 122; *Heidrich*, FR 2004, 1321 ff., *ders.*, DStR 2005, 861; *Balke*, FR 2005, 1143; *Intemann/Cöster*, DStR 2005, 1921 (1923); *Weber-Grellet*, DStR 2004, 1721 (1725); *Ruland*, FS Selmer, 2004, S. 889, 897; a. A. *Risthaus*, DB 2004, 1329 (1330); *dies.*, DB 2004 1883 ff.; *Fischer*, BB 2003, 873 (877); *ders.*, FR 2007, 76; *Heuermann*, DB 2006, 688; *Wernsmann*, StuW 1998, 317 (321); Sonderausgabe, aber gegen willkürliche Begrenzung, *Söhn*, K/S/M, Stand September 2008, § 10 Rz. A 16 ff., A 103; *ders.*, StuW 2003, 332 ff.

1393 Krit. *Kulosa*, H/H/R, Stand September 2009, § 10, Rz. 330 ff.; *Söhn*, K/S/M, Stand September 2008, § 10 Rz. A 128 ff.

1394 Laut BVerfG vom 31.10.1996, Az. 2 BvR 40/91, 2 BvR 41/91, DStRE 1997, 57 f. im Einklang mit der Verfassung.

1395 *Kulosa*, H/H/R, Stand September 2009, § 10, Rz. 121; i. E. für Abzug von der Bemessungsgrundlage, *Söhn*, K/S/M, Stand September 2008, § 10 Rz. A 136.

1396 BVerfG vom 05.03.2010, Az. 2 BvR 288/10; 2 BvR 289/10; 2 BvR 290/10; 2 BvR 323/10.

c) Bewertung der Altersvorsorgezulage

Ähnlich systemwidrig wie die Regelung des (teilweise) sozialrechtlichen Kindergeldes im Einkommensteuerrecht ist die Regelung der Altersvorsorgezulage in den §§ 10a, 79 ff. EStG statt im SGB VI. Die Regelungen zum Sonderausgabenabzug nach § 10a EStG und der Altersvorsorgezulage nach den §§ 79 ff. EStG sind Lenkungsvorschriften, die zu einer verstärkten privaten Vorsorge für das Alter animieren sollen (zweite Schicht im sog. Drei-Schichten-Modell). Je nachdem, was für den Steuerpflichtigen günstiger ist, kann er eine finanzielle Unterstützung (Altersvorsorgezulage) zur privaten Vorsorge erhalten oder den Vorsorgeaufwand als Sonderausgabe abziehen, § 10a Abs. 2 EStG.[1397] Voraussetzung ist, dass mit einem zertifizierten Anbieter (§ 80 EStG i. V. m. § 1 AltZertG)[1398] ein Vertrag abgeschlossen wird, der bestimmten Mindestanforderungen genügt (§ 82 EStG i. V. m. § 5 AltZertG).

Ein entscheidender Unterschied zu der Günstigerprüfung im Kindergeldrecht besteht jedoch darin, dass Kindergeld/Kinderfreibeträge in den meisten Fällen[1399] verfassungsrechtlich zwingend das Existenzminimum des Kindes von der Besteuerung freistellen sollen. Somit handelt es sich dort nach der Konzeption des Gesetzgebers nicht im eigentlichen Sinn um eine Günstigerprüfung, sondern um eine „Notwendigkeitsprüfung".

Im Fall der zusätzlichen Altersvorsorge wird jedoch eine lenkungspolitisch motivierte (nicht verfassungsrechtlich zwingende)[1400] Subvention gewährt, für die je nach Einzelfall der Sonderausgabenabzug oder die Zulage günstiger ist, also eine „echte" Günstigerprüfung. Dadurch, dass somit zwei sog. Günstigerprüfungen erfolgen, kann es zu einem „Günstigkeitsparadoxon" kommen, indem die Gewährung des einen Abzugs den anderen ausschließt oder umgekehrt. Damit ist fraglich, ob wirklich immer die günstigste Lösung ermittelt wird.[1401] Dies erscheint nicht unbedingt eine optimale Voraussetzung dafür, die in der Bevölkerung als überkomplex wahrgenommene Regelung in einem anderen Licht erscheinen zu lassen.[1402]

1397 Echte Günstigerprüfung, *Myßen*, K/S/M, Stand April 2004, § 10a, Rz. A 52, D 1 ff.; *Risthaus*, H/H/R, Stand April 2002, § 10a, Rz. 7.
1398 Gesetz über die Zertifizierung von Altersvorsorge- und Basisrentenverträgen.
1399 Wenn es nicht, mangels steuerlicher Bemessungsgrundlage, dem Förderzweck dient, § 31 S. 2 EStG.
1400 So auch *Musil*, StuW 2005, 278 (287).
1401 Dazu und zu der damit im Zusammenhang stehenden Änderung der §§ 10a Abs. 2 S. 3 und 31 S. 5 EStG: BT Drs. 15/2150, S. 36; *Weber-Grellet*, Schmidt EStG, § 10a Rz. 25; *Lindberg*, Blümich EStG, Stand April 2009, § 10a, Rz. 49; *Myßen*, K/S/M, Stand April 2004, § 10a, Rz. D 13 ff.; *Risthaus*, H/H/R, Stand April 2002, § 10a, Rz. 7.
1402 Zum Akzeptanzproblem, vgl. die geradezu werbenden Ausführungen bei: *Myßen*, K/S/M, Stand April 2004, § 10a, Rz. A 893 ff.

d) Zwischenergebnis

Wie auch beim einkommensteuerlichen Kindergeld wird bei den rentenrechtlichen Regelungen im EStG kritisiert, dass die Integration sozialrechtlicher Regelungen in das Einkommensteuerrecht typischerweise zu Lasten von Einfachheit und Transparenz der Regelungen gehe.[1403] Zielgerichteter und durchsichtiger lasse sich eine soziale Umverteilung stets durch direkten staatlichen Sozialtransfer gewährleisten. Allerdings gebiete die Verfassung diesem gesetzestechnischen Irrweg solange keinen Einhalt, wie die Regelungen die Belastungsgleichheit wahren und das Postulat der freiheitsschonenden Steuergesetzgebung nicht konterkariert werde.[1404] Diesem pauschalen Verdikt ist im Ergebnis nicht zu folgen. Es ist zwar in gewisser Hinsicht mehr Verwirrung als systematische Klarheit durch die rentenrechtlichen Regelungen im EStG gestiftet worden. So wird nicht klar, warum auch im System der nachgelagerten Besteuerung (und dem Hinweis auf die Vermeidung der Doppelbesteuerung und auf die Stärkung der Eigenverantwortung) die Beitragszahlung nicht als Werbungskosten, sondern weiterhin als Sonderausgaben eingeordnet wird.[1405] Auch könnte kritisiert werden, dass die Gestaltung des Abzugs von Altersvorsorgeaufwendungen eine untrennbare Mischung aus Fiskalzweck, Lenkungszweck und Sozialzweck erzeugt. Dennoch kann die Regelung angesichts der Vielschichtigkeit der Formen der Altersvorsorge und der Komplexität der Materie gerade auch vor dem Hintergrund der Bedeutung des Rentenrechts für die ganze Lebensplanung eines Menschen als brauchbarer Kompromiss angesehen werden.[1406]

IV. Zusammenfassung

Wie den Ausführungen zur Krankenversicherung konnte im Bereich der Rentenversicherung gezeigt werden, dass die finanzielle Not der Sozialversicherung zu verstärkter Nähe von Einkommensteuerrecht und Sozialrecht führt. Anders als im Bereich der Krankenversicherung geht es in der Rentenversicherung jedoch nicht mehr nur darum, mit Hilfe steuerlicher Grundsätze die finanzielle Basis eines Sozialversicherungszweiges zu stärken. Vielmehr ist bei der Alterssicherung die Überwälzung der Verantwortung vom sozialrechtlich austeilenden Staat auf den Bürger mittels steuerrechtlicher Verschonung zu konstatieren.

1403 *Jachmann*, NZS 2003, 281 (282).
1404 *Jachmann*, NZS 2003, 281 (283), für weiten Gestaltungsspielraum des Gesetzgebers: *Ruland*, NZS 2010, 121 (122 ff.).
1405 Krit. *Weber-Grellet*, DStR 2004, 1721 (1725); *Söhn*, StuW 2003, 332 ff.; *Ruland*, FS Selmer, 2004, S. 889, 897.
1406 So auch i. E. *Weber-Grellet*, DStR 2004, 1721 (1728).

3. Kapitel: Zusammenfassung der Arbeit

Gemeinsame Wurzeln im Grundgesetz

1. Im Steuerrecht und im Eingriffsteil des Sozialrechts kommt dem allgemeinen Gleichheitssatz des Art. 3 Abs. 1 GG eine vergleichbare Bedeutung zu. Insofern kommt es zu einem Gleichlauf der steuerrechtlichen und der sozialrechtlichen Dimension des Grundrechts.[1407]

2. Sowohl für die Einnahmen- als auch für die Ausgabenseite des Staates ergibt sich aus dem Sozialstaatsprinzip (Art. 20 Abs. 1, 28 Abs. 1 GG) i. V. m. der Menschenwürdegarantie (Art. 1 Abs. 1 GG) die Verpflichtung auf eine gewisse Wohlstandskorrektur, die mindestens die Sicherung des Existenzminimums umfasst.[1408]

3. Eine weitere Parallele zwischen den Rechtsgebieten ergibt sich aus Art. 6 Abs. 1 GG. Dessen sozial- und steuerrechtliche Stoßrichtungen legen dem Gesetzgeber ein enges Korsett an, wenn die Benachteiligung von Familien zu befürchten ist.[1409]

4. Die sozial- und steuerrechtliche Korrespondenz im Bereich des Eigentumsschutzes liegt darin begründet, dass Art. 14 GG vor exzessiver (erdrosselnder) Besteuerung schützt; über das sog. Subsidiaritätsprinzip wird der Steuerzahler vor überhöhten Ansprüchen an das Sozialsystem geschützt, die via Steuer gegenfinanziert werden müssten.[1410] Das Prinzip der Non-Affektation verbietet allerdings den Schluss, die grundsätzliche Privatnützigkeit des Erworbenen könne durch übermäßige Gewährung von steuerfinanzierten Sozialleistungen ungerechtfertigt durchbrochen werden.

5. Steuerrecht und Sozialrecht sind keine beliebig gegeneinander austauschbaren Rechtsmaterien. Trotzdem besteht für den Gesetzgeber ein Anreiz, nach Opportunitätsgesichtspunkten ein bestimmtes Regelungsziel der einen oder der anderen Teilrechtsordnung zuzuordnen. Bei der Abwägung wird maßgeblich in das Kalkül einfließen, dass im Steuerrecht die Gesetzgebungskompetenz des Bundes weiter gefasst ist als im Sozialrecht. Umgekehrt ist im Sozialrecht die Mittelverwaltung, insbesondere die Quersubvention, weniger problematisch. Dies liegt darin begründet, dass dem Sozialrecht ein der Finanzverfas-

---

1407 Kap. 1, A. I.
1408 Kap. 1, A. II.
1409 Kap. 1, A. III.
1410 Kap. 1, A. IV.

sung vergleichbarer Regelungskomplex fehlt. Zur Harmonisierung empfiehlt sich in Anerkennung der Belastungsseite des Sozialrechts die Regelung eines einheitlichen Sozial-Finanz-Verfassungsrechts im Grundgesetz.[1411]

6. Die Gesetzgebung, insbesondere im Bereich von Steuer- und Sozialrecht, muss widerspruchsfrei sein. Vorhandene Widersprüche sind abzubauen. Davon zu trennen ist die Frage, ob überhaupt ein Widerspruch vorliegt. Häufig verfolgen verschiedene Teilrechtsordnungen unterschiedliche Zielsetzungen, sodass nur vordergründig ein Widerspruch vorliegt.[1412]

7. Nicht alle Antworten auf steuerliche Detailfragen können aus dem Grundgesetz abgeleitet werden. Insbesondere können die Grundrechte nicht mehr als Extremgrenzen der Besteuerung aufzeigen.[1413]

8. Als verbindendes Element beider Teilrechtsordnungen hat sich herausgestellt, dass die Forderung nach gleicher (Art. 3 GG) Sozial- und Steuerlastenverteilung, die Forderung nach sozial gerechter Lastenverteilung (Art. 20 GG) und die Forderung nach freiheitssichernder Lastenverteilung (Art. 6, 14 GG) ein gemeinsames Werteverständnis zum Ausdruck bringen, das in ein übergreifendes Ordnungsprinzip, also ein allgemeines Lastenverteilungsprinzip – das Leistungsfähigkeitsprinzip – mündet.[1414]

Umverteilung

9. Es bestehen erhebliche Schwierigkeiten, die Einkommensteuer als gegenleistungsfreie Zahlungspflicht zu begründen. Nach gängiger Auffassung lässt sie sich nur durch die faktische Notwendigkeit erklären, den Staat mit finanziellen Mitteln handlungsfähig zu erhalten, in Verbindung mit der Einsicht, dass das Einkommen ein praktikabler Anknüpfungspunkt ist, die Steuerlast gerecht zu verteilen.[1415]

10. Wollte man versuchen, die Steuer nicht nur aus ihrer Notwendigkeit für die staatliche Handlungsfähigkeit heraus zu definieren, kommt eine Anleihe beim Gedanken des contrat social in Frage.[1416] Demnach kann die Steuer als Recht begriffen werden. Die Steuerpflichtigen bündeln einen Teil ihrer finanziellen Handlungsfähigkeit mit dem Ziel, gemeinsame Interessen auf Staatsebene effektiv verfolgen zu können. Die Alternative wäre, zur Verfolgung der gemeinsamen Interessen die eigene Arbeitskraft und Zeit einzusetzen. Durch die Steuerzahlung wird also die eigene physische Leistung durch eine finanzielle

---

1411 Kap. 1, A. V.
1412 Kap. 1, A. VI.
1413 Kap. 1, A. VII.
1414 Kap. 1, A. VII.; *Birk*, Leistungsfähigkeitsprinzip, S. 124 ff.
1415 Kap. 1, B. I. 1.) a).
1416 Kap. 1, B. I. 1.) e).

Leistung substituiert. Der dadurch gewonnene Freiraum ist eine wesentliche Voraussetzung für die freie Entfaltung, also für die Grundrechtsbetätigung im Staat.

11. Gerade die Entkoppelung von Einnahmen- und Ausgabenseite im Einkommensteuerrecht versetzt den Staat in die Lage, eine steuer- und sozialrechtliche Umverteilung vorzunehmen.[1417]

12. Dem Steuerrecht kommt eine soziale Umverteilungswirkung zum einen durch die gerechte Verteilung der Lasten zu. Zum anderen erfolgt eine soziale Umverteilung dadurch, dass die Steuer erst das sozialrechtliche Austeilen ermöglicht.[1418]

13. Auch im Sozialrecht bestehen Bestrebungen, die Beitragslast neben den althergebrachten Rechtfertigungsansätzen mit Hilfe des Leistungsfähigkeitsprinzips zu begründen.[1419]

14. Im Sozialrecht bestehen verschiedene Formen der Umverteilung. Diese unterteilen sich im Wesentlichen in die Umverteilung nach Bedürftigkeitsgesichtspunkten durch Verwendung von Steuermitteln, die nach Leistungsfähigkeitsgesichtspunkten gewonnen wurden, und die Umverteilung innerhalb eines Solidarsystems, soweit die Beiträge nicht äquivalent zur damit erlangten Leistung sind.[1420]

15. An verschiedenen Stellen nimmt das Sozialrecht Bezug auf die Einkommensbegriffe des EStG. Aufgrund der im Steuerrecht erfolgten Verzerrung der Begriffe durch Lenkungs- und Sozialzwecknormen und durch die oft im Sozialrecht notwendige Liquiditätsbetrachtung (Verlustvor- und -rücktrag unerheblich), kommt es zur sozialrechtlichen Modifikation der Begriffe.[1421]

16. Das sozialrechtliche Entstehungsprinzip ist abzulehnen. Das steuerrechtliche Zuflussprinzip ist besser geeignet, ein harmonisches Zusammenwirken von Steuerrecht und Sozialrecht zu gewährleisten.[1422]

Steuerung

17. Es bietet sich an, einen allgemeinen Teil des EStG zu schaffen, der zunächst ohne Lenkungsnormen und ähnliche Verzerrungen die wirtschaftliche Leistungsfähigkeit des Bürgers misst.[1423]

1417 Kap. 1, B. I. 1.) b).
1418 Kap. 1, B. I. 2.).
1419 Kap. 1, B. I. 3.) f.).
1420 Kap. 1, B. I. 4.).
1421 Kap. 1, B. I. 6.) b).
1422 Kap. 1, B. I. 6.) b) aa) (3) (c).
1423 Kap. 1, B. I. 6.) b) dd); Kap. 1, B. II. 3.).

18. Dem Steuergesetzgeber steht es frei, durch Steuern fiskalische, soziale und Lenkungszwecke zu verfolgen. Demzufolge können Steuernormen, vorbehaltlich nicht klar zuzuordnender Mischformen, in Fiskalzweck-, Sozialzweck- und Lenkungsnormen unterteilt werden.[1424]

19. Für ein harmonisches Zusammenwirken von Einkommensteuerrecht und Sozialrecht, ist im Einkommensteuerrecht klar zwischen den Funktionen der Steuernormen zu differenzieren. Insbesondere müssen originär lenkende Normen von originären Fiskalzwecknormen getrennt werden. Eine denkbare Möglichkeit, dies de lege ferenda zu erreichen, kann ein allgemeiner Teil des Einkommensteuergesetzes sein, in dem frei von lenkungspolitischen Verzerrungen zunächst die wirtschaftliche Leistungsfähigkeit ermittelt wird.

Bedarfsorientierte Interpretation des Leistungsfähigkeitsprinzips

20. Die Untersuchung hat ergeben, dass das steuerrechtliche Leistungsfähigkeitsprinzip und das sozialrechtliche Bedürftigkeitsprinzip grundsätzlich zwei Seiten einer Medaille sind. Beide erfassen die wirtschaftliche Leistungsfähigkeit des Bürgers. Man kann die Bedürftigkeit als negative Leistungsfähigkeit auffassen. Die Zusammenschau von negativer Leistungsfähigkeit und positiver Leistungsfähigkeit erlaubt die Weiterentwicklung des steuerlichen Leistungsfähigkeitsprinzips. Dieses kann, in Abkehr von der bisherigen aufwandorientierten Betrachtungsweise, bedarfsorientiert interpretiert werden.[1425]

21. Dies führt zu einem verfassungsrechtlichen Zwang, bestimmte im Sozialrecht herausgearbeitete Bedarfe im Einkommensteuerrecht zu berücksichtigen. Um die Bedarfe berücksichtigen zu können, werden dem Einkommen verschiedene Funktionen zugewiesen. Welche Bedarfe im Einkommensteuerrecht anerkannt werden müssen, richtet sich nach der jeweiligen Einkommensfunktion. Das Einkommen hat beispielsweise zunächst die Funktion, den sozialrechtlich ermittelten Mindestlebensbedarf zu decken. In dieser Höhe steht es folglich im System des bedarfsgerecht interpretierten Leistungsfähigkeitsprinzips nicht für die Besteuerung zur Verfügung. Der Kreis der steuerlich zu verschonenden Einkommensfunktionen ist jedoch begrenzt. Es besteht eine Vermutung dafür, dass das Einkommen zunächst der allgemeinen privaten Wohlstandsmehrung dient (grundsätzliche Privatnützigkeit des Einkommens) und daher nicht steuermindernd zu berücksichtigen ist.

22. Dieser Ansatz kann auf die unscharfen und bisweilen missverständlichen Begriffe disponibles und indisponibles Einkommen verzichten. Soweit ein Steuerpflichtiger über bestimmte Einkommensteile nicht disponieren kann (zivil-

---

1424   Kap. 1, II. 1.) c).
1425   Kap. 1, B. III. 3.) b).

rechtliche Unterhaltspflicht), bedeutet dies nicht, dass diese Einkommensteile nicht für den Steuerzugriff zur Verfügung stehen. Umgekehrt könnte ein Steuerpflichtiger theoretisch mit weniger als dem Existenzminimum auskommen. Damit wären Teile seines Existenzminimums eigentlich disponibel. Trotzdem ist ihm der Mindestbedarf steuerlich anzuerkennen und nicht der Grundfreibetrag zu kürzen.

23. Der gefundene Ansatz kann qualitative Besteuerungsgrenzen hervorbringen (z. B. existenznotwendiger Bedarf, erdrosselnde Besteuerung, ineffiziente Besteuerung). Qualitative Grenzen sehen sich, anders als quantitative Grenzen (z. B. Halbteilungsgrundsatz), nicht dem Vorwurf der mangelnden Plausibilität oder gar Willkür ausgesetzt.

24. Die somit entwickelte Begrenzung des Steuerzugriffs hat zugleich einen gleichheitsrechtlichen und einen freiheitsrechtlichen Hintergrund. Der freiheitsrechtliche Schutz vor der Besteuerung gliedert sich wiederum in einen bedarfsorientierten Aspekt und in einen liberalen Aspekt.

25. Im Ergebnis zeichnen die Freiheitsrechte unter Zuhilfenahme bestimmter Einkommensfunktionen die äußeren Grenzen des Steuerzugriffs vor. Hier besteht grundsätzlich kein Gestaltungsspielraum für den Gesetzgeber. Beispielsweise schützt unter anderem der bedarfsorientierte Aspekt des Art. 6 GG die Familie vor dem Zugriff auf das sozialrechtlich ermittelte Familienexistenzminimum. Der liberale Aspekt des Art. 14 GG schützt die grundsätzliche Privatnützigkeit des Einkommens vor erdrosselnder Besteuerung. Innerhalb der absoluten freiheitsrechtlichen Grenzen besteht ein großer Gestaltungsspielraum für den Gesetzgeber. Hier ist er nur an relative, gleichheitsrechtliche Vorgaben gebunden. Dies führt zu der Erkenntnis, dass, solange keine anerkannten freiheitsrechtlichen Einkommensfunktionen unzulässig beschnitten werden, aus der Verfassung keine absoluten Grenzen für die Besteuerung abgelesen werden können. Die Freiheitsrechte können absolute Besteuerungsgrenzen errichten, sind jedoch selten einschlägig. Der allgemeine Gleichheitssatz ist stets einschlägig, kann jedoch keine absoluten Grenzen setzen.

26. Das vorgeschlagene System einer bedarfsorientierten Interpretation des Leistungsfähigkeitsprinzips im Einkommensteuerrecht führt numerisch nicht unbedingt zu anderen Ergebnissen als der aufwandorientierte Ansatz. Das Leistungsfähigkeitsprinzip kann jedoch stringenter erklärt und konturiert werden. Damit kann der Ansatz helfen, die Überzeugungskraft des Leistungsfähigkeitsprinzips zu stärken.

GKV und PKV

27. Der Wunsch, zum Auffangen gestiegener Kosten im Gesundheitssystem die Bemessungsgrundlage zu verbreitern, führte zu der Überlegung, auch in der Sozialversicherung das Leistungsfähigkeitsprinzip zur Geltung kommen zu lassen. Dies löst jedoch nicht die strukturellen Probleme der GKV. Vielmehr verschärft sich hierdurch noch die Problematik der sog. „Friedensgrenze" zwischen GKV und PKV.[1426]

28. Soweit sie sich derzeit beurteilen lassen, sind die diskutierten Reformvorschläge der GKV insbesondere vor dem Hintergrund eines bedarfsgerecht interpretierten Leistungsfähigkeitsprinzips nicht verfassungswidrig.[1427]

Existenzminimum

29. Was die Gewährleistung des persönlichen Existenzminimums im Steuerrecht und im Sozialrecht angeht, so sind durch die einfachgesetzliche Anbindung der Höhe des steuerlichen Grundfreibetrags an sozialhilferechtliche Bedarfssätze die gröbsten Verwerfungen zwischen den Rechtsgebieten beseitigt. Ein restlicher Harmonisierungsbedarf ist hingegen noch bei einer Reihe von Einzelfragen zu konstatieren.[1428]

Familienleistungsausgleich

30. Dem vom BVerfG[1429] festgeschriebenen Vorrang der horizontalen Steuergerechtigkeit vor der vertikalen Steuergerechtigkeit beim Familienleistungsausgleich ist nicht zu folgen.[1430]

31. Eine Überbetonung der horizontalen Steuergerechtigkeit zu Lasten der vertikalen Steuergerechtigkeit ist abzulehnen. Der Schlüssel zum richtigen Verständnis des steuerlichen Familienleistungsausgleichs im Sinne einer bedarfsgerechten Interpretation des Leistungsfähigkeitsprinzips liegt in der Betrachtung der vertikalen Steuergerechtigkeit. Dies führt zu der Erkenntnis, dass eine „Reflextheorie", die Abzüge von der Bemessungsgrundlage (zur Generierung von Degressionseffekten) aufgrund des progressiven Steuertarifs für zwingend erklärt, nicht in jedem Fall überzeugt.[1431]

1426 Kap. 2, A. VII. 1.).
1427 Kap. 2, A. VIII.
1428 Kap. 2, B.
1429 BVerfGE 99, 216 (231 ff.); 99, 246 (263).
1430 Kap. 2, C. II. 3.) a) bb) (3).
1431 Kap. 2, C. II. 3.) a) bb) (3).

32. Das Kindergeld ist dem Grundsatz nach und insbesondere in der konkreten Ausgestaltung des Zusammenwirkens von Steuervergütung und Freibeträgen ein Fremdkörper im EStG.[1432]

33. Eine gangbare und gerechte Alternative zum derzeitigen Familienleistungsausgleich, die auch eine harmonische Abstimmung von Steuerrecht und Sozialrecht vorsieht, stellt das vorgeschlagene bedarfsgerechte duale System dar.[1433]

Elterngeld

34. Dem Bund fehlte wegen der besonderen Bezugnahme auf vorherige positive Leistungsfähigkeit statt auf Bedürftigkeitsgesichtspunkte die Gesetzgebungskompetenz für das BEEG.[1434]

35. Inhaltlich lässt sich die Regelung nicht mit den bekannten Prinzipien aus Sozialrecht und Steuerrecht erklären. Die Durchbrechung der Prinzipien lässt sich jedoch dann rechtfertigen, wenn das Elterngeld nicht als Fördermaßnahme für Familien fehlinterpretiert wird, sondern als familien- und wirtschaftspolitische Lenkungsnorm verstanden wird.[1435]

Altersvorsorge

36. Dass die Abzüge für Altersvorsorgebeiträge progressionsabhängig sind, ist nicht nachvollziehbar.[1436] Die Altersvorsorge erzeugt ähnliche Verwerfungen zwischen Steuerrecht und Sozialrecht wie das Kindergeld.[1437]

37. Insgesamt ist das derzeitige System der steuerlichen Anerkennung von Altersvorsorgebeiträgen aufgrund der Besonderheiten der Materie nicht zu beanstanden.[1438] Die Beitragszahler sind in besonderem Maß auf Planungssicherheit angewiesen, sodass sich Reformen nur sehr behutsam umsetzen lassen.

38. Nach hier vertretener Auffassung führt ein gemeinsames Sozial-Finanzverfassungsrecht in Verbindung mit einer bedarfsorientierten Interpretation des Leistungsfähigkeitsprinzips und einer Reihe einfachgesetzlicher Modifikationen zu einem harmonischeren Zusammenwirken von Steuerrecht und Sozialrecht. Damit hätte auch das anfangs erwähnte legislatorische Chaos ein Ende.

1432 Kap. 2, C. II. 3.) cc).
1433 Kap. 2, C. III. 4.).
1434 Kap. 2, C. V. 3.) a).
1435 Kap. 2, C. V. 3.) b).
1436 Kap. 2, D. III.
1437 Kap. 2, D. III. c).
1438 Kap. 2, D. IV.

Literaturverzeichnis

Ahmann, Renate: Die berufstätige Mutter – das Stiefkind im Steuerrecht – Der begrenzte Abzug von erwerbsbedingten Kinderbetreuungsaufwendungen aus verfassungs- und gemeinschaftsrechtlicher Sicht, NJW 2002, S. 633 ff.

Alexy, Robert: Theorie der Grundrechte, 5. Auflage, Frankfurt a. M., 2006 (Zit.: *Alexy*, Theorie der Grundrechte, S.).

Anzinger, Heribert: Kommentar zu BFH vom. 26.09.2007 – III R 4/07, FR 2008, S. 481 ff.

Arens, Wolfgang: Das Entstehensprinzip in der gesetzlichen Sozialversicherung – weitere Falle für geringfügige Beschäftigungsverhältnisse?, BB 2001, S. 94 ff.

Arnauld v., Andreas/*Musil*, Andreas (Hrsg.): Strukturfragen des Sozialverfassungsrechts, Tübingen, 2009 (Zit.: *Bearbeiter*, Strukturfragen des Sozialverfassungsrechts, S.).

Arndt, Hans-Wolfgang: Gleichheit im Steuerrecht, NVwZ 1988, S. 787 ff.

– Anmerkung zu BVerfG, Urteil vom 3.11.1982 – 1 BvR 620/78, JZ 1983, S. 200 f.

– Steuerliche Leistungsfähigkeit und Verfassungsrecht, Damrau, Jürgen/Kraft, Alfons/Fürst, Walther (Hrsg.) Festschrift für Otto Mühl, Stuttgart, 1981 (Zit.: *Arndt*, FS für Mühl, S.).

Arndt, Hans-Wolfgang/*Schumacher*, Andreas: Die Verfassungswidrigkeit des „Kindergrundfreibetrags", NJW 1999, S. 1689 ff.

– Kinder, Kinder...oder: Die unterschiedliche Leistungsfähigkeit der Senate des Bundesverfassungsgerichts, NJW 1999, S. 745 ff.

– Die verfassungsrechtlich zulässige Höhe der Steuerlast – Fingerzeig des BVerfG an den Gesetzgeber?, NJW 1995, S. 2603 ff.

– Das vorläufige und das endgültige Nichts – Wegfall der Rechtsgrundlage für die Erhebung der Erbschaft- und Vermögensteuer bei Untätigkeit des Gesetzgebers?, DStR 1995, S. 1813 ff.

– Unterhaltslast und Einkommensteuerrecht Widersprüchliche Rechtsprechung der Senate des BVerfG?, NJW 1994, S. 961 ff.

– Einkommensbesteuerung und Grundrechte – Zum Einfluß grundrechtlicher Entscheidungen des Bundesverfassungsgerichts auf die Entwicklung der Einkommensbesteuerung in der Bundesrepublik Deutschland, AöR 1993, S. 513 ff.

Arnim, Hans-Herbert v.: Besteuerung und Eigentum, Veröffentlichungen der Vereinigung der Deutschen Staatsrechtslehrer, Band 39, Berlin, 1981 (Zit.: *v. Arnim*, VVDStRL 39 (1981), S.).

Axer, Peter: Die Familie zwischen Privatrecht, Sozialrecht und Steuerrecht, Steuern im Sozialstaat, hrsg. Rudolf Mellinghoff, im Auftrag der Deutschen Steuerjuristischen Gesellschaft e.V., Köln, 2006 (Zit.: *Axer*, DStJG 29 (2006), S.).

Bach, Stefan: Die Perspektiven des Leistungsfähigkeitsprinzips im gegenwärtigen Steuerrecht, StuW 1991, S. 116 ff.

Badura, Peter: Grundprobleme des Wirtschaftsverfassungsrechts, JuS 1976, S. 205 ff.

Balke, Michael: Rentenversicherungsbeiträge als vorab veranlasste Werbungskosten unbeschränkt abziehbar, FR 2005, S. 1143 ff.

Bareis, Peter: Zur Problematik steuerjuristischer Vorgaben für die Einkommensteuer – Tarifstruktur und Familiensplitting als Musterbeispiele, DStR 2010, S. 565 ff.

– Gebietet das Grundgesetz bei der Ehegattenbesteuerung die Missachtung ökonomischer Wirkungen? – Analyse eines Rechtsgutachtens Klaus Vogels, StuW 2000, S. 81 ff.

– Die notwendige Reform der Einkommensteuer 1996 – Thesen der Einkommensteuer-Kommission im Vergleich mit den Tarifvorschlägen des BMF und des Finanzministeriums NRW, DStR 1995, S. 157 ff.

– Existenzminimum, Bemessungsgrundlage und Tarifstruktur bei der Einkommensteuer, FR 1991, S. 405 ff.

– Begründungsmängel in den Beschlüssen des Bundesverfassungsgerichts zum Kinderlastenausgleich, DStR 1991, S. 1164 ff.

Bauer, Hartmut: Sozialrecht in der Reform: Hartz IV – Die Zusammenführung von Arbeitslosenhilfe und Erwerbsfähigen-Sozialhilfe zu dem neuen Arbeitslosengeld II –, DÖV 2004, S. 1017 ff.

Bauer, Kea/*Krämer*, Ottmar: Das Gesetz zur Berücksichtigung der Kindererziehung im Beitragsrecht der sozialen Pflegeversicherung, NJW 2005, S. 180 ff.

Bäumler, Helmut: Abschied von der grundgesetzlich festgelegten „Wirtschaftsverfassung", DÖV 1979, S. 325 ff.

Becker, Joachim: Transfergerechtigkeit und Verfassung: Die Finanzierung der Rentenversicherung im Steuer- und Abgabensystem und im Gefüge staatlicher Leistungen, Tübingen, 2001 (Zit.: *Becker*, Transfergerechtigkeit und Verfassung, S.).

Behlert, Christian: Staffelung von Leistungsentgelten der Verwaltung nach dem Einkommen der Nutzer, Berlin 2002 (Zit.: *Behlert*, Staffelung von Leistungsentgelten, S.).

Bergkemper, Winfried: Arbeitnehmer: Sozialrechtliches Entstehungsprinzip für Beurteilung der Steuerfreiheit von Arbeitslohn aus geringfügiger Beschäftigung, FR, 2009, S. 89 ff.

Berlit, Uwe: Wirtschaftliche Hilfebedürftigkeit im SGB II in der neueren Rechtsprechung, NZS 2009, S. 537 ff.

Berndt, Joachim: Beitragsberechnung aus geschuldetem Arbeitsentgelt? – Ein Beitrag zur aktuellen Prüfpraxis der Rentenversicherungsträger, DStR 2000, S. 1520 ff.

Beyer, Tina: Die Freiheitsrechte, insbesondere die Eigentumsfreiheit, als Kontrollmaßstab für die Einkommensbesteuerung – Zur Anwendung des Verhältnismäßigkeitsgrundsatzes im Steuerrecht, Berlin, 2004 (Zit.: *Beyer*, Die Freiheitsrechte, S.).

Bieback, Karl-Jürgen: Probleme des SGB II – Rechtliche Probleme des Konflikts zwischen Existenzsicherung und Integration in den ersten Arbeitsmarkt, NZS 2005, S. 337 ff.

Biergans, Enno/*Stockinger*, Roland: Zum Einkommensbegriff und zur persönlichen Zurechnung von Einkünften im Einkommensteuerrecht (I), FR 1982, S. 1 ff.

Birk, Dieter: Steuerrecht, 13. Auflage, Heidelberg, 2010 (Zit.: *Birk*, Steuerrecht, S.).

– Verfassungsfragen im Steuerrecht – Eine Zwischenbilanz nach den jüngsten Entscheidungen des BFH und des BVerfG, DStR 2009, S. 877 ff.

– Die Umsatzsteuer aus juristischer Sicht, Paul Kirchhof und Manfred J. M. Neumann (Hrsg.) Freiheit, Gleichheit, Effizienz – Ökonomische und verfassungsrechtliche Grundlagen der Steuergesetzgebung, Bad Homburg, 2001.

– Diskussionsbeitrag Besteuerung von Einkommen, hrsg. im Auftrag der Deutschen Steuerjuristischen Gesellschaft e. V. von Iris Ebling, Köln, 2001 (Zit.: *Birk*, DStJG 24 (2001), S.).

– Das Leistungsfähigkeitsprinzip in der Unternehmenssteuerreform, StuW 2000, S. 328 ff.

– Nachgelagerte Besteuerung in der betrieblichen Altersversorgung – Eine verfassungskonforme Alternative für den Gesetzgeber? –, StuW 1999, S. 321 ff.

– Rechtfertigung der Besteuerung des Vermögens aus verfassungsrechtlicher Sicht, Steuern auf Erbschaft und Vermögen, hrsg. im Auftrag der Deutschen Steuerjuristischen Gesellschaft e.V. von Dieter Birk, Köln, 1999 (Zit.: *Birk*, DStJG 22 (1999), S.).

– Gleichheit und Gesetzmäßigkeit der Besteuerung – Zum Stellenwert zweier Grundprinzipien in der Steuerreform 1990, StuW 1989, S. 212 ff.

– Steuerrecht oder Sozialrecht – eine sozialpolitische Alternative, in: Sozialrecht und Steuerrecht – Verhandlungen des Deutschen Sozialrechtsverbandes Band 32, Wiesbaden, 1988 (Zit.: *Birk*, dt. Sozialrechtsverband, Sozialrecht und Steuerrecht, SDSRV 32 (1989) S.).

– Das Leistungsfähigkeitsprinzip als Maßstab der Steuernormen, Köln, 1983 (Zit.: *Birk*, Leistungsfähigkeitsprinzip, S.).

– Steuergerechtigkeit und Transfergerechtigkeit – Zum Problem der Einwirkungen der Transferleistungen auf die gerechte Steuerverteilung, ZRP 1979, S. 221 ff.

Birk, Dieter/*Inhester*, Michael: Steuerentlastung durch Sozialleistung an Dritte? – Zur Problematik des Ersatzes steuerlicher Entlastungen für Eltern studierender Kinder durch eine einheitliche Ausbildungsförderung, StuW 1996, S. 227 ff.

Birk, Dieter/*Wernsmann*, Rainer: Der Schutz von Ehe und Familie im Einkommensteuerrecht, JZ 2001, S. 218 ff.

Bleckmann, Albert: Grundzüge des Wirtschaftsverfassungsrechts der Bundesrepublik Deutschland, JuS 1991, S. 536 ff.

Bley, Helmar/*Kreikebohm*, Ralf/*Marschner*, Andreas: Sozialrecht, 9. Auflage, Neuwied 2007 (Zit.: *Bley/Kreikebohm/Marschner*, Sozialrecht, Rz.).

Bloch, Eckhard: Zur Weiterentwicklung der sozialen Pflegeversicherung, SGB 2005, S. 385 ff.

Blum, Walter/*Kalven*, Harry: The uneasy case for progressive taxation, Chicago, 1953 (Zit.: *Blum/Kalven*, The uneasy case for progressive taxation, 1953, S.).

Blümich: Einkommensteuergesetz, Körperschaftsteuergesetz, Gewerbesteuergesetz, Kommentar (Zit.: *Bearbeiter*, Blümich EStG, Stand, §. Rz.),
– Bd. 1, §§ 1 – 8 EStG,
– Bd. 2, §§ 9 – 24c EStG.

Boetius, Jan: Substitutive private Krankenversicherung, VersR 2005, S. 297 ff.

Bornheim, Wolfgang: Der Vermögensteuerbeschluß des BVerfG vom 22.6.1995, DB 1997, S. 1534 ff.

Böckenförde, Ernst-Wolfgang: Steuergerechtigkeit und Familienlastenausgleich – Eine Diskussionsanregung zur Reform der Familienbesteuerung, StuW 1986, S. 335 ff.

Brandis, Peter: Bemessungsgrundlagen im Steuerrecht und im Sozialrecht – Aus der Sicht des Steuerrechts, Steuern im Sozialrecht, hrsg. Rudolf Mellinghoff, im Auftrag der Deutschen Steuerjuristischen Gesellschaft e.V., Köln, 2006 (Zit.: *Brandis*, DStJG 29 (2006), S.).

Breithaupt, Marianne: Eingeschränkte Vergleichbarkeit von Kinderbedarf nach dem SGB II/XII und dem durch Kindergeld abgedeckten Kinderbedarf, FPR 2009, S. 141 ff.

Brockmeyer, Hans Bernhard: Verfassungsrechtliche Maßstäbe für eine gerechte Familienbesteuerung, DStZ 1999, S. 666 ff.

Brosius-Gersdorf, Frauke: Betreuungsgeld: Barleistung für Alleinverdienerfamilien und Gutscheine für „Hartz IV-Familien", ZRP 2010, S. 84 ff.

– Elterngeld nach dem BEEG - Rechtsnatur, Anspruchsvoraussetzungen, Leistungsumfang, FPR 2007, S. 334 ff.

– Das Elterngeld als Einkommensersatzleistung des Staates – Progressive Staffelung bei der Familienförderung und demografischer Wandel in Deutschland, NJW 2007, S. 177 ff.

Bundesministerium der Finanzen (Hrsg.): Probleme einer Integration von Einkommensbesteuerung und steuerfinanzierten Sozialleistungen, Schriftenreihe des Bundesministeriums der Finanzen, Heft 59, Bonn 1996 (Zit.: BMF-Schriftenreihe Band, S.).

Buop, Hans: Das offene Messer: Anmerkungen zu den BVerfG-Beschlüssen zur Kinderentlastung, DStZ 1990, S. 579 ff.

Canaris, Claus-Wilhelm: Die Verfassungswidrigkeit von § 828 II BGB als Ausschnitt aus einem größeren Problemfeld, JZ 1990, S. 679 ff.

– Zur Problematik von Privatrecht und verfassungsrechtlichem Übermaßverbot, JZ 1988, S. 494 ff.

– Verstöße gegen das verfassungsrechtliche Übermaßverbot im Recht der Geschäftsfähigkeit und im Schadensersatzrecht, JZ 1987, S. 993 ff.

Carlier, Rudolf: Familienbesteuerung – wachsende Probleme, in: Hörstemann, Franz/Niemann, Ursula/Rose, Gerd (Hrsg.), Steuerberaterjahrbuch 1979/80, Köln, 1980 (Zit.: *Charlier*, StbJB 1979/80, S.).

Czisz, Konrad: Problemfälle beim Familienleistungsausgleich, DStR 1998, S. 996 ff.

Däubler, Wolfgang: Einmalbedarf und Arbeitslosengeld II – Zur Darlehensregelung des § 23 I SGB II, NJW 2005, S. 1545 ff.

– Das Verbot der Ausgrenzung einzelner Bevölkerungsgruppen - Existenzminimum und Arbeitslosengeld II, NZS 2005, S. 225 ff.

Degenhart, Christoph: Das allgemeine Persönlichkeitsrecht, Art. 2 I i. V. mit Art. 1 I GG, JuS 1992, S. 361 ff.

Depenheuer, Otto/*Heintzen*, Markus/*Jestaedt*, Matthias/*Axer*, Peter (Hrsg.): Staat im Wort, Festschrift für Josef Isensee, Heidelberg, 2007 (Zit.: *Bearbeiter*, Staat im Wort (Depenheuer u.a. Hrsg.), S.).

Deubner, Karl: Abschied vom Bagatellprinzip, NJW 1985, S. 839 ff.

Di Fabio, Udo: Der Schutz von Ehe und Familie: Verfassungsentscheidung für die vitale Gesellschaft, NJW 2003, S. 993 ff.

Dolzer, Rudolf/*Kahl*, Wolfgang/*Waldhoff*, Christian/*Graßhof*, Karin (Hrsg.): Bonner Kommentar zum Grundgesetz, 145. Aktualisierung, Heidelberg, April 2010 (Zit.: *Bearbeiter*, BK GG, Stand, Art. Rz.).

Dommermuth, Thomas/*Hauer*, Michael: Besteuerung der „Rürup-Rente" – es bleibt beim Verpuffungseffekt – Dublik zu Risthaus, FR 2005, 295 – , FR 2005, S. 297 ff.

– Ist die neue „Rürup"-Versicherung steuerlich und wirtschaftlich sinnvoll?, FR 2005, S. 57 ff.

Dorenkamp, Christian: Die nachgelagerte Besteuerung der sog. Riester-Rente – einkommensteuerlich ein großer Wurf, zumindest für den Regelfall – Eine Analyse der §§ 10a, 22 Nr. 5 sowie des XI. EStG-Abschnitts, StuW 2001, S. 253 ff.

Dostmann, Dieter: Drei Jahre einkommensteuerliches Kindergeld – Rechtsferne und realitätsnahe Erfahrungen eines Praktikers –, DStR 1999, S. 884 ff.

Dötsch, Franz: Zur Verfassungswidrigkeit der Einkommensteuer-Grundfreibeträge in den Veranlagungszeiträumen 1978 bis 1988, FR 1991, S. 315 ff.

Draschka, Heribert: Steuergesetzgebende Staatsgewalt und Grundrechtsschutz des Eigentums, Heidelberg, 1982 (Zit.: *Draschka*, Steuergesetzgebende Staatsgewalt, S.).

Dreier, Horst (Hrsg.): Grundgesetz Kommentar (Zit.: *Bearbeiter*, Dreier GG, Band, 2. A., Art. Rz.).

Drüen, Klaus-Dieter: 2010: Der Aufbruch zu einer neuen Steuerkultur?, DStR 2010, S. 2 ff.

– Die Bruttobesteuerung von Einkommen als verfassungsrechtliches Vabanquespiel, StuW 2008, S. 3 ff.

– Haushaltsvorbehalt bei der Verwerfung verfassungswidriger Steuergesetze? – Budgetairer Dispositionsschutz durch Aussetzung der Vollziehung nach den Beschlüssen des BVerfG zum Kinderleistungsausgleich, FR 1999, S. 289 ff.

Dziadkowski, Dieter: Freistellung des Existenzminimums nach § 32a EStG insbesondere in Ballungsräumen unzureichend, FR 2008, S. 124 ff.

– Zur Ermittlung des minimalen Existenzminimums eines Kindes für die Jahre 1985 bis 1995, BB 1999, S. 1409 ff.

– Zur Höhe des Grundfreibetrags nach § 32a Abs. 1 EStG – Zugleich Anmerkungen zum BFH-Urteil vom 8.6.1990 und zum BFH-Beschluß vom 20.7.1990, FR 1991, S. 281 ff.

– Existenzminimum und Einkommensbesteuerung, DStR 1991, S. 8 ff.

– Grundfreibetrag und Einkommensteuertarif, FR 1986, S. 504 ff.

– Plädoyer für einen transparenten und realitätsbezogenen („bürgernahen") Einkommensteuertarif, BB 1985, Beilage 9 zu Heft 15, S. 1 ff.

Ebsen, Ingwer: Familienleistungsausgleich und die Finanzierung der Sozialversicherung aus verfassungs- und sozialrechtlicher Sicht, VSSR 2004, S. 3 ff.

Eichborn v., Wolfgang: Zur (steuerlichen) Berücksichtigung von Vorsorgeaufwendungen am Beispiel Selbstständiger, DB 2000, S. 944 ff.

Eichenhofer, Eberhard: Sozialrecht, 6. Auflage, Tübingen, 2007 (Zit.: *Eichenhofer*, Sozialrecht, Rz.).

– Sozialrecht und Privatrecht – wechselseitig unvereinbar oder aufeinander bezogen?, NZS 2004, S. 169 ff.

– Chancen und Risiken privater Alterssicherung, SGB 2003, S. 1 ff.

– Europarechtliche Anforderungen an das deutsche Kindergeld, StuW 1997, S. 341 ff.

– Sozialrechtliche Grenzen der Privatautonomie, VSSR 1991, S. 185 ff.

Eichenhofer, Eberhard/*Abig*, Constanze: National Report Germany, in: *Lang*, Michael (Hrsg.), Double Taxation Conventions and Social Security Conventions, Wien 2006 (Zit.: *Eichenhofer/Abig*, National Report Germany, S.).

Einkommensteuerkommission 1996, BB 1994, Beilage 24 zu Heft 34, S. 1 ff.

Ekardt, Felix: Familienförderung durch Steuerrecht? – Eine liberale Kritik der neueren Judikatur des Bundesverfassungsgerichts, KJ 2004, S. 116 ff.

Elschen, Rainer: Steuerliche Gerechtigkeit – Unzulässiger oder unzulänglicher Forschungsgegenstand der Steuerwissenschaften?, StuW 1988, S. 1 ff.

Englisch, Joachim: Verfassungsrechtliche Grundlagen und Grenzen des objektiven Nettoprinzips, Beihefter zu DStR 34 2009, S. 92 ff.

– Steuerliche Abziehbarkeit existenzsichernder Vorsorgeaufwendungen, NJW 2006, S. 1025 ff.

Erlenkämper, Arnold/*Fichte*, Wolfgang: Sozialrecht – Allgemeine Rechtsgrundlagen Sozialgesetze Verfahrensrecht, 6. Auflage, Köln, 2007 (Zit.: *Bearbeiter, Erlenkämper/Fichte*, Sozialrecht, S.).

Esser, Clemens: Steuerfreistellung des Existenzminimums – Nullzone, Steuerabzug oder Abzug von der Bemessungsgrundlage?, DStZ 1994, S. 517 ff.

Felix, Dagmar: Die Familie zwischen Privatrecht, Sozialrecht und Steuerrecht, in: Steuern im Sozialstaat, hrsg. Rudolf Mellinghoff, im Auftrag der Deutschen Steuerjuristischen Gesellschaft e.V., Köln, 2006 (Zit.: *Felix*, DStJG 29 (2006), S.).

– Kindergeldrecht – Kommentar, München, 2005 (Zit.: *Felix*, Kindergeldrecht).

– Familienleistungsausgleich – eine Aufgabe des Steuerrechts?, in: Staat, Wirtschaft, Finanzverfassung, Festschrift für Peter Selmer zum 70. Geburtstag, Berlin, 2004 (Zit.: *Felix*, FS Selmer, S.).

– Das Zweite Gesetz zur Familienförderung – Hintergründe und Konsequenzen, NJW 2001, S. 3073 ff.

Felix, Günther: Konsequenzen aus den Entscheidungen des Bundesverfassungsgerichts zur Vermögens- und Erbschaftsbesteuerung, BB 1995, S. 2241 ff.

– Die Wende 1990 in der Einkommensteuer – Konsequenzen für die Steuerberatung, DStZ 1990, S. 471 ff.

Fiedler, Wilfried/*Ress*, Georg (Hrsg.), Verfassungsrecht und Völkerrecht – Gedächtnisschrift für Wilhelm Karl Geck, Köln, 1989 (Zit.: *Zacher*, Ehe und Familie, Verfassungsrecht und Völkerrecht, S.).

Fischer, Peter: Die Rechtsnatur von Aufwendungen zur Altersvorsorge, FR 2007, S. 76 ff.

– Mehr Schatten als Licht im Steuerrecht der Altersvorsorgeaufwendungen und Altersbezüge, BB 2003, S. 873 ff.

– Missverständnisse zur nachgelagerten Besteuerung von Altersbezügen am Beispiel der sog. Riester-Rente, FR 2001, S. 613 ff.

Fleischmann, Michael: Ist die derzeitige Steuerbelastung noch mit dem „Halbteilungsgrundsatz" vereinbar?, DB 1998, S. 1484 ff.

Flinke, Fritz: Die Wiederkehr des gesetzlich definierten Mindestbedarfs und die Abschaffung der Regelbetrags-VO-ein Fortschritt?, FPR 2005, S. 477 ff.

Flume, Werner: Die Beschlüsse des Bundesverfassungsgerichts zu den Einheitswerten in Hinsicht auf die Vermögen- und Erbschaftsteuer, DB 1995, S. 1779 ff.

Franke, Siegfried: Konzeptionelle Neugestaltung im Steuerrecht? – Kritische Bemerkungen zu den steuerpolitischen Vorschlägen von Senator Horst Gobrecht, StuW 1986, S. 392 ff.

Franz, Christoph: Einkommensbegriffe im Steuer- und Sozialrecht, StuW 1988, S. 17 ff.

Frenz, Walter: Familienschutz vor Steuern aus der Hand des Bundesverfassungsgerichts, DStZ 1999, S. 465 ff.

Friauf, Karl Heinrich: Verfassungsrechtliche Anforderungen an die Gesetzgebung über die Steuern vom Einkommen und vom Ertrag, in: Deutsche Steuerjuristische Gesellschaft 12 (1989) (Zit.: *Friauf*, DStJG 12 (1989), S.).

Fritz, Robert/*Horlemann*, Heinz-Gerd: Anknüpfung von Sozialleistungen an den Nettolohn – Zur Problematik der Verknüpfung von Sozial- und Steuerrecht bei der Berechnung des Arbeitslosengeldes bei Ehepaaren, NJW 1986, S. 114 ff.

Frye, Bernhard: Die verfassungsrechtlich gebotene Unvererblichkeit des Ehegattenveranlagungswahlrechts, FR 2008, S. 1109 ff.

Fuchs, Maximilian: Empfiehlt es sich, die rechtliche Ordnung finanzieller Solidarität zwischen Verwandten im Unterhalts-, Pflichtteils-, Sozialhilfe- und Sozialversicherungsrecht neu zu gestalten?, JZ 2002, S. 785 ff.

Fuchs, Maximilian/ *Preis*, Ulrich: Sozialversicherungsrecht – Lehrbuch für Studium und Praxis, 2. Auflage, Köln 2009 (Zit.: *Fuchs/Preis*, Sozialversicherungsrecht S.).

Fürst, Walter (Hrsg.): Festschrift für Wolfgang Zeidler Bd. 1, Berlin, 1987 (Zit.: *Bearbeiter*, FS Zeidler 1, S.).

Giesen, Richard: Beteiligung der Privaten Krankenversicherung am Gesundheitsfonds, NZS 2006, S. 449 ff.

Giloy, Jörg: Droht der Verlust des Rechtsfriedens? Zur rückwirkenden Berücksichtigung des Existenzminimums im Steuerrecht, DStZ 1990, S. 599 ff.

– Ist der Grundfreibetrag im Einkommensteuertarif wirklich entbehrlich?, FR 1986, S. 56 ff.

Glaeser, Georg/*Polthier*, Konrad: Bilder der Mathematik, Heidelberg, 2009 (Zit.: *Glaeser/Polthier*, Bilder der Mathematik, S.).

Glanegger, Peter: Jeder errechne das Seine – Kinderfreibetrag und kein Ende – Zum Beschluss des BVerfG vom 10.11.1998, 2 BvL 42-93, DStR 1999, S. 311 ff.

Goecke, Klaus: Unbegrenzte Haftung Minderjähriger?, NJW 1999, S. 2305 ff.

Groth, Andy/*Hohm*, Karl-Heinz: Die Rechtsprechung des BSG zum SGB II, NJW 2009, S. 2419 ff.

Gröpl, Christoph: Grundgesetz, Bundesverfassungsgericht und „Kinderleistungsausgleich" – Zur Berücksichtigung von Kindern im Einkommensteuerrecht nach den „Familien-Beschlüssen" des Bundesverfassungsgerichts v. 10.11.1998 und dem In-Kraft-Treten des Gesetzes zur Familienförderung v. 22.12.1999, StuW 2001, S. 150 ff.

Gutzler, Stephan: Aktuelle Fragen aus dem Rentenversicherungsrecht in der Rechtsprechung der Sozialgerichte, NZS 2009, S. 613 ff.

Hackmann, Johannes: Die einkommensteuerliche Berücksichtigung des Existenzminimums, BB Beilage 1994, Nr. 19, S. 1 ff.

Hahn, Hartmut: Der Einfluss des Thomas von Aquin auf die Besteuerung nach der wirtschaftlichen Leistungsfähigkeit, StuW 2004, S. 167 ff.

Hase, Friedhelm: Familienleistungsausgleich und die Finanzierung der Gesetzlichen Kranken- und Pflegeversicherung, VSSR 2004, S. 55.

– Versicherungsprinzip und sozialer Ausgleich – Eine Studie zu den verfassungsrechtlichen Grundlagen des deutschen Sozialversicherungsrechts, Tübingen, 2000 (Zit.: *Hase*, Versicherungsprinzip und sozialer Ausgleich, S.).

Hebeler, Timo: Grundstrukturen der Anspruchsvoraussetzungen und Leistungen im SGB II – Eine kritische Zwischenbilanz –, Vortrag im Rahmen der 16. Fachtagung des Kommunalwissenschaftlichen Instituts der Universität Potsdam vom 16.04.2010 zum Thema „Hartz IV im Umruch", im Erscheinen.

– Die Vereinigung, Auflösung und Schließung von Sozialversicherungsträgern, NZS 2008, S. 238 ff.

– Der persönliche Ansprechpartner nach dem SGB II – Organisatorische und personelle Anforderungen, DÖD 2005, S. 241 ff.

– Grundlegende Rechtsfragen der Finanzierungskrise des deutschen Sozialstaates, Jura 2005, S. 17 ff.

– Generationengerechtigkeit als verfassungsrechtliches Gebot in der sozialen Rentenversicherung, Baden-Baden, 2001 (Zit.: *Hebeler*, Generationengerechtigkeit, S.).

Hechtner, Frank/*Hundsdoerfer*, Jochen/*Sielaff*, Christian: Belastungsverschiebungen durch das Familienleistungsgesetz, FR 2009, S. 55 ff.

Hechtner, Frank/*Sielaff*, Christian: Die Günstigerprüfung des Familienleistungsausgleichs nach dem zweiten Konjunkturpaket, FR 2009, S. 573 ff.

Heidrich, Mirco: Gesetzliche Renteneinzahlungen als vorweggenommene Werbungskosten – Zugleich Anmerkung zum BFH-Urteil v. 21.7.2004, X R 72/01, NV, DStRE 2005, 574, DStR 2005, S. 861 ff.

– Der Sonderausgabenabzug nach dem Alterseinkünftegesetz – ein steuersystematischer Irrweg?, FR 2004, S. 1321 ff.

Hendler, Reinhard/*Heimlich*, Jörn: Lenkung durch Abgaben, ZRP 2000, S. 325 ff.

Henneke, Hans-Günter: Hartz IV in der „Überholung": Die Suche nach klarer Verantwortungszuordnung in den Arbeitsgemeinschaften geht weiter, DÖV 2006, S. 726 ff.

– Aufgabenwahrnehmung und Finanzlastverteilung im SGB II als Verfassungsproblem, DÖV 2005, S. 177 ff.

Henschler, Katja: Die Minderung der wirtschaftlichen Leistungsfähigkeit durch Kinder im Einkommensteuerrecht, Hamburg, 2005 (Zit.: *Henschler*, Kinder im Einkommensteuerrecht, S.).

Hensel, Albert, Verfassungsrechtliche Bindungen des Steuergesetzgebers. Besteuerung nach der Leistungsfähigkeit – Gleichheit vor dem Gesetz, VjSchStFR 1930, S. 441 ff.

– System des Familiensteuerrechts und andere Schriften, *Reimer*, Ekkehart/*Waldhoff*, Christian (Hrsg.), Köln, 2000 (Zit.: *Hensel*, System des Familiensteuerrechts, S.).

Herrmann, Carl/*Heuer*, Gerhard/*Raupach*, Arndt: Einkommensteuer- und Körperschaftsteuergesetz, Kommentar (Zit.: *Bearbeiter*, H/H/R, Stand, §, Rz.),
– Bd. 1, Texte, Einf, Dok, ESt, §§ 1 – 1a EStG,
– Bd. 2, §§ 2 – 3 EStG,
– Bd, 7, §§ 9 – 11b EStG,
– Bd. 8, §§ 12 – 15 EStG,
– Bd. 11, §§ 31 – 33a EStG.

Heuermann, Bernd: Altersvorsorgeaufwendungen und objektives Nettoprinzip, DB 2006, S. 688 ff.

– Kindergeld und Einkommensteuer oder: Wie vertragen sich materielles Sozialrecht und Steuerrecht?, FR 2000, S. 248 ff.

– Kinderfreibeträge in der Neustrukturierung des Familienleistungsausgleichs – Verfassungsrechtliche Anforderungen und Probleme der Umsetzung –, DStR 2000, S. 1546 ff.

– Paradigmenwechsel im Leistungsausgleich für Familien, BB 1999, S. 660 ff.

Heun, Werner: Die Sozialversicherung und das System der Finanzverfassung, in: Staat, Wirtschaft, Finanzverfassung, Festschrift für Peter Selmer zum 70. Geburtstag, Berlin, 2004 (Zit.: *Heun*, FS Selmer, S.).

Hey, Johanna: Körperschaft- und Gewerbesteuer und objektives Nettoprinzip, Beihefter zu DStR 34 2009, S. 109 ff.

– Der neue Abzug für Kinderbetreuungskosten, NJW 2006, S. 2001 ff.

Hidien, Jürgen/*Anzinger*, Heribert: Familienleistungsausgleich und eigene Leistungsfähigkeit des unterhaltsberechtigten erwachsenen Kindes – zugleich eine Anmerkung zum Beschluss des Bundesverfassungsgerichts vom 11.1.2005, FR 2005, S. 1016 ff.

Hillmoth, Bernhard: Einkünfte und Bezüge des Kindes, DStR 2007, S. 2140 ff.

Hinz, Matthias: Einkommensteuerrecht und Sozialrecht – Gegensätzlichkeit und Nähe, Stuttgart, 2004.

Hohmann-Dennhardt, Christine: Die Ehe ist kein Auslaufmodell – Der gesellschaftliche Wandel sollte sich aber auch im Eherecht spiegeln, ZRP 2005, S. 173 ff.

Horlemann, Heinz-Gerd: Gedanken zur dogmatischen Einordnung nachgelagerter Besteuerung, FR 2006, S. 1075 ff.

– Das Kinderexistenzminimum nach den Entscheidungen des BVerfG vom 10.11.1998, DStR 1999, S. 397 ff.

– Der Familienleistungsausgleich ab 1996 – Rechtspolitischer Hintergrund und Ausgestaltung der Neuregelung, BB 1996, S. 186 ff.

Hölzer, Camilla: Abzugsfähigkeit von Kinderbetreuungskosten erwerbstätiger verheirateter Eltern – Licht am Ende eines dunklen Tunnels, NJW 2008, S. 2145 ff.

Huber, Ernst Rudolf: Der Streit um das Wirtschaftsverfassungsrecht (I), (II), (III), (Schluß), DÖV 1956, S. 97 ff., 135 ff., 172 ff., 200 ff.

Huber, Peter M.: Das Verbot der Mischverwaltung – de constitutione lata et ferenda – Zum SGB-II-Urteil des Bundesverfassungsgerichts vom 20. Dezember 2007 –, DÖV 2008, S. 844 ff.

Hufen, Friedhelm: Das Urteil des Bundesverfassungsgerichts zur Privaten Krankenversicherung – Ein Freibrief für den Gesetzgeber?, NZS 2009, S. 649 ff.

Hübschmann/Hepp/Spitaler: Abgabenordnung/Finanzgerichtsordnung Kommentar, (Zit.: *Bearbeiter*, H/H/Sp AO, Stand, §, Rz.)

– Bd. 2, §§ 4 – 32 AO.

Igl, Gerhard/*Welti*, Felix: Sozialrecht – ein Studienbuch, 8. Auflage, Neuwied, 2007 (Zit.: Igl/*Welti*, Sozialrecht, S.).

Intemann, Jens/*Cöster*, Thilo: Altersvorsorgeaufwendungen als Werbungskosten? – Eine Diskussion aus steuersystematischer Sicht, DStR 2005, S. 1921 ff.

Isensee, Josef: „Bürgerversicherung" im Koordinatensystem der Verfassung, NZS 2004, S. 393 ff.

– Vom Beruf unserer Zeit für Steuervereinfachung, StuW 1994, S. 3 ff.

– Der Sozialstaat in der Wirtschaftskrise – Der Kampf um die sozialen Besitzstände und die Normen der Verfassung, in: Listl, Joseph/Schambeck, Herbert, Demokratie in Anfechtung und Bewährung – Festschrift für Johannes Broermann, Berlin, 1982 (Zit.: *Isensee*, FS für Broermann, 1982, S.).

– Steuerstaat als Staatsform, in: *Stödter*, Rolf/*Thieme*, Werner (Hrsg.) Hamburg, Deutschland, Europa, Beiträge zum deutschen und europäischen Verfassung-, Verwaltungs- und Wirtschaftsrecht, Festschrift für Hans Peter Ipsen, Tübingen, 1977 (Zit.: *Isensee*, Hamburg, Deutschland, Europa, S.).

Isensee, Josef/*Kirchhof*, Paul (Hrsg.): Handbuch des Staatsrechts der Bundesrepublik Deutschland,

– Band II, Verfassungsstaat, 3. Auflage, Heidelberg, 2004,

– Band V, Rechtsquellen, Organisation, Finanzen, 3. Auflage, Heidelberg, 2007 (Zit.: *Bearbeiter*, Isensee/Kirchhof, HStR Band, § Rz.).

Ismer, Roland: Glück im Spiel – Pech für die Dogmatik?, FR 2007, S. 235 ff.

Ismer, Roland/*Kaul*, Ashok/*Rath*, Silke, Der verfassungsrechtliche Streit um die Entfernungspauschale: eine ökonomisch-empirische Betrachtung, FR 2008, S. 58 ff.

Jachmann, Monika: Berücksichtigung von Kindern im Focus der Gesetzgebung, FR 2010, S. 123 ff.

– Objektives Nettoprinzip als tragendes Element im Gesamtsystem des Steuerrechts und Grenze für die Steuerpolitik, Beihefter zu DStR 34 2009, S. 129 ff.

– Die Korrespondenz von Sozialrecht und Einkommensteuerrecht, NZS 2003, S. 281 ff.

– Leistungsfähigkeitsprinzip und Umverteilung, StuW 1998, S. 293 ff.

– Sozialstaatliche Steuergesetzgebung im Spannungsverhältnis zwischen Gleichheit und Freiheit: Belastungsgrenzen im Steuersystem, StuW 1996, S. 97 ff.

– Unmittelbare Konsequenzen aus dem „Vermögensteuerbeschluß" des BVerfG vom 22.6.1995 vor einer gesetzlichen Neuregelung, DStR 1996, S. 574 ff.

Jakob, Wolfgang: Einkommensteuer, 4. Auflage, München 2008 (Zit.: *Jakob*, Einkommensteuer).

Jestaedt, Matthias: Staffelgebühren im Steuerstaat – Einkommensabhängige Kindergartenentgelte nach dem Spruch des Bundesverfassungsgerichts –, DVBl. 2000, S. 1820 ff.

Jochum, Heike/*Lampert*, Steffen: Das auszubildende Kind im Familienleistungsausgleich – Die Ermittlung der sog. „schädlichen Einkünfte" aus steuerrechtlicher und sozialrechtlicher Perspektive –, FR 2006, S. 677 ff.

Joecks, Wolfgang/*Miebach*, Klaus: Münchener Kommentar zum StGB, Band 4 (StGB), München, 2006.

Jüptner, Roland: Leistungsfähigkeit und Veranlassung, Heidelberg, 1989 (Zit.: *Jüptner*, Leistungsfähigkeit, S.).

Kaiser-Plessow, Utta: Bedeutung und Ermittlung des steuerlichen Existenzminimums, FPR 2005, S. 479 ff.

– Zulassung des Abzugs von Sozialversicherungsbeiträgen beim Grenzbetrag des § 32 IV 2 EStG durch das BVerfG, FPR 2005, S. 267 ff.

– Funktion des Kindergelds, FPR 2003, S. 39 ff.

– Kindergeldschädliches Kindeseinkommen, FPR 2002, S. 428 ff.

Kant, Immanuel: Die Metaphysik der Sitten (1797), Ditzingen,1990 (Zit.: *Immanuel Kant*, Die Metaphysik der Sitten, 1797, S.).

Kanzler, Hans-Joachim: Kommentar zu BVerfG, Beschl. v. 13.2.2008 – 2 BvL 1/06, FR 2008, S. 729 ff.

– Grundfragen der Familienbesteuerung, FamRZ 2004, S. 70 ff.

– Die einkommensteuerliche Berücksichtigung von Kinderbetreuungskosten als Betreuungsfall, Beihefter zu DStR 11 2002, S. 1 ff.

– Die Besteuerung von Ehe und Familie, in: Besteuerung von Einkommen, hrsg. im Auftrag der Deutschen Steuerjuristischen Gesellschaft e. V. von Iris Ebling, Köln, 2001 (Zit.: *Kanzler*, DStJG 24 (2001), S.).

– Kommentar, FR 2001, S. 1230 f.

– Die Zukunft der Familienbesteuerung – Familienbesteuerung der Zukunft, FR 2001, S. 921 ff.

– Kommentar: Sechs Entscheidungen zum Begriff der „Berufsausbildung" – oder: Zu den feinen Unterschieden zwischen Einkommensteuer- und Sozialrecht, FR 1999, S. 1133 f.

– Anmerkung zu BVerfG, Beschl. v. 10.11.1998 – 2 BvR 1852/97, 2 BvR 1853/97, FR 1999, S. 147 ff.

– Anmerkung zu BVerfG, Beschl. Vom 12.6.1990, 1 Bvl 72/86, FR 1990, S. 457 f.

Kessler, Wolfgang: Unternehmensteuerreform 2008: Die geplanten Änderungen im Überblick, BB 2007, S. 523 ff.

Kingreen, Thorsten/*Rixen*, Stephan: Sozialrecht: Ein verwaltungsrechtliches Utopia? – Ortsangaben zur (Wieder-)Entdeckung einer Referenzmaterie des öffentlichen Rechts –, DÖV 2008, S. 741 ff.

– Das Sozialstaatsprinzip im europäischen Verfassungsverbund – Gemeinschaftsrechtliche Einflüsse auf das deutsche Recht der gesetzlichen Krankenversicherung, Tübingen, 2003 (Zit.: *Kingreen*, Sozialstaatsprinzip, S.).

Kirchhof, Ferdinand: Finanzierungsinstrumente des Sozialstaats, in: Steuern im Sozialstaat, hrsg. Rudolf Mellinghoff, im Auftrag der Deutschen Steuerjuristischen Gesellschaft e.V., Köln, 2006 (Zit.: *Kirchhof*, DStJG 29 (2006), S.).

– Verfassungsrechtliche Probleme einer umfassenden Kranken- und Renten- „Bürgerversicherung", NZS 2004, S. 1 ff.

– Der Weg zur verfassungsgerechten Besteuerung – Bestand, Fortschritt, Zukunft –, StuW 2002, S. 185 ff.

– Sozialversicherung und Finanzverfassung, NZS 1999, S. 161 ff.

Kirchhof, Paul: Einkommensteuergesetz Kommentar, 9. Auflage, 2010 (Zit.: *Bearbeiter*, Kirchhof EStG, §, Rz.).

– Die freiheitsrechtliche Struktur der Steuerrechtsordnung – Ein Verfassungstest für Steuerreformen, StuW 2006, S. 3 ff.

– Maßstäbe für eine familiengerechte Besteuerung, ZRP 2003, S. 73 ff.

– Verfassungsrechtliche und steuersystematische Grundlagen der Einkommensteuer, in: Besteuerung von Einkommen, hrsg. im Auftrag der Deutschen Steuerjuristischen Gesellschaft e. V. von Iris Ebling, Köln, 2001 (Zit.: *Kirchhof*, DStJG 24 (2001), S.).

– Erläuterungen zum Karlsruher Entwurf zur Reform des Einkommensteuergesetzes, DStR 2001, S. 913 ff.

– Ehe und familiengerechte Gestaltung der Einkommensteuer, NJW 2000, S. 2792 ff.

– Die Widerspruchsfreiheit im Steuerrecht als Verfassungspflicht, StuW 2000, S. 316 ff.

– Steueranspruch und Informationseingriff, in: Joachim Lang (Hrsg.) Die Steuerrechtsordnung in der Diskussion – Festschrift für Klaus Tipke, Köln, 1995 (Zit.: *Kirchhof*, FS Tipke, S.).

– Der verfassungsrechtliche Auftrag zur Besteuerung nach der finanziellen Leistungsfähigkeit, StuW 1985, S. 319 ff.

– Steuergleichheit, StuW 1984, S. 297 ff.

– Steuergerechtigkeit und sozialstaatliche Geldleistungen, JZ 1982, S. 305 ff.

– Besteuerung und Eigentum, in: Veröffentlichungen der Vereinigung der Deutschen Staatsrechtslehrer, Band 39, Berlin 1981 (Zit.: *Kirchhof*, VVDStRL 39 (1981), S.).

– Besteuerung und Eigentumsgarantie – Bericht über die Tagung der Vereinigung der deutschen Staatsrechtslehrer in Innsbruck 1980, StuW 1980, S. 361 ff.

Kirchhof, Paul/*Offerhaus*, Klaus/*Schöberle*, Horst (Hrsg.): Steuerrecht, Verfassungsrecht, Finanzpolitik – Festschrift für Franz Klein, Köln, 1994 (Zit.: *Bearbeiter*, FS für Klein, 1994, S.).

Kirchhof, Paul/*Söhn*, Hartmut/*Mellinghoff*, Rudolf (Hrsg.): Einkommensteuergesetz Kommentar (Zit.: *Bearbeiter*, K/S/M, Stand, §, Rz.),
   – Bd. 2, §§ 1a – 2b,
   – Bd. 9, §§ 10 – 10a,
   – Bd. 14, §§ 21 – 31,
   – Bd. 15, §§ 32 – 34g,
   – Bd. 18, §§ 49 – 78.

Kirchhoff, Ulrich/*Kilger*, Hartmut: Verfassungsrechtliche Verpflichtung der berufständischen Versorgungswerke zur Berücksichtigung von Zeiten der Kindererziehung?, NJW 2005, S. 101 ff.

Klawonn, Markus: Die Eigentumsgewährleistung als Grenze der Besteuerung, Berlin, 2007 (Zit.: *Klawonn*, Die Eigentumsgewährleistung, S.).

Klein, Franz: Ehe und Familie im Steuerrecht als verfassungsrechtliches Problem, in: Fürst, Walter/ Herzog, Roman/ Umbach, Dieter C., Festschrift für Wolfgang Zeidler, Berlin, 1987 (Zit.: *Klein*, FS für Zeidler, 1987, S.).

Klose, Wolfgang: Ausschluss der Familienversicherung wegen Überschreitens der Jahresarbeitsentgeltgrenze, NZS 2005, S. 576 ff.

Korn, Klaus (Hrsg.): Einkommensteuergesetz Kommentar (Zit.: *Bearbeiter*, Korn EStG, Stand, §, Rz.),
   – Bd. 2 §§ 7 – 34 b.

Kreikebohm, Ralf: Kommt die Erwerbstätigenversicherung?, NZS 2010, S. 184 ff.

Kreikebohm, Ralf/*Spellbrink*, Wolfgang/*Waltermann*, Raimund (Hrsg.): Kommentar zum Sozialrecht, Band 63, München, 2009 (Zit.: *Bearbeiter*, KSW Kommentar zum Sozialrecht, § SGB Rz.).

Kretschmer, Kai-Holmger: „Sozialhilfe" durch Vertrag – Rechtliche Ausgestaltung und verfassungsrechtliche Bewertung der Eingliederungsvereinbarung nach dem „Hartz IV-Gesetz, DÖV 2006, S. 893 ff.

Kube, Hanno: Staatsaufgaben und Solidargemeinschaften, in: Steuern im Sozialstaat, hrsg. Rudolf Mellinghoff, im Auftrag der Deutschen Steuerjuristischen Gesellschaft e.V., Köln, 2006 (Zit.: *Kube*, DStJG 29 (2006), S.).

– Komplementarität und Eigenständigkeit – Zum Verhältnis zwischen Steuerrecht und Sozialrecht am Beispiel von § 33b Abs. 6 EStG, NZS 2004, S. 458 ff.

Kübler, Jens: Zur Frage, wie sozial § 32b Abs. 1 Nr. 1 EStG ist, DB 1988, S. 986 f.

Kußmaul, Heinz/*Zabel*, Michael: Ist Deutschland auf dem Weg (zurück) zu einer verstärkten Substanzbesteuerung? – Kritische Anmerkungen zu aktuellen Gesetzesvorhaben der Bundesregierung, BB 2007, S. 967 ff.

Literaturverzeichnis

Labrenz, Christoph: Die Umweltprämie als Einkommen im Rahmen des SGB II? – Zur Struktur hinter der Kasuistik der §§ 11, 12 SGB II, NJW 2009, S. 2245 ff.

Lammers, Lutz: Die Steuerprogression im System der Ertragsteuern und ihr verfassungsrechtlicher Hintergrund, Berlin, 2008 (Zit.: *Lammers*, Die Steuerprogression, S.).

Lang, Joachim: Der Stellenwert des objektiven Nettoprinzips im deutschen Einkommensteuerrecht, StuW 2007, S. 3 ff.

– Die gleichheitsrechtliche Verwirklichung der Steuerrechtsordnung, StuW 2006, S. 22 ff.

– Besteuerung von Einkommen – Aufgabe, Wirkungen und europäische Herausforderungen, NJW 2006, S. 2209 ff.

– Verfassungsrechtliche Gewährleistung des Familienexistenzminimums im Steuer- und Kindergeldrecht – Zu den Beschlüssen des Bundesverfassungsgerichts vom 29.5.1990 und vom 12.6.1990, StuW 1990, S. 331 ff.

– Die Bemessungsgrundlage der Einkommensteuer, Rechtssystematische Grundlagen steuerlicher Leistungsfähigkeit im deutschen Einkommensteuerrecht, Köln, 1988 (Zit.: *Lang*, Die Bemessungsgrundlage, S.).

– Familienbesteuerung – Zur Tendenzwende der Verfassungsrechtsprechung durch das Urt. des Bundesverfassungsgerichts vom 3.11.1982 und zur Reform der Familienbesteuerung, StuW 1983, 103 ff.

– Gewinnrealisierung – Rechtsgrundlage, Grundtatbestände und Prinzipien im Rahmen des Betriebsvermögensvergleichs nach § 4 Abs. 1 EStG, in: Gewinnrealisierung im Steuerrecht, Hans Georg Ruppe (Hrsg.) im Auftrag der Deutschen Steuerjuristischen Gesellschaft, Köln, 1981 (Zit.: *Lang*, DStJG 4 (1981), S.).

– Das Einkommensteuergesetz 1975 – Gewinn an Steuergerechtigkeit und Steuervereinfachung? – Zugleich eine Abhandlung der sachlichen Änderungen im Einkommensteuerrecht und der neuen Kindergeldregelung, StuW 1974, S. 293 ff.

Lang, Michael: "Taxes covered" – what is a "tax" according to Article 2 of the OECD Model?, in: *Peeters*, Bruno (Hrsg.): The concept of tax (2005 EATLP congress Naples (Caserta), Amsterdam, 2005 (Zit.: *Lang*, "Taxes covered" – what is a "tax" according to Article 2 of the OECD Model?, S.).

– Nachgelagerte Besteuerung bei grenzüberschreitenden Sachverhalten, in: Steuern im Sozialstaat, hrsg. Rudolf Mellinghoff, im Auftrag der Deutschen Steuerjuristischen Gesellschaft e.V., Köln, 2006 (Zit.: *Lang*, DStJG 29 (2006), S.).

Lange, Klaus: Verfassungsrechtliche Möglichkeiten einer gleichheitsorientierten Reform des Familienleistungsausgleichs, ZRP 2000, S. 415 ff.

Lehner, Moris: Die verfassungsrechtliche Verankerung des objektiven Nettoprinzips – Zum Vorlagebeschluss des BFH und zur Entscheidung des BVerfG über die Verfassungswidrigkeit der Entfernungspauschale, DStR 2009, S. 185 ff.

– Klaus Vogel – ein Nachruf, IStR 2008, S. 38.

– Anmerkung zu BVerfG, Beschl. V. 10.11.1998 – 2 BvR 1057/91, JZ 1999, S. 726 ff.

– Der Familienleistungsausgleich nach dem Jahressteuergesetz 1996, in: *Ruland*, Franz/ *Maydell Baron v.*, Bernd/*Papier*, Hans-Jürgen (Hrsg.), Verfassung, Theorie und Praxis des Sozialstaats, FS Hans F. Zacher, Heidelberg, 1998 (Zit.: *Lehner*, FS für Zacher, S.).

– Einkommensteuerrecht und Sozialhilferecht: Bausteine zu einem Verfassungsrecht des sozialen Steuerstaates, Tübingen, 1993 (Zit.: *Lehner*, Einkommensteuerrecht und Sozialhilferecht, S.).

– Die Entscheidung des Bundesverfassungsgerichts zur Verfassungswidrigkeit des Grundfreibetrags in den Jahren 1978 bis 1984, 1986, 1988 und 1991, DStR 1992, S. 1641 ff.

– Abzug des Grundfreibetrages von der Bemessungsgrundlage oder von der Steuerschuld?, StuW 1986, S. 59 ff.

Leisner, Anna: Das Kindergeldverfahren im Öffentlichen Dienst, ZBR 2000, S. 217 ff.

Leisner, Walter: Die verfassungsrechtliche Belastungsgrenze der Unternehmen. Dargestellt am Beispiel der Personalzusatzkosten, Berlin, 1996 (Zit.: *Leisner*, Die verfassungsrechtliche Belastungsgrenze der Unternehmen, S.).

– Von der Leistung zur Leistungsfähigkeit – die soziale Nivellierung – Ein Beitrag wider das Leistungsfähigkeitsprinzip –, StuW 1983, S. 97 ff.

Leisner, Walter Georg: Existenzsicherung im Öffentlichen Recht – Minimum – Grundlagen - Förderung, Tübingen, 2007 (Zit.: *Leisner W.G.*, Existenzsicherung, S.).

Leitherer, Stephan (Hrsg.): Kasseler Kommentar Sozialversicherungsrecht (Zit.: *Bearbeiter*, Kass/Komm, § Rz, SGB Stand).

Lenze, Anne: Kindererziehung als generativer Beitrag in der Gesetzlichen Rentenversicherung – Zugleich eine Besprechung der Entscheidung des BSG vom 5. Juli 2006, NZS 2007, S. 407 ff.

– Staatsbürgerversicherung und Verfassung – Rentenreform zwischen Eigentumsschutz, Gleichheitssatz und europäischer Integration, Tübingen, 2005 (Zit.: *Lenze*, Staatsbürgerversicherung, S.).

Lepsius, Oliver: Steuerungsdiskussion, Systemtheorie und Parlamentarismuskritik, Tübingen, 1999 (Zit.: *Lepsius*, Steuerungsdiskussion, Systemtheorie und Parlamentarismuskritik, 1999, S.).

Leube, Konrad: Sozialversicherung in Gestalt der Privatversicherung – Rechtliche Rahmenbedingungen, NZS 2003, S. 449 ff.

Liesenfeld, Andrea: Das steuerfreie Existenzminimum und der progressive Tarif als Bausteine eines freiheitsrechtlichen Verständnisses des Leistungsfähigkeitsprinzips, Berlin, 2005 (Zit.: *Liesenfeld*, Existenzminimum, S.).

Lingemann, Wolfgang: Das rechtliche Konzept der Familienbesteuerung, Berlin, 1994 (Zit.: *Lingemann*, Familienbesteuerung, S.).

Littmann, Eberhard/*Bitz*, Horst/*Pust*, Hartmut (Hrsg.): Das Einkommensteuerrecht (Zit.: *Bearbeiter*, L/B/P, Stand, §, Rz.) – Bd. 4 §§ 17 – 33 c.

Luhmann, Niklas: Das Recht der Gesellschaft, Frankfurt am Main, 1993 (Zit.: *Luhmann*, Das Recht der Gesellschaft, 1995, S.).

Luttermann, Claus: Normenklarheit im Steuerrecht und „unbestimmte" Rechtsbegriffe?, FR 2007, S. 18 ff.

Lühmann, Hans: Verfassungswidrige Zusammenlegung von Arbeitslosen- und Sozialhilfe im SGB II?, DÖV 2004, S. 677 ff.

Marx, Stefan: Das Entstehungsprinzip in der Sozialversicherung – eine Rechtfertigung des Abweichens von steuerrechtlichen Regelungen, NZS 2002, S. 126 ff.

Matthäus-Maier, Ingrid: Für einen gerechten und einfachen Familienlastenausgleich, ZRP 1988, S. 252 ff.

Maurer, Hartmut (Hrsg.): Das akzeptierte Grundgesetz – FS Günter Dürig, München, 1990 (Zit.: FS Dürig S.).

Mayer, Christian: Der Umfang der Nachbesserungspflicht des Gesetzgebers bei der Vermögens-, Erbschafts- und Schenkungsbesteuerung – Konsequenzen aus den Beschlüssen des BVerfG vom 22.6.1995, DB 1995, S. 1831 ff.

Mayer, Otto: Deutsches Verwaltungsrecht I, 3. Auflage, Berlin 1924 (Zit.: *Otto Mayer*, Deutsches Verwaltungsrecht I, S.).

Meister, Edgar: Einfluß der Steuerpolitik auf die Effizienz der Rechtsanwendung, DStZ 1991, S. 673 ff.

Melchior, Jürgen: Unternehmensteuerreform 2008 und Abgeltungsteuer, DStR 2007, S. 1229 ff.

Mellinghoff, Rudolf: Kommentar zu BFH Urteil v. 21.7.2000 – VI R 153/99, FR 2000, S. 1148 ff.

Merkens, Hans: Pädagogische Institutionen: Pädagogisches Handeln im Spannungsfeld von Individualisierung und Organisation, Wiesbaden, 2006 (Zit.: *Merkens*, Pädagogische Institutionen, S.).

Merkt, Albrecht: Leitsätze für eine freiheits- und gleichheitsgerechte Einkommensteuer bei Ehe und Familie, DStR 2009, S. 2221 ff.

Meyer, Robert: Die Principien der gerechten Besteuerung in der neueren Finanzwissenschaft, Berlin, 1884 (Zit.: Die Principien der gerechten Besteuerung, S.).

Mienert, Karl: Die nicht soziale Bestimmung des § 32b Abs. 1 Nr. 1 EStG sollte beseitigt, wenigstens aber gemildert werden, DB 1988, S. 24.

– Replik, DB 1988, S. 987.

Mitschke, Joachim: Integration von Steuer- und Sozialleistungssystem – Chancen und Hürden, StuW 1994, S. 153 ff.

Mittmann, Volker: Sozialhilfe- oder familienrechtlicher Maßstab für ein verfassungskonformes Minimum des Kinderlastenausgleichs?, DStZ 1991, S. 163 ff.

Moderegger, Martin: Der verfassungsrechtliche Familienschutz und das System des Einkommensteuerrechts, Baden-Baden, 1991 (Zit.: *Moderegger*, Familienschutz, S.).

Moes, Christoph: Die Steuerfreiheit des Existenzminimums vor dem Bundesverfassungsgericht – Eine ökonomische, steuersystematische und grundrechtsdogmatische Kritik des subjektiven Nettoprinzips, Baden-Baden 2011, (Zit.: *Moes*, Die Steuerfreiheit des Existenzminimums, S.).

Musil, Andreas: Abzugsbeschränkungen bei der Abgeltungsteuer als steuersystematisches und verfassungsrechtliches Problem, FR 2010, S. 149 ff.

– Viel Lärm um nichts? – Die Auswirkungen der Gesundheitsreform auf die Grundrechte der privaten Krankenversicherungsunternehmen, NZS 2008, S. 113 ff.

– Steuerbegriff und Non-Affektationsprinzip, DVBl 2007, S. 1526 ff.

– Steuern und Zölle als Mittel zur Steuerung sozialer und wirtschaftlicher Prozesse im 20. Jahrhundert, Der Staat 2007, S. 420 ff.

– Steuerehrlichkeit als Problem des Besteuerungsverfahrens, DÖV 2006, S. 505 ff.

– Verfassungs- und europarechtliche Probleme des Alterseinkünftegesetzes, StuW 2005, S. 278 ff.

– Wettbewerb in der staatlichen Verwaltung, Tübingen, 2005 (Zit.: *Musil*, Wettbewerb in der staatlichen Verwaltung, S.).

Musil, Andreas/*Leibohm*, Thomas: Die Forderung nach Entscheidungsneutralität der Besteuerung als Rechtsproblem, FR 2008, S. 807 ff.

Musil, Andreas/*Volmering*, Björn: Systematische, verfassungsrechtliche und europarechtliche Probleme der Zinsschranke, DB 2008, S. 12 ff.

Münch, Ingo von/ *Kunig*, Philip: Grundgesetz-Kommentar
– Bd. 1 Art. 1 – 19, 5. Auflage 2000,
– Bd. 2 Art. 20 – 69, 5. Auflage 2001,
– Bd. 3 Art. 70 – 146, 5. Auflage 2003.

Myßen, Michael: Private Altersvorsorge – Soziale Absicherung contra selbstverantwortlicher Altersvorsorge, in: Steuern im Sozialstaat, hrsg. Rudolf Mellinghoff, im Auftrag der Deutschen Steuerjuristischen Gesellschaft e.V., Köln, 2006 (Zit.: *Myßen*, DStJG 29 (2006), S.).

Neumann, Volker: Das medizinische Existenzminimum, NZS 2006, S. 393 ff.

– Menschenwürde und Existenzminimum, NVwZ 1995, S. 426 ff.

Neumark, Fritz: Grundsätze gerechter und ökonomisch rationaler Steuerpolitik, Tübingen, 1970 (Zit.: *Neumark*, Grundsätze gerechter und ökonomisch rationaler Steuerpolitik, S. 135).

Nolde, Gernot: Mangelndes Verständnis des Familienleistungsausgleichs, FR 1999, S. 1166 f.

Nüssgens, Heinz-Josef: Konsequenzen eines Urteils, SozSich 1999, S. 185 ff.

Oepen, Wilhelm: Aktuelle Probleme der Familienbesteuerung, FR 1992, S. 149 ff.

– Gedanken zur Familienbesteuerung, DStZ 1992, S. 684 ff.

Ost, Wolfgang/*Mohr*, Gerhard/*Estelmann*, Martin: Grundzüge des Sozialrechts, 2. Auflage, München, 1998 (Zit.: Ost/Mohr/Estelmann, Grundzüge des Sozialrechts, 2.A. 1998, S.).

Oyda, Michael: Probleme bei der Ermittlung des Elterngeldes, NZS 2010, S. 194 ff.

Palandt, Bürgerliches Gesetzbuch, 69. Auflage, 2010.

Papier, Hans-Jürgen: Steuerrecht im Wandel – verfassungsrechtliche Grenzen der Steuerpolitik, DStR 2007, 973 ff.

– Ehe und Familie in der neueren Rechtsprechung des BVerfG, NJW 2002, S. 2129 ff.

– Besteuerung und Eigentum, DVBl. 1980, S. 787 ff.

– Die Beeinträchtigungen der Eigentums- und Berufsfreiheit durch Steuern vom Einkommen und Vermögen, Der Staat 1972, S. 483 ff.

Paus, Bernhard: Alterseinkünftegesetz: Zur Frage der vorläufigen Verfassungsmäßigkeit von Gesetzen – Anmerkung zu BFH v. 1.2.2006 – X B 166/05, FR 2006, 584 ff.

– Neue Übergangsregelungen bei verfassungswidrigen Steuergesetzen am Beispiel von Kinderbetreuungs- und –erziehungskosten, INF 1999, S. 257 ff.

– Neue Einkommensgrenze für den Kinderfreibetrag: was sind „besondere Ausbildungszwecke"?, FR 1996, S. 337 ff.

Pausenberger, Marcus: Eigentum und Steuern in der Republik – Ein Beitrag zum steuerverfassungsrechtlichen Halbteilungsgrundsatz, Berlin, 2008 (Zit.: *Pausenberger*, Eigentum und Steuern in der Republik, S.).

Pechstein, Matthias: Familiengerechtigkeit als Gestaltungsgebot für eine staatliche Ordnung – Zur Abgrenzung von Eingriff und Leistung bei Maßnahmen des sog. Familienleistungsausgleichs, Baden-Baden, 1994 (Zit.: *Pechstein*, Familiengerechtigkeit, S.).

Penske, Marco: Finanzierung der Gesetzlichen Krankenversicherung – Probleme und Reformoptionen, Frankfurt a. M., 2006, (Zit.: *Penske*, Finanzierung der GKV, S.).

Petersen, Hans-Georg: Pros and Cons of a Negative Income Tax, Finanzwissenschaftliche Diskussionsbeiträge, Universität Potsdam, 1995.

Pezzer, Heinz-Jürgen: Bilanzierungsprinzipien als sachgerechte Maßstäbe der Besteuerung, in: Probleme des Steuerbilanzrechts, Werner Doralt (Hrsg.) im Auftrag der Deutschen Steuerjuristische Gesellschaft e. V., Köln, 1991 (Zit.: *Pezzer*, DStJG 14 (1991), S.).

– Familienbesteuerung und Grundgesetz, StuW 1989, S. 219 ff.

– Verfassungsrechtliche Perspektiven der Familienbesteuerung, in: Fürst, Walter/ Herzog, Roman/ Umbach, Dieter C., Festschrift für Wolfgang Zeidler, Berlin, 1987 (Zit.: *Pezzer*, FS für Zeidler, 1987, S.).

Pfab, Alexander: Familiengerechte Besteuerung – Ein Plädoyer für ein Familiensplitting, ZRP 2006, S. 212 ff.

Pfohl, Andreas/*Sichert*, Markus: Der Gesundheitsfonds: Sondervermögen des Bundes oder der Krankenkassen?, NZS 2009, S. 71 ff.

Prinz, Aloys: Grundlagen der Familienbesteuerung unter Berücksichtigung finanzwissenschaftlicher Aspekte, FR 2010, S. 105 ff.

Raad van, Kees: The concept of tax in the OECD Model, in: *Peeters*, Bruno (Hrsg.): The concept of tax (2005 EATLP congress Naples (Caserta), Amsterdam, 2005 (Zit.: *Raad v.*, The concept of tax in the OECD Model, S.).

Ramsauer, Ulrich: Soziale Krankenversicherung zwischen Solidarprinzip und Wettbewerb, NZS 2006, S. 505 ff.

Rancke, Friedbert (Hrsg.): Mutterschutz/Elterngeld/Elternzeit Handkommentar, 1. Auflage, 2007 (Zit.: *Bearbeiter*, Hk-MuSchG/BEEG, BEEG).

Raupach, Arndt: Steuern im Sozialstaat – Eröffnung der Jahrestagung und Rechtfertigung des Themas, Steuern im Sozialstaat, hrsg. Rudolf Mellinghoff, im Auftrag der Deutschen Steuerjuristischen Gesellschaft e.V., Köln, 2006 (Zit.: *Raupach*, DStJG 29 (2006), S.).

Rebmann, Kurt/*Säcker*, Franz Jürgen/*Rixecker*, Roland: Münchener Kommentar zum Bürgerlichen Gesetzbuch
– Bd. 8 Buch 4 Familienrecht, 5. Auflage, München, 2008.

Reis, Stefan: Konsumorientierte Unternehmensbesteuerung aus verfassungsrechtlicher Sicht, Berlin 2005 (Zit.: *Reis*, Konsumorientierte Unternehmensbesteuerung).

Rhein, Thomas: Mindestlohn, Mindestsicherung und Mindesteinkommen in wirtschaftswissenschaftlicher Perspektive, NZA-Beilage, 2009, S. 91 ff.

Richter, Andreas/*Welling*, Berthold: Diskussionsbericht zum 33. Berliner Steuergespräch „Familienbesteuerung", FR 2010, S. 127 ff.

Richter, Ronald: Gesundheitsreform – Das GKV-Wettbewerbsstärkungsgesetz, DStR 2007, S. 810 ff.

– Das Gesetz zur Modernisierung der gesetzlichen Krankenversicherung, DStR 2004, S. 320 ff.

Richter, Ronald/*Köhler*, Hajo/*Klatt*, Michael: Blick ins Sozialversicherungsrecht, DStR 2006, S. 2218 ff.

Richter, Wolfram: Wirkungen von Steuern und Sozialbeiträgen, in: Steuern im Sozialstaat, hrsg. Rudolf Mellinghoff, im Auftrag der Deutschen Steuerjuristischen Gesellschaft e.V., Köln, 2006 (Zit.: *Richter*, DStJG 29 (2006), S.).

Risthaus, Anne: Besteuerung der „Rürup-Rente"– auch für Experten nur schwer durchschaubar? – Replik zum Beitrag von Dommermuth/Hauer, FR 2005, 57 ff. –, FR 2005, S. 295 ff.

– Die Änderung in der privaten Altersversorgung durch das Alterseinkünftegesetz (Teil I und II), DB 2004, S. 1329 ff; 1883 ff.

Roelleke, Gerd: Kinder, Kinder, NJW 1994, S. 1263 f.

Rolfs, Christian: Das Versicherungsprinzip im Sozialversicherungsrecht, München, 2000 (Zit.: *Rolfs*, Das Versicherungsprinzip im Sozialversicherungsrecht S.).

Rose, Gerd: Der Steuer-Plafondierungsbefehl des BVerfG und seine Durchsetzung, DB 1997, S. 494 ff.

– Zum Anspruch auf Erlaß von „Übermaß-Steuern" und zu seiner Durchsetzung, DB 1995, S. 2387 ff.

– „In der Nähe einer hälftigen Teilung" – Erste quantifizierende Überlegungen zur Vermögensteuer-Entscheidung des BVerfG vom 22.6.1995 –, DB 1995, S. 1879 ff.

Ross, Hartmut: Auswirkungen des Familienleistungsausgleichs auf die übrigen steuerlichen Kinderkomponenten und auf die Steuerberechnung, DStZ 1997, S. 140 ff.

– Familienlastenausgleich, quo vadis?, DStZ 1990, S. 611 ff.

Rothgang, Heinz: Die Verfassungsgerichtsurteile zur Pflegeversicherung – Ausgangspunkt für eine Neuordnung der Sozialversicherung?, SozFort 2001, S. 121 ff.

Rousseau, Jean-Jacques: Du contrat social ou principes du droit politique, Paris 1972 (Erstauflage, Amsterdam, 1762).

– Discours sur l'économie politique, Paris 1990, (Erstauflage 1755).

Rüfner, Wolfgang: Gleichheitssatz und Willkürverbot – Struktur und Anwendung im Sozialversicherungsrecht, NZS 1992, S. 81 ff.

Ruland, Franz: Das Grundgesetz und die Entwicklung des Rentenversicherungsrechts, NZS 2010, S. 121 ff.

– Zur Neuordnung der steuerrechtlichen Behandlung von Altersvorsorgeaufwendungen und Altersbezügen, in: Staat, Wirtschaft, Finanzverfassung, Festschrift für Peter Selmer zum 70. Geburtstag, Berlin, 2004 (Zit.: *Ruland,* FS Selmer, S.).

– Familie und Alterssicherung, FamRZ 2004, S. 493 ff.

– Das BVerfG und der Familienlastenausgleich in der Pflegeversicherung, NJW 2001, S. 1673 ff.

– Licht, aber auch viel Schatten, SozSich 2001, S. 43 ff.

Ruland, Franz/*Dünn,* Sylvia: Die Organisationsreform in der gesetzlichen Rentenversicherung, NZS 2005, S. 113 ff.

Ruppe, Hans Georg: Möglichkeiten und Grenzen der Übertragung von Einkunftsquellen als Problem der Zurechnung von Einkünften, in: Übertragung von Einkunftsquellen im Steuerrecht, Klaus Tipke (Hrsg.) im Auftrag der Deutschen Steuerjuristischen Gesellschaft e. V., Köln, 1978/1979 (Zit.: *Ruppe,* DStJG 1 (1978), S.).

Russel, Thomas: Elterngeld und Beschäftigungsverbot, ZRP 2010, S. 96 ff.

Sachs, Michael (Hrsg.): Grundgesetz Kommentar, 4. Auflage, 2007.

Sacksofsky, Ute: Familienbesteuerung in der steuerpolitischen Diskussion, FR 2010, S. 119 ff.

– Reformbedarf bei der Familienbesteuerung, FPR 2003, S. 395 ff.

– Steuerung der Familie durch Steuern, NJW 2000, S. 1896 ff.

Salaw-Hanslmaier, Stefanie: Sabbatical und Elterngeld – geht das Zusammen?, ZRP 2009, S. 179 ff.

– Diskriminiert das Elterngeld die Mehrkindfamilie?, ZRP 2008, S. 140 ff.

Sangmeister, Bernd: Das Bundesverfassungsgericht und das Verfassungsprozessrecht, dargestellt am Beispiel seiner Beschlüsse zur Familienbesteuerung v. 10.11.1998, StuW 2001, S. 168 ff.

Schanz, Georg: Der Einkommensbegriff und die Einkommensteuergesetze, FA 1896, S. 1 ff.

Schäffle, Albert: Die Steuern, Besonderer Teil, Leipzig, 1897 (Zit.: *Schäffle,* Die Steuern, Bes. Teil (1897), S.).

Schemmel, Lothar: Zur Aufnahme des Leistungsfähigkeitsprinzips und anderer Grenzen für den Steuerstaat in das Grundgesetz, StuW 1995, S. 39 ff.

– Das einkommensteuerliche Existenzminimum: Berücksichtigung der Menschenwürde im Steuerrecht oder politisch gestaltbare Steuervergünstigung? – Anmerkung zum Beschluss des Zweiten Senats des Bundesverfassungsgerichts vom 25.9.1992, StuW 1993, S. 70 ff.

Schmidt, Kurt: Die Steuerprogression, Bonn, 1960 (Zit.: *Schmidt, Kurt,* Die Steuerprogression, 1960, S.).

Schmidt, Ludwig: Einkommensteuergesetz, 29. Auflage, München 2010 (Zit.: *Bearbeiter,* Schmidt EStG, §, Rz.).

Schmidt-Bleibtreu, Bruno: Bundesverfassungsgericht zur Besteuerung alleinerziehender Elternteile, BB 1983, S. 50 ff.

Schmidt-Liebig, Axel: Das verfassungsrechtlich geschützte, das sozialrechtlich gewährte und das einkommensteuerlich zu beachtende Existenzminimum, BB 1992, S. 107 ff.

Schnapp, Friedrich E.: BVerwGE 1, 159: Magna Charta des Anspruchs auf das Existenzminimum?, NZS 2010, S. 136 ff.

Schnath, Matthias: Das neue Grundrecht auf Gewährleistung eines menschenwürdigen Existenzminimums – Ein rechtspolitischer Ausblick nach dem Urteil des Bundesverfassungsgerichts vom 9.2.2010 –, NZS 2010, S. 297 ff.

Schneider, Hans-Peter: Acht an der Macht! Das BVerfG als „Reparaturbetrieb" des Parlamentarismus?, NJW 1999, S. 1303 ff.

Schneider, Josef: Die steuerliche Berücksichtigung von Kindern durch das Zweite Gesetz zur Familienförderung ab 2002, DStR 2002, S. 64 ff.

Schneider, Stefan: Verfassungsrechtliche Grundlagen und Grenzen des objektiven Nettoprinzips, Beihefter zu DStR 34 2009, S. 87 ff.

Schnitker, Elmar/*Grau*, Timon: Neue Rahmenbedingungen für das Recht der betrieblichen Altersversorgung durch das Alterseinkünftegesetz, NJW 2005, S. 10 ff.

Schöberle, Horst: Kinderleistungsausgleich im Schnittpunkt steuerrechtlicher Erfordernisse und sozialpolitischer Aspekte, DStZ 1999, S. 693 ff.

Scholz, Harald: Änderungen der Rechtsprechung und Gesetzesinitiativen beim Kindergeld, FPR 2006, 329 ff.

Schön, Wolfgang: Die zivilrechtlichen Voraussetzungen steuerlicher Leistungsfähigkeit, StuW 2005, S. 247 ff.

– Die Kinderbetreuung, das BVerfG und der Entwurf eines Gesetzes zur Familienförderung, DStR 1999, S. 1677 ff.

– Unternehmerrisiko und Unternehmerinitiative im Lichte der Einkommenstheorien, in: Kirchhof, Paul/Jakob, Wolfgang/Beermann, Albert, Steuerrechtsprechung, Steuergesetz, Steuerreform – Festschrift für Klaus Offerhaus, Köln, 1999 (Zit.: *Schön*, FS für Offerhaus, S.).

Schramm, Barbara: Kombinationsmöglichkeiten bei Inanspruchnahme von Elterngeld durch beide Eltern, FPR 2007, S. 342 ff.

Schröder, Gerhard: Vergangenheit und Zukunft der Renten- und Pensionsbesteuerung, DStZ 2003, S. 610 ff.

Schuler-Harms, Margarete: Beitragspflicht von Kindern in der Pflegeversicherung, NZS 2001, S. 132 ff.

– Sozial- und steuerrechtliche Relevanz von Kinderbetreuung, FamRZ 2000, S. 1406 ff.

Schulin, Bertram: Die soziale Pflegeversicherung des SGB XI – Grundstrukturen und Probleme, NZS 1994, S. 433 ff.

Seer, Roman: Replik zu Peter Fischer „Im Stich gelassene Richter", FR 1999, S. 1296 ff.

– Der sog. Halbteilungsgrundsatz als verfassungsrechtliche Belastungsobergrenze der Besteuerung, FR 1999, S. 1280 ff.

– Die Besteuerung der Alterseinkünfte und das Gleichbehandlungsgebot (Art. 3 Abs. 1 GG), StuW 1996, S. 323 ff.

Seer, Roman/*Wendt*, Volker: Kindergeld/Kinderfreibetrag und wirtschaftliche Leistungsfähigkeit des Kindes, NJW 2006, S. 1 ff.

– Die Familienbesteuerung nach dem so genannten „Gesetz zu Familienförderung" vom 22.12.1999, NJW 2000, S. 1904 ff.

Seewald, Otfried/*Felix*, Dagmar: Kindergeld – Sozialleistung mit steuerlicher Entlastungsfunktion?, VSSR 1991, S. 157 ff.

Seidl, Christian: Die steuerliche Berücksichtigung des Existenzminimums: tarifliche Nullzone, Freibetrag oder Steuerabsetzbetrag?, StuW 1997, S. 142 ff.

Seiler, Christian: Leitlinien einer familiengerechten Besteuerung, FR 2010, S. 113 ff.

– Verwirrung durch Vielfalt: Die Neuregelung des Kinderzuschlages im Zusammenspiel mit sozialer Grundsicherung, Wohngeld und Kindergeld, NZS 2008, S. 505 ff.

– Grundzüge eines öffentlichen Familienrechts, Tübingen, 2008 (Zit.: *Seiler*, Grundzüge, S.).

– Steuer- und Sozialrecht als Ort sozialpolitischer Gestaltung, NZS 2007, S. 617 ff.

– Das Elterngeld im Lichte des Grundgesetzes, NVwZ 2007, S. 129 ff.

– Steuerliche Abzugsfähigkeit von Kinderbetreuungskosten, DStR 2006, S. 1631.

Selmer, Peter: Zur Reform der bundesstaatlichen Finanzverfassung – Fragestellungen nach Föderalismusreform und Berlin-Urteil des BVerfG, NVwZ 2007, S. 872 ff.

– Steuerinterventionismus und Verfassungsrecht, Frankfurt a. M., 1972.

Shirvani, Foroud: Die sozialstaatliche Komponente des Ehe- und Familiengrundrechts, NZS 2009, S. 242 ff.

Sieckmann, Jan-Reinard: Grundrechtliche Abwägung als Rechtsanwendung – Das Problem der Begrenzung der Besteuerung, Der Staat 2002, S. 385 ff.

Siegel, Theodor: Zur Diskussion um den Kindergrundfreibetrag, BB 1999, S. 1406 ff.

Siegel, Theodor/*Seel*, Barbara/*Bareis*, Peter: Zur Regelung des Erziehungsbedarfs nach den Vorgaben des Bundesverfassungsgerichts, BB 2000, S. 1860 ff.

Siegel, Theodor/*Schneider*, Dieter: Existenzminimum und Familienlastenausgleich: Ein Problem der Reform des Einkommensteuerrechts, DStR 1994, S. 597 ff.

Sodan, Helge: Das GKV-Wettbewerbsstärkungsgesetz, NJW 2007, S. 1313 ff.

– Private Krankenversicherung und Gesundheitsreform 2007: Verfassungs- und europarechtliche Probleme des GKV – Wettbewerbsstärkungsgesetzes, 2. Auflage, Berlin, 2007 (Zit.: *Sodan*, Private Krankenversicherung und Gesundheitsreform, S.).

– Gesundheitsreform 2006/2007 – Systemwechsel mit Zukunft oder Flickschusterei?, NJW 2006, S. 3617 ff.

– Verfassungsrechtliche Determinanten der gesetzlichen Rentenversicherung, NZS 2005, S. 561 ff.

– Vorrang der Privatheit als Prinzip der Wirtschaftsverfassung, DÖV 2000, S. 361 ff.

Sommer, Christoph/*Sommer*, Matthias: § 2 Abs. 5a EStG: Unzureichende Korrektur für außersteuerliche Zwecke, DStR 2008, S. 1626 ff.

Soria, José Martínez: Das Recht auf Sicherung des Existenzminimums, JZ 2005, S. 644 ff.

Söhn, Hartmut: Kindergrundfreibetrag und Verfassungsrecht, in: Detterbeck, Steffen/Rozek, Jochen/ Coelln, Christian v., Recht als Medium – Festschrift für Herbert Bethge, Berlin, 2009 (Zit.: *Söhn*, FS Bethge 2009, S.).

– Abzugsfähigkeit von Altersvorsorgeaufwendungen als Werbungskosten oder Sonderausgaben?, FR 2006, S. 905 ff.

– Besteuerung von Unterhaltsleistungen an getrennt lebende und geschiedene Ehegatten – Gesetzliches Korrespondenzprinzip und Besteuerung nach der Leistungsfähigkeit –, StuW 2005, S. 109 ff.

– Altersvorsorgeaufwendungen als vorwegentstandene (vorweggenommene) Werbungskosten, StuW 2003, S. 332 ff.

– Ehegattensplitting und Verfassungsrecht, in: Lüdeke, Reinar/Scherf, Wolfgang/Steden, Werner, Wirtschaftswissenschaft im Dienst der Verteilungs- Geld und Finanzpolitik – Festschrift für Alois Oberhauser, Berlin, 2000 (Zit.: *Söhn*, FS Oberhauser, S.).

– Einkommensteuer und subjektive Leistungsfähigkeit – Die Rechtsprechung des Bundesverfassungsgerichts zu Kinderfreibetrag/Kindergeld und persönlichem Existenzminimum, FA 1994, S. 372 ff.

Spellbrink, Wolfgang: Ist die Beitragspflicht in der gesetzlichen Arbeitslosenversicherung verfassungsrechtlich noch zu rechtfertigen?, JZ 2004, S. 538 ff.

Starck, Christian (Hrsg.): *v. Mangoldt*, Hermann/*Klein*, Friedrich/*Starck*, Christian, Kommentar zum Grundgesetz (Zit.: *Bearbeiter*, v. Mangoldt/Klein/Starck, GG Band, Auflage, Art. Rz.).

Ständige Deputation des Deutschen Juristentages (Hrsg.): Verhandlungen des Deutschen Juristentages, München, Jahr (Zit.: *Bearbeiter*, Verhandlungen des 57./59./60. DJT, S.).

Stern, Klaus: Das Staatsrecht der Bundesrepublik Deutschland,
– Band 1, 2. Auflage, München, 1984,
– Band 2, München, 1980,
– Band 4, München, 2006 (Zit.: *Stern*, Staatsrecht, Band, §).

Stolleis, Michael: Geschichte des öffentlichen Rechts in Deutschland (Bd. 3:1914 – 1945), München, Beck, 1999 (Zit.: *Stolleis*, Geschichte, S.).

Thiede, Sabine: Die verfassungsrechtliche und steuersystematische Untersuchung der Ehegattenbesteuerung und ihrer Alternativmodelle, Münster,1999 (Zit.: *Thiede*, Ehegattenbesteuerung, S.).

Thüsing, Gregor/*Kämmerer*, Axel: Vertragsfreiheit und Wettbewerb in der Privaten Krankenversicherung – Verfassungsrechtliche und europarechtliche Grenzen für die Umsetzung der Gesundheitsreform – Gutachterliche Stellungnahme im Auftrag des Verbands der Privaten Krankenversicherung e. V. (Zit.: *Thüsing/Kämmerer*, Vertragsfreiheit und Wettbewerb in der privaten Krankenversicherung, S.).

Tiedchen, Susanne: Zur steuerlichen Berücksichtigung von Kinderbetreuungs- und Kindererziehungskosten, BB 1999, S. 1681 ff.

Tiedemann, Paul: Vom inflationären Gebrauch der Menschenwürde in der Rechtsprechung des Bundesverfassungsgerichts, DÖV 2009, S. 606 ff.

Tipke, Klaus: Verteidigung des Nettoprinzips – Anm. zum Vorlagebeschluss des VI. BFH Senats zur Pendlerpauschale (BFH-Beschluss vom 10.1.2008 – VI R 17/07), DB 2008, S. 263 ff.
– Steuergerechtigkeit unter besonderer Berücksichtigung des Folgerichtigkeitsgebots, StuW 2007, S. 201 ff.
– Die Steuerrechtsordnung (Zit.: *Tipke*, StRO Bd., Auflage, S.),
    – Bd. 1, Wissenschaftsorganisatorische, systematische und grundrechtlich-rechtsstaatliche Grundlagen, 1. Auflage, Köln, 1993; 2. Auflage, Köln, 2000,
    – Bd. 2, Steuerrechtfertigungstheorie, Anwendung auf alle Steuerarten, sachgerechtes Steuersytem, 1. Auflage, Köln, 1993; 2. Auflage, Köln, 2003.
– Über die Grenzen der Vermögensteuer – Zugleich Besprechung des BVerfG-Berschlusses vom 22.6.1995, GmbHR 1996, S. 8 ff.
– Einkommensteuerliches Existenzminimum auch für Reiche?, FR 1990, S. 349 f.

Tipke, Klaus/ *Lang,* Joachim: Steuerrecht, 20.Auflage Köln 2010 (Zit.: *Bearbeiter*, Tipke/Lang, Steuerrecht, §, Rz.).
– Zur Reform der Familienbesteuerung – Stellungnahmen von Prof. Dr. Klaus Tipke und Prof. Dr. Joachim Lang gegenüber der Kommission „Familienlastenausgleich" der CDU/CSU-Bundestagsfraktion, StuW 1984, S. 127 ff.

Tischler, Josef: Das Kindergeld im Steuerrecht, FPR 2002, S. 36 ff.

Trzaskalik, Christoph: Vom Einkommen bis zu den Einkunftsarten, in: Joachim Lang (Hrsg.) Die Steuerrechtsordnung in der Diskussion – Festschrift für Klaus Tipke, Köln, 1995 (Zit.: *Trzaskalik*, FS Tipke, S.).
– Zu den Folgen, wenn das BVerfG Gesetze für nichtig erklärt, DB 1991, S. 2255 ff.

Uelner, Adalbert: Zur Neukonzeption des einkommensteuerrechtlichen Familienlastenausgleichs, DStZ 1995, 321 ff.

Ulmer, Mathias: Verfassungsmäßigkeit der „Fallbeilregelung" des § 32 Abs. 4 Satz 2 EStG, DStZ 2000, S. 596 ff.

Vial, Michael K. A.: Drei Jahre Erfahrung mit dem steuerrechtlichen Kindergeld und der Finanzgerichtsbarkeit – Zugleich eine Erwiderung zu Dostmann, DStR 1999, 884 f. –, DStR 1999, S. 2104 ff.

Vogel, Hans-Jochen: Gewaltenvermischung statt Gewaltenteilung?, NJW 1996, S. 1505 ff.

Vogel, Klaus: Kindesunterhalt im Einkommensteuerrecht – Die Entwicklung der Rechtsprechung des Bundesverfassungsgerichts, in: Kirchhof, Paul/Jakob, Wolfgang/Beermann, Albert, Steuerrechtsprechung, Steuergesetz, Steuerreform – Festschrift für Klaus Offerhaus, Köln, 1999 (Zit.: *Vogel*, FS für Offerhaus, S.).

– Internationales Sozialrecht und Internationales Steuerrecht im Vergleich, in: *Ruland*, Franz/ *Maydell Baron v.*, Bernd/*Papier*, Hans-Jürgen (Hrsg.), Verfassung, Theorie und Praxis des Sozialstaats, FS Hans F. Zacher, Heidelberg, 1998 (Zit.: *Vogel*, FS für Zacher, S.).

– Anmerkung zu BVerfG, Beschl. V. 22.6.1995 – 2 BvR 552/91, JZ 1996, S. 43 ff.

– Der Verlust des Rechtsgedankens im Steuerrecht als Herausforderung an das Verfassungsrecht, in: Deutsche Steuerjuristische Gesellschaft 12 (1989) (Zit.: *Vogel*, DStJG 12 (1989), S.).

– Zwangsläufige Aufwendungen – besonders Unterhaltsaufwendungen – müssen realitätsgerecht abziehbar sein – Das Bundesverfassungsgericht verschärft seine Rechtsprechung zum Verfassungsprinzip der Leistungsfähigkeit, StuW 1984, S. 197 ff.

– Die Abschichtung von Rechtsfolgen im Steuerrecht – Lastenausteilungs-, Lenkungs- und Vereinfachungsnormen und die ihnen zuzurechnenden Steuerfolgen: ein Beitrag zur Methodenlehre des Steuerrechts, StuW 1977, S. 97 ff.

– Die Besonderheit des Steuerrechts, DStZ/A 1977, S. 5 ff.

– Steuergerechtigkeit und soziale Gestaltung, DStZ/A 1975, S. 409 ff.

– Finanzverfassung und politisches Ermessen, Karlsruhe, 1972 (Zit.: *Vogel*, Finanzverfassung, S.).

Vogel, Klaus/*Lehner*, Moris: Doppelbesteuerungsabkommen der Bundesrepublik Deutschland auf dem Gebiet der Steuern vom Einkommen und Vermögen, 5. Auflage, München, 2008 (Zit.: *Bearbeiter*, Vogel/Lehner DBA, Art. Rz.).

Vorwold, Gerhard: Die steuerrechtliche Berücksichtigung unvermeidbarer Privataufwendungen – Ein Steuerreformvorschlag unter Berücksichtigung der Handhabung im US-amerikanischen Steuerrecht, StuW 1992, S. 264 ff.

– Neuorientierung der Ehe- und Familienbesteuerung – Versuch einer zeitgemäßen Veränderung, FR 1992, S. 789 ff.

Wachstum. Bildung. Zusammenhalt. Koalitionsvertrag zwischen CDU, CSU und FDP vom 26.10.2009, 17. Legislaturperiode (Zit.: Koalitionsvertrag).

Wagner, Adolph: Finanzwissenschaft, Band 2, 2. Auflage, Leipzig 1890 (Zit.: *Wagner*, Finanzwissenschaft, Bd. II).

Wagner, Franz W.: Warum haben Ökonomen das objektive Nettoprinzip erfunden, aber nicht erforscht?, StuW 2010, S. 24 ff.

Wahl, Rainer: Abschied von den „Ansprüchen aus Art. 14 GG" in: Bender, Bernd/Breuer, Rüdiger/Ossenbühl, Fritz/Sendler, Horst (Hrsg.), Rechtsstaat zwischen Sozialgestaltung und Rechtsschutz, FS Konrad Redeker, München, 1993 (Zit.: *Wahl*, Bender u. a. (Hrsg.) FS Redeker, 1993, S.).

Waldhoff, Christian: Die Abgrenzung von Steuern und Sozialabgaben im europäischen Recht, in: *Becker*, Ulrich/*Schön*, Wolfgang (Hrsg.): Steuer- und Sozialstaat im europäischen Systemwettbewerb, Tübingen, 2005 (Zit.: *Waldhoff*, Die Abgrenzung von Steuern und Sozialabgaben, S.).

– Die Zwecksteuer – Verfassungsrechtliche Grenzen der rechtlichen Bindung des Aufkommens von Abgaben, StuW 2002, S. 285 ff.

Wallrabenstein, Astrid: Kindererziehungszeiten in der Anwaltsversorgung, NJW 2005, S. 2426 ff.

Waltermann, Raimund: Mindestlohn oder Mindesteinkommen?, NJW 2010, S. 801 ff.

– Mindestlohn, Mindesteinkommen, Mindestsicherung – Eine Bewertung aus der Sicht des deutschen Arbeits- und Sozialrechts, NZA-Beilage 2009, S. 110 ff.

– Sozialrecht, 7. Auflage, Heidelberg, 2008.

Weber, Stefan: Die Organisation der gesetzlichen Krankenversicherung: Gestaltungsmöglichkeiten des Bundesgesetzgebers, Berlin, 1995 (Zit.: *Weber*, Die Organisation der gesetzlichen Krankenversicherung, S.).

Weber-Grellet, Heinrich: Unzulässige Diskriminierung von Nahpendlern – Die Entscheidung des BVerfG zur Pendlerpauschale vom 9.12.2008, DStR 2009, S. 349 ff.

– Das Alterseinkünftegesetz, DStR 2004, S. 1721 ff.

– Steuern im modernen Verfassungsstaat. Funktionen, Prinzipien und Strukturen des Steuerstaats und des Steuerrechts, Münster, 2001 (Zit.: *Weber-Grellet*, Steuern im modernen Verfassungsstaat, S.).

Wellisch, Dietmar/ *Quast*, Eike: Die steuer- und sozialversicherungsrechtliche Behandlung von Arbeitgeberzuschüssen in ein Arbeitszeitkonto, DStR 2007, S. 54 ff.

Wendt, Michael: Prinzipien der Verlustberücksichtigung, in: Verluste im Steuerrecht, hrsg. Rüdiger von Groll, im Auftrag der Deutschen Steuerjuristischen Gesellschaft e.V., Köln, 2005 (Zit.: *Wendt*, DStJG 28 (2005), S.).

Wendt, Rudolf: Empfiehlt es sich, das Einkommensteuerrecht zur Beseitigung von Ungleichbehandlungen und zur Vereinfachung neu zu ordnen?, DÖV 1988, S. 710 ff.

– Familienbesteuerung und Grundgesetz, in: Joachim Lang (Hrsg.) Die Steuerrechtsordnung in der Diskussion – Festschrift für Klaus Tipke, Köln, 1995 (Zit.: *Wendt*, FS Tipke, S.).

Wenner, Ulrich: Bemessungsrundlagen im Sozialrecht, in: Steuern im Sozialstaat, hrsg. Rudolf Mellinghoff, im Auftrag der Deutschen Steuerjuristischen Gesellschaft e.V., Köln, 2006 (Zit.: *Wenner*, DStJG 29 (2006), S.).

Werner, Rica: Die wirtschaftliche Leistungsfähigkeit im Beitragsrecht der gesetzlichen Krankenversicherung, Berlin, 2004 (Zit.: *Werner*, Die wirtschaftliche Leistungsfähigkeit im Beitragsrecht der gesetzlichen Krankenversicherung).

Wernsmann, Rainer: Bürgerentlastungsgesetz Krankenversicherung, NJW 2009, S. 3681 ff.

– Einkommensteuer und objektives Nettoprinzip, Beihefter zu DStR 34 2009, S. 101 ff.

– Die Steuer als Eigentumsbeeinträchtigung?, NJW 2006, S. 1169 ff.

– Verhaltenslenkung in einem rationalen Steuersystem, Tübingen 2005 (Zit.: *Wernsmann*, Verhaltenslenkung in einem rationalen Steuersystem, 2005, S.).

– Die verfassungsrechtliche Rechtfertigung der Abzugsfähigkeit von Vorsorgeaufwendungen – Zugleich zum Unterschied zwischen existenznotwendigem und indisponiblem Einkommen, StuW 1998, S. 317 ff.

Wesselbaum-Neugebauer, Claudia: Steuerliche Berücksichtigung von Sozialversicherungsbeiträgen, FR 2007, S. 911 ff.

– Beschränkung der Entfernungspauschale auf Fernpendler – Die Geister, die ich rief, FR 2006, S. 807 ff.

Wiebe, Wolfgang: Die Harmonisierung von Sozialrecht und Steuerrecht als rechtspolitische Aufgabe, ZRP 1981, S. 25 ff.

Wieland, Joachim: Freiheitliche Vorgaben für die Besteuerung von Einkommen, in: Besteuerung von Einkommen, hrsg. im Auftrag der Deutschen Steuerjuristischen Gesellschaft e. V. von Iris Ebling, Köln, 2001 (Zit.: *Wieland*, DStJG 24 (2001), S.).

Wienbracke, Mike: Die verfassungskräftige Verankerung des gebührenrechtlichen Kostendeckungsprinzips – Dargestellt am Beispiel der Verwaltungsgebühr –, DÖV 2005, S. 201 ff.

Willeke, Franz-Ulrich/*Onken*, Ralph: Familienlastenausgleich mit variablem Kindergeld – Eine Konzeption zur Harmonisierung familien- und steuerpolitischer Zielsetzungen – StuW, 1991, S. 3 ff.

Winhard, Christoph: Verfassungswidrige Einbeziehung des als Sozialtransferleistung gewährten Elterngeldes in den Progressionsvorbehalt, DStR 2008, S. 2144 ff.

– Das Ehegattensplitting – Ein Dauerbrenner der steuerpolitischen Diskussion, DStR 2006, S. 1729 ff.

Wosnitza, Michael: Die Besteuerung von Ehegatten und Familien – Zur ökonomischen Rechtfertigung eines Realsplittings, StuW 1996, S. 123 ff.

Wotschofsky, Stefan/*Pasch*, Helmut: Zur Systemwidrigkeit des Progressionsvorbehalts, StuB 2000, S. 932 ff.

Zacher, Hans F.: Grundtypen des Sozialrechts, in: Fürst, Walter/ Herzog, Roman/ Umbach, Dieter C., Festschrift für Wolfgang Zeidler, Berlin, 1987 (Zit.: *Zacher*, FS für Zeidler 1, 1987, S.).

– Einführung in das Sozialrecht der Bundesrepublik Deutschland, Heidelberg, 1985 (Zit.: *Zacher*, Einführung in das Sozialrecht, S.).

Zeidler, Wolfgang: Verfassungsrechtliche Fragen zur Besteuerung von Familien- und Alterseinkommen, StuW 1985, S. 1 ff.

Zorn, Alexander: Existenzgründung und Kinderbetreuung – Ist der gleichzeitige Bezug von Elterngeld und Gründungszuschuss möglich?, NZS 2007, S. 580 ff.

Zuck, Rüdiger: Die verfassungsrechtliche Gewährleistung der Ehe im Wandel des Zeitgeistes, NJW 2009, S. 1449 ff.

Zuleeg, Manfred: Ehegattensplitting und Gleichheit, DÖV 2005, S. 687 ff.